WISSEN FÜR DIE PRAXIS

WALHALLA

Walhalla Fachredaktion

Aushangpflichtige Gesetze 2026 Handel und Gaststätten

Mitarbeiterrechte – Mitarbeiteransprüche
Die wichtigsten Vorschriften im Überblick

Bibliografische Information der Deutschen Nationalbibliothek
Die Deutsche Nationalbibliothek verzeichnet diese Publikation in der Deutschen Nationalbibliographie, detaillierte bibliographische Daten sind im Internet über www.dnb.de abrufbar.

Zitiervorschlag:
Die aktuellen aushangpflichtigen Gesetze 2026 Handel und Gaststätten
in der Reihe WALHALLA – Textausgabe
Walhalla Fachverlag, Regensburg 2025

Walhalla
Mediengruppe

WALHALLA – eine Marke der Walhalla Mediengruppe

Rechtsstand: Oktober 2025

Kontakt bei Fragen zur Produktsicherheit:
Walhalla u. Praetoria Verlag GmbH & Co. KG, Haus an der Eisernen Brücke, 93042 Regensburg, E-Mail: produktsicherheit@walhalla.de, Telefon: 0941 5684-0

Produktion: Walhalla Mediengruppe, Regensburg
Umschlaggestaltung: grubergrafik, Augsburg
Printed in Germany
ISBN 978-3-8029-1433-1

Zur Walhalla Mediengruppe gehören die Marken WALHALLA, Deichmann+Fuchs, metropolitan und Annual Multimedia Award.

3WP-CPI-1125-19956-0

Vorwort

Für jeden Mitarbeiter müssen die sogenannten „aushangpflichtigen Gesetze" stets in der neuesten Fassung zugänglich sein. Das verpflichtet Arbeitgeber, bestimmte Vorschriften „an geeigneter Stelle im Betrieb zur Einsichtnahme auszulegen oder auszuhängen".

Die Aushangpflicht stellt sicher, dass sich der Arbeitnehmer über die für ihn geltenden Schutzvorschriften zuverlässig informieren kann. Zudem sollen die Gesetze leicht zugänglich sein. Als geeignete Stelle empfiehlt sich deshalb das sogenannte „Schwarze Brett" oder eine andere für alle Mitarbeiter jederzeit gut zugängliche Stelle im Betrieb.

Wichtig: Verstößt ein Arbeitgeber gegen die Aushangpflicht, begeht er eine Ordnungswidrigkeit, die mit einer Geldbuße geahndet werden kann. Dies gilt unabhängig davon, ob die Vorschriften gar nicht oder nicht in der aktuell geltenden Fassung frei zugänglich sind.

Häufig führen auch Unwissenheit oder Unachtsamkeit zum Verstoß gegen die Aushangpflicht.

Wenn Sie „Aushangpflichtige Gesetze 2026 Handel und Gaststätten" an zentraler Stelle für Mitarbeiter zur Verfügung stellen, machen Sie alles richtig: Enthalten sind neben den allgemeinen Schutzvorschriften für Arbeitnehmer auch die in Praxen und im medizinischen Bereich aushangpflichtigen Gesetze und Verordnungen.

Harald Töltl
Geschäftsführer
Leiter des Geschäftsbereichs Berufsbildung
IHK Rhein-Neckar

Abkürzungen

AGG	Allgemeines Gleichbehandlungsgesetz
ArbSchG	Arbeitsschutzgesetz
ArbStättV	Arbeitsstättenverordnung
ArbZG	Arbeitszeitgesetz
BayLadSchlG	Bayerisches Ladenschlussgesetz
BbgLöG	Brandenburgisches Ladenöffnungsgesetz
BerlLadÖffG	Berliner Ladenöffnungsgesetz
BGB	Bürgerliches Gesetzbuch
BUrlG	Bundesurlaubsgesetz
DGUV 1	Unfallverhütungsvorschrift – Grundsätze der Prävention
EFZG	Entgeltfortzahlungsgesetz
GewO	Gewerbeordnung
HinSchG	Hinweisgeberschutzgesetz
HLöG	Hessisches Ladenöffnungsgesetz
JArbSchG	Jugendarbeitsschutzgesetz
KSchG	Kündigungsschutzgesetz
LadöffnG	Ladenöffnungsgesetz Rheinland-Pfalz
LadÖG	Gesetz über die Ladenöffnung in Baden-Württemberg
LastenhandhabV	Lastenhandhabungsverordnung
LöffG	Gesetz über die Ladenöffnungszeiten für das Land Mecklenburg-Vorpommern
LÖffZeitG	Gesetz über die Ladenöffnungszeiten im Land Sachsen-Anhalt
LÖffZG	Ladenöffnungszeitengesetz Schleswig-Holstein
LÖG NRW	Gesetz zur Regelung der Ladenöffnungszeiten in Nordrhein-Westfalen
LÖG	Ladenöffnungsgesetz Saarland
MuSchG	Mutterschutzgesetz
NLöffVZG	Niedersächsisches Gesetz über Ladenöffnungs- und Verkaufszeiten
NachwG	Nachweisgesetz
SächsLadÖffG	Gesetz über die Ladenöffnungszeiten im Freistaat Sachsen
TzBfG	Teilzeit- und Befristungsgesetz
ThürLadÖffG	Thüringer Ladenöffnungsgesetz

Abkürzungen der Bundesländer

Baden-Württemberg	BW	Niedersachsen	NI
Bayern	BY	Nordrhein-Westfalen	NW
Berlin	BE	Rheinland-Pfalz	RP
Brandenburg	BB	Saarland	SL
Bremen	HB	Sachsen	SN
Hamburg	HH	Sachsen-Anhalt	ST
Hessen	HE	Schleswig-Holstein	SH
Mecklenburg-Vorpommern	MV	Thüringen	TH

Schnellübersicht

Allgemeines Gleichbehandlungsgesetz (AGG)

Vom 14. August 2006 (BGBl. I S. 1897)

Zuletzt geändert durch
Gesetz zur Anpassung der Bundesbesoldung und -versorgung für die Jahre 2023 und 2024 sowie zur Änderung weiterer dienstrechtlicher Vorschriften
vom 22. Dezember 2023 (BGBl. I Nr. 414)

Abschnitt 1
Allgemeiner Teil

§ 1 Ziel des Gesetzes

Ziel des Gesetzes ist, Benachteiligungen aus Gründen der Rasse oder wegen der ethnischen Herkunft, des Geschlechts, der Religion oder Weltanschauung, einer Behinderung, des Alters oder der sexuellen Identität zu verhindern oder zu beseitigen.

§ 2 Anwendungsbereich

(1) Benachteiligungen aus einem in § 1 genannten Grund sind nach Maßgabe dieses Gesetzes unzulässig in Bezug auf:

1. die Bedingungen, einschließlich Auswahlkriterien und Einstellungsbedingungen, für den Zugang zu unselbstständiger und selbstständiger Erwerbstätigkeit, unabhängig von Tätigkeitsfeld und beruflicher Position, sowie für den beruflichen Aufstieg,
2. die Beschäftigungs- und Arbeitsbedingungen einschließlich Arbeitsentgelt und Entlassungsbedingungen, insbesondere in individual- und kollektivrechtlichen Vereinbarungen und Maßnahmen bei der Durchführung und Beendigung eines Beschäftigungsverhältnisses sowie beim beruflichen Aufstieg,
3. den Zugang zu allen Formen und allen Ebenen der Berufsberatung, der Berufsbildung einschließlich der Berufsausbildung, der beruflichen Weiterbildung und der Umschulung sowie der praktischen Berufserfahrung,
4. die Mitgliedschaft und Mitwirkung in einer Beschäftigten- oder Arbeitgebervereinigung oder einer Vereinigung, deren Mitglieder einer bestimmten Berufsgruppe angehören, einschließlich der Inanspruchnahme der Leistungen solcher Vereinigungen,
5. den Sozialschutz, einschließlich der sozialen Sicherheit und der Gesundheitsdienste,
6. die sozialen Vergünstigungen,
7. die Bildung,
8. den Zugang zu und die Versorgung mit Gütern und Dienstleistungen, die der Öffentlichkeit zur Verfügung stehen, einschließlich von Wohnraum.

(2) $_1$Für Leistungen nach dem Sozialgesetzbuch gelten § 33c des Ersten Buches Sozialgesetzbuch und § 19a des Vierten Buches Sozialgesetzbuch. $_2$Für die betriebliche Altersvorsorge gilt das Betriebsrentengesetz.

(3) $_1$Die Geltung sonstiger Benachteiligungsverbote oder Gebote der Gleichbehandlung wird durch dieses Gesetz nicht berührt. $_2$Dies gilt auch für öffentlich-rechtliche Vorschriften, die dem Schutz bestimmter Personengruppen dienen.

(4) Für Kündigungen gelten ausschließlich die Bestimmungen zum allgemeinen und besonderen Kündigungsschutz.

§ 3 Begriffsbestimmungen

(1) $_1$Eine unmittelbare Benachteiligung liegt vor, wenn eine Person wegen eines in § 1 genannten Grundes eine weniger günstige Behandlung erfährt, als eine andere Person in einer vergleichbaren Situation erfährt, erfahren hat oder erfahren würde. $_2$Eine unmittelbare Benachteiligung wegen des Geschlechts liegt in Bezug auf § 2 Abs. 1 Nr. 1 bis 4 auch im Falle einer ungünstigeren Behandlung einer Frau wegen Schwangerschaft oder Mutterschaft vor.

(2) Eine mittelbare Benachteiligung liegt vor, wenn dem Anschein nach neutrale Vorschriften, Kriterien oder Verfahren Personen wegen

1

eines in § 1 genannten Grundes gegenüber anderen Personen in besonderer Weise benachteiligen können, es sei denn, die betreffenden Vorschriften, Kriterien oder Verfahren sind durch ein rechtmäßiges Ziel sachlich gerechtfertigt und die Mittel sind zur Erreichung dieses Ziels angemessen und erforderlich.

(3) Eine Belästigung ist eine Benachteiligung, wenn unerwünschte Verhaltensweisen, die mit einem in § 1 genannten Grund in Zusammenhang stehen, bezwecken oder bewirken, dass die Würde der betreffenden Person verletzt und ein von Einschüchterungen, Anfeindungen, Erniedrigungen, Entwürdigungen oder Beleidigungen gekennzeichnetes Umfeld geschaffen wird.

(4) Eine sexuelle Belästigung ist eine Benachteiligung in Bezug auf § 2 Abs. 1 Nr. 1 bis 4, wenn ein unerwünschtes, sexuell bestimmtes Verhalten, wozu auch unerwünschte sexuelle Handlungen und Aufforderungen zu diesen, sexuell bestimmte körperliche Berührungen, Bemerkungen sexuellen Inhalts sowie unerwünschtes Zeigen und sichtbares Anbringen von pornographischen Darstellungen gehören, bezweckt oder bewirkt, dass die Würde der betreffenden Person verletzt wird, insbesondere wenn ein von Einschüchterungen, Anfeindungen, Erniedrigungen, Entwürdigungen oder Beleidigungen gekennzeichnetes Umfeld geschaffen wird.

(5) 1Die Anweisung zur Benachteiligung einer Person aus einem in § 1 genannten Grund gilt als Benachteiligung. 2Eine solche Anweisung liegt in Bezug auf § 2 Abs. 1 Nr. 1 bis 4 insbesondere vor, wenn jemand eine Person zu einem Verhalten bestimmt, das einen Beschäftigten oder eine Beschäftigte wegen eines in § 1 genannten Grundes benachteiligt oder benachteiligen kann.

§ 4 Unterschiedliche Behandlung wegen mehrerer Gründe

Erfolgt eine unterschiedliche Behandlung wegen mehrerer der in § 1 genannten Gründe, so kann diese unterschiedliche Behandlung nach den §§ 8 bis 10 und 20 nur gerechtfertigt werden, wenn sich die Rechtfertigung auf alle diese Gründe erstreckt, derentwegen die unterschiedliche Behandlung erfolgt.

§ 5 Positive Maßnahmen

Ungeachtet der in den §§ 8 bis 10 sowie in § 20 benannten Gründe ist eine unterschiedliche Behandlung auch zulässig, wenn durch geeignete und angemessene Maßnahmen bestehende Nachteile wegen eines in § 1 genannten Grundes verhindert oder ausgeglichen werden sollen.

Abschnitt 2
Schutz der Beschäftigten vor Benachteiligung

Unterabschnitt 1
Verbot der Benachteiligung

§ 6 Persönlicher Anwendungsbereich

(1) 1Beschäftigte im Sinne dieses Gesetzes sind

1. Arbeitnehmerinnen und Arbeitnehmer,
2. die zu ihrer Berufsbildung Beschäftigten,
3. Personen, die wegen ihrer wirtschaftlichen Unselbstständigkeit als arbeitnehmerähnliche Personen anzusehen sind; zu diesen gehören auch die in Heimarbeit Beschäftigten und die ihnen Gleichgestellten.

2Als Beschäftigte gelten auch die Bewerberinnen und Bewerber für ein Beschäftigungsverhältnis sowie die Personen, deren Beschäftigungsverhältnis beendet ist.

(2) 1Arbeitgeber (Arbeitgeber und Arbeitgeberinnen) im Sinne dieses Abschnitts sind natürliche und juristische Personen sowie rechtsfähige Personengesellschaften, die Personen nach Absatz 1 beschäftigen. 2Werden Beschäftigte einem Dritten zur Arbeitsleistung überlassen, so gilt auch dieser als Arbeitgeber im Sinne dieses Abschnitts. 3Für die in Heimarbeit Beschäftigten und die ihnen Gleichgestellten tritt an die Stelle des Arbeitgebers der Auftraggeber oder Zwischenmeister.

(3) Soweit es die Bedingungen für den Zugang zur Erwerbstätigkeit sowie den beruflichen Aufstieg betrifft, gelten die Vorschriften dieses Abschnitts für Selbstständige und Organmitglieder, insbesondere Geschäftsführer oder Geschäftsführerinnen und Vorstände, entsprechend.

§ 7 Benachteiligungsverbot

(1) Beschäftigte dürfen nicht wegen eines in § 1 genannten Grundes benachteiligt werden; dies gilt auch, wenn die Person, die die Benachteiligung begeht, das Vorliegen eines in § 1 genannten Grundes bei der Benachteiligung nur annimmt.

(2) Bestimmungen in Vereinbarungen, die gegen das Benachteiligungsverbot des Absatzes 1 verstoßen, sind unwirksam.

(3) Eine Benachteiligung nach Absatz 1 durch Arbeitgeber oder Beschäftigte ist eine Verletzung vertraglicher Pflichten.

§ 8 Zulässige unterschiedliche Behandlung wegen beruflicher Anforderungen

(1) Eine unterschiedliche Behandlung wegen eines in § 1 genannten Grundes ist zulässig, wenn dieser Grund wegen der Art der auszuübenden Tätigkeit oder der Bedingungen ihrer Ausübung eine wesentliche und entscheidende berufliche Anforderung darstellt, sofern der Zweck rechtmäßig und die Anforderung angemessen ist.

(2) Die Vereinbarung einer geringeren Vergütung für gleiche oder gleichwertige Arbeit wegen eines in § 1 genannten Grundes wird nicht dadurch gerechtfertigt, dass wegen eines in § 1 genannten Grundes besondere Schutzvorschriften gelten.

§ 9 Zulässige unterschiedliche Behandlung wegen der Religion oder Weltanschauung

(1) Ungeachtet des § 8 ist eine unterschiedliche Behandlung wegen der Religion oder der Weltanschauung bei der Beschäftigung durch Religionsgemeinschaften, die ihnen zugeordneten Einrichtungen ohne Rücksicht auf ihre Rechtsform oder durch Vereinigungen, die sich die gemeinschaftliche Pflege einer Religion oder Weltanschauung zur Aufgabe machen, auch zulässig, wenn eine bestimmte Religion oder Weltanschauung unter Beachtung des Selbstverständnisses der jeweiligen Religionsgemeinschaft oder Vereinigung im Hinblick auf ihr Selbstbestimmungsrecht oder nach der Art der Tätigkeit eine gerechtfertigte berufliche Anforderung darstellt.

(2) Das Verbot unterschiedlicher Behandlung wegen der Religion oder der Weltanschauung berührt nicht das Recht der in Absatz 1 genannten Religionsgemeinschaften, der ihnen zugeordneten Einrichtungen ohne Rücksicht auf ihre Rechtsform oder der Vereinigungen, die sich die gemeinschaftliche Pflege einer Religion oder Weltanschauung zur Aufgabe machen, von ihren Beschäftigten ein loyales und aufrichtiges Verhalten im Sinne ihres jeweiligen Selbstverständnisses verlangen zu können.

§ 10 Zulässige unterschiedliche Behandlung wegen des Alters

$_1$Ungeachtet des § 8 ist eine unterschiedliche Behandlung wegen des Alters auch zulässig, wenn sie objektiv und angemessen und durch ein legitimes Ziel gerechtfertigt ist. $_2$Die Mittel zur Erreichung dieses Ziels müssen angemessen und erforderlich sein. $_3$Derartige unterschiedliche Behandlungen können insbesondere Folgendes einschließen:

1. die Festlegung besonderer Bedingungen für den Zugang zur Beschäftigung und zur beruflichen Bildung sowie besonderer Beschäftigungs- und Arbeitsbedingungen, einschließlich der Bedingungen für Entlohnung und Beendigung des Beschäftigungsverhältnisses, um die berufliche Eingliederung von Jugendlichen, älteren Beschäftigten und Personen mit Fürsorgepflichten zu fördern oder ihren Schutz sicherzustellen,
2. die Festlegung von Mindestanforderungen an das Alter, die Berufserfahrung oder das Dienstalter für den Zugang zur Beschäftigung oder für bestimmte mit der Beschäftigung verbundene Vorteile,
3. die Festsetzung eines Höchstalters für die Einstellung auf Grund der spezifischen Ausbildungsanforderungen eines bestimmten Arbeitsplatzes oder auf Grund der Notwendigkeit einer angemessenen Beschäftigungszeit vor dem Eintritt in den Ruhestand,
4. die Festsetzung von Altersgrenzen bei den betrieblichen Systemen der sozialen Sicherheit als Voraussetzung für die Mitgliedschaft oder den Bezug von Altersrente oder von

Leistungen bei Invalidität einschließlich der Festsetzung unterschiedlicher Altersgrenzen im Rahmen dieser Systeme für bestimmte Beschäftigte oder Gruppen von Beschäftigten und die Verwendung von Alterskriterien im Rahmen dieser Systeme für versicherungsmathematische Berechnungen,

5. eine Vereinbarung, die die Beendigung des Beschäftigungsverhältnisses ohne Kündigung zu einem Zeitpunkt vorsieht, zu dem der oder die Beschäftigte eine Rente wegen Alters beantragen kann; § 41 des Sechsten Buches Sozialgesetzbuch bleibt unberührt,
6. Differenzierungen von Leistungen in Sozialplänen im Sinne des Betriebsverfassungsgesetzes, wenn die Parteien eine nach Alter oder Betriebszugehörigkeit gestaffelte Abfindungsregelung geschaffen haben, in der die wesentlich vom Alter abhängenden Chancen auf dem Arbeitsmarkt durch eine verhältnismäßig starke Betonung des Lebensalters erkennbar berücksichtigt worden sind, oder Beschäftigte von den Leistungen des Sozialplans ausgeschlossen haben, die wirtschaftlich abgesichert sind, weil sie, gegebenenfalls nach Bezug von Arbeitslosengeld, rentenberechtigt sind.

Unterabschnitt 2
Organisationspflichten des Arbeitgebers

§ 11 Ausschreibung

Ein Arbeitsplatz darf nicht unter Verstoß gegen § 7 Abs. 1 ausgeschrieben werden.

§ 12 Maßnahmen und Pflichten des Arbeitgebers

(1) 1Der Arbeitgeber ist verpflichtet, die erforderlichen Maßnahmen zum Schutz vor Benachteiligungen wegen eines in § 1 genannten Grundes zu treffen. 2Dieser Schutz umfasst auch vorbeugende Maßnahmen.

(2) 1Der Arbeitgeber soll in geeigneter Art und Weise, insbesondere im Rahmen der beruflichen Aus- und Fortbildung, auf die Unzulässigkeit solcher Benachteiligungen hinweisen und darauf hinwirken, dass diese unterbleiben. 2Hat der Arbeitgeber seine Beschäftigten in geeigneter Weise zum Zwecke der Verhinderung von Benachteiligung geschult, gilt dies als Erfüllung seiner Pflichten nach Absatz 1.

(3) Verstoßen Beschäftigte gegen das Benachteiligungsverbot des § 7 Abs. 1, so hat der Arbeitgeber die im Einzelfall geeigneten, erforderlichen und angemessenen Maßnahmen zur Unterbindung der Benachteiligung wie Abmahnung, Umsetzung, Versetzung oder Kündigung zu ergreifen.

(4) Werden Beschäftigte bei der Ausübung ihrer Tätigkeit durch Dritte nach § 7 Abs. 1 benachteiligt, so hat der Arbeitgeber die im Einzelfall geeigneten, erforderlichen und angemessenen Maßnahmen zum Schutz der Beschäftigten zu ergreifen.

(5) 1Dieses Gesetz und § 61b des Arbeitsgerichtsgesetzes sowie Informationen über die für die Behandlung von Beschwerden nach § 13 zuständigen Stellen sind im Betrieb oder in der Dienststelle bekannt zu machen. 2Die Bekanntmachung kann durch Aushang oder Auslegung an geeigneter Stelle oder den Einsatz der im Betrieb oder der Dienststelle üblichen Informations- und Kommunikationstechnik erfolgen.

Unterabschnitt 3
Rechte der Beschäftigten

§ 13 Beschwerderecht

(1) 1Die Beschäftigten haben das Recht, sich bei den zuständigen Stellen des Betriebs, des Unternehmens oder der Dienststelle zu beschweren, wenn sie sich im Zusammenhang mit ihrem Beschäftigungsverhältnis vom Arbeitgeber, von Vorgesetzten, anderen Beschäftigten oder Dritten wegen eines in § 1 genannten Grundes benachteiligt fühlen. 2Die Beschwerde ist zu prüfen und das Ergebnis der oder dem beschwerdeführenden Beschäftigten mitzuteilen.

(2) Die Rechte der Arbeitnehmervertretungen bleiben unberührt.

§ 14 Leistungsverweigerungsrecht

1Ergreift der Arbeitgeber keine oder offensichtlich ungeeignete Maßnahmen zur Unterbindung einer Belästigung oder sexuellen Belästigung am Arbeitsplatz, sind die betroffenen Beschäftigten berechtigt, ihre Tätigkeit ohne Verlust des Arbeitsentgelts einzustellen, soweit dies zu ihrem Schutz erforderlich ist. 2§ 273 des Bürgerlichen Gesetzbuchs bleibt unberührt.

§ 15 Entschädigung und Schadensersatz

(1) 1Bei einem Verstoß gegen das Benachteiligungsverbot ist der Arbeitgeber verpflichtet, den hierdurch entstandenen Schaden zu ersetzen. 2Dies gilt nicht, wenn der Arbeitgeber die Pflichtverletzung nicht zu vertreten hat.

(2) 1Wegen eines Schadens, der nicht Vermögensschaden ist, kann der oder die Beschäftigte eine angemessene Entschädigung in Geld verlangen. 2Die Entschädigung darf bei einer Nichteinstellung drei Monatsgehälter nicht übersteigen, wenn der oder die Beschäftigte auch bei benachteiligungsfreier Auswahl nicht eingestellt worden wäre.

(3) Der Arbeitgeber ist bei der Anwendung kollektiv-rechtlicher Vereinbarungen nur dann zur Entschädigung verpflichtet, wenn er vorsätzlich oder grob fahrlässig handelt.

(4) 1Ein Anspruch nach Absatz 1 oder 2 muss innerhalb einer Frist von zwei Monaten schriftlich geltend gemacht werden, es sei denn, die Tarifvertragsparteien haben etwas anderes vereinbart. 2Die Frist beginnt im Falle einer Bewerbung oder eines beruflichen Aufstiegs mit dem Zugang der Ablehnung und in den sonstigen Fällen einer Benachteiligung zu dem Zeitpunkt, in dem der oder die Beschäftigte von der Benachteiligung Kenntnis erlangt.

(5) Im Übrigen bleiben Ansprüche gegen den Arbeitgeber, die sich aus anderen Rechtsvorschriften ergeben, unberührt.

(6) Ein Verstoß des Arbeitgebers gegen das Benachteiligungsverbot des § 7 Abs. 1 begründet keinen Anspruch auf Begründung eines Beschäftigungsverhältnisses, Berufsausbildungsverhältnisses oder einen beruflichen Aufstieg, es sei denn, ein solcher ergibt sich aus einem anderen Rechtsgrund.

---

siehe zu § 15 AGG auch § 61b Arbeitsgerichtsgesetz (ArbGG):

§ 61b ArbGG Klage wegen Benachteiligung

(1) Eine Klage auf Entschädigung nach § 15 des Allgemeinen Gleichbehandlungsgesetzes muss innerhalb von drei Monaten, nachdem der Anspruch schriftlich geltend gemacht worden ist, erhoben werden.

(2) Machen mehrere Bewerber wegen Benachteiligung bei der Begründung eines Arbeitsverhältnisses oder beim beruflichen Aufstieg eine Entschädigung nach § 15 des Allgemeinen Gleichbehandlungsgesetzes gerichtlich geltend, so wird auf Antrag des Arbeitgebers das Arbeitsgericht, bei dem die erste Klage erhoben ist, auch für die übrigen Klagen ausschließlich zuständig. Die Rechtsstreitigkeiten sind von Amts wegen an dieses Arbeitsgericht zu verweisen; die Prozesse sind zur gleichzeitigen Verhandlung und Entscheidung zu verbinden.

(3) Auf Antrag des Arbeitgebers findet die mündliche Verhandlung nicht vor Ablauf von sechs Monaten seit Erhebung der ersten Klage statt.

§ 16 Maßregelungsverbot

(1) 1Der Arbeitgeber darf Beschäftigte nicht wegen der Inanspruchnahme von Rechten nach diesem Abschnitt oder wegen der Weigerung, eine gegen diesen Abschnitt verstoßende Anweisung auszuführen, benachteiligen. 2Gleiches gilt für Personen, die den Beschäftigten hierbei unterstützen oder als Zeuginnen oder Zeugen aussagen.

(2) 1Die Zurückweisung oder Duldung benachteiligender Verhaltensweisen durch betroffene Beschäftigte darf nicht als Grundlage für eine Entscheidung herangezogen werden, die diese Beschäftigten berührt. 2Absatz 1 Satz 2 gilt entsprechend.

(3) § 22 gilt entsprechend.

Unterabschnitt 4
Ergänzende Vorschriften

§ 17 Soziale Verantwortung der Beteiligten

(1) Tarifvertragsparteien, Arbeitgeber, Beschäftigte und deren Vertretungen sind aufgefordert, im Rahmen ihrer Aufgaben und Handlungsmöglichkeiten an der Verwirklichung des in § 1 genannten Ziels mitzuwirken.

(2) 1In Betrieben, in denen die Voraussetzungen des § 1 Abs. 1 Satz 1 des Betriebsverfassungsgesetzes vorliegen, können bei einem groben Verstoß des Arbeitgebers gegen Vor-

schriften aus diesem Abschnitt der Betriebsrat oder eine im Betrieb vertretene Gewerkschaft unter der Voraussetzung des § 23 Abs. 3 Satz 1 des Betriebsverfassungsgesetzes die dort genannten Rechte gerichtlich geltend machen; § 23 Abs. 3 Satz 2 bis 5 des Betriebsverfassungsgesetzes gilt entsprechend. 2Mit dem Antrag dürfen nicht Ansprüche des Benachteiligten geltend gemacht werden.

§ 18 Mitgliedschaft in Vereinigungen

(1) Die Vorschriften dieses Abschnitts gelten entsprechend für die Mitgliedschaft oder die Mitwirkung in einer

1. Tarifvertragspartei,
2. Vereinigung, deren Mitglieder einer bestimmten Berufsgruppe angehören oder die eine überragende Machtstellung im wirtschaftlichen oder sozialen Bereich innehat, wenn ein grundlegendes Interesse am Erwerb der Mitgliedschaft besteht,

sowie deren jeweiligen Zusammenschlüssen.

(2) Wenn die Ablehnung einen Verstoß gegen das Benachteiligungsverbot des § 7 Abs. 1 darstellt, besteht ein Anspruch auf Mitgliedschaft oder Mitwirkung in den in Absatz 1 genannten Vereinigungen.

Abschnitt 3
Schutz vor Benachteiligung im Zivilrechtsverkehr

§ 19 Zivilrechtliches Benachteiligungsverbot

(1) Eine Benachteiligung aus Gründen der Rasse oder wegen der ethnischen Herkunft, wegen des Geschlechts, der Religion, einer Behinderung, des Alters oder der sexuellen Identität bei der Begründung, Durchführung und Beendigung zivilrechtlicher Schuldverhältnisse, die

1. typischerweise ohne Ansehen der Person zu vergleichbaren Bedingungen in einer Vielzahl von Fällen zustande kommen (Massengeschäfte) oder bei denen das Ansehen der Person nach der Art des Schuldverhältnisses eine nachrangige Bedeutung hat und die zu vergleichbaren Bedingungen in einer Vielzahl von Fällen zustande kommen oder
2. eine privatrechtliche Versicherung zum Gegenstand haben,

ist unzulässig.

(2) Eine Benachteiligung aus Gründen der Rasse oder wegen der ethnischen Herkunft ist darüber hinaus auch bei der Begründung, Durchführung und Beendigung sonstiger zivilrechtlicher Schuldverhältnisse im Sinne des § 2 Abs. 1 Nr. 5 bis 8 unzulässig.

(3) Bei der Vermietung von Wohnraum ist eine unterschiedliche Behandlung im Hinblick auf die Schaffung und Erhaltung sozial stabiler Bewohnerstrukturen und ausgewogener Siedlungsstrukturen sowie ausgeglichener wirtschaftlicher, sozialer und kultureller Verhältnisse zulässig.

(4) Die Vorschriften dieses Abschnitts finden keine Anwendung auf familien- und erbrechtliche Schuldverhältnisse.

(5) 1Die Vorschriften dieses Abschnitts finden keine Anwendung auf zivilrechtliche Schuldverhältnisse, bei denen ein besonderes Nähe- oder Vertrauensverhältnis der Parteien oder ihrer Angehörigen begründet wird. 2Bei Mietverhältnissen kann dies insbesondere der Fall sein, wenn die Parteien oder ihre Angehörigen Wohnraum auf demselben Grundstück nutzen. 3Die Vermietung von Wohnraum zum nicht nur vorübergehenden Gebrauch ist in der Regel kein Geschäft im Sinne des Absatzes 1 Nr. 1, wenn der Vermieter insgesamt nicht mehr als 50 Wohnungen vermietet.

§ 20 Zulässige unterschiedliche Behandlung

(1) 1Eine Verletzung des Benachteiligungsverbots ist nicht gegeben, wenn für eine unterschiedliche Behandlung wegen der Religion, einer Behinderung, des Alters, der sexuellen Identität oder des Geschlechts ein sachlicher Grund vorliegt. 2Das kann insbesondere der Fall sein, wenn die unterschiedliche Behandlung

1. der Vermeidung von Gefahren, der Verhütung von Schäden oder anderen Zwecken vergleichbarer Art dient,
2. dem Bedürfnis nach Schutz der Intimsphäre oder der persönlichen Sicherheit Rechnung trägt,

3. besondere Vorteile gewährt und ein Interesse an der Durchsetzung der Gleichbehandlung fehlt,
4. an die Religion eines Menschen anknüpft und im Hinblick auf die Ausübung der Religionsfreiheit oder auf das Selbstbestimmungsrecht der Religionsgemeinschaften, der ihnen zugeordneten Einrichtungen ohne Rücksicht auf ihre Rechtsform sowie der Vereinigungen, die sich die gemeinschaftliche Pflege einer Religion zur Aufgabe machen, unter Beachtung des jeweiligen Selbstverständnisses gerechtfertigt ist.

(2) 1Kosten im Zusammenhang mit Schwangerschaft und Mutterschaft dürfen auf keinen Fall zu unterschiedlichen Prämien oder Leistungen führen. 2Eine unterschiedliche Behandlung wegen der Religion, einer Behinderung, des Alters oder der sexuellen Identität ist im Falle des § 19 Abs. 1 Nr. 2 nur zulässig, wenn diese auf anerkannten Prinzipien risikoadäquater Kalkulation beruht, insbesondere auf einer versicherungsmathematisch ermittelten Risikobewertung unter Heranziehung statistischer Erhebungen.

§ 21 Ansprüche

(1) 1Der Benachteiligte kann bei einem Verstoß gegen das Benachteiligungsverbot unbeschadet weiterer Ansprüche die Beseitigung der Beeinträchtigung verlangen. 2Sind weitere Beeinträchtigungen zu besorgen, so kann er auf Unterlassung klagen.

(2) 1Bei einer Verletzung des Benachteiligungsverbots ist der Benachteiligende verpflichtet, den hierdurch entstandenen Schaden zu ersetzen. 2Dies gilt nicht, wenn der Benachteiligende die Pflichtverletzung nicht zu vertreten hat. 3Wegen eines Schadens, der nicht Vermögensschaden ist, kann der Benachteiligte eine angemessene Entschädigung in Geld verlangen.

(3) Ansprüche aus unerlaubter Handlung bleiben unberührt.

(4) Auf eine Vereinbarung, die von dem Benachteiligungsverbot abweicht, kann sich der Benachteiligende nicht berufen.

(5) 1Ein Anspruch nach den Absätzen 1 und 2 muss innerhalb einer Frist von zwei Monaten geltend gemacht werden. 2Nach Ablauf der Frist kann der Anspruch nur geltend gemacht werden, wenn der Benachteiligte ohne Verschulden an der Einhaltung der Frist verhindert war.

Abschnitt 4
Rechtsschutz

§ 22 Beweislast

Wenn im Streitfall die eine Partei Indizien beweist, die eine Benachteiligung wegen eines in § 1 genannten Grundes vermuten lassen, trägt die andere Partei die Beweislast dafür, dass kein Verstoß gegen die Bestimmungen zum Schutz vor Benachteiligung vorgelegen hat.

§ 23 Unterstützung durch Antidiskriminierungsverbände

(1) 1Antidiskriminierungsverbände sind Personenzusammenschlüsse, die nicht gewerbsmäßig und nicht nur vorübergehend entsprechend ihrer Satzung die besonderen Interessen von benachteiligten Personen oder Personengruppen nach Maßgabe von § 1 wahrnehmen. 2Die Befugnisse nach den Absätzen 2 bis 4 stehen ihnen zu, wenn sie mindestens 75 Mitglieder haben oder einen Zusammenschluss aus mindestens sieben Verbänden bilden.

(2) 1Antidiskriminierungsverbände sind befugt, im Rahmen ihres Satzungszwecks in gerichtlichen Verfahren als Beistände Benachteiligter in der Verhandlung aufzutreten. 2Im Übrigen bleiben die Vorschriften der Verfahrensordnungen, insbesondere diejenigen, nach denen Beiständen weiterer Vortrag untersagt werden kann, unberührt.

(3) Antidiskriminierungsverbänden ist im Rahmen ihres Satzungszwecks die Besorgung von Rechtsangelegenheiten Benachteiligter gestattet.

(4) Besondere Klagerechte und Vertretungsbefugnisse von Verbänden zu Gunsten von behinderten Menschen bleiben unberührt.

Abschnitt 5
Sonderregelungen für öffentlich-rechtliche Dienstverhältnisse

§ 24 Sonderregelung für öffentlich-rechtliche Dienstverhältnisse

Die Vorschriften dieses Gesetzes gelten unter Berücksichtigung ihrer besonderen Rechtsstellung entsprechend für

1. Beamtinnen und Beamte des Bundes, der Länder, der Gemeinden, der Gemeindeverbände sowie der sonstigen der Aufsicht des Bundes oder eines Landes unterstehenden Körperschaften, Anstalten und Stiftungen des öffentlichen Rechts,
2. Richterinnen und Richter des Bundes und der Länder,
3. Zivildienstleistende sowie anerkannte Kriegsdienstverweigerer, soweit ihre Heranziehung zum Zivildienst betroffen ist.

Abschnitt 6
Antidiskriminierungsstelle des Bundes und Unabhängige Bundesbeauftragte oder Unabhängiger Bundesbeauftragter für Antidiskriminierung

§ 25 Antidiskriminierungsstelle des Bundes

(1) Beim Bundesministerium für Familie, Senioren, Frauen und Jugend wird unbeschadet der Zuständigkeit der Beauftragten des Deutschen Bundestages oder der Bundesregierung die Stelle des Bundes zum Schutz vor Benachteiligungen wegen eines in § 1 genannten Grundes (Antidiskriminierungsstelle des Bundes) errichtet.

(2) $_1$Der Antidiskriminierungsstelle des Bundes ist die für die Erfüllung ihrer Aufgaben notwendige Personal- und Sachausstattung zur Verfügung zu stellen. $_2$Sie ist im Einzelplan des Bundesministeriums für Familie, Senioren, Frauen und Jugend in einem eigenen Kapitel auszuweisen.

(3) Die Antidiskriminierungsstelle des Bundes wird von der oder dem Unabhängigen Bundesbeauftragten für Antidiskriminierung geleitet.

§ 26 Wahl der oder des Unabhängigen Bundesbeauftragten für Antidiskriminierung; Anforderungen

(1) Die oder der Unabhängige Bundesbeauftragte für Antidiskriminierung wird auf Vorschlag der Bundesregierung vom Deutschen Bundestag gewählt.

(2) Über den Vorschlag stimmt der Deutsche Bundestag ohne Aussprache ab.

(3) Die vorgeschlagene Person ist gewählt, wenn für sie mehr als die Hälfte der gesetzlichen Zahl der Mitglieder des Deutschen Bundestages gestimmt hat.

(4) $_1$Die oder der Unabhängige Bundesbeauftragte für Antidiskriminierung muss zur Erfüllung ihrer oder seiner Aufgaben und zur Ausübung ihrer oder seiner Befugnisse über die erforderliche Qualifikation, Erfahrung und Sachkunde insbesondere im Bereich der Antidiskriminierung verfügen. $_2$Insbesondere muss sie oder er über durch einschlägige Berufserfahrung erworbene Kenntnisse des Antidiskriminierungsrechts verfügen und die Befähigung für die Laufbahn des höheren nichttechnischen Verwaltungsdienstes des Bundes haben.

§ 26a Rechtsstellung der oder des Unabhängigen Bundesbeauftragten für Antidiskriminierung

(1) $_1$Die oder der Unabhängige Bundesbeauftragte für Antidiskriminierung steht nach Maßgabe dieses Gesetzes in einem öffentlich-rechtlichen Amtsverhältnis zum Bund. $_2$Sie oder er ist bei der Ausübung ihres oder seines Amtes unabhängig und nur dem Gesetz unterworfen.

(2) Die oder der Unabhängige Bundesbeauftragte für Antidiskriminierung untersteht der Rechtsaufsicht der Bundesregierung.

§ 26b Amtszeit der oder des Unabhängigen Bundesbeauftragten für Antidiskriminierung

(1) Die Amtszeit der oder des Unabhängigen Bundesbeauftragten für Antidiskriminierung beträgt fünf Jahre.

(2) Eine einmalige Wiederwahl ist zulässig.

(3) Kommt vor Ende des Amtsverhältnisses eine Neuwahl nicht zustande, so führt die oder der bisherige Unabhängige Bundesbeauftrag-

te für Antidiskriminierung auf Ersuchen der Bundespräsidentin oder des Bundespräsidenten die Geschäfte bis zur Neuwahl fort.

§ 26c Beginn und Ende des Amtsverhältnisses der oder des Unabhängigen Bundesbeauftragten für Antidiskriminierung; Amtseid

(1) 1Die oder der nach § 26 Gewählte ist von der Bundespräsidentin oder dem Bundespräsidenten zu ernennen. 2Das Amtsverhältnis der oder des Unabhängigen Bundesbeauftragten für Antidiskriminierung beginnt mit der Aushändigung der Ernennungsurkunde.

(2) 1Die oder der Unabhängige Bundesbeauftragte für Antidiskriminierung leistet vor der Bundespräsidentin oder dem Bundespräsidenten folgenden Eid: „Ich schwöre, dass ich meine Kraft dem Wohl des deutschen Volkes widmen, seinen Nutzen mehren, Schaden von ihm wenden, das Grundgesetz und die Gesetze des Bundes wahren und verteidigen, meine Pflichten gewissenhaft erfüllen und Gerechtigkeit gegen jedermann üben werde. So wahr mir Gott helfe." 2Der Eid kann auch ohne religiöse Beteuerung geleistet werden.

(3) Das Amtsverhältnis endet

1. regulär mit dem Ablauf der Amtszeit oder
2. wenn die oder der Unabhängige Bundesbeauftragte für Antidiskriminierung vorzeitig aus dem Amt entlassen wird.

(4) 1Entlassen wird die oder der Unabhängige Bundesbeauftragte für Antidiskriminierung

1. auf eigenes Verlangen oder
2. auf Vorschlag der Bundesregierung, wenn die oder der Unabhängige Bundesbeauftragte für Antidiskriminierung eine schwere Verfehlung begangen hat oder die Voraussetzungen für die Wahrnehmung ihrer oder seiner Aufgaben nicht mehr erfüllt.

2Die Entlassung erfolgt durch die Bundespräsidentin oder den Bundespräsidenten.

(5) 1Im Fall der Beendigung des Amtsverhältnisses vollzieht die Bundespräsidentin oder der Bundespräsident eine Urkunde. 2Die Entlassung wird mit der Aushändigung der Urkunde wirksam.

§ 26d Unerlaubte Handlungen und Tätigkeiten der oder des Unabhängigen Bundesbeauftragten für Antidiskriminierung

(1) Die oder der Unabhängige Bundesbeauftragte für Antidiskriminierung darf keine Handlungen vornehmen, die mit den Aufgaben des Amtes nicht zu vereinbaren sind.

(2) 1Die oder der Unabhängige Bundesbeauftragte für Antidiskriminierung darf während der Amtszeit und während einer anschließenden Geschäftsführung keine anderen Tätigkeiten ausüben, die mit dem Amt nicht zu vereinbaren sind, unabhängig davon, ob es entgeltliche oder unentgeltliche Tätigkeiten sind. 2Insbesondere darf sie oder er

1. kein besoldetes Amt, kein Gewerbe und keinen Beruf ausüben,
2. nicht dem Vorstand, Aufsichtsrat oder Verwaltungsrat eines auf Erwerb gerichteten Unternehmens, nicht einer Regierung oder einer gesetzgebenden Körperschaft des Bundes oder eines Landes angehören und
3. nicht gegen Entgelt außergerichtliche Gutachten abgeben.

§ 26e Verschwiegenheitspflicht der oder des Unabhängigen Bundesbeauftragten für Antidiskriminierung

(1) 1Die oder der Unabhängige Bundesbeauftragte für Antidiskriminierung ist verpflichtet, über die Angelegenheiten, die ihr oder ihm im Amt oder während einer anschließenden Geschäftsführung bekannt werden, Verschwiegenheit zu bewahren. 2Dies gilt nicht für Mitteilungen im dienstlichen Verkehr oder für Tatsachen, die offenkundig sind oder ihrer Bedeutung nach keiner Geheimhaltung bedürfen. 3Die oder der Unabhängige Bundesbeauftragte für Antidiskriminierung entscheidet nach pflichtgemäßem Ermessen, ob und inwieweit sie oder er über solche Angelegenheiten vor Gericht oder außergerichtlich aussagt oder Erklärungen abgibt.

(2) 1Die Pflicht zur Verschwiegenheit gilt auch nach Beendigung des Amtsverhältnisses oder nach Beendigung einer anschließenden Geschäftsführung. 2In Angelegenheiten, für die

1

die Pflicht zur Verschwiegenheit gilt, darf vor Gericht oder außergerichtlich nur ausgesagt werden und dürfen Erklärungen nur abgegeben werden, wenn dies die oder der amtierende Unabhängige Bundesbeauftragte für Antidiskriminierung genehmigt hat.

(3) Unberührt bleibt die Pflicht, bei einer Gefährdung der freiheitlichen demokratischen Grundordnung für deren Erhaltung einzutreten und die gesetzlich begründete Pflicht, Straftaten anzuzeigen.

§ 26f Zeugnisverweigerungsrecht der oder des Unabhängigen Bundesbeauftragten für Antidiskriminierung

(1) 1Die oder der Unabhängige Bundesbeauftragte für Antidiskriminierung ist berechtigt, über Personen, die ihr oder ihm in ihrer oder seiner Eigenschaft als Leitung der Antidiskriminierungsstelle des Bundes Tatsachen anvertraut haben, sowie über diese Tatsachen selbst das Zeugnis zu verweigern. 2Soweit das Zeugnisverweigerungsrecht der oder des Unabhängigen Bundesbeauftragten für Antidiskriminierung reicht, darf von ihr oder ihm nicht gefordert werden, Akten oder andere Dokumente vorzulegen oder herauszugeben.

(2) Das Zeugnisverweigerungsrecht gilt auch für die der oder dem Unabhängigen Bundesbeauftragten für Antidiskriminierung zugewiesenen Beschäftigten mit der Maßgabe, dass über die Ausübung dieses Rechts die oder der Unabhängige Bundesbeauftragte für Antidiskriminierung entscheidet.

§ 26g Anspruch der oder des Unabhängigen Bundesbeauftragten für Antidiskriminierung auf Amtsbezüge, Versorgung und auf andere Leistungen

(1) Die oder der Unabhängige Bundesbeauftragte für Antidiskriminierung erhält Amtsbezüge entsprechend dem Grundgehalt der Besoldungsgruppe B 6 und den Familienzuschlag entsprechend den §§ 39 bis 41 des Bundesbesoldungsgesetzes.

(2) 1Der Anspruch auf die Amtsbezüge besteht für die Zeit vom ersten Tag des Monats, in dem das Amtsverhältnis beginnt, bis zum letzten Tag des Monats, in dem das Amtsverhältnis endet. 2Werden die Geschäfte über das Ende des Amtsverhältnisses hinaus noch bis zur Neuwahl weitergeführt, so besteht der Anspruch für die Zeit bis zum letzten Tag des Monats, in dem die Geschäftsführung endet. 3Bezieht die oder der Unabhängige Bundesbeauftragte für Antidiskriminierung für einen Zeitraum, für den sie oder er Amtsbezüge erhält, ein Einkommen aus einer Verwendung im öffentlichen Dienst, so ruht der Anspruch auf dieses Einkommen bis zur Höhe der Amtsbezüge. 4Die Amtsbezüge werden monatlich im Voraus gezahlt.

(3) 1Für Ansprüche auf Beihilfe und Versorgung gelten § 12 Absatz 6, die §§ 13 bis 18 und 20 des Bundesministergesetzes entsprechend mit der Maßgabe, dass an die Stelle der vierjährigen Amtszeit in § 15 Absatz 1 des Bundesministergesetzes eine Amtszeit als Unabhängige Bundesbeauftragte oder Unabhängiger Bundesbeauftragter für Antidiskriminierung von fünf Jahren tritt. 2Ein Anspruch auf Übergangsgeld besteht längstens bis zum Ablauf des Monats, in dem die für Bundesbeamtinnen und Bundesbeamte geltende Regelaltersgrenze nach § 51 Absatz 1 und 2 des Bundesbeamtengesetzes vollendet wird. 3Ist § 18 Absatz 2 des Bundesministergesetzes nicht anzuwenden, weil das Beamtenverhältnis einer Bundesbeamtin oder eines Bundesbeamten nach Beendigung des Amtsverhältnisses als Unabhängige Bundesbeauftragte oder Unabhängiger Bundesbeauftragter für Antidiskriminierung fortgesetzt wird, dann ist die Amtszeit als Unabhängige Bundesbeauftragte oder Unabhängiger Bundesbeauftragter für Antidiskriminierung bei der wegen Eintritt oder Versetzung der Bundesbeamtin oder des Bundesbeamten in den Ruhestand durchzuführenden Festsetzung des Ruhegehalts als ruhegehaltfähige Dienstzeit zu berücksichtigen.

(4) Die oder der Unabhängige Bundesbeauftragte für Antidiskriminierung erhält Reisekostenvergütung und Umzugskostenvergütung entsprechend den für Bundesbeamtinnen und Bundesbeamte geltenden Vorschriften.

§ 26h Verwendung der Geschenke an die Unabhängige Bundesbeauftragte oder den Unabhängigen Bundesbeauftragten für Antidiskriminierung

(1) Erhält die oder der Unabhängige Bundesbeauftragte für Antidiskriminierung ein Geschenk in Bezug auf das Amt, so muss sie oder er dies der Präsidentin oder dem Präsidenten des Deutschen Bundestages mitteilen.

(2) 1Die Präsidentin oder der Präsident des Deutschen Bundestages entscheidet über die Verwendung des Geschenks. 2Sie oder er kann Verfahrensvorschriften erlassen.

§ 26i Berufsbeschränkung

1Die oder der Unabhängige Bundesbeauftragte für Antidiskriminierung ist verpflichtet, eine beabsichtigte Erwerbstätigkeit oder sonstige entgeltliche Beschäftigung außerhalb des öffentlichen Dienstes, die innerhalb der ersten 18 Monate nach dem Ende der Amtszeit oder einer anschließenden Geschäftsführung aufgenommen werden soll, schriftlich oder elektronisch gegenüber der Präsidentin oder dem Präsidenten des Deutschen Bundestages anzuzeigen. 2Die Präsidentin oder der Präsident des Deutschen Bundestages kann der oder dem Unabhängigen Bundesbeauftragten für Antidiskriminierung die beabsichtigte Erwerbstätigkeit oder sonstige entgeltliche Beschäftigung untersagen, soweit zu besorgen ist, dass öffentliche Interessen beeinträchtigt werden. 3Von einer Beeinträchtigung ist insbesondere dann auszugehen, wenn die beabsichtigte Erwerbstätigkeit oder sonstige entgeltliche Beschäftigung in Angelegenheiten oder Bereichen ausgeführt werden soll, in denen die oder der Unabhängige Bundesbeauftragte für Antidiskriminierung während der Amtszeit oder einer anschließenden Geschäftsführung tätig war. 4Eine Untersagung soll in der Regel die Dauer von einem Jahr nach dem Ende der Amtszeit oder einer anschließenden Geschäftsführung nicht überschreiten. 5In Fällen der schweren Beeinträchtigung öffentlicher Interessen kann eine Untersagung auch für die Dauer von bis zu 18 Monaten ausgesprochen werden.

§ 27 Aufgaben der Antidiskriminierungsstelle des Bundes

(1) 1Wer der Ansicht ist, wegen eines in § 1 genannten Grundes benachteiligt worden zu sein, kann sich an die Antidiskriminierungsstelle des Bundes wenden. 2An die Antidiskriminierungsstelle des Bundes können sich auch Beschäftigte wenden, die der Ansicht sind, benachteiligt worden zu sein auf Grund

1. der Beantragung oder Inanspruchnahme einer Freistellung von der Arbeitsleistung oder der Anpassung der Arbeitszeit als Eltern oder pflegende Angehörige nach dem Bundeselterngeld- und Elternzeitgesetz, dem Pflegezeitgesetz oder dem Familienpflegezeitgesetz,
2. des Fernbleibens von der Arbeit nach § 2 des Pflegezeitgesetzes oder
3. der Verweigerung ihrer persönlich zu erbringenden Arbeitsleistung aus dringenden familiären Gründen nach § 275 Absatz 3 des Bürgerlichen Gesetzbuchs, wenn eine Erkrankung oder ein Unfall ihre unmittelbare Anwesenheit erforderten.

(2) 1Die Antidiskriminierungsstelle des Bundes unterstützt auf unabhängige Weise Personen, die sich nach Absatz 1 an sie wenden, bei der Durchsetzung ihrer Rechte zum Schutz vor Benachteiligungen. 2Hierbei kann sie insbesondere

1. über Ansprüche und die Möglichkeiten des rechtlichen Vorgehens im Rahmen gesetzlicher Regelungen zum Schutz vor Benachteiligungen informieren,
2. Beratung durch andere Stellen vermitteln,
3. eine gütliche Beilegung zwischen den Beteiligten anstreben.

3Soweit Beauftragte des Deutschen Bundestages oder der Bundesregierung zuständig sind, leitet die Antidiskriminierungsstelle des Bundes die Anliegen der in Absatz 1 genannten Personen mit deren Einverständnis unverzüglich an diese weiter.

(3) Die Antidiskriminierungsstelle des Bundes nimmt auf unabhängige Weise folgende Aufgaben wahr, soweit nicht die Zuständigkeit der Beauftragten der Bundesregierung oder des Deutschen Bundestages berührt ist:

1. Öffentlichkeitsarbeit,
2. Maßnahmen zur Verhinderung von Benachteiligungen aus den in § 1 genannten Gründen sowie von Benachteiligungen von Beschäftigten gemäß Absatz 1 Satz 2,
3. Durchführung wissenschaftlicher Untersuchungen zu diesen Benachteiligungen.

(4) 1Die Antidiskriminierungsstelle des Bundes und die in ihrem Zuständigkeitsbereich betroffenen Beauftragten der Bundesregierung und des Deutschen Bundestages legen gemeinsam dem Deutschen Bundestag alle vier Jahre Berichte über Benachteiligungen aus den in § 1 genannten Gründen sowie über Benachteiligungen von Beschäftigten gemäß Absatz 1 Satz 2 vor und geben Empfehlungen zur Beseitigung und Vermeidung dieser Benachteiligungen. 2Sie können gemeinsam wissenschaftliche Untersuchungen zu Benachteiligungen durchführen.

(5) Die Antidiskriminierungsstelle des Bundes und die in ihrem Zuständigkeitsbereich betroffenen Beauftragten der Bundesregierung und des Deutschen Bundestages sollen bei Benachteiligungen aus mehreren der in § 1 genannten Gründe zusammenarbeiten.

§ 28 Amtsbefugnisse der oder des Unabhängigen Bundesbeauftragten für Antidiskriminierung und Pflicht zur Unterstützung durch Bundesbehörden und öffentliche Stellen des Bundes

(1) 1Die oder der Unabhängige Bundesbeauftragte für Antidiskriminierung ist bei allen Vorhaben, die ihre oder seine Aufgaben berühren, zu beteiligen. 2Die Beteiligung soll möglichst frühzeitig erfolgen. 3Sie oder er kann der Bundesregierung Vorschläge machen und Stellungnahmen zuleiten.

(2) Die oder der Unabhängige Bundesbeauftragte für Antidiskriminierung informiert die Bundesministerien – vorbehaltlich anderweitiger gesetzlicher Bestimmungen – frühzeitig in Angelegenheiten von grundsätzlicher politischer Bedeutung, soweit Aufgaben der Bundesministerien betroffen sind.

(3) In den Fällen, in denen sich eine Person wegen einer Benachteiligung an die Antidiskriminierungsstelle des Bundes gewandt hat und die Antidiskriminierungsstelle des Bundes die gütliche Beilegung zwischen den Beteiligten anstrebt, kann die oder der Unabhängige Bundesbeauftragte für Antidiskriminierung Beteiligte um Stellungnahmen ersuchen, soweit die Person, die sich an die Antidiskriminierungsstelle des Bundes gewandt hat, hierzu ihr Einverständnis erklärt.

(4) Alle Bundesministerien, sonstigen Bundesbehörden und öffentlichen Stellen im Bereich des Bundes sind verpflichtet, die Unabhängige Bundesbeauftragte oder den Unabhängigen Bundesbeauftragten für Antidiskriminierung bei der Erfüllung der Aufgaben zu unterstützen, insbesondere die erforderlichen Auskünfte zu erteilen.

§ 29 Zusammenarbeit der Antidiskriminierungsstelle des Bundes mit Nichtregierungsorganisationen und anderen Einrichtungen

Die Antidiskriminierungsstelle des Bundes soll bei ihrer Tätigkeit Nichtregierungsorganisationen sowie Einrichtungen, die auf europäischer, Bundes-, Landes- oder regionaler Ebene zum Schutz vor Benachteiligungen wegen eines in § 1 genannten Grundes tätig sind, in geeigneter Form einbeziehen.

§ 30 Beirat der Antidiskriminierungsstelle des Bundes

(1) 1Zur Förderung des Dialogs mit gesellschaftlichen Gruppen und Organisationen, die sich den Schutz vor Benachteiligungen wegen eines in § 1 genannten Grundes zum Ziel gesetzt haben, wird der Antidiskriminierungsstelle des Bundes ein Beirat beigeordnet. 2Der Beirat berät die Antidiskriminierungsstelle des Bundes bei der Vorlage von Berichten und Empfehlungen an den Deutschen Bundestag nach § 27 Abs. 4 und kann hierzu sowie zu wissenschaftlichen Untersuchungen nach § 27 Abs. 3 Nr. 3 eigene Vorschläge unterbreiten.

(2) 1Das Bundesministerium für Familie, Senioren, Frauen und Jugend beruft im Einvernehmen mit der oder dem Unabhängigen

Bundesbeauftragten für Antidiskriminierung sowie den entsprechend zuständigen Beauftragten der Bundesregierung oder des Deutschen Bundestages die Mitglieder dieses Beirats und für jedes Mitglied eine Stellvertretung. $_{2}$In den Beirat sollen Vertreterinnen und Vertreter gesellschaftlicher Gruppen und Organisationen sowie Expertinnen und Experten in Benachteiligungsfragen berufen werden. $_{3}$Die Gesamtzahl der Mitglieder des Beirats soll 16 Personen nicht überschreiten. $_{4}$Der Beirat soll zu gleichen Teilen mit Frauen und Männern besetzt sein.

(3) Der Beirat gibt sich eine Geschäftsordnung, die der Zustimmung des Bundesministeriums für Familie, Senioren, Frauen und Jugend bedarf.

(4) $_{1}$Die Mitglieder des Beirats üben die Tätigkeit nach diesem Gesetz ehrenamtlich aus. $_{2}$Sie haben Anspruch auf Aufwandsentschädigung sowie Reisekostenvergütung, Tagegelder und Übernachtungsgelder. $_{3}$Näheres regelt die Geschäftsordnung.

Abschnitt 7
Schlussvorschriften

§ 31 Unabdingbarkeit

Von den Vorschriften dieses Gesetzes kann nicht zu Ungunsten der geschützten Personen abgewichen werden.

§ 32 Schlussbestimmung

Soweit in diesem Gesetz nicht Abweichendes bestimmt ist, gelten die allgemeinen Bestimmungen.

§ 33 Übergangsbestimmungen

(1) Bei Benachteiligungen nach den §§ 611a, 611b und 612 Abs. 3 des Bürgerlichen Gesetzbuchs oder sexuellen Belästigungen nach dem Beschäftigtenschutzgesetz ist das vor dem 18. August 2006 maßgebliche Recht anzuwenden.

(2) $_{1}$Bei Benachteiligungen aus Gründen der Rasse oder wegen der ethnischen Herkunft sind die §§ 19 bis 21 nicht auf Schuldverhältnisse anzuwenden, die vor dem 18. August 2006 begründet worden sind. $_{2}$Satz 1 gilt nicht für spätere Änderungen von Dauerschuldverhältnissen.

(3) $_{1}$Bei Benachteiligungen wegen des Geschlechts, der Religion, einer Behinderung, des Alters oder der sexuellen Identität sind die §§ 19 bis 21 nicht auf Schuldverhältnisse anzuwenden, die vor dem 1. Dezember 2006 begründet worden sind. $_{2}$Satz 1 gilt nicht für spätere Änderungen von Dauerschuldverhältnissen.

(4) $_{1}$Auf Schuldverhältnisse, die eine privatrechtliche Versicherung zum Gegenstand haben, ist § 19 Abs. 1 nicht anzuwenden, wenn diese vor dem 22. Dezember 2007 begründet worden sind. $_{2}$Satz 1 gilt nicht für spätere Änderungen solcher Schuldverhältnisse.

(5) $_{1}$Bei Versicherungsverhältnissen, die vor dem 21. Dezember 2012 begründet werden, ist eine unterschiedliche Behandlung wegen des Geschlechts im Falle des § 19 Absatz 1 Nummer 2 bei den Prämien oder Leistungen nur zulässig, wenn dessen Berücksichtigung bei einer auf relevanten und genauen versicherungsmathematischen und statistischen Daten beruhenden Risikobewertung ein bestimmender Faktor ist. $_{2}$Kosten im Zusammenhang mit Schwangerschaft und Mutterschaft dürfen auf keinen Fall zu unterschiedlichen Prämien oder Leistungen führen.

Gesetz über die Durchführung von Maßnahmen des Arbeitsschutzes zur Verbesserung der Sicherheit und des Gesundheitsschutzes der Beschäftigten bei der Arbeit (Arbeitsschutzgesetz – ArbSchG)

Vom 7. August 1996 (BGBl. I S. 1246)

Zuletzt geändert durch
Postrechtsmodernisierungsgesetz
vom 15. Juli 2024 (BGBl. I Nr. 236)

Erster Abschnitt
Allgemeine Vorschriften

§ 1 Zielsetzung und Anwendungsbereich

(1) $_{1}$Dieses Gesetz dient dazu, Sicherheit und Gesundheitsschutz der Beschäftigten bei der Arbeit durch Maßnahmen des Arbeitsschutzes zu sichern und zu verbessern. $_{2}$Es gilt in allen Tätigkeitsbereichen und findet im Rahmen der Vorgaben des Seerechtsübereinkommens der Vereinten Nationen vom 10. Dezember 1982 (BGBl. 1994 II S. 1799) auch in der ausschließlichen Wirtschaftszone Anwendung.

(2) $_{1}$Dieses Gesetz gilt nicht für den Arbeitsschutz von Hausangestellten in privaten Haushalten. $_{2}$Es gilt nicht für den Arbeitsschutz von Beschäftigten auf Seeschiffen und in Betrieben, die dem Bundesberggesetz unterliegen, soweit dafür entsprechende Rechtsvorschriften bestehen.

(3) $_{1}$Pflichten, die die Arbeitgeber zur Gewährleistung von Sicherheit und Gesundheitsschutz der Beschäftigten bei der Arbeit nach sonstigen Rechtsvorschriften haben, bleiben unberührt. $_{2}$Satz 1 gilt entsprechend für Pflichten und Rechte der Beschäftigten. $_{3}$Unberührt bleiben Gesetze, die andere Personen als Arbeitgeber zu Maßnahmen des Arbeitsschutzes verpflichten.

(4) Bei öffentlich-rechtlichen Religionsgemeinschaften treten an die Stelle der Betriebs- oder Personalräte die Mitarbeitervertretungen entsprechend dem kirchlichen Recht.

§ 2 Begriffsbestimmungen

(1) Maßnahmen des Arbeitsschutzes im Sinne dieses Gesetzes sind Maßnahmen zur Verhütung von Unfällen bei der Arbeit und arbeitsbedingten Gesundheitsgefahren einschließlich Maßnahmen der menschengerechten Gestaltung der Arbeit.

(2) Beschäftigte im Sinne dieses Gesetzes sind:

1. Arbeitnehmerinnen und Arbeitnehmer,
2. die zu ihrer Berufsbildung Beschäftigten,
3. arbeitnehmerähnliche Personen im Sinne des § 5 Abs. 1 des Arbeitsgerichtsgesetzes, ausgenommen die in Heimarbeit Beschäftigten und die ihnen Gleichgestellten,
4. Beamtinnen und Beamte,
5. Richterinnen und Richter,
6. Soldatinnen und Soldaten,
7. die in Werkstätten für Behinderte Beschäftigten.

(3) Arbeitgeber im Sinne dieses Gesetzes sind natürliche und juristische Personen und rechtsfähige Personengesellschaften, die Personen nach Absatz 2 beschäftigen.

(4) Sonstige Rechtsvorschriften im Sinne dieses Gesetzes sind Regelungen über Maßnahmen des Arbeitsschutzes in anderen Gesetzen, in Rechtsverordnungen und Unfallverhütungsvorschriften.

(5) $_{1}$Als Betriebe im Sinne dieses Gesetzes gelten für den Bereich des öffentlichen Dienstes die Dienststellen. $_{2}$Dienststellen sind die einzelnen Behörden, Verwaltungsstellen und Betriebe der Verwaltungen des Bundes, der Länder, der Gemeinden und der sonstigen Körperschaften, Anstalten und Stiftungen des öffentlichen Rechts, die Gerichte des Bundes und der Länder sowie die entsprechenden Einrichtungen der Streitkräfte.

Zweiter Abschnitt
Pflichten des Arbeitgebers

§ 3 Grundpflichten des Arbeitgebers

(1) 1Der Arbeitgeber ist verpflichtet, die erforderlichen Maßnahmen des Arbeitsschutzes unter Berücksichtigung der Umstände zu treffen, die Sicherheit und Gesundheit der Beschäftigten bei der Arbeit beeinflussen. 2Er hat die Maßnahmen auf ihre Wirksamkeit zu überprüfen und erforderlichenfalls sich ändernden Gegebenheiten anzupassen. 3Dabei hat er eine Verbesserung von Sicherheit und Gesundheitsschutz der Beschäftigten anzustreben.

(2) Zur Planung und Durchführung der Maßnahmen nach Absatz 1 hat der Arbeitgeber unter Berücksichtigung der Art der Tätigkeiten und der Zahl der Beschäftigten

1. für eine geeignete Organisation zu sorgen und die erforderlichen Mittel bereitzustellen sowie
2. Vorkehrungen zu treffen, daß die Maßnahmen erforderlichenfalls bei allen Tätigkeiten und eingebunden in die betrieblichen Führungsstrukturen beachtet werden und die Beschäftigten ihren Mitwirkungspflichten nachkommen können.

(3) Kosten für Maßnahmen nach diesem Gesetz darf der Arbeitgeber nicht den Beschäftigten auferlegen.

§ 4 Allgemeine Grundsätze

Der Arbeitgeber hat bei Maßnahmen des Arbeitsschutzes von folgenden allgemeinen Grundsätzen auszugehen:

1. Die Arbeit ist so zu gestalten, daß eine Gefährdung für das Leben sowie die physische und die psychische Gesundheit möglichst vermieden und die verbleibende Gefährdung möglichst gering gehalten wird;
2. Gefahren sind an ihrer Quelle zu bekämpfen;
3. bei den Maßnahmen sind der Stand von Technik, Arbeitsmedizin und Hygiene sowie sonstige gesicherte arbeitswissenschaftliche Erkenntnisse zu berücksichtigen;
4. Maßnahmen sind mit dem Ziel zu planen, Technik, Arbeitsorganisation, sonstige Arbeitsbedingungen, soziale Beziehungen und Einfluß der Umwelt auf den Arbeitsplatz sachgerecht zu verknüpfen;
5. individuelle Schutzmaßnahmen sind nachrangig zu anderen Maßnahmen;
6. spezielle Gefahren für besonders schutzbedürftige Beschäftigtengruppen sind zu berücksichtigen;
7. den Beschäftigten sind geeignete Anweisungen zu erteilen;
8. mittelbar oder unmittelbar geschlechtsspezifisch wirkende Regelungen sind nur zulässig, wenn dies aus biologischen Gründen zwingend geboten ist.

§ 5 Beurteilung der Arbeitsbedingungen

(1) Der Arbeitgeber hat durch eine Beurteilung der für die Beschäftigten mit ihrer Arbeit verbundenen Gefährdung zu ermitteln, welche Maßnahmen des Arbeitsschutzes erforderlich sind.

(2) 1Der Arbeitgeber hat die Beurteilung je nach Art der Tätigkeiten vorzunehmen. 2Bei gleichartigen Arbeitsbedingungen ist die Beurteilung eines Arbeitsplatzes oder einer Tätigkeit ausreichend.

(3) Eine Gefährdung kann sich insbesondere ergeben durch

1. die Gestaltung und die Einrichtung der Arbeitsstätte und des Arbeitsplatzes,
2. physikalische, chemische und biologische Einwirkungen,
3. die Gestaltung, die Auswahl und den Einsatz von Arbeitsmitteln, insbesondere von Arbeitsstoffen, Maschinen, Geräten und Anlagen sowie den Umgang damit,
4. die Gestaltung von Arbeits- und Fertigungsverfahren, Arbeitsabläufen und Arbeitszeit und deren Zusammenwirken,
5. unzureichende Qualifikation und Unterweisung der Beschäftigten,
6. psychische Belastungen bei der Arbeit.

§ 6 Dokumentation

(1) 1Der Arbeitgeber muß über die je nach Art der Tätigkeiten und der Zahl der Beschäftigten erforderlichen Unterlagen verfügen, aus denen das Ergebnis der Gefährdungsbeurtei-

lung, die von ihm festgelegten Maßnahmen des Arbeitsschutzes und das Ergebnis ihrer Überprüfung ersichtlich sind. 2Bei gleichartiger Gefährdungssituation ist es ausreichend, wenn die Unterlagen zusammengefaßte Angaben enthalten.

(2) Unfälle in seinem Betrieb, bei denen ein Beschäftigter getötet oder so verletzt wird, daß er stirbt oder für mehr als drei Tage völlig oder teilweise arbeits- oder dienstunfähig wird, hat der Arbeitgeber zu erfassen.

§ 7 Übertragung von Aufgaben

Bei der Übertragung von Aufgaben auf Beschäftigte hat der Arbeitgeber je nach Art der Tätigkeiten zu berücksichtigen, ob die Beschäftigten befähigt sind, die für die Sicherheit und den Gesundheitsschutz bei der Aufgabenerfüllung zu beachtenden Bestimmungen und Maßnahmen einzuhalten.

§ 8 Zusammenarbeit mehrerer Arbeitgeber

(1) 1Werden Beschäftigte mehrerer Arbeitgeber an einem Arbeitsplatz tätig, sind die Arbeitgeber verpflichtet, bei der Durchführung der Sicherheits- und Gesundheitsschutzbestimmungen zusammenzuarbeiten. 2Soweit dies für die Sicherheit und den Gesundheitsschutz der Beschäftigten bei der Arbeit erforderlich ist, haben die Arbeitgeber je nach Art der Tätigkeiten insbesondere sich gegenseitig und ihre Beschäftigten über die mit den Arbeiten verbundenen Gefahren für Sicherheit und Gesundheit der Beschäftigten zu unterrichten und Maßnahmen zur Verhütung dieser Gefahren abzustimmen.

(2) Der Arbeitgeber muß sich je nach Art der Tätigkeit vergewissern, daß die Beschäftigten anderer Arbeitgeber, die in seinem Betrieb tätig werden, hinsichtlich der Gefahren für ihre Sicherheit und Gesundheit während ihrer Tätigkeit in seinem Betrieb angemessene Anweisungen erhalten haben.

§ 9 Besondere Gefahren

(1) Der Arbeitgeber hat Maßnahmen zu treffen, damit nur Beschäftigte Zugang zu besonders gefährlichen Arbeitsbereichen haben, die zuvor geeignete Anweisungen erhalten haben.

(2) 1Der Arbeitgeber hat Vorkehrungen zu treffen, daß alle Beschäftigten, die einer unmittelbaren erheblichen Gefahr ausgesetzt sind oder sein können, möglichst frühzeitig über diese Gefahr und die getroffenen oder zu treffenden Schutzmaßnahmen unterrichtet sind. 2Bei unmittelbarer erheblicher Gefahr für die eigene Sicherheit oder die Sicherheit anderer Personen müssen die Beschäftigten die geeigneten Maßnahmen zur Gefahrenabwehr und Schadensbegrenzung selbst treffen können, wenn der zuständige Vorgesetzte nicht erreichbar ist; dabei sind die Kenntnisse der Beschäftigten und die vorhandenen technischen Mittel zu berücksichtigen. 3Den Beschäftigten dürfen aus ihrem Handeln keine Nachteile entstehen, es sei denn, sie haben vorsätzlich oder grob fahrlässig ungeeignete Maßnahmen getroffen.

(3) 1Der Arbeitgeber hat Maßnahmen zu treffen, die es den Beschäftigten bei unmittelbarer erheblicher Gefahr ermöglichen, sich durch sofortiges Verlassen der Arbeitsplätze in Sicherheit zu bringen. 2Den Beschäftigten dürfen hierdurch keine Nachteile entstehen. 3Hält die unmittelbare erhebliche Gefahr an, darf der Arbeitgeber die Beschäftigten nur in besonders begründeten Ausnahmefällen auffordern, ihre Tätigkeit wieder aufzunehmen. 4Gesetzliche Pflichten der Beschäftigten zur Abwehr von Gefahren für die öffentliche Sicherheit sowie die §§ 7 und 11 des Soldatengesetzes bleiben unberührt.

§ 10 Erste Hilfe und sonstige Notfallmaßnahmen

(1) 1Der Arbeitgeber hat entsprechend der Art der Arbeitsstätte und der Tätigkeiten sowie der Zahl der Beschäftigten die Maßnahmen zu treffen, die zur Ersten Hilfe, Brandbekämpfung und Evakuierung der Beschäftigten erforderlich sind. 2Dabei hat er der Anwesenheit anderer Personen Rechnung zu tragen. 3Er hat auch dafür zu sorgen, daß im Notfall die erforderlichen Verbindungen zu außerbetrieblichen Stellen, insbesondere in den Bereichen der Ersten Hilfe, der medizinischen Notversorgung, der Bergung und der Brandbekämpfung eingerichtet sind.

(2) 1Der Arbeitgeber hat diejenigen Beschäftigten zu benennen, die Aufgaben der Ersten Hilfe, Brandbekämpfung und Evakuierung der Beschäftigten übernehmen. 2Anzahl, Ausbildung und Ausrüstung der nach Satz 1 benannten Beschäftigten müssen in einem angemessenen Verhältnis zur Zahl der Beschäftigten und zu den bestehenden besonderen Gefahren stehen. 3Vor der Benennung hat der Arbeitgeber den Betriebs- oder Personalrat zu hören. 4Weitergehende Beteiligungsrechte bleiben unberührt. 5Der Arbeitgeber kann die in Satz 1 genannten Aufgaben auch selbst wahrnehmen, wenn er über die nach Satz 2 erforderliche Ausbildung und Ausrüstung verfügt.

§ 11 Arbeitsmedizinische Vorsorge

Der Arbeitgeber hat den Beschäftigten auf ihren Wunsch unbeschadet der Pflichten aus anderen Rechtsvorschriften zu ermöglichen, sich je nach den Gefahren für ihre Sicherheit und Gesundheit bei der Arbeit regelmäßig arbeitsmedizinisch untersuchen zu lassen, es sei denn, auf Grund der Beurteilung der Arbeitsbedingungen und der getroffenen Schutzmaßnahmen ist nicht mit einem Gesundheitsschaden zu rechnen.

§ 12 Unterweisung

(1) 1Der Arbeitgeber hat die Beschäftigten über Sicherheit und Gesundheitsschutz bei der Arbeit während ihrer Arbeitszeit ausreichend und angemessen zu unterweisen. 2Die Unterweisung umfaßt Anweisungen und Erläuterungen, die eigens auf den Arbeitsplatz oder den Aufgabenbereich der Beschäftigten ausgerichtet sind. 3Die Unterweisung muß bei der Einstellung, bei Veränderungen im Aufgabenbereich, der Einführung neuer Arbeitsmittel oder einer neuen Technologie vor Aufnahme der Tätigkeit der Beschäftigten erfolgen. 4Die Unterweisung muß an die Gefährdungsentwicklung angepaßt sein und erforderlichenfalls regelmäßig wiederholt werden.

(2) 1Bei einer Arbeitnehmerüberlassung trifft die Pflicht zur Unterweisung nach Absatz 1 den Entleiher. 2Er hat die Unterweisung unter Berücksichtigung der Qualifikation und der Erfahrung der Personen, die ihm zur Arbeitsleistung überlassen werden, vorzunehmen. 3Die sonstigen Arbeitsschutzpflichten des Verleihers bleiben unberührt.

§ 13 Verantwortliche Personen

(1) Verantwortlich für die Erfüllung der sich aus diesem Abschnitt ergebenden Pflichten sind neben dem Arbeitgeber

1. sein gesetzlicher Vertreter,
2. das vertretungsberechtigte Organ einer juristischen Person,
3. der vertretungsberechtigte Gesellschafter einer Personenhandelsgesellschaft,
4. Personen, die mit der Leitung eines Unternehmens oder eines Betriebes beauftragt sind, im Rahmen der ihnen übertragenen Aufgaben und Befugnisse,
5. sonstige nach Absatz 2 oder nach einer auf Grund dieses Gesetzes erlassenen Rechtsverordnung oder nach einer Unfallverhütungsvorschrift verpflichtete Personen im Rahmen ihrer Aufgaben und Befugnisse.

(2) Der Arbeitgeber kann zuverlässige und fachkundige Personen schriftlich damit beauftragen ihm obliegende Aufgaben nach diesem Gesetz in eigener Verantwortung wahrzunehmen.

§ 14 Unterrichtung und Anhörung der Beschäftigten des öffentlichen Dienstes

(1) Die Beschäftigten des öffentlichen Dienstes sind vor Beginn der Beschäftigung und bei Veränderungen in ihren Arbeitsbereichen über Gefahren für Sicherheit und Gesundheit, denen sie bei der Arbeit ausgesetzt sein können, sowie über die Maßnahmen und Einrichtungen zur Verhütung dieser Gefahren und die nach § 10 Abs. 2 getroffenen Maßnahmen zu unterrichten.

(2) Soweit in Betrieben des öffentlichen Dienstes keine Vertretung der Beschäftigten besteht, hat der Arbeitgeber die Beschäftigten zu allen Maßnahmen zu hören, die Auswirkungen auf Sicherheit und Gesundheit der Beschäftigten haben können.

2

Dritter Abschnitt Pflichten und Rechte der Beschäftigten

§ 15 Pflichten der Beschäftigten

(1) 1Die Beschäftigten sind verpflichtet, nach ihren Möglichkeiten sowie gemäß der Unterweisung und Weisung des Arbeitgebers für ihre Sicherheit und Gesundheit bei der Arbeit Sorge zu tragen. 2Entsprechend Satz 1 haben die Beschäftigten auch für die Sicherheit und Gesundheit der Personen zu sorgen, die von ihren Handlungen oder Unterlassungen bei der Arbeit betroffen sind.

(2) Im Rahmen des Absatzes 1 haben die Beschäftigten insbesondere Maschinen, Geräte, Werkzeuge, Arbeitsstoffe, Transportmittel und sonstige Arbeitsmittel sowie Schutzvorrichtungen und die ihnen zur Verfügung gestellte persönliche Schutzausrüstung bestimmungsgemäß zu verwenden.

§ 16 Besondere Unterstützungspflichten

(1) Die Beschäftigten haben dem Arbeitgeber oder dem zuständigen Vorgesetzten jede von ihnen festgestellte unmittelbare erhebliche Gefahr für die Sicherheit und Gesundheit sowie jeden an den Schutzsystemen festgestellten Defekt unverzüglich zu melden.

(2) 1Die Beschäftigten haben gemeinsam mit dem Betriebsarzt und der Fachkraft für Arbeitssicherheit den Arbeitgeber darin zu unterstützen, die Sicherheit und den Gesundheitsschutz der Beschäftigten bei der Arbeit zu gewährleisten und seine Pflichten entsprechend den behördlichen Aufgaben zu erfüllen. 2Unbeschadet ihrer Pflicht nach Absatz 1 sollen die Beschäftigten von ihnen festgestellte Gefahren für Sicherheit und Gesundheit und Mängel an den Schutzsystemen auch der Fachkraft für Arbeitssicherheit, dem Betriebsarzt oder dem Sicherheitsbeauftragten nach § 22 des Siebten Buches Sozialgesetzbuch mitteilen.

§ 17 Rechte der Beschäftigten

(1) 1Die Beschäftigten sind berechtigt, dem Arbeitgeber Vorschläge zu allen Fragen der Sicherheit und des Gesundheitsschutzes bei der Arbeit zu machen. 2Für Beamtinnen und Beamte des Bundes ist § 125 des Bundesbeamtengesetzes anzuwenden. 3Entsprechendes Landesrecht bleibt unberührt.

(2) 1Sind Beschäftigte auf Grund konkreter Anhaltspunkte der Auffassung, daß die vom Arbeitgeber getroffenen Maßnahmen und bereitgestellten Mittel nicht ausreichen, um die Sicherheit und den Gesundheitsschutz bei der Arbeit zu gewährleisten, und hilft der Arbeitgeber darauf gerichteten Beschwerden von Beschäftigten nicht ab, können sich diese an die zuständige Behörde wenden. 2Hierdurch dürfen den Beschäftigten keine Nachteile entstehen. 3Die in Absatz 1 Satz 2 und 3 genannten Vorschriften sowie die Vorschriften des Hinweisgeberschutzgesetzes, der Wehrbeschwerdeordnung und des Gesetzes über den Wehrbeauftragten des Deutschen Bundestages bleiben unberührt.

Vierter Abschnitt Verordnungsermächtigungen

§ 18 Verordnungsermächtigungen

(1) 1Die Bundesregierung wird ermächtigt, durch Rechtsverordnung mit Zustimmung des Bundesrates vorzuschreiben, welche Maßnahmen der Arbeitgeber und die sonstigen verantwortlichen Personen zu treffen haben und wie sich die Beschäftigten zu verhalten haben, um ihre jeweiligen Pflichten, die sich aus diesem Gesetz ergeben, zu erfüllen. 2In diesen Rechtsverordnungen kann auch bestimmt werden, daß bestimmte Vorschriften des Gesetzes zum Schutz anderer als in § 2 Abs. 2 genannter Personen anzuwenden sind.

(2) Durch Rechtsverordnungen nach Absatz 1 kann insbesondere bestimmt werden,

1. daß und wie zur Abwehr bestimmter Gefahren Dauer oder Lage der Beschäftigung oder die Zahl der Beschäftigten begrenzt werden muß,
2. daß der Einsatz bestimmter Arbeitsmittel oder -verfahren mit besonderen Gefahren für die Beschäftigten verboten ist oder der zuständigen Behörde angezeigt oder von ihr erlaubt sein muß oder be-

sonders gefährdete Personen dabei nicht beschäftigt werden dürfen,

3. daß bestimmte, besonders gefährliche Betriebsanlagen einschließlich der Arbeits- und Fertigungsverfahren vor Inbetriebnahme, in regelmäßigen Abständen oder auf behördliche Anordnung fachkundig geprüft werden müssen,

3a. dass für bestimmte Beschäftigte angemessene Unterkünfte bereitzustellen sind, wenn dies aus Gründen der Sicherheit, zum Schutz der Gesundheit oder aus Gründen der menschengerechten Gestaltung der Arbeit erforderlich ist und welche Anforderungen dabei zu erfüllen sind,

4. daß Beschäftigte, bevor sie eine bestimmte gefährdende Tätigkeit aufnehmen oder fortsetzen oder nachdem sie sie beendet haben, arbeitsmedizinisch zu untersuchen sind, und welche besonderen Pflichten der Arzt dabei zu beachten hat,

5. dass Ausschüsse zu bilden sind, denen die Aufgabe übertragen wird, die Bundesregierung oder das zuständige Bundesministerium zur Anwendung der Rechtsverordnungen zu beraten, dem Stand der Technik, Arbeitsmedizin und Hygiene entsprechende Regeln und sonstige gesicherte arbeitswissenschaftliche Erkenntnisse zu ermitteln sowie Regeln zu ermitteln, wie die in den Rechtsverordnungen gestellten Anforderungen erfüllt werden können. Das Bundesministerium für Arbeit und Soziales kann die Regeln und Erkenntnisse amtlich bekannt machen.

(3) 1In epidemischen Lagen von nationaler Tragweite nach § 5 Absatz 1 des Infektionsschutzgesetzes kann das Bundesministerium für Arbeit und Soziales ohne Zustimmung des Bundesrates spezielle Rechtsverordnungen nach Absatz 1 für einen befristeten Zeitraum erlassen. 2Das Bundesministerium für Arbeit und Soziales kann ohne Zustimmung des Bundesrates durch Rechtsverordnung für einen befristeten Zeitraum, der spätestens mit Ablauf des 7. April 2023 endet,

1. bestimmen, dass spezielle Rechtsverordnungen nach Satz 1 nach Aufhebung der Feststellung der epidemischen Lage von nationaler Tragweite nach § 5 Absatz 1 des Infektionsschutzgesetzes fortgelten, und diese ändern sowie
2. spezielle Rechtsverordnungen nach Absatz 1 erlassen.

§ 19 Rechtsakte der Europäischen Gemeinschaften und zwischenstaatliche Vereinbarungen

Rechtsverordnungen nach § 18 können auch erlassen werden, soweit dies zur Durchführung von Rechtsakten des Rates oder der Kommission der Europäischen Gemeinschaften oder von Beschlüssen internationaler Organisationen oder von zwischenstaatlichen Vereinbarungen, die Sachbereiche dieses Gesetzes betreffen, erforderlich ist, insbesondere um Arbeitsschutzpflichten für andere als in § 2 Abs. 3 genannte Personen zu regeln.

§ 20 Regelungen für den öffentlichen Dienst

(1) Für die Beamten der Länder, Gemeinden und sonstigen Körperschaften, Anstalten und Stiftungen des öffentlichen Rechts regelt das Landesrecht, ob und inwieweit die nach § 18 erlassenen Rechtsverordnungen gelten.

(2) 1Für bestimmte Tätigkeiten im öffentlichen Dienst des Bundes, insbesondere bei der Bundeswehr, der Polizei, den Zivil- und Katastrophenschutzdiensten, dem Zoll oder den Nachrichtendiensten, können das Bundeskanzleramt, das Bundesministerium des Innern, für Bau und Heimat, das Bundesministerium für Verkehr und digitale Infrastruktur, das Bundesministerium der Verteidigung oder das Bundesministerium der Finanzen, soweit sie hierfür jeweils zuständig sind, durch Rechtsverordnung ohne Zustimmung des Bundesrates bestimmen, daß Vorschriften dieses Gesetzes ganz oder zum Teil nicht anzuwenden sind, soweit öffentliche Belange dies zwingend erfordern, insbesondere zur Aufrechterhaltung oder Wiederherstellung der öffentlichen Sicherheit. 2Rechtsverordnungen nach Satz 1 werden im Einvernehmen mit dem Bundesministerium für Arbeit und Soziales und, soweit nicht das Bundesministerium des

Innern, für Bau und Heimat selbst ermächtigt ist, im Einvernehmen mit diesem Ministerium erlassen. $_{3}$In den Rechtsverordnungen ist gleichzeitig festzulegen, wie die Sicherheit und der Gesundheitsschutz bei der Arbeit unter Berücksichtigung der Ziele dieses Gesetzes auf andere Weise gewährleistet werden. $_{4}$Für Tätigkeiten im öffentlichen Dienst der Länder, Gemeinden und sonstigen landesunmittelbaren Körperschaften, Anstalten und Stiftungen des öffentlichen Rechts können den Sätzen 1 und 3 entsprechende Regelungen durch Landesrecht getroffen werden.

Fünfter Abschnitt Gemeinsame deutsche Arbeitsschutzstrategie

§ 20a Gemeinsame deutsche Arbeitsschutzstrategie

(1) $_{1}$Nach den Bestimmungen dieses Abschnitts entwickeln Bund, Länder und Unfallversicherungsträger im Interesse eines wirksamen Arbeitsschutzes eine gemeinsame deutsche Arbeitsschutzstrategie und gewährleisten ihre Umsetzung und Fortschreibung. $_{2}$Mit der Wahrnehmung der ihnen gesetzlich zugewiesenen Aufgaben zur Verhütung von Arbeitsunfällen, Berufskrankheiten und arbeitsbedingten Gesundheitsgefahren sowie zur menschengerechten Gestaltung der Arbeit tragen Bund, Länder und Unfallversicherungsträger dazu bei, die Ziele der gemeinsamen deutschen Arbeitsschutzstrategie zu erreichen.

(2) Die gemeinsame deutsche Arbeitsschutzstrategie umfasst

1. die Entwicklung gemeinsamer Arbeitsschutzziele,
2. die Festlegung vorrangiger Handlungsfelder und von Eckpunkten für Arbeitsprogramme sowie deren Ausführung nach einheitlichen Grundsätzen,
3. die Evaluierung der Arbeitsschutzziele, Handlungsfelder und Arbeitsprogramme mit geeigneten Kennziffern,
4. die Festlegung eines abgestimmten Vorgehens der für den Arbeitsschutz zuständigen Landesbehörden und der Unfallversicherungsträger bei der Beratung und Überwachung der Betriebe,
5. die Herstellung eines verständlichen, überschaubaren und abgestimmten Vorschriften- und Regelwerks.

§ 20b Nationale Arbeitsschutzkonferenz

(1) $_{1}$Die Aufgabe der Entwicklung, Steuerung und Fortschreibung der gemeinsamen deutschen Arbeitsschutzstrategie nach § 20a Abs. 1 Satz 1 wird von der Nationalen Arbeitsschutzkonferenz wahrgenommen. $_{2}$Sie setzt sich aus jeweils drei stimmberechtigten Vertretern von Bund, Ländern und den Unfallversicherungsträgern zusammen und bestimmt für jede Gruppe drei Stellvertreter. $_{3}$Außerdem entsenden die Spitzenorganisationen der Arbeitgeber und Arbeitnehmer für die Behandlung von Angelegenheiten nach § 20a Abs. 2 Nr. 1 bis 3 und 5 jeweils bis zu drei Vertreter in die Nationale Arbeitsschutzkonferenz; sie nehmen mit beratender Stimme an den Sitzungen teil. $_{4}$Die Nationale Arbeitsschutzkonferenz gibt sich eine Geschäftsordnung; darin werden insbesondere die Arbeitsweise und das Beschlussverfahren festgelegt. $_{5}$Die Geschäftsordnung muss einstimmig angenommen werden.

(2) Alle Einrichtungen, die mit Sicherheit und Gesundheit bei der Arbeit befasst sind, können der Nationalen Arbeitsschutzkonferenz Vorschläge für Arbeitsschutzziele, Handlungsfelder und Arbeitsprogramme unterbreiten.

(3) $_{1}$Die Nationale Arbeitsschutzkonferenz wird durch ein Arbeitsschutzforum unterstützt, das in der Regel einmal jährlich stattfindet. $_{2}$Am Arbeitsschutzforum sollen sachverständige Vertreter der Spitzenorganisationen der Arbeitgeber und Arbeitnehmer, der Berufs- und Wirtschaftsverbände, der Wissenschaft, der Kranken- und Rentenversicherungsträger, von Einrichtungen im Bereich Sicherheit und Gesundheit bei der Arbeit sowie von Einrichtungen, die der Förderung der Beschäftigungsfähigkeit dienen, teilnehmen. $_{3}$Das Arbeitsschutzforum hat die Aufgabe, eine frühzeitige und aktive Teilhabe der sachverständigen Fachöffentlichkeit an der

Entwicklung und Fortschreibung der gemeinsamen deutschen Arbeitsschutzstrategie sicherzustellen und die Nationale Arbeitsschutzkonferenz entsprechend zu beraten.

(4) Einzelheiten zum Verfahren der Einreichung von Vorschlägen nach Absatz 2 und zur Durchführung des Arbeitsschutzforums nach Absatz 3 werden in der Geschäftsordnung der Nationalen Arbeitsschutzkonferenz geregelt.

(5) 1Die Geschäfte der Nationalen Arbeitsschutzkonferenz und des Arbeitsschutzforums führt die Bundesanstalt für Arbeitsschutz und Arbeitsmedizin. 2Einzelheiten zu Arbeitsweise und Verfahren werden in der Geschäftsordnung der Nationalen Arbeitsschutzkonferenz festgelegt.

Sechster Abschnitt Schlußvorschriften

§ 21 Zuständige Behörden; Zusammenwirken mit den Trägern der gesetzlichen Unfallversicherung

(1) 1Die Überwachung des Arbeitsschutzes nach diesem Gesetz ist staatliche Aufgabe. 2Die zuständigen Behörden haben die Einhaltung dieses Gesetzes und der auf Grund dieses Gesetzes erlassenen Rechtsverordnungen zu überwachen und die Arbeitgeber bei der Erfüllung ihrer Pflichten zu beraten. 3Bei der Überwachung haben die zuständigen Behörden bei der Auswahl von Betrieben Art und Umfang des betrieblichen Gefährdungspotenzials zu berücksichtigen.

(1a) 1Die zuständigen Landesbehörden haben bei der Überwachung nach Absatz 1 sicherzustellen, dass im Laufe eines Kalenderjahres eine Mindestanzahl an Betrieben besichtigt wird. 2Beginnend mit dem Kalenderjahr 2026 sind im Laufe eines Kalenderjahres mindestens 5 Prozent der im Land vorhandenen Betriebe zu besichtigen (Mindestbesichtigungsquote). 3Von der Mindestbesichtigungsquote kann durch Landesrecht nicht abgewichen werden. 4Erreicht eine Landesbehörde die Mindestbesichtigungsquote nicht, so hat sie die Zahl der besichtigten Betriebe bis zum Kalenderjahr 2026 schrittweise mindestens so weit zu erhöhen, dass sie die Mindestbesichtigungsquote erreicht. 5Maßgeblich für die Anzahl der im Land vorhandenen Betriebe ist die amtliche Statistik der Bundesagentur für Arbeit des Vorjahres.

(2) 1Die Aufgaben und Befugnisse der Träger der gesetzlichen Unfallversicherung richten sich, soweit nichts anderes bestimmt ist, nach den Vorschriften des Sozialgesetzbuchs. 2Soweit die Träger der gesetzlichen Unfallversicherung nach dem Sozialgesetzbuch im Rahmen ihres Präventionsauftrags auch Aufgaben zur Gewährleistung von Sicherheit und Gesundheitsschutz der Beschäftigten wahrnehmen, werden sie ausschließlich im Rahmen ihrer autonomen Befugnisse tätig.

(3) 1Die zuständigen Landesbehörden und die Unfallversicherungsträger wirken auf der Grundlage einer gemeinsamen Beratungs- und Überwachungsstrategie nach § 20a Abs. 2 Nr. 4 eng zusammen und stellen den Erfahrungsaustausch sicher. 2Diese Strategie umfasst die Abstimmung allgemeiner Grundsätze zur methodischen Vorgehensweise bei

1. der Beratung und Überwachung der Betriebe,
2. der Festlegung inhaltlicher Beratungs- und Überwachungsschwerpunkte, aufeinander abgestimmter oder gemeinsamer Schwerpunktaktionen und Arbeitsprogramme und
3. der Förderung eines Daten- und sonstigen Informationsaustausches, insbesondere über Betriebsbesichtigungen und deren wesentliche Ergebnisse.

3Die zuständigen Landesbehörden vereinbaren mit den Unfallversicherungsträgern nach § 20 Abs. 2 Satz 3 des Siebten Buches Sozialgesetzbuch die Maßnahmen, die zur Umsetzung der gemeinsamen Arbeitsprogramme nach § 20a Abs. 2 Nr. 2 und der gemeinsamen Beratungs- und Überwachungsstrategie notwendig sind; sie evaluieren deren Zielerreichung mit den von der Nationalen Arbeitsschutzkonferenz nach § 20a Abs. 2 Nr. 3 bestimmten Kennziffern.

(3a) 1Zu nach dem 1. Januar 2023 durchgeführten Betriebsbesichtigungen und deren

Ergebnissen übermitteln die für den Arbeitsschutz zuständigen Landesbehörden an den für die besichtigte Betriebsstätte zuständigen Unfallversicherungsträger im Wege elektronischer Datenübertragung folgende Informationen:

1. Name und Anschrift des Betriebs,
2. Anschrift der besichtigten Betriebsstätte, soweit nicht mit Nummer 1 identisch,
3. Kennnummer zur Identifizierung,
4. Wirtschaftszweig des Betriebs,
5. Datum der Besichtigung,
6. Anzahl der Beschäftigten zum Zeitpunkt der Besichtigung,
7. Vorhandensein einer betrieblichen Interessenvertretung,
8. Art der sicherheitstechnischen Betreuung,
9. Art der betriebsärztlichen Betreuung,
10. Bewertung der Arbeitsschutzorganisation einschließlich
    a) der Unterweisung,
    b) der arbeitsmedizinischen Vorsorge und
    c) der Ersten Hilfe und sonstiger Notfallmaßnahmen,
11. Bewertung der Gefährdungsbeurteilung einschließlich
    a) der Ermittlung von Gefährdungen und Festlegung von Maßnahmen,
    b) der Prüfung der Umsetzung der Maßnahmen und ihrer Wirksamkeit und
    c) der Dokumentation der Gefährdungen und Maßnahmen,
12. Verwaltungshandeln in Form von Feststellungen, Anordnungen oder Bußgeldern.

$_2$Die übertragenen Daten dürfen von den Unfallversicherungsträgern nur zur Erfüllung der in ihrer Zuständigkeit nach § 17 Absatz 1 des Siebten Buches Sozialgesetzbuch liegenden Aufgaben verarbeitet werden.

(4) $_1$Die für den Arbeitsschutz zuständige oberste Landesbehörde kann mit Trägern der gesetzlichen Unfallversicherung vereinbaren, daß diese in näher zu bestimmenden Tätigkeitsbereichen die Einhaltung dieses Gesetzes, bestimmter Vorschriften dieses Gesetzes oder der auf Grund dieses Gesetzes erlassenen Rechtsverordnungen überwachen. $_2$In der Vereinbarung sind Art und Umfang der Überwachung sowie die Zusammenarbeit mit den staatlichen Arbeitsschutzbehörden festzulegen.

(5) $_1$Soweit nachfolgend nichts anderes bestimmt ist, ist zuständige Behörde für die Durchführung dieses Gesetzes und der auf dieses Gesetz gestützten Rechtsverordnungen in den Betrieben und Verwaltungen des Bundes die Zentralstelle für Arbeitsschutz beim Bundesministerium des Innern, für Bau und Heimat. $_2$Im Auftrag der Zentralstelle handelt, soweit nichts anderes bestimmt ist, die Unfallversicherung Bund und Bahn, die insoweit der Aufsicht des Bundesministeriums des Innern, für Bau und Heimat unterliegt; Aufwendungen werden nicht erstattet. $_3$Im öffentlichen Dienst im Geschäftsbereich des Bundesministeriums für Verkehr und digitale Infrastruktur führt die Unfallversicherung Bund und Bahn, soweit die Eisenbahn-Unfallkasse bis zum 31. Dezember 2014 Träger der Unfallversicherung war, dieses Gesetz durch. $_4$Für Betriebe und Verwaltungen in den Geschäftsbereichen des Bundesministeriums der Verteidigung und des Auswärtigen Amtes hinsichtlich seiner Auslandsvertretungen führt das jeweilige Bundesministerium, soweit es jeweils zuständig ist, oder die von ihm jeweils bestimmte Stelle dieses Gesetz durch. $_5$Im Geschäftsbereich des Bundesministeriums der Finanzen führt die Berufsgenossenschaft Verkehrswirtschaft Post-Logistik Telekommunikation dieses Gesetz durch, soweit der Geschäftsbereich des ehemaligen Bundesministeriums für Post und Telekommunikation betroffen ist. $_6$Die Sätze 1 bis 4 gelten auch für Betriebe und Verwaltungen, die zur Bundesverwaltung gehören, für die aber eine Berufsgenossenschaft Träger der Unfallversicherung ist. $_7$Die zuständigen Bundesministerien können mit den Berufsgenossenschaften für diese Betriebe und Verwaltungen vereinbaren, daß das Gesetz von den Berufsgenossenschaften durchgeführt wird; Aufwendungen werden nicht erstattet.

§ 22 Befugnisse der zuständigen Behörden

(1) $_{1}$Die zuständige Behörde kann vom Arbeitgeber oder von den verantwortlichen Personen die zur Durchführung ihrer Überwachungsaufgabe erforderlichen Auskünfte und die Überlassung von entsprechenden Unterlagen verlangen. $_{2}$Werden Beschäftigte mehrerer Arbeitgeber an einem Arbeitsplatz tätig, kann die zuständige Behörde von den Arbeitgebern oder von den verantwortlichen Personen verlangen, dass das Ergebnis der Abstimmung über die zu treffenden Maßnahmen nach § 8 Absatz 1 schriftlich vorgelegt wird. $_{3}$Die auskunftspflichtige Person kann die Auskunft auf solche Fragen oder die Vorlage derjenigen Unterlagen verweigern, deren Beantwortung oder Vorlage sie selbst oder einen ihrer in § 383 Abs. 1 Nr. 1 bis 3 der Zivilprozeßordnung bezeichneten Angehörigen der Gefahr der Verfolgung wegen einer Straftat oder Ordnungswidrigkeit aussetzen würde. $_{4}$Die auskunftspflichtige Person ist darauf hinzuweisen.

(2) $_{1}$Die mit der Überwachung beauftragten Personen sind befugt, zu den Betriebs- und Arbeitszeiten Betriebsstätten, Geschäfts- und Betriebsräume zu betreten, zu besichtigen und zu prüfen sowie in die geschäftlichen Unterlagen der auskunftspflichtigen Person Einsicht zu nehmen, soweit dies zur Erfüllung ihrer Aufgaben erforderlich ist. $_{2}$Außerdem sind sie befugt, Betriebsanlagen, Arbeitsmittel und persönliche Schutzausrüstungen zu prüfen, Arbeitsverfahren und Arbeitsabläufe zu untersuchen, Messungen vorzunehmen und insbesondere arbeitsbedingte Gesundheitsgefahren festzustellen und zu untersuchen, auf welche Ursachen ein Arbeitsunfall, eine arbeitsbedingte Erkrankung oder ein Schadensfall zurückzuführen ist. $_{3}$Sie sind berechtigt, die Begleitung durch den Arbeitgeber oder eine von ihm beauftragte Person zu verlangen. $_{4}$Der Arbeitgeber oder die verantwortlichen Personen haben die mit der Überwachung beauftragten Personen bei der Wahrnehmung ihrer Befugnisse nach den Sätzen 1 und 2 zu unterstützen. $_{5}$Außerhalb der in Satz 1 genannten Zeiten dürfen die mit der Überwachung beauftragten Personen ohne Einverständnis des Arbeitgebers die Maßnahmen nach den Sätzen 1 und 2 nur treffen, soweit sie zur Verhütung dringender Gefahren für die öffentliche Sicherheit und Ordnung erforderlich sind. $_{6}$Wenn sich die Arbeitsstätte in einer Wohnung befindet, dürfen die mit der Überwachung beauftragten Personen die Maßnahmen nach den Sätzen 1 und 2 ohne Einverständnis der Bewohner oder Nutzungsberechtigten nur treffen, soweit sie zur Verhütung dringender Gefahren für die öffentliche Sicherheit und Ordnung erforderlich sind. $_{7}$Die auskunftspflichtige Person hat die Maßnahmen nach den Sätzen 1, 2, 5 und 6 zu dulden. $_{8}$Die Sätze 1 und 5 gelten entsprechend, wenn nicht feststeht, ob in der Arbeitsstätte Personen beschäftigt werden, jedoch Tatsachen gegeben sind, die diese Annahme rechtfertigen. $_{9}$Das Grundrecht der Unverletzlichkeit der Wohnung (Artikel 13 des Grundgesetzes) wird insoweit eingeschränkt.

(3) $_{1}$Die zuständige Behörde kann im Einzelfall anordnen,

1. welche Maßnahmen der Arbeitgeber und die verantwortlichen Personen oder die Beschäftigten zur Erfüllung der Pflichten zu treffen haben, die sich aus diesem Gesetz und den auf Grund dieses Gesetzes erlassenen Rechtsverordnungen ergeben,
2. welche Maßnahmen der Arbeitgeber und die verantwortlichen Personen zur Abwendung einer besonderen Gefahr für Leben und Gesundheit der Beschäftigten zu treffen haben.

$_{2}$Die zuständige Behörde hat, wenn nicht Gefahr im Verzug ist, zur Ausführung der Anordnung eine angemessene Frist zu setzen. $_{3}$Wird eine Anordnung nach Satz 1 nicht innerhalb einer gesetzten Frist oder eine für sofort vollziehbar erklärte Anordnung nicht sofort ausgeführt, kann die zuständige Behörde die von der Anordnung betroffene Arbeit oder die Verwendung oder den Betrieb der von der Anordnung betroffenen Arbeitsmittel untersagen. $_{4}$Maßnahmen der zuständigen Behörde im Bereich des öffentlichen Dienstes, die den Dienstbetrieb wesentlich beeinträchtigen, sollen im Einvernehmen mit der obersten Bundes- oder Landesbehörde oder dem Hauptverwaltungsbeamten der Gemeinde getroffen werden.

§ 23 Betriebliche Daten; Zusammenarbeit mit anderen Behörden; Jahresbericht, Bundesfachstelle

(1) 1Der Arbeitgeber hat der zuständigen Behörde zu einem von ihr bestimmten Zeitpunkt Mitteilungen über

1. die Zahl der Beschäftigten und derer, an die er Heimarbeit vergibt, aufgegliedert nach Geschlecht, Alter und Staatsangehörigkeit,
2. den Namen oder die Bezeichnung und Anschrift des Betriebes, in dem er sie beschäftigt,
3. seinen Namen, seine Firma und seine Anschrift sowie
4. den Wirtschaftszweig, dem sein Betrieb angehört,

zu machen. 2Das Bundesministerium für Arbeit und Soziales wird ermächtigt, durch Rechtsverordnung mit Zustimmung des Bundesrates zu bestimmen, daß die Stellen der Bundesverwaltung, denen der Arbeitgeber die in Satz 1 genannten Mitteilungen bereits auf Grund einer Rechtsvorschrift mitgeteilt hat, diese Angaben an die für die Behörden nach Absatz 1 zuständigen obersten Landesbehörden als Schreiben oder auf maschinell verwertbaren Datenträgern oder durch Datenübertragung weiterzuleiten haben. 3In der Rechtsverordnung können das Nähere über die Form der weiterzuleitenden Angaben sowie die Frist für die Weiterleitung bestimmt werden. 4Die weitergeleiteten Angaben dürfen nur zur Erfüllung der in der Zuständigkeit der Behörden nach § 21 Abs. 1 liegenden Arbeitsschutzaufgaben verarbeitet werden.

(2) 1Die mit der Überwachung beauftragten Personen dürfen die ihnen bei ihrer Überwachungstätigkeit zur Kenntnis gelangenden Geschäfts- und Betriebsgeheimnisse nur in den gesetzlich geregelten Fällen oder zur Verfolgung von Gesetzwidrigkeiten oder zur Erfüllung von gesetzlich geregelten Aufgaben zum Schutz der Versicherten dem Träger der gesetzlichen Unfallversicherung oder zum Schutz der Umwelt den dafür zuständigen Behörden offenbaren. 2Soweit es sich bei Geschäfts- und Betriebsgeheimnissen um Informationen über die Umwelt im Sinne des Umweltinformationsgesetzes handelt, richtet sich die Befugnis zu ihrer Offenbarung nach dem Umweltinformationsgesetz.

(3) 1Ergeben sich im Einzelfall für die zuständigen Behörden konkrete Anhaltspunkte für

1. eine Beschäftigung oder Tätigkeit von Ausländern ohne den erforderlichen Aufenthaltstitel nach § 4 Abs. 3 des Aufenthaltsgesetzes, eine Aufenthaltsgestattung oder eine Duldung, die zur Ausübung der Beschäftigung berechtigen, oder eine Genehmigung nach § 284 Abs. 1 des Dritten Buches Sozialgesetzbuch,
2. Verstöße gegen die Mitwirkungspflicht nach § 60 Abs. 1 Satz 1 Nr. 2 des Ersten Buches Sozialgesetzbuch gegenüber einer Dienststelle der Bundesagentur für Arbeit, einem Träger der gesetzlichen Kranken-, Pflege-, Unfall- oder Rentenversicherung oder einem Träger der Sozialhilfe oder gegen die Meldepflicht nach § 8a des Asylbewerberleistungsgesetzes,
3. Verstöße gegen das Gesetz zur Bekämpfung der Schwarzarbeit,
4. Verstöße gegen das Arbeitnehmerüberlassungsgesetz,
5. Verstöße gegen die Vorschriften des Vierten und des Siebten Buches Sozialgesetzbuch über die Verpflichtung zur Zahlung von Sozialversicherungsbeiträgen,
6. Verstöße gegen das Aufenthaltsgesetz,
7. Verstöße gegen die Steuergesetze,
8. Verstöße gegen das Gesetz zur Sicherung von Arbeitnehmerrechten in der Fleischwirtschaft,
9. Verstöße gegen Vorgaben für Pakete mit erhöhtem Gewicht nach dem Postgesetz,

unterrichten sie die für die Verfolgung und Ahndung der Verstöße nach den Nummern 1 bis 9 zuständigen Behörden, die Träger der Sozialhilfe sowie die Behörden nach § 71 des Aufenthaltsgesetzes. 2In den Fällen des Satzes 1 arbeiten die zuständigen Behörden insbesondere mit den Agenturen für Arbeit, den Hauptzollämtern, den Rentenversicherungsträgern, den Krankenkassen als Einzugsstellen für die Sozialversicherungsbeiträge, den Trägern der gesetzlichen Unfallversicherung, den nach Landesrecht für die Verfolgung und Ahndung von Verstößen gegen das Gesetz zur Bekämpfung der Schwarzarbeit zuständigen Behörden, den Trägern der Sozialhilfe, den in § 71 des Aufenthaltsgesetzes genannten Behörden, den Finanzbehörden und der Bundesnetzagentur für Elektrizität, Gas, Telekommunikation, Post und Eisenbahnen zusammen.

(4) $_{1}$Die zuständigen obersten Landesbehörden haben über die Überwachungstätigkeit der ihnen unterstellten Behörden einen Jahresbericht zu veröffentlichen. $_{2}$Der Jahresbericht umfaßt auch Angaben zur Erfüllung von Unterrichtungspflichten aus internationalen Übereinkommen oder Rechtsakten der Europäischen Gemeinschaften, soweit sie den Arbeitsschutz betreffen.

(5) $_{1}$Bei der Bundesanstalt für Arbeitsschutz und Arbeitsmedizin wird eine Bundesfachstelle für Sicherheit und Gesundheit bei der Arbeit eingerichtet. $_{2}$Sie hat die Aufgabe, die Jahresberichte der Länder einschließlich der Besichtigungsquote nach § 21 Absatz 1a auszuwerten und die Ergebnisse für den statistischen Bericht über den Stand von Sicherheit und Gesundheit bei der Arbeit und über das Unfall- und Berufskrankheitengeschehen in der Bundesrepublik Deutschland nach § 25 Absatz 1 des Siebten Buches Sozialgesetzbuch zusammenzufassen. $_{3}$Das Bundesministerium für Arbeit und Soziales kann die Arbeitsweise und das Verfahren der Bundesfachstelle für Sicherheit und Gesundheit bei der Arbeit im Errichtungserlass der Bundesanstalt für Arbeitsschutz und Arbeitsmedizin festlegen.

§ 24 Ermächtigung zum Erlaß von allgemeinen Verwaltungsvorschriften

Die Bundesregierung kann mit Zustimmung des Bundesrates allgemeine Verwaltungsvorschriften erlassen insbesondere

1. zur Durchführung dieses Gesetzes und der auf Grund dieses Gesetzes erlassenen Rechtsverordnungen, insbesondere dazu, welche Kriterien zur Auswahl von Betrieben bei der Überwachung anzuwenden, welche Sachverhalte im Rahmen einer Betriebsbesichtigung mindestens zu prüfen und welche Ergebnisse aus der Überwachung für die Berichterstattung zu erfassen sind,
2. über die Gestaltung der Jahresberichte nach § 23 Abs. 4 und
3. über die Angaben, die die zuständigen obersten Landesbehörden dem Bundesministerium für Arbeit und Soziales für den Unfallverhütungsbericht nach § 25 Abs. 2 des Siebten Buches Sozialgesetzbuch bis zu einem bestimmten Zeitpunkt mitzuteilen haben.

§ 24a Ausschuss für Sicherheit und Gesundheit bei der Arbeit

(1) $_{1}$Beim Bundesministerium für Arbeit und Soziales wird ein Ausschuss für Sicherheit und Gesundheit bei der Arbeit gebildet, in dem geeignete Personen vonseiten der öffentlichen und privaten Arbeitgeber, der Gewerkschaften, der Landesbehörden, der gesetzlichen Unfallversicherung und weitere geeignete Personen, insbesondere aus der Wissenschaft, vertreten sein sollen. $_{2}$Dem Ausschuss sollen nicht mehr als 15 Mitglieder angehören. $_{3}$Für jedes Mitglied ist ein stellvertretendes Mitglied zu benennen. $_{4}$Die Mitgliedschaft im Ausschuss ist ehrenamtlich. $_{5}$Ein Mitglied oder ein stellvertretendes Mitglied aus den anderen Ausschüssen beim Bundesministerium für Arbeit und Soziales nach § 18 Absatz 2 Nummer 5 soll dauerhaft als Gast im Ausschuss für Sicherheit und Gesundheit bei der Arbeit vertreten sein.

(2) $_{1}$Das Bundesministerium für Arbeit und Soziales beruft die Mitglieder des Ausschusses für Sicherheit und Gesundheit bei der Arbeit und die stellvertretenden Mitglieder. $_{2}$Der Ausschuss gibt sich eine Geschäftsordnung und wählt die Vorsitzende oder den Vorsitzenden aus seiner Mitte. $_{3}$Die Geschäftsordnung und die Wahl der oder des Vorsitzenden

bedürfen der Zustimmung des Bundesministeriums für Arbeit und Soziales.

(3) 1Zu den Aufgaben des Ausschusses für Sicherheit und Gesundheit bei der Arbeit gehört es, soweit hierfür kein anderer Ausschuss beim Bundesministerium für Arbeit und Soziales nach § 18 Absatz 2 Nummer 5 zuständig ist,

2

1. den Stand von Technik, Arbeitsmedizin und Hygiene sowie sonstige gesicherte arbeitswissenschaftliche Erkenntnisse für die Sicherheit und Gesundheit der Beschäftigten zu ermitteln,
2. Regeln und Erkenntnisse zu ermitteln, wie die in diesem Gesetz gestellten Anforderungen erfüllt werden können,
3. Empfehlungen zu Sicherheit und Gesundheit bei der Arbeit aufzustellen,
4. das Bundesministerium für Arbeit und Soziales in allen Fragen des Arbeitsschutzes zu beraten.

2Das Arbeitsprogramm des Ausschusses für Sicherheit und Gesundheit bei der Arbeit wird mit dem Bundesministerium für Arbeit und Soziales abgestimmt. 3Der Ausschuss arbeitet eng mit den anderen Ausschüssen beim Bundesministerium für Arbeit und Soziales nach § 18 Absatz 2 Nummer 5 zusammen.

(4) 1Das Bundesministerium für Arbeit und Soziales kann die vom Ausschuss für Sicherheit und Gesundheit bei der Arbeit ermittelten Regeln und Erkenntnisse im Gemeinsamen Ministerialblatt bekannt geben und die Empfehlungen veröffentlichen. 2Der Arbeitgeber hat die bekannt gegebenen Regeln und Erkenntnisse zu berücksichtigen. 3Bei Einhaltung dieser Regeln und bei Beachtung dieser Erkenntnisse ist davon auszugehen, dass die in diesem Gesetz gestellten Anforderungen erfüllt sind, soweit diese von der betreffenden Regel abgedeckt sind. 4Die Anforderungen aus Rechtsverordnungen nach § 18 und dazu bekannt gegebene Regeln und Erkenntnisse bleiben unberührt.

(5) 1Die Bundesministerien sowie die obersten Landesbehörden können zu den Sitzungen des Ausschusses für Sicherheit und Gesundheit bei der Arbeit Vertreterinnen oder Vertreter entsenden. 2Auf Verlangen ist ihnen in der Sitzung das Wort zu erteilen.

(6) Die Geschäfte des Ausschusses für Sicherheit und Gesundheit bei der Arbeit führt die Bundesanstalt für Arbeitsschutz und Arbeitsmedizin.

§ 25 Bußgeldvorschriften

(1) Ordnungswidrig handelt, wer vorsätzlich oder fahrlässig

1. einer Rechtsverordnung nach § 18 Abs. 1 oder § 19 zuwiderhandelt, soweit sie für einen bestimmten Tatbestand auf diese Bußgeldvorschrift verweist oder
2. a) als Arbeitgeber oder als verantwortliche Person einer vollziehbaren Anordnung nach § 22 Abs. 3 oder
   b) als Beschäftigter einer vollziehbaren Anordnung nach § 22 Abs. 3 Satz 1 Nr. 1 zuwiderhandelt.

(2) Die Ordnungswidrigkeit kann in den Fällen des Absatzes 1 Nr. 1 und 2 Buchstabe b mit einer Geldbuße bis zu fünftausend Euro, in den Fällen des Absatzes 1 Nr. 2 Buchstabe a mit einer Geldbuße bis zu dreißigtausend Euro geahndet werden.

§ 26 Strafvorschriften

Mit Freiheitsstrafe bis zu einem Jahr oder mit Geldstrafe wird bestraft, wer

1. eine in § 25 Abs. 1 Nr. 2 Buchstabe a bezeichnete Handlung beharrlich wiederholt oder
2. durch eine in § 25 Abs. 1 Nr. 1 oder Nr. 2 Buchstabe a bezeichnete vorsätzliche Handlung Leben oder Gesundheit eines Beschäftigten gefährdet.

Verordnung über Arbeitsstätten (Arbeitsstättenverordnung – ArbStättV)

Vom 12. August 2004 (BGBl. I S. 2179)

Zuletzt geändert durch
Cannabisgesetz
vom 27. März 2024 (BGBl. I Nr. 109)

Auf Grund des § 18 des Arbeitsschutzgesetzes vom 7. August 1996 (BGBl. I S. 1246), der zuletzt durch Artikel 179 der Verordnung vom 25. November 2003 (BGBl. I S. 2304) geändert worden ist, verordnet die Bundesregierung sowie auf Grund des § 66 Satz 3 und des § 68 Abs. 2 Nr. 3 des Bundesberggesetzes vom 13. August 1980 (BGBl. I S. 1310), von denen § 66 Satz 3 durch Artikel 8 Nr. 2 des Gesetzes vom 6. Juni 1995 (BGBl. I S. 778) eingefügt und § 68 Abs. 2 zuletzt durch Artikel 123 Nr. 2 Buchstabe a der Verordnung vom 25. November 2003 (BGBl. I S. 2304) geändert worden sind, verordnet das Bundesministerium für Wirtschaft und Arbeit:

§ 1 Ziel, Anwendungsbereich

(1) Diese Verordnung dient der Sicherheit und dem Schutz der Gesundheit der Beschäftigten beim Einrichten und Betreiben von Arbeitsstätten.

(2) Für folgende Arbeitsstätten gelten nur § 5 und der Anhang Nummer 1.3:

1. Arbeitsstätten im Reisegewerbe und im Marktverkehr,
2. Transportmittel, die im öffentlichen Verkehr eingesetzt werden,
3. Felder, Wälder und sonstige Flächen, die zu einem land- oder forstwirtschaftlichen Betrieb gehören, aber außerhalb der von ihm bebauten Fläche liegen.

(3) Für Gemeinschaftsunterkünfte außerhalb des Geländes eines Betriebes oder einer Baustelle gelten nur

1. § 3,
2. § 3a und
3. Nummer 4.4 des Anhangs.

(4) Für Telearbeitsplätze gelten nur

1. § 3 bei der erstmaligen Beurteilung der Arbeitsbedingungen und des Arbeitsplatzes,
2. § 6 und der Anhang Nummer 6,

soweit der Arbeitsplatz von dem im Betrieb abweicht. Die in Satz 1 genannten Vorschriften gelten, soweit Anforderungen unter Beachtung der Eigenart von Telearbeitsplätzen auf diese anwendbar sind.

(5) Der Anhang Nummer 6 gilt nicht für

1. Bedienerplätze von Maschinen oder Fahrerplätze von Fahrzeugen mit Bildschirmgeräten,
2. tragbare Bildschirmgeräte für die ortsveränderliche Verwendung, die nicht regelmäßig an einem Arbeitsplatz verwendet werden,
3. Rechenmaschinen, Registrierkassen oder andere Arbeitsmittel mit einer kleinen Daten- oder Messwertanzeigevorrichtung, die zur unmittelbaren Benutzung des Arbeitsmittels erforderlich ist und
4. Schreibmaschinen klassischer Bauart mit einem Display.

(6) Diese Verordnung ist für Arbeitsstätten in Betrieben, die dem Bundesberggesetz unterliegen, nur für Bildschirmarbeitsplätze einschließlich Telearbeitsplätze anzuwenden.

(7) Das Bundeskanzleramt, das Bundesministerium des Innern, für Bau und Heimat, das Bundesministerium für Verkehr und digitale Infrastruktur, das Bundesministerium für Umwelt, Naturschutz und nukleare Sicherheit, das Bundesministerium der Verteidigung oder das Bundesministerium der Finanzen können, soweit sie hierfür jeweils zuständig sind, im Einvernehmen mit dem Bundesministerium für Arbeit und Soziales und, soweit nicht das Bundesministerium des Innern, für Bau und Heimat selbst zuständig ist, im Einvernehmen mit dem Bundesministerium des Innern, für Bau und Heimat Ausnahmen von den Vorschriften dieser Verordnung zulassen, soweit öffentliche Belange dies zwingend erfordern,

insbesondere zur Aufrechterhaltung oder Wiederherstellung der öffentlichen Sicherheit. In diesem Fall ist gleichzeitig festzulegen, wie die Sicherheit und der Schutz der Gesundheit der Beschäftigten nach dieser Verordnung auf andere Weise gewährleistet werden.

§ 2 Begriffsbestimmungen

(1) Arbeitsstätten sind

1. Arbeitsräume oder andere Orte in Gebäuden auf dem Gelände eines Betriebes,
2. Orte im Freien auf dem Gelände eines Betriebes,
3. Orte auf Baustellen,

sofern sie zur Nutzung für Arbeitsplätze vorgesehen sind.

(2) Zur Arbeitsstätte gehören insbesondere auch:

1. Orte auf dem Gelände eines Betriebes oder einer Baustelle, zu denen Beschäftigte im Rahmen ihrer Arbeit Zugang haben,
2. Verkehrswege, Fluchtwege, Notausgänge, Lager-, Maschinen- und Nebenräume, Sanitärräume, Kantinen, Pausen- und Bereitschaftsräume, Erste-Hilfe-Räume, Unterkünfte sowie
3. Einrichtungen, die dem Betreiben der Arbeitsstätte dienen, insbesondere Sicherheitsbeleuchtungen, Feuerlöscheinrichtungen, Versorgungseinrichtungen, Beleuchtungsanlagen, raumlufttechnische Anlagen, Signalanlagen, Energieverteilungsanlagen, Türen und Tore, Fahrsteige, Fahrtreppen, Laderampen und Steigleitern.

(3) Arbeitsräume sind die Räume, in denen Arbeitsplätze innerhalb von Gebäuden dauerhaft eingerichtet sind.

(4) Arbeitsplätze sind Bereiche, in denen Beschäftigte im Rahmen ihrer Arbeit tätig sind.

(5) Bildschirmarbeitsplätze sind Arbeitsplätze, die sich in Arbeitsräumen befinden und die mit Bildschirmgeräten und sonstigen Arbeitsmitteln ausgestattet sind.

(6) Bildschirmgeräte sind Funktionseinheiten, zu denen insbesondere Bildschirme zur Darstellung von visuellen Informationen, Einrichtungen zur Datenein- und -ausgabe, sonstige Steuerungs- und Kommunikationseinheiten (Rechner) sowie eine Software zur Steuerung und Umsetzung der Arbeitsaufgabe gehören.

(7) Telearbeitsplätze sind vom Arbeitgeber fest eingerichtete Bildschirmarbeitsplätze im Privatbereich der Beschäftigten, für die der Arbeitgeber eine mit den Beschäftigten vereinbarte wöchentliche Arbeitszeit und die Dauer der Einrichtung festgelegt hat. Ein Telearbeitsplatz ist vom Arbeitgeber erst dann eingerichtet, wenn Arbeitgeber und Beschäftigte die Bedingungen der Telearbeit arbeitsvertraglich oder im Rahmen einer Vereinbarung festgelegt haben und die benötigte Ausstattung des Telearbeitsplatzes mit Mobiliar, Arbeitsmitteln einschließlich der Kommunikationseinrichtungen durch den Arbeitgeber oder eine von ihm beauftragte Person im Privatbereich des Beschäftigten bereitgestellt und installiert ist.

(8) Gemeinschaftsunterkünfte im Sinne dieser Verordnung sind Unterkünfte innerhalb oder außerhalb des Geländes eines Betriebes oder einer Baustelle, die

1. den Beschäftigten durch den Arbeitgeber oder auf dessen Veranlassung durch Dritte entgeltlich oder unentgeltlich zur Verfügung gestellt werden und
2. von mehreren Beschäftigten und insgesamt von mindestens vier Personen gemeinschaftlich genutzt werden.

(9) Einrichten ist das Bereitstellen und Ausgestalten der Arbeitsstätte. Das Einrichten umfasst insbesondere:

1. bauliche Maßnahmen oder Veränderungen,
2. das Ausstatten mit Maschinen, Anlagen, anderen Arbeitsmitteln und Mobiliar sowie mit Beleuchtungs-, Lüftungs-, Heizungs-, Feuerlösch- und Versorgungseinrichtungen,
3. das Anlegen und Kennzeichnen von Verkehrs- und Fluchtwegen sowie das Kennzeichnen von Gefahrenstellen und brandschutztechnischen Ausrüstungen und
4. das Festlegen von Arbeitsplätzen.

(10) Das Betreiben von Arbeitsstätten umfasst das Benutzen, Instandhalten und Optimieren der Arbeitsstätten sowie die Organisation und

Gestaltung der Arbeit einschließlich der Arbeitsabläufe in Arbeitsstätten.

(11) Instandhalten ist die Wartung, Inspektion, Instandsetzung oder Verbesserung der Arbeitsstätten zum Erhalt des baulichen und technischen Zustandes.

(12) Stand der Technik ist der Entwicklungsstand fortschrittlicher Verfahren, Einrichtungen oder Betriebsweisen, der die praktische Eignung einer Maßnahme zur Gewährleistung der Sicherheit und zum Schutz der Gesundheit der Beschäftigten gesichert erscheinen lässt. Bei der Bestimmung des Stands der Technik sind insbesondere vergleichbare Verfahren, Einrichtungen oder Betriebsweisen heranzuziehen, die mit Erfolg in der Praxis erprobt worden sind. Gleiches gilt für die Anforderungen an die Arbeitsmedizin und die Hygiene.

(13) Fachkundig ist, wer über die zur Ausübung einer in dieser Verordnung bestimmten Aufgabe erforderlichen Fachkenntnisse verfügt. Die Anforderungen an die Fachkunde sind abhängig von der jeweiligen Art der Aufgabe. Zu den Anforderungen zählen eine entsprechende Berufsausbildung, Berufserfahrung oder eine zeitnah ausgeübte entsprechende berufliche Tätigkeit. Die Fachkenntnisse sind durch Teilnahme an Schulungen auf aktuellem Stand zu halten.

§ 3 Gefährdungsbeurteilung

(1) Bei der Beurteilung der Arbeitsbedingungen nach § 5 des Arbeitsschutzgesetzes hat der Arbeitgeber zunächst festzustellen, ob die Beschäftigten Gefährdungen beim Einrichten und Betreiben von Arbeitsstätten ausgesetzt sind oder ausgesetzt sein können. Ist dies der Fall, hat er alle möglichen Gefährdungen der Sicherheit und der Gesundheit der Beschäftigten zu beurteilen und dabei die Auswirkungen der Arbeitsorganisation und der Arbeitsabläufe in der Arbeitsstätte zu berücksichtigen. Bei der Gefährdungsbeurteilung hat er die physischen und psychischen Belastungen sowie bei Bildschirmarbeitsplätzen insbesondere die Belastungen der Augen oder die Gefährdung des Sehvermögens der Beschäftigten zu berücksichtigen. Entsprechend dem Ergebnis der Gefährdungsbeurteilung hat der Arbeitgeber Maßnahmen zum Schutz der Beschäftigten gemäß den Vorschriften dieser Verordnung einschließlich ihres Anhangs nach dem Stand der Technik, Arbeitsmedizin und Hygiene festzulegen. Sonstige gesicherte arbeitswissenschaftliche Erkenntnisse sind zu berücksichtigen.

(2) Der Arbeitgeber hat sicherzustellen, dass die Gefährdungsbeurteilung fachkundig durchgeführt wird. Verfügt der Arbeitgeber nicht selbst über die entsprechenden Kenntnisse, hat er sich fachkundig beraten zu lassen.

(3) Der Arbeitgeber hat die Gefährdungsbeurteilung vor Aufnahme der Tätigkeiten zu dokumentieren. In der Dokumentation ist anzugeben, welche Gefährdungen am Arbeitsplatz auftreten können und welche Maßnahmen nach Absatz 1 Satz 4 durchgeführt werden müssen.

§ 3a Einrichten und Betreiben von Arbeitsstätten

(1) Der Arbeitgeber hat dafür zu sorgen, dass Arbeitsstätten so eingerichtet und betrieben werden, dass Gefährdungen für die Sicherheit und die Gesundheit der Beschäftigten möglichst vermieden und verbleibende Gefährdungen möglichst gering gehalten werden. Beim Einrichten und Betreiben der Arbeitsstätten hat der Arbeitgeber die Maßnahmen nach § 3 Absatz 1 durchzuführen und dabei den Stand der Technik, Arbeitsmedizin und Hygiene, die ergonomischen Anforderungen sowie insbesondere die vom Bundesministerium für Arbeit und Soziales nach § 7 Absatz 4 bekannt gemachten Regeln und Erkenntnisse zu berücksichtigen. Bei Einhaltung der bekannt gemachten Regeln ist davon auszugehen, dass die in dieser Verordnung gestellten Anforderungen diesbezüglich erfüllt sind. Wendet der Arbeitgeber diese Regeln nicht an, so muss er durch andere Maßnahmen die gleiche Sicherheit und den gleichen Schutz der Gesundheit der Beschäftigten erreichen.

(2) Beschäftigt der Arbeitgeber Menschen mit Behinderungen, hat er die Arbeitsstätte so einzurichten und zu betreiben, dass die besonderen Belange dieser Beschäftigten im Hinblick auf die Sicherheit und den Schutz der Gesundheit berücksichtigt werden. Dies gilt insbesondere für die barrierefreie Gestaltung von Arbeitsplätzen, Sanitär-, Pausen- und Be-

reitschaftsräumen, Kantinen, Erste-Hilfe-Räumen und Unterkünften sowie den zugehörigen Türen, Verkehrswegen, Fluchtwegen, Notausgängen, Treppen und Orientierungssystemen, die von den Beschäftigten mit Behinderungen benutzt werden.

(3) Die zuständige Behörde kann auf schriftlichen Antrag des Arbeitgebers Ausnahmen von den Vorschriften dieser Verordnung einschließlich ihres Anhanges zulassen, wenn

1. der Arbeitgeber andere, ebenso wirksame Maßnahmen trifft oder
2. die Durchführung der Vorschrift im Einzelfall zu einer unverhältnismäßigen Härte führen würde und die Abweichung mit dem Schutz der Beschäftigten vereinbar ist.

Der Antrag des Arbeitgebers kann in Papierform oder elektronisch übermittelt werden. Bei der Beurteilung sind die Belange der kleineren Betriebe besonders zu berücksichtigen.

(4) Anforderungen in anderen Rechtsvorschriften, insbesondere im Bauordnungsrecht der Länder, gelten vorrangig, soweit sie über die Anforderungen dieser Verordnung hinausgehen.

§ 4 Besondere Anforderungen an das Betreiben von Arbeitsstätten

(1) Der Arbeitgeber hat die Arbeitsstätte instand zu halten und dafür zu sorgen, dass festgestellte Mängel unverzüglich beseitigt werden. Können Mängel, mit denen eine unmittelbare erhebliche Gefahr verbunden ist, nicht sofort beseitigt werden, hat er dafür zu sorgen, dass die gefährdeten Beschäftigten ihre Tätigkeit unverzüglich einstellen.

(2) Der Arbeitgeber hat dafür zu sorgen, dass Arbeitsstätten den hygienischen Erfordernissen entsprechend gereinigt werden. Verunreinigungen und Ablagerungen, die zu Gefährdungen führen können, sind unverzüglich zu beseitigen.

(3) Der Arbeitgeber hat die Sicherheitseinrichtungen, insbesondere Sicherheitsbeleuchtung, Brandmelde- und Feuerlöscheinrichtungen, Signalanlagen, Notaggregate und Notschalter sowie raumlufttechnische Anlagen instand zu halten und in regelmäßigen Abständen auf ihre Funktionsfähigkeit prüfen zu lassen.

(4) Der Arbeitgeber hat dafür zu sorgen, dass Verkehrswege, Fluchtwege und Notausgänge ständig freigehalten werden, damit sie jederzeit benutzbar sind. Der Arbeitgeber hat Vorkehrungen so zu treffen, dass die Beschäftigten bei Gefahr sich unverzüglich in Sicherheit bringen und schnell gerettet werden können. Der Arbeitgeber hat einen Flucht- und Rettungsplan aufzustellen, wenn Lage, Ausdehnung und Art der Benutzung der Arbeitsstätte dies erfordern. Der Plan ist an geeigneten Stellen in der Arbeitsstätte auszulegen oder auszuhängen. In angemessenen Zeitabständen ist entsprechend diesem Plan zu üben.

(5) Der Arbeitgeber hat beim Einrichten und Betreiben von Arbeitsstätten Mittel und Einrichtungen zur Ersten Hilfe zur Verfügung zu stellen und regelmäßig auf ihre Vollständigkeit und Verwendungsfähigkeit prüfen zu lassen.

§ 5 Nichtraucherschutz

(1) Der Arbeitgeber hat die erforderlichen Maßnahmen zu treffen, damit die nicht rauchenden Beschäftigten in Arbeitsstätten wirksam vor den Gesundheitsgefahren durch Rauche und Dämpfe von Tabak- und Cannabisprodukten sowie elektronischen Zigaretten geschützt sind. Soweit erforderlich, hat der Arbeitgeber ein allgemeines oder auf einzelne Bereiche der Arbeitsstätte beschränktes Rauchverbot zu erlassen.

(2) In Arbeitsstätten mit Publikumsverkehr hat der Arbeitgeber beim Einrichten und Betreiben von Arbeitsräumen der Natur des Betriebes entsprechende und der Art der Beschäftigung angepasste technische oder organisatorische Maßnahmen nach Absatz 1 zum Schutz der nicht rauchenden Beschäftigten zu treffen.

§ 6 Unterweisung der Beschäftigten

(1) Der Arbeitgeber hat den Beschäftigten ausreichende und angemessene Informationen anhand der Gefährdungsbeurteilung in einer für die Beschäftigten verständlichen Form und Sprache zur Verfügung zu stellen über

1. das bestimmungsgemäße Betreiben der Arbeitsstätte,
2. alle gesundheits- und sicherheitsrelevanten Fragen im Zusammenhang mit ihrer Tätigkeit,

3. Maßnahmen, die zur Gewährleistung der Sicherheit und zum Schutz der Gesundheit der Beschäftigten durchgeführt werden müssen, und
4. arbeitsplatzspezifische Maßnahmen, insbesondere bei Tätigkeiten auf Baustellen oder an Bildschirmgeräten,

und sie anhand dieser Informationen zu unterweisen.

(2) Die Unterweisung nach Absatz 1 muss sich auf Maßnahmen im Gefahrenfall erstrecken, insbesondere auf

1. die Bedienung von Sicherheits- und Warneinrichtungen,
2. die Erste Hilfe und die dazu vorgehaltenen Mittel und Einrichtungen und
3. den innerbetrieblichen Verkehr.

(3) Die Unterweisung nach Absatz 1 muss sich auf Maßnahmen der Brandverhütung und Verhaltensmaßnahmen im Brandfall erstrecken, insbesondere auf die Nutzung der Fluchtwege und Notausgänge. Diejenigen Beschäftigten, die Aufgaben der Brandbekämpfung übernehmen, hat der Arbeitgeber in der Bedienung der Feuerlöscheinrichtungen zu unterweisen.

(4) Die Unterweisungen müssen vor Aufnahme der Tätigkeit stattfinden. Danach sind sie mindestens jährlich zu wiederholen. Sie haben in einer für die Beschäftigten verständlichen Form und Sprache zu erfolgen. Unterweisungen sind unverzüglich zu wiederholen, wenn sich die Tätigkeiten der Beschäftigten, die Arbeitsorganisation, die Arbeits- und Fertigungsverfahren oder die Einrichtungen und Betriebsweisen in der Arbeitsstätte wesentlich verändern und die Veränderung mit zusätzlichen Gefährdungen verbunden ist.

§ 7 Ausschuss für Arbeitsstätten

(1) Beim Bundesministerium für Arbeit und Soziales wird ein Ausschuss für Arbeitsstätten gebildet, in dem fachkundige Vertreter der Arbeitgeber, der Gewerkschaften, der Länderbehörden, der gesetzlichen Unfallversicherung und weitere fachkundige Personen, insbesondere der Wissenschaft, in angemessener Zahl vertreten sein sollen. Die Gesamtzahl der Mitglieder soll 16 Personen nicht überschreiten. Für jedes Mitglied ist ein stellvertretendes Mitglied zu benennen. Die Mitgliedschaft im Ausschuss für Arbeitsstätten ist ehrenamtlich.

(2) Das Bundesministerium für Arbeit und Soziales beruft die Mitglieder des Ausschusses und die stellvertretenden Mitglieder. Der Ausschuss gibt sich eine Geschäftsordnung und wählt den Vorsitzenden aus seiner Mitte. Die Geschäftsordnung und die Wahl des Vorsitzenden bedürfen der Zustimmung des Bundesministeriums für Arbeit und Soziales.

(3) Zu den Aufgaben des Ausschusses gehört es,

1. dem Stand der Technik, Arbeitsmedizin und Hygiene entsprechende Regeln und sonstige gesicherte wissenschaftliche Erkenntnisse für die Sicherheit und Gesundheit der Beschäftigten in Arbeitsstätten zu ermitteln,
2. Regeln und Erkenntnisse zu ermitteln, wie die Anforderungen dieser Verordnung erfüllt werden können, sowie Empfehlungen für weitere Maßnahmen zur Gewährleistung der Sicherheit und zum Schutz der Gesundheit der Beschäftigten auszuarbeiten und
3. das Bundesministerium für Arbeit und Soziales in allen Fragen der Sicherheit und der Gesundheit der Beschäftigten in Arbeitsstätten zu beraten.

Bei der Wahrnehmung seiner Aufgaben soll der Ausschuss die allgemeinen Grundsätze des Arbeitsschutzes nach § 4 des Arbeitsschutzgesetzes berücksichtigen. Das Arbeitsprogramm des Ausschusses für Arbeitsstätten wird mit dem Bundesministerium für Arbeit und Soziales abgestimmt. Der Ausschuss arbeitet eng mit den anderen Ausschüssen beim Bundesministerium für Arbeit und Soziales zusammen. Die Sitzungen des Ausschusses sind nicht öffentlich. Beratungs- und Abstimmungsergebnisse des Ausschusses sowie Niederschriften der Untergremien sind vertraulich zu behandeln, soweit die Erfüllung der Aufgaben, die den Untergremien oder den Mitgliedern des Ausschusses obliegen, dem nicht entgegenstehen.

(4) Das Bundesministerium für Arbeit und Soziales kann die vom Ausschuss nach Absatz 3 ermittelten Regeln und Erkenntnisse sowie

Empfehlungen im Gemeinsamen Ministerialblatt bekannt machen.

(5) Die Bundesministerien sowie die zuständigen obersten Landesbehörden können zu den Sitzungen des Ausschusses Vertreter entsenden. Diesen ist auf Verlangen in der Sitzung das Wort zu erteilen.

(6) Die Geschäfte des Ausschusses führt die Bundesanstalt für Arbeitsschutz und Arbeitsmedizin.

§ 8 Übergangsvorschriften

(1) Soweit für Arbeitsstätten,

1. die am 1. Mai 1976 eingerichtet waren oder mit deren Einrichtung vor diesem Zeitpunkt begonnen worden war oder
2. die am 20. Dezember 1996 eingerichtet waren oder mit deren Einrichtung vor diesem Zeitpunkt begonnen worden war und für die zum Zeitpunkt der Einrichtung die Gewerbeordnung keine Anwendung fand,

in dieser Verordnung Anforderungen gestellt werden, die umfangreiche Änderungen der Arbeitsstätte, der Betriebseinrichtungen, Arbeitsverfahren oder Arbeitsabläufe notwendig machen, gelten hierfür bis zum 31. Dezember 2020 mindestens die entsprechenden Anforderungen des Anhangs II der Richtlinie 89/654/EWG des Rates vom 30. November 1989 über Mindestvorschriften für Sicherheit und Gesundheitsschutz in Arbeitsstätten (ABl. EG Nr. L 393 S. 1). Soweit diese Arbeitsstätten oder ihre Betriebseinrichtungen wesentlich erweitert oder umgebaut oder die Arbeitsverfahren oder Arbeitsabläufe wesentlich umgestaltet werden, hat der Arbeitgeber die erforderlichen Maßnahmen zu treffen, damit diese Änderungen, Erweiterungen oder Umgestaltungen mit den Anforderungen dieser Verordnung übereinstimmen.

(2) Bestimmungen in den vom Ausschuss für Arbeitsstätten ermittelten und vom Bundesministerium für Arbeit und Soziales im Gemeinsamen Ministerialblatt bekannt gemachten Regeln für Arbeitsstätten, die Anforderungen an den Arbeitsplatz enthalten, gelten unter Berücksichtigung der Begriffsbestimmung des Arbeitsplatzes in § 2 Absatz 2 der Arbeitsstättenverordnung vom 12. August 2004 (BGBl. I S. 2179), die zuletzt durch Artikel 282 der Verordnung vom 31. August 2015 (BGBl. I S. 1474) geändert worden ist, solange fort, bis sie vom Ausschuss für Arbeitsstätten überprüft und erforderlichenfalls vom Bundesministerium für Arbeit und Soziales im Gemeinsamen Ministerialblatt neu bekannt gemacht worden sind.

§ 9 Straftaten und Ordnungswidrigkeiten

(1) Ordnungswidrig im Sinne des § 25 Absatz 1 Nummer 1 des Arbeitsschutzgesetzes handelt, wer vorsätzlich oder fahrlässig

1. entgegen § 3 Absatz 3 eine Gefährdungsbeurteilung nicht richtig, nicht vollständig oder nicht rechtzeitig dokumentiert,
2. entgegen § 3a Absatz 1 Satz 1 nicht dafür sorgt, dass eine Arbeitsstätte in der dort vorgeschriebenen Weise eingerichtet ist oder betrieben wird,
3. entgegen § 3a Absatz 1 Satz 2 in Verbindung mit Nummer 4.1 Absatz 1 des Anhangs einen dort genannten Toilettenraum oder eine dort genannte mobile, anschlussfreie Toilettenkabine nicht oder nicht in der vorgeschriebenen Weise zur Verfügung stellt,
4. entgegen § 3a Absatz 1 Satz 2 in Verbindung mit Nummer 4.2 Absatz 1 des Anhangs einen dort genannten Pausenraum oder einen dort genannten Pausenbereich nicht oder nicht in der vorgeschriebenen Weise zur Verfügung stellt,

4a. entgegen § 3a Absatz 1 Satz 2 in Verbindung mit Nummer 4.4 Absatz 1 Satz 1 des Anhangs eine Unterkunft in den Fällen der Nummer 4.4 Absatz 1 Satz 3 des Anhangs nicht oder nicht rechtzeitig zur Verfügung stellt,

4b. entgegen § 3a Absatz 1 Satz 2 in Verbindung mit Nummer 4.4 Absatz 4 Satz 1 des Anhangs eine Unterbringung in einer Gemeinschaftsunterkunft nicht, nicht richtig, nicht vollständig oder nicht rechtzeitig dokumentiert,

5. entgegen § 3a Absatz 2 eine Arbeitsstätte nicht in der dort vorgeschriebenen Weise einrichtet oder betreibt,

6. entgegen § 4 Absatz 1 Satz 2 nicht dafür sorgt, dass die gefährdeten Beschäftigten ihre Tätigkeit unverzüglich einstellen,
7. entgegen § 4 Absatz 4 Satz 1 nicht dafür sorgt, dass Verkehrswege, Fluchtwege und Notausgänge freigehalten werden,
8. entgegen § 4 Absatz 5 ein Mittel oder eine Einrichtung zur Ersten Hilfe nicht zur Verfügung stellt,
9. entgegen § 6 Absatz 4 Satz 1 nicht sicherstellt, dass die Beschäftigten vor Aufnahme der Tätigkeit unterwiesen werden.

(2) Wer durch eine in Absatz 1 bezeichnete vorsätzliche Handlung das Leben oder die Gesundheit von Beschäftigten gefährdet, ist nach § 26 Nummer 2 des Arbeitsschutzgesetzes strafbar.

3

Anhang

Anforderungen und Maßnahmen für Arbeitsstätten nach § 3 Absatz 1

Inhaltsübersicht

1 Allgemeine Anforderungen

1.1 Anforderungen an Konstruktion und Festigkeit von Gebäuden

Gebäude für Arbeitsstätten müssen eine der Nutzungsart entsprechende Konstruktion und Festigkeit aufweisen.

1.2 Abmessungen von Räumen, Luftraum

(1) Arbeitsräume, Sanitär-, Pausen- und Bereitschaftsräume, Kantinen, Erste-Hilfe-Räume und Unterkünfte müssen eine ausreichende Grundfläche und eine, in Abhängigkeit von der Größe der Grundfläche der Räume, ausreichende lichte Höhe aufweisen, so dass die Beschäftigten ohne Beeinträchtigung ihrer Sicherheit, ihrer Gesundheit oder ihres Wohlbefindens die Räume nutzen oder ihre Arbeit verrichten können.

(2) Die Abmessungen der Räume richten sich nach der Art ihrer Nutzung.

(3) Die Größe des notwendigen Luftraumes ist in Abhängigkeit von der Art der physischen Belastung und der Anzahl der Beschäftigten sowie der sonstigen anwesenden Personen zu bemessen.

1.3 Sicherheits- und Gesundheitsschutzkennzeichnung

(1) Unberührt von den nachfolgenden Anforderungen sind Sicherheits- und Gesundheitsschutzkennzeichnungen einzusetzen, wenn Gefährdungen der Sicherheit und Gesundheit der Beschäftigten nicht durch technische oder organisatorische Maßnahmen vermieden oder ausreichend begrenzt werden können. Das Ergebnis der Gefährdungsbeurteilung und die Maßnahmen nach § 3 Absatz 1 sind dabei zu berücksichtigen.

(2) Die Kennzeichnung ist nach Art der Gefährdung dauerhaft oder vorübergehend nach den Vorgaben der Richtlinie 92/58/EWG des Rates vom 24. Juni 1992 über Mindestvorschriften für die Sicherheits- und/oder Gesundheitsschutzkennzeichnung am Arbeitsplatz (Neunte Einzelrichtlinie im Sinne des Artikels 16 Absatz 1 der Richtlinie 89/391/EWG) (ABl. EG Nr. L 245 S. 23) auszuführen. Diese Richtlinie gilt in der jeweils aktuellen Fassung. Wird diese Richtlinie geändert oder nach den in dieser Richtlinie vorgesehenen Verfahren an den technischen Fortschritt angepasst, gilt sie in der geänderten im Amtsblatt der Europäischen Gemeinschaften veröffentlichten Fassung nach Ablauf der in der Änderungs- oder Anpassungsrichtlinie festgelegten Umsetzungsfrist. Die geänderte Fassung kann bereits ab Inkrafttreten der Änderungs- oder Anpassungsrichtlinie angewendet werden.

1.4 Energieverteilungsanlagen

Anlagen, die der Versorgung der Arbeitsstätte mit Energie dienen, müssen so ausgewählt, installiert und betrieben werden, dass die Beschäftigten vor dem direkten oder indirekten Berühren spannungsführender Teile geschützt sind und dass von den Anlagen keine Brand- oder Explosionsgefahren ausgehen. Bei der Konzeption und der Ausführung sowie der Wahl des Materials und der Schutzvorrichtungen sind Art und Stärke der verteilten Energie, die äußeren Einwirkbedingungen und die Fachkenntnisse der Personen zu berücksichtigen, die zu Teilen der Anlage Zugang haben.

1.5 Fußböden, Wände, Decken, Dächer

(1) Die Oberflächen der Fußböden, Wände und Decken der Räume müssen so gestaltet sein, dass sie den Erfordernissen des sicheren Betreibens entsprechen sowie leicht und sicher zu reinigen sind. Arbeitsräume müssen unter Berücksichtigung der Art des Betriebes und der physischen Belastungen eine angemessene Dämmung gegen Wärme und Kälte sowie eine ausreichende Isolierung gegen Feuchtigkeit aufweisen. Auch Sanitär-, Pausen- und Bereitschaftsräume, Kantinen, Erste-Hilfe-Räume und Unterkünfte müssen über eine angemessene Dämmung gegen Wärme und Kälte sowie eine ausreichende Isolierung gegen Feuchtigkeit verfügen.

(2) Die Fußböden der Räume dürfen keine Unebenheiten, Löcher, Stolperstellen oder gefährliche Schrägen aufweisen. Sie müssen gegen Verrutschen gesichert, tragfähig, trittsicher und rutschhemmend sein.

(3) Durchsichtige oder lichtdurchlässige Wände, insbesondere Ganzglaswände in Arbeitsräumen oder im Bereich von Verkehrswegen, müssen deutlich gekennzeichnet sein. Sie müssen entweder aus bruchsicherem Werkstoff bestehen oder so gegen die Arbeitsplätze in Arbeitsräumen oder die Verkehrswege abgeschirmt sein, dass die Beschäftigten nicht mit den Wänden in Berührung kommen und beim Zersplittern der Wände nicht verletzt werden können.

(4) Dächer aus nicht durchtrittsicherem Material dürfen nur betreten werden, wenn Ausrüstungen benutzt werden, die ein sicheres Arbeiten ermöglichen.

1.6 Fenster, Oberlichter

(1) Fenster, Oberlichter und Lüftungsvorrichtungen müssen sich von den Beschäftigten sicher öffnen, schließen, verstellen und arretieren lassen. Sie dürfen nicht so angeordnet sein, dass sie in geöffnetem Zustand eine Gefahr für die Beschäftigten darstellen.

(2) Fenster und Oberlichter müssen so ausgewählt oder ausgerüstet und eingebaut sein, dass sie ohne Gefährdung der Ausführenden und anderer Personen gereinigt werden können.

1.7 Türen, Tore

(1) Die Lage, Anzahl, Abmesssungen und Ausführung insbesondere hinsichtlich der verwendeten Werkstoffe von Türen und Toren müssen sich nach der Art und Nutzung der Räume oder Bereiche richten.

(2) Durchsichtige Türen müssen in Augenhöhe gekennzeichnet sein.

(3) Pendeltüren und -tore müssen durchsichtig sein oder ein Sichtfenster haben.

(4) Bestehen durchsichtige oder lichtdurchlässige Flächen von Türen und Toren nicht aus bruchsicherem Werkstoff und ist zu befürchten, dass sich die Beschäftigten beim Zersplittern verletzen können, sind diese Flächen gegen Eindrücken zu schützen.

(5) Schiebetüren und -tore müssen gegen Ausheben und Herausfallen gesichert sein. Türen und Tore, die sich nach oben öffnen, müssen gegen Herabfallen gesichert sein.

(6) In unmittelbarer Nähe von Toren, die vorwiegend für den Fahrzeugverkehr bestimmt sind, müssen gut sichtbar gekennzeichnete, stets zugängliche Türen für Fußgänger vorhanden sein. Diese Türen sind nicht erforderlich, wenn der Durchgang durch die Tore für Fußgänger gefahrlos möglich ist.

(7) Kraftbetätigte Türen und Tore müssen sicher benutzbar sein. Dazu gehört, dass sie

a) ohne Gefährdung der Beschäftigten bewegt werden oder zum Stillstand kommen können,
b) mit selbsttätig wirkenden Sicherungen ausgestattet sind,
c) auch von Hand zu öffnen sind, sofern sie sich bei Stromausfall nicht automatisch öffnen.

(8) Besondere Anforderungen gelten für Türen im Verlauf von Fluchtwegen (Nummer 2.3).

1.8 Verkehrswege

(1) Verkehrswege, einschließlich Treppen, fest angebrachte Steigleitern und Laderampen müssen so angelegt und bemessen sein, dass sie je nach ihrem Bestimmungszweck leicht und sicher begangen oder befahren werden können und in der Nähe Beschäftigte nicht gefährdet werden.

(2) Die Bemessung der Verkehrswege, die dem Personenverkehr, Güterverkehr oder Personen- und Güterverkehr dienen, muss sich nach der Anzahl der möglichen Benutzer und der Art des Betriebes richten.

(3) Werden Transportmittel auf Verkehrswegen eingesetzt, muss für Fußgänger ein ausreichender Sicherheitsabstand gewahrt werden.

(4) Verkehrswege für Fahrzeuge müssen an Türen und Toren, Durchgängen, Fußgängerwegen und Treppenaustritten in ausreichendem Abstand vorbeiführen.

(5) Soweit Nutzung und Einrichtung der Räume es zum Schutz der Beschäftigten erfordern, müssen die Begrenzungen der Verkehrswege gekennzeichnet sein.

(6) Besondere Anforderungen gelten für Fluchtwege (Nummer 2.3).

1.9 Fahrtreppen, Fahrsteige

Fahrtreppen und Fahrsteige müssen so ausgewählt und installiert sein, dass sie sicher funktionieren und sicher benutzbar sind. Dazu gehört, dass die Notbefehlseinrichtungen gut erkennbar und leicht zugänglich sind und nur solche Fahrtreppen und Fahrsteige eingesetzt werden, die mit den notwendigen Sicherheitsvorrichtungen ausgestattet sind.

1.10 Laderampen

(1) Laderampen sind entsprechend den Abmessungen der Transportmittel und der Ladung auszulegen.

(2) Sie müssen mindestens einen Abgang haben; lange Laderampen müssen, soweit betriebstechnisch möglich, an jedem Endbereich einen Abgang haben.

(3) Sie müssen einfach und sicher benutzbar sein. Dazu gehört, dass sie nach Möglichkeit mit Schutzvorrichtungen gegen Absturz auszurüsten sind; das gilt insbesondere in Bereichen von Laderampen, die keine ständigen Be- und Entladestellen sind.

1.11 Steigleitern, Steigeisengänge

Steigleitern und Steigeisengänge müssen sicher benutzbar sein. Dazu gehört, dass sie

a) nach Notwendigkeit über Schutzvorrichtungen gegen Absturz, vorzugsweise über Steigschutzeinrichtungen verfügen,

b) an ihren Austrittsstellen eine Haltevorrichtung haben,

c) nach Notwendigkeit in angemessenen Abständen mit Ruhebühnen ausgerüstet sind.

2 Maßnahmen zum Schutz vor besonderen Gefahren

2.1 Schutz vor Absturz und herabfallenden Gegenständen, Betreten von Gefahrenbereichen

(1) Arbeitsplätze und Verkehrswege, bei denen eine Absturzgefahr für Beschäftigte oder die Gefahr des Herabfallens von Gegenständen besteht, müssen mit Schutzvorrichtungen versehen sein, die verhindern, dass Beschäftigte abstürzen oder durch herabfallende Gegenstände verletzt werden können. Sind aufgrund der Eigenart des Arbeitsplatzes oder der durchzuführenden Arbeiten Schutzvorrichtungen gegen Absturz nicht geeignet, muss der Arbeitgeber die Sicherheit der Beschäftigten durch andere wirksame Maßnahmen gewährleisten. Eine Absturzgefahr besteht bei einer Absturzhöhe von mehr als 1 Meter.

(2) Arbeitsplätze und Verkehrswege, die an Gefahrenbereiche grenzen, müssen mit Schutzvorrichtungen versehen sein, die verhindern, dass Beschäftigte in die Gefahrenbereiche gelangen.

(3) Die Arbeitsplätze und Verkehrswege nach den Absätzen 1 und 2 müssen gegen unbefugtes Betreten gesichert und gut sichtbar als Gefahrenbereiche gekennzeichnet sein. Zum Schutz derjenigen, die diese Bereiche betreten müssen, sind geeignete Maßnahmen zu treffen.

2.2 Maßnahmen gegen Brände

(1) Arbeitsstätten müssen je nach

a) Abmessung und Nutzung,

b) der Brandgefährdung vorhandener Einrichtungen und Materialien,

c) der größtmöglichen Anzahl anwesender Personen

mit einer ausreichenden Anzahl geeigneter Feuerlöscheinrichtungen und erforderlichenfalls Brandmeldern und Alarmanlagen ausgestattet sein.

(2) Nicht selbsttätige Feuerlöscheinrichtungen müssen als solche dauerhaft gekennzeichnet, leicht zu erreichen und zu handhaben sein.

(3) Selbsttätig wirkende Feuerlöscheinrichtungen müssen mit Warneinrichtungen ausgerüstet sein, wenn bei ihrem Einsatz Gefahren für die Beschäftigten auftreten können.

2.3 Fluchtwege und Notausgänge

(1) Fluchtwege und Notausgänge müssen

a) sich in Anzahl, Anordnung und Abmessung nach der Nutzung, der Einrichtung und den Abmessungen der Arbeitsstätte sowie nach der höchstmöglichen Anzahl der dort anwesenden Personen richten,

b) auf möglichst kurzem Weg ins Freie oder, falls dies nicht möglich ist, in einen gesicherten Bereich führen,

c) in angemessener Form und dauerhaft gekennzeichnet sein.

Sie sind mit einer Sicherheitsbeleuchtung auszurüsten, wenn das gefahrlose Verlassen der Arbeitsstätte für die Beschäftigten, insbesondere bei Ausfall der allgemeinen Beleuchtung, nicht gewährleistet ist.

(2) Türen im Verlauf von Fluchtwegen oder Türen von Notausgängen müssen

a) sich von innen ohne besondere Hilfsmittel jederzeit leicht öffnen lassen, solange sich Beschäftigte in der Arbeitsstätte befinden,

b) in angemessener Form und dauerhaft gekennzeichnet sein.

Türen von Notausgängen müssen sich nach außen öffnen lassen. In Notausgängen, die ausschließlich für den Notfall konzipiert und ausschließlich im Notfall benutzt werden, sind Karussell- und Schiebetüren nicht zulässig.

3

3 Arbeitsbedingungen

3.1 Bewegungsfläche

(1) Die freie unverstellte Fläche am Arbeitsplatz muss so bemessen sein, dass sich die Beschäftigten bei ihrer Tätigkeit ungehindert bewegen können.

(2) Ist dies nicht möglich, muss den Beschäftigten in der Nähe des Arbeitsplatzes eine andere ausreichend große Bewegungsfläche zur Verfügung stehen.

3.2 Anordnung der Arbeitsplätze

Arbeitsplätze sind in der Arbeitsstätte so anzuordnen, dass Beschäftigte

a) sie sicher erreichen und verlassen können,
b) sich bei Gefahr schnell in Sicherheit bringen können,
c) durch benachbarte Arbeitsplätze, Transporte oder Einwirkungen von außerhalb nicht gefährdet werden.

3.3 Ausstattung

(1) Jedem Beschäftigten muss mindestens eine Kleiderablage zur Verfügung stehen, sofern keine Umkleideräume vorhanden sind.

(2) Kann die Arbeit ganz oder teilweise sitzend verrichtet werden oder lässt es der Arbeitsablauf zu, sich zeitweise zu setzen, sind den Beschäftigten am Arbeitsplatz Sitzgelegenheiten zur Verfügung zu stellen. Können aus betriebstechnischen Gründen keine Sitzgelegenheiten unmittelbar am Arbeitsplatz aufgestellt werden, obwohl es der Arbeitsablauf zulässt, sich zeitweise zu setzen, müssen den Beschäftigten in der Nähe der Arbeitsplätze Sitzgelegenheiten bereitgestellt werden.

3.4 Beleuchtung und Sichtverbindung

(1) Der Arbeitgeber darf als Arbeitsräume nur solche Räume betreiben, die möglichst ausreichend Tageslicht erhalten und die eine Sichtverbindung nach außen haben.

Dies gilt nicht für

1. Räume, bei denen betriebs-, produktions- oder bautechnische Gründe Tageslicht oder einer Sichtverbindung nach außen entgegenstehen,
2. Räume, in denen sich Beschäftigte zur Verrichtung ihrer Tätigkeit regelmäßig nicht über einen längeren Zeitraum oder im Verlauf der täglichen Arbeitszeit nur kurzzeitig aufhalten müssen, insbesondere Archive, Lager-, Maschinen- und Nebenräume, Teeküchen,
3. Räume, die vollständig unter Erdgleiche liegen, soweit es sich dabei um Tiefgaragen oder ähnliche Einrichtungen, um kulturelle Einrichtungen, um Verkaufsräume oder um Schank- und Speiseräume handelt,
4. Räume in Bahnhofs- oder Flughafenhallen, Passagen oder innerhalb von Kaufhäusern und Einkaufszentren,
5. Räume mit einer Grundfläche von mindestens 2000 Quadratmetern, sofern Oberlichter oder andere bauliche Vorrichtungen vorhanden sind, die Tageslicht in den Arbeitsraum lenken.

(2) Pausen- und Bereitschaftsräume sowie Unterkünfte müssen möglichst ausreichend mit Tageslicht beleuchtet sein und eine Sichtverbindung nach außen haben. Kantinen sollen möglichst ausreichend Tageslicht erhalten und eine Sichtverbindung nach außen haben.

(3) Räume, die bis zum 3. Dezember 2016 eingerichtet worden sind oder mit deren Einrichtung begonnen worden war und die die Anforderungen nach Absatz 1 Satz 1 oder Absatz 2 nicht erfüllen, dürfen ohne eine Sichtverbindung nach außen weiter betrieben werden, bis sie wesentlich erweitert oder umgebaut werden.

(4) In Arbeitsräumen muss die Stärke des Tageslichteinfalls am Arbeitsplatz je nach Art der Tätigkeit reguliert werden können.

(5) Arbeitsstätten müssen mit Einrichtungen ausgestattet sein, die eine angemessene künstliche Beleuchtung ermöglichen, so dass die Sicherheit und der Schutz der Gesundheit der Beschäftigten gewährleistet sind.

(6) Die Beleuchtungsanlagen sind so auszuwählen und anzuordnen, dass dadurch die Sicherheit und die Gesundheit der Beschäftigten nicht gefährdet werden.

(7) Arbeitsstätten, in denen bei Ausfall der Allgemeinbeleuchtung die Sicherheit der Beschäf-

tigten gefährdet werden kann, müssen eine ausreichende Sicherheitsbeleuchtung haben.

3.5 Raumtemperatur

(1) Arbeitsräume, in denen aus betriebstechnischer Sicht keine spezifischen Anforderungen an die Raumtemperatur gestellt werden, müssen während der Nutzungsdauer unter Berücksichtigung der Arbeitsverfahren und der physischen Belastungen der Beschäftigten eine gesundheitlich zuträgliche Raumtemperatur haben.

(2) Sanitär-, Pausen- und Bereitschaftsräume, Kantinen, Erste-Hilfe-Räume und Unterkünfte müssen während der Nutzungsdauer unter Berücksichtigung des spezifischen Nutzungszwecks eine gesundheitlich zuträgliche Raumtemperatur haben.

(3) Fenster, Oberlichter und Glaswände müssen unter Berücksichtigung der Arbeitsverfahren und der Art der Arbeitsstätte eine Abschirmung gegen übermäßige Sonneneinstrahlung ermöglichen.

3.6 Lüftung

(1) In Arbeitsräumen, Sanitär-, Pausen- und Bereitschaftsräumen, Kantinen, Erste-Hilfe-Räumen und Unterkünften muss unter Berücksichtigung des spezifischen Nutzungszwecks, der Arbeitsverfahren, der physischen Belastungen und der Anzahl der Beschäftigten sowie der sonstigen anwesenden Personen während der Nutzungsdauer ausreichend gesundheitlich zuträgliche Atemluft vorhanden sein.

(2) Ist für das Betreiben von Arbeitsstätten eine raumlufttechnische Anlage erforderlich, muss diese jederzeit funktionsfähig sein und die Anforderungen nach Absatz 1 erfüllen. Bei raumlufttechnischen Anlagen muss eine Störung durch eine selbsttätige Warneinrichtung angezeigt werden. Es müssen Vorkehrungen getroffen sein, durch die die Beschäftigten im Fall einer Störung gegen Gesundheitsgefahren geschützt sind.

(3) Werden raumlufttechnische Anlagen verwendet, ist sicherzustellen, dass die Beschäftigten keinem störenden Luftzug ausgesetzt sind.

(4) Ablagerungen und Verunreinigungen in raumlufttechnischen Anlagen, die zu einer unmittelbaren Gesundheitsgefährdung durch die Raumluft führen können, müssen umgehend beseitigt werden.

3.7 Lärm

In Arbeitsstätten ist der Schalldruckpegel so niedrig zu halten, wie es nach der Art des Betriebes möglich ist. Der Schalldruckpegel am Arbeitsplatz in Arbeitsräumen ist in Abhängigkeit von der Nutzung und den zu verrichtenden Tätigkeiten so weit zu reduzieren, dass keine Beeinträchtigungen der Gesundheit der Beschäftigten entstehen.

4 Sanitär-, Pausen- und Bereitschaftsräume, Kantinen, Erste-Hilfe-Räume und Unterkünfte

4.1 Sanitärräume

(1) Der Arbeitgeber hat Toilettenräume zur Verfügung zu stellen. Toilettenräume sind für Männer und Frauen getrennt einzurichten oder es ist eine getrennte Nutzung zu ermöglichen. Toilettenräume sind mit verschließbaren Zugängen, einer ausreichenden Anzahl von Toilettenbecken und Handwaschgelegenheiten zur Verfügung zu stellen. Sie müssen sich sowohl in der Nähe der Arbeitsräume als auch in der Nähe von Kantinen, Pausen- und Bereitschaftsräumen, Wasch- und Umkleideräumen befinden. Bei Arbeiten im Freien und auf Baustellen mit wenigen Beschäftigten sind mobile, anschlussfreie Toilettenkabinen in der Nähe der Arbeitsplätze ausreichend.

(2) Der Arbeitgeber hat – wenn es die Art der Tätigkeit oder gesundheitliche Gründe erfordern – Waschräume zur Verfügung zu stellen. Diese sind für Männer und Frauen getrennt einzurichten oder es ist eine getrennte Nutzung zu ermöglichen. Bei Arbeiten im Freien und auf Baustellen mit wenigen Beschäftigten sind Waschgelegenheiten ausreichend. Waschräume sind

a) in der Nähe von Arbeitsräumen und sichtgeschützt einzurichten,
b) so zu bemessen, dass die Beschäftigten sich den hygienischen Erfordernissen entsprechend und ungehindert reinigen können; dazu müssen fließendes warmes und kaltes Wasser, Mittel zum Reinigen und gegebe-

nenfalls zum Desinfizieren sowie zum Abtrocknen der Hände vorhanden sein,

c) mit einer ausreichenden Anzahl geeigneter Duschen zur Verfügung zu stellen, wenn es die Art der Tätigkeit oder gesundheitliche Gründe erfordern.

Sind Waschräume nicht erforderlich, müssen in der Nähe des Arbeitsplatzes und der Umkleideräume ausreichende und angemessene Waschgelegenheiten mit fließendem Wasser (erforderlichenfalls mit warmem Wasser), Mitteln zum Reinigen und zum Abtrocknen der Hände zur Verfügung stehen.

(3) Der Arbeitgeber hat geeignete Umkleideräume zur Verfügung zu stellen, wenn die Beschäftigten bei ihrer Tätigkeit besondere Arbeitskleidung tragen müssen und es ihnen nicht zuzumuten ist, sich in einem anderen Raum umzukleiden. Umkleideräume sind für Männer und Frauen getrennt einzurichten oder es ist eine getrennte Nutzung zu ermöglichen. Umkleideräume müssen

a) leicht zugänglich und von ausreichender Größe und sichtgeschützt eingerichtet werden; entsprechend der Anzahl gleichzeitiger Benutzer muss genügend freie Bodenfläche für ungehindertes Umkleiden vorhanden sein,

b) mit Sitzgelegenheiten sowie mit verschließbaren Einrichtungen ausgestattet sein, in denen jeder Beschäftigte seine Kleidung aufbewahren kann.

Kleiderschränke für Arbeitskleidung und Schutzkleidung sind von Kleiderschränken für persönliche Kleidung und Gegenstände zu trennen, wenn die Umstände dies erfordern.

(4) Wasch- und Umkleideräume, die voneinander räumlich getrennt sind, müssen untereinander leicht erreichbar sein.

4.2 Pausen- und Bereitschaftsräume

(1) Bei mehr als zehn Beschäftigten oder wenn die Sicherheit und der Schutz der Gesundheit es erfordern, ist den Beschäftigten ein Pausenraum oder ein entsprechender Pausenbereich zur Verfügung zu stellen. Dies gilt nicht, wenn die Beschäftigten in Büroräumen oder vergleichbaren Arbeitsräumen beschäftigt sind und dort gleichwertige Voraussetzungen für eine Erholung während der Pause gegeben sind. Fallen in die Arbeitszeit regelmäßig und häufig Arbeitsbereitschaftszeiten oder Arbeitsunterbrechungen und sind keine Pausenräume vorhanden, so sind für die Beschäftigten Räume für Bereitschaftszeiten einzurichten. Schwangere Frauen und stillende Mütter müssen sich während der Pausen und, soweit es erforderlich ist, auch während der Arbeitszeit unter geeigneten Bedingungen hinlegen und ausruhen können.

(2) Pausenräume oder entsprechende Pausenbereiche sind

a) für die Beschäftigten leicht erreichbar an ungefährdeter Stelle und in ausreichender Größe bereitzustellen,

b) entsprechend der Anzahl der gleichzeitigen Benutzer mit leicht zu reinigenden Tischen und Sitzgelegenheiten mit Rückenlehne auszustatten,

c) als separate Räume zu gestalten, wenn die Beurteilung der Arbeitsbedingungen und der Arbeitsstätte dies erfordern.

(3) Bereitschaftsräume und Pausenräume, die als Bereitschaftsräume genutzt werden, müssen dem Zweck entsprechend ausgestattet sein.

4.3 Erste-Hilfe-Räume

(1) Erste-Hilfe-Räume oder vergleichbare Bereiche sind entsprechend der Art der Gefährdungen in der Arbeitsstätte oder der Anzahl der Beschäftigten, der Art der auszuübenden Tätigkeiten sowie der räumlichen Größe der Betriebe zur Verfügung zu stellen.

(2) Erste-Hilfe-Räume müssen an ihren Zugängen als solche gekennzeichnet und für Personen mit Rettungstransportmitteln leicht zugänglich sein.

(3) Sie sind mit den erforderlichen Mitteln und Einrichtungen zur Ersten Hilfe auszustatten. An einer deutlich gekennzeichneten Stelle müssen Anschrift und Telefonnummer der örtlichen Rettungsdienste angegeben sein.

(4) Darüber hinaus sind überall dort, wo es die Arbeitsbedingungen erfordern, Mittel und Einrichtungen zur Ersten Hilfe aufzubewahren. Sie müssen leicht zugänglich und einsatzbereit

sein. Die Aufbewahrungsstellen müssen als solche gekennzeichnet und gut erreichbar sein.

4.4 Unterkünfte

(1) Der Arbeitgeber hat angemessene Unterkünfte für Beschäftigte zur Verfügung zu stellen, gegebenenfalls auch außerhalb des Geländes eines Betriebes oder einer Baustelle, wenn es aus Gründen der Sicherheit, zum Schutz der Gesundheit oder aus Gründen der menschengerechten Gestaltung der Arbeit erforderlich ist. Die Bereitstellung angemessener Unterkünfte kann insbesondere wegen der Abgelegenheit der Arbeitsstätte, der Art der auszuübenden Tätigkeiten oder der Anzahl der im Betrieb beschäftigten Personen erforderlich sein. Sie ist stets erforderlich, wenn den Beschäftigten im Zusammenhang mit der Anwerbung oder Entsendung zur zeitlich befristeten Erbringung einer vertraglich geschuldeten Arbeitsleistung die Bereitstellung oder Vermittlung einer Unterbringung in Gemeinschaftsunterkünften in Aussicht gestellt wird und zu erwarten ist, dass der Beschäftigte die Verpflichtung zur Erbringung seiner Arbeitsleistung anderenfalls nicht eingehen würde. Kann der Arbeitgeber erforderliche Unterkünfte innerhalb des Geländes eines Betriebes oder einer Baustelle nicht zur Verfügung stellen, hat er für eine andere angemessene Unterbringung der Beschäftigten außerhalb des Geländes eines Betriebes oder einer Baustelle zu sorgen. Wird die Unterkunft als Gemeinschaftsunterkunft außerhalb des Geländes eines Betriebes oder einer Baustelle durch den Arbeitgeber oder auf dessen Veranlassung durch Dritte zur Verfügung gestellt, so hat der Arbeitgeber auch in diesem Fall für die Angemessenheit der Unterkunft zu sorgen.

(2) Unterkünfte müssen entsprechend ihrer Belegungszahl und der Dauer der Unterbringung ausgestattet sein mit:

1. Wohn- und Schlafbereich (Betten, Schränken, Tischen, Stühlen),
2. Essbereich,
3. Sanitäreinrichtungen.

(3) Wird die Unterkunft von Männern und Frauen gemeinsam genutzt, ist dies bei der Zuteilung der Räume zu berücksichtigen.

(4) Der Arbeitgeber hat die Unterbringung von Beschäftigten in Gemeinschaftsunterkünften innerhalb oder außerhalb des Geländes eines Betriebes oder einer Baustelle nach den Sätzen 2 und 3 zu dokumentieren. In der Dokumentation sind anzugeben:

1. die Adressen der Gemeinschaftsunterkünfte,
2. die Unterbringungskapazitäten der Gemeinschaftsunterkünfte,
3. die Zuordnung der untergebrachten Beschäftigten zu den Gemeinschaftsunterkünften sowie
4. der zugehörige Zeitraum der Unterbringung der jeweiligen Beschäftigten.

Die Dokumentation muss ab Beginn der Bereitstellung der Gemeinschaftsunterkünfte am Ort der Leistungserbringung verfügbar sein. Die Dokumentation ist nach Beendigung der Unterbringung vier Wochen aufzubewahren.

5 Ergänzende Anforderungen und Maßnahmen für besondere Arbeitsstätten und Arbeitsplätze

5.1 Arbeitsplätze in nicht allseits umschlossenen Arbeitsstätten und Arbeitsplätze im Freien

Arbeitsplätze in nicht allseits umschlossenen Arbeitsstätten und Arbeitsplätze im Freien sind so einzurichten und zu betreiben, dass sie von den Beschäftigten bei jeder Witterung sicher und ohne Gesundheitsgefährdung erreicht, benutzt und wieder verlassen werden können. Dazu gehört, dass diese Arbeitsplätze gegen Witterungseinflüsse geschützt sind oder den Beschäftigten geeignete persönliche Schutzausrüstungen zur Verfügung gestellt werden.

Werden die Beschäftigten auf Arbeitsplätzen im Freien beschäftigt, so sind die Arbeitsplätze nach Möglichkeit so einzurichten, dass die Beschäftigten nicht gesundheitsgefährdenden äußeren Einwirkungen ausgesetzt sind.

5.2 Baustellen

(1) Die Beschäftigten müssen

a) sich gegen Witterungseinflüsse geschützt umkleiden, waschen und wärmen können,

b) über Einrichtungen verfügen, um ihre Mahlzeiten einnehmen und gegebenenfalls auch zubereiten zu können,
c) in der Nähe der Arbeitsplätze über Trinkwasser oder ein anderes alkoholfreies Getränk verfügen können.

Weiterhin sind auf Baustellen folgende Anforderungen umzusetzen:

d) Sind Umkleideräume nicht erforderlich, muss für jeden regelmäßig auf der Baustelle anwesenden Beschäftigten eine Kleiderablage und ein abschließbares Fach vorhanden sein, damit persönliche Gegenstände unter Verschluss aufbewahrt werden können.
e) Unter Berücksichtigung der Arbeitsverfahren und der physischen Belastungen der Beschäftigten ist dafür zu sorgen, dass ausreichend gesundheitlich zuträgliche Atemluft vorhanden ist.
f) Beschäftigte müssen die Möglichkeit haben, Arbeitskleidung und Schutzkleidung außerhalb der Arbeitszeit zu lüften und zu trocknen.
g) In regelmäßigen Abständen sind geeignete Versuche und Übungen an Feuerlöscheinrichtungen und Brandmelde- und Alarmanlagen durchzuführen.

(2) Schutzvorrichtungen, die ein Abstürzen von Beschäftigten an Arbeitsplätzen und Verkehrswegen auf Baustellen verhindern, müssen vorhanden sein:

1. unabhängig von der Absturzhöhe bei
   a) Arbeitsplätzen am und über Wasser oder an und über anderen festen oder flüssigen Stoffen, in denen man versinken kann,
   b) Verkehrswegen über Wasser oder anderen festen oder flüssigen Stoffen, in denen man versinken kann,
2. bei mehr als 1 Meter Absturzhöhe an Wandöffnungen, an freiliegenden Treppenläufen und -absätzen sowie
3. bei mehr als 2 Meter Absturzhöhe an allen übrigen Arbeitsplätzen.

Bei einer Absturzhöhe bis zu 3 Metern ist eine Schutzvorrichtung entbehrlich an Arbeitsplätzen und Verkehrswegen auf Dächern und Geschossdecken von baulichen Anlagen mit bis zu 22,5 Grad Neigung und nicht mehr als 50 Quadratmeter Grundfläche, sofern die Arbeiten von hierfür fachlich qualifizierten und körperlich geeigneten Beschäftigten ausgeführt werden und diese Beschäftigten besonders unterwiesen sind. Die Absturzkante muss für die Beschäftigten deutlich erkennbar sein.

(3) Räumliche Begrenzungen der Arbeitsplätze, Materialien, Ausrüstungen und ganz allgemein alle Elemente, die durch Ortsveränderung die Sicherheit und die Gesundheit der Beschäftigten beeinträchtigen können, müssen auf geeignete Weise stabilisiert werden. Hierzu zählen auch Maßnahmen, die verhindern, dass Fahrzeuge, Erdbaumaschinen und Förderzeuge abstürzen, umstürzen, abrutschen oder einbrechen.

(4) Werden Beförderungsmittel auf Verkehrswegen verwendet, so müssen für andere, den Verkehrsweg nutzende Personen ein ausreichender Sicherheitsabstand oder geeignete Schutzvorrichtungen vorgesehen werden. Die Wege müssen regelmäßig überprüft und gewartet werden.

(5) Bei Arbeiten, aus denen sich im besonderen Maße Gefährdungen für die Beschäftigten ergeben können, müssen geeignete Sicherheitsvorkehrungen getroffen werden. Dies gilt insbesondere für Abbrucharbeiten sowie Montage- oder Demontagearbeiten. Zur Erfüllung der Schutzmaßnahmen des Satzes 1 sind

a) bei Arbeiten an erhöhten oder tiefer gelegenen Standorten Standsicherheit und Stabilität der Arbeitsplätze und ihrer Zugänge auf geeignete Weise zu gewährleisten und zu überprüfen, insbesondere nach einer Veränderung der Höhe oder Tiefe des Arbeitsplatzes,
b) bei Aushubarbeiten Brunnenbauarbeiten, unterirdischen oder Tunnelarbeiten die Erd- oder Felswände so abzuböschen, zu verbauen oder anderweitig so zu sichern, dass sie während der einzelnen Bauzustände standsicher sind; vor Beginn von Erdarbeiten sind geeignete Maßnahmen durchzuführen, um die Gefährdung durch

unterirdisch verlegte Kabel und andere Versorgungsleitungen festzustellen und auf ein Mindestmaß zu verringern,

c) bei Arbeiten, bei denen Sauerstoffmangel auftreten kann, geeignete Maßnahmen zu treffen, um einer Gefahr vorzubeugen und eine wirksame und sofortige Hilfeleistung zu ermöglichen; Einzelarbeitsplätze in Bereichen, in denen erhöhte Gefährdung durch Sauerstoffmangel besteht, sind nur zulässig, wenn diese ständig von außen überwacht werden und alle geeigneten Vorkehrungen getroffen sind, um eine wirksame und sofortige Hilfeleistung zu ermöglichen,

d) beim Auf-, Um- sowie Abbau von Spundwänden und Senkkästen angemessene Vorrichtungen vorzusehen, damit sich die Beschäftigten beim Eindringen von Wasser und Material retten können,

e) bei Laderampen Absturzsicherungen vorzusehen,

f) bei Arbeiten, bei denen mit Gefährdungen aus dem Verkehr von Land-, Wasser- oder Luftfahrzeugen zu rechnen ist, geeignete Vorkehrungen zu treffen.

Abbrucharbeiten, Montage- oder Demontagearbeiten, insbesondere der Auf- oder Abbau von Stahl- oder Betonkonstruktionen, die Montage oder Demontage von Verbau zur Sicherung von Erd- oder Felswänden oder Senkkästen sind fachkundig zu planen und nur unter fachkundiger Aufsicht sowie nach schriftlicher Abbruch-, Montage- oder Demontageanweisung durchzuführen; die Abbruch-, Montage- oder Demontageanweisung muss die erforderlichen sicherheitstechnischen Angaben enthalten; auf die Schriftform kann verzichtet werden, wenn für die jeweiligen Abbruch-, Montage- oder Demontagearbeiten besondere sicherheitstechnische Angaben nicht erforderlich sind.

(6) Vorhandene elektrische Freileitungen müssen nach Möglichkeit außerhalb des Baustellengeländes verlegt oder freigeschaltet werden. Wenn dies nicht möglich ist, sind geeignete Abschrankungen, Abschirmungen oder Hinweise anzubringen, um Fahrzeuge und Einrichtungen von diesen Leitungen fern zu halten.

6. Maßnahmen zur Gestaltung von Bildschirmarbeitsplätzen

6.1 Allgemeine Anforderungen an Bildschirmarbeitsplätze

(1) Bildschirmarbeitsplätze sind so einzurichten und zu betreiben, dass die Sicherheit und der Schutz der Gesundheit der Beschäftigten gewährleistet sind. Die Grundsätze der Ergonomie sind auf die Bildschirmarbeitsplätze und die erforderlichen Arbeitsmittel sowie die für die Informationsverarbeitung durch die Beschäftigten erforderlichen Bildschirmgeräte entsprechend anzuwenden.

(2) Der Arbeitgeber hat dafür zu sorgen, dass die Tätigkeiten der Beschäftigten an Bildschirmgeräten insbesondere durch andere Tätigkeiten oder regelmäßige Erholungszeiten unterbrochen werden.

(3) Für die Beschäftigten ist ausreichend Raum für wechselnde Arbeitshaltungen und -bewegungen vorzusehen.

(4) Die Bildschirmgeräte sind so aufzustellen und zu betreiben, dass die Oberflächen frei von störenden Reflexionen und Blendungen sind.

(5) Die Arbeitstische oder Arbeitsflächen müssen eine reflexionsarme Oberfläche haben und so aufgestellt werden, dass die Oberflächen bei der Arbeit frei von störenden Reflexionen und Blendungen sind.

(6) Die Arbeitsflächen sind entsprechend der Arbeitsaufgabe so zu bemessen, dass alle Eingabemittel auf der Arbeitsfläche variabel angeordnet werden können und eine flexible Anordnung des Bildschirms, des Schriftguts und der sonstigen Arbeitsmittel möglich ist. Die Arbeitsfläche vor der Tastatur muss ein Auflegen der Handballen ermöglichen.

(7) Auf Wunsch der Beschäftigten hat der Arbeitgeber eine Fußstütze und einen Manuskripthalter zur Verfügung zu stellen, wenn eine ergonomisch günstige Arbeitshaltung auf andere Art und Weise nicht erreicht werden kann.

(8) Die Beleuchtung muss der Art der Arbeitsaufgabe entsprechen und an das Sehvermögen der Beschäftigten angepasst sein; ein angemessener Kontrast zwischen Bildschirm und Arbeitsumgebung ist zu gewährleisten. Durch

die Gestaltung des Bildschirmarbeitsplatzes sowie der Auslegung und der Anordnung der Beleuchtung sind störende Blendungen, Reflexionen oder Spiegelungen auf dem Bildschirm und den sonstigen Arbeitsmitteln zu vermeiden.

(9) Werden an einem Arbeitsplatz mehrere Bildschirmgeräte oder Bildschirme betrieben, müssen diese ergonomisch angeordnet sein. Die Eingabegeräte müssen sich eindeutig dem jeweiligen Bildschirmgerät zuordnen lassen.

(10) Die Arbeitsmittel dürfen nicht zu einer erhöhten, gesundheitlich unzuträglichen Wärmebelastung am Arbeitsplatz führen.

6.2 Allgemeine Anforderungen an Bildschirme und Bildschirmgeräte

(1) Die Text- und Grafikdarstellungen auf dem Bildschirm müssen entsprechend der Arbeitsaufgabe und dem Sehabstand scharf und deutlich sowie ausreichend groß sein. Der Zeichen- und der Zeilenabstand müssen angemessen sein. Die Zeichengröße und der Zeilenabstand müssen auf dem Bildschirm individuell eingestellt werden können.

(2) Das auf dem Bildschirm dargestellte Bild muss flimmerfrei sein. Das Bild darf keine Verzerrungen aufweisen.

(3) Die Helligkeit der Bildschirmanzeige und der Kontrast der Text- und Grafikdarstellungen auf dem Bildschirm müssen von den Beschäftigten einfach eingestellt werden können. Sie müssen den Verhältnissen der Arbeitsumgebung individuell angepasst werden können.

(4) Die Bildschirmgröße und -form müssen der Arbeitsaufgabe angemessen sein.

(5) Die von den Bildschirmgeräten ausgehende elektromagnetische Strahlung muss so niedrig gehalten werden, dass die Sicherheit und die Gesundheit der Beschäftigten nicht gefährdet werden.

6.3 Anforderungen an Bildschirmgeräte und Arbeitsmittel für die ortsgebundene Verwendung an Arbeitsplätzen

(1) Bildschirme müssen frei und leicht dreh- und neigbar sein sowie über reflexionsarme Oberflächen verfügen. Bildschirme, die über reflektierende Oberflächen verfügen, dürfen nur dann betrieben werden, wenn dies aus zwingenden aufgabenbezogenen Gründen erforderlich ist.

(2) Tastaturen müssen die folgenden Eigenschaften aufweisen:

1. sie müssen vom Bildschirm getrennte Einheiten sein,
2. sie müssen neigbar sein,
3. die Oberflächen müssen reflexionsarm sein,
4. die Form und der Anschlag der Tasten müssen den Arbeitsaufgaben angemessen sein und eine ergonomische Bedienung ermöglichen,
5. die Beschriftung der Tasten muss sich vom Untergrund deutlich abheben und bei normaler Arbeitshaltung gut lesbar sein.

(3) Alternative Eingabemittel (zum Beispiel Eingabe über den Bildschirm, Spracheingabe, Scanner) dürfen nur eingesetzt werden, wenn dadurch die Arbeitsaufgaben leichter ausgeführt werden können und keine zusätzlichen Belastungen für die Beschäftigten entstehen.

6.4 Anforderungen an tragbare Bildschirmgeräte für die ortsveränderliche Verwendung an Arbeitsplätzen

(1) Größe, Form und Gewicht tragbarer Bildschirmgeräte müssen der Arbeitsaufgabe entsprechend angemessen sein.

(2) Tragbare Bildschirmgeräte müssen

1. über Bildschirme mit reflexionsarmen Oberflächen verfügen und
2. so betrieben werden, dass der Bildschirm frei von störenden Reflexionen und Blendungen ist.

(3) Tragbare Bildschirmgeräte ohne Trennung zwischen Bildschirm und externem Eingabemittel (insbesondere Geräte ohne Tastatur) dürfen nur an Arbeitsplätzen betrieben werden, an denen die Geräte nur kurzzeitig verwendet werden oder an denen die Arbeitsaufgaben mit keinen anderen Bildschirmgeräten ausgeführt werden können.

(4) Tragbare Bildschirmgeräte mit alternativen Eingabemitteln sind den Arbeitsaufgaben angemessen und mit dem Ziel einer optimalen Entlastung der Beschäftigten zu betreiben.

(5) Werden tragbare Bildschirmgeräte ortsgebunden an Arbeitsplätzen verwendet, gelten zusätzlich die Anforderungen nach Nummer 6.1.

6.5 Anforderungen an die Benutzerfreundlichkeit von Bildschirmarbeitsplätzen

(1) Beim Betreiben der Bildschirmarbeitsplätze hat der Arbeitgeber dafür zu sorgen, dass der Arbeitsplatz den Arbeitsaufgaben angemessen gestaltet ist. Er hat insbesondere geeignete Softwaresysteme bereitzustellen.

(2) Die Bildschirmgeräte und die Software müssen entsprechend den Kenntnissen und Erfahrungen der Beschäftigten im Hinblick auf die jeweilige Arbeitsaufgabe angepasst werden können.

(3) Das Softwaresystem muss den Beschäftigten Angaben über die jeweiligen Dialogabläufe machen.

(4) Die Bildschirmgeräte und die Software müssen es den Beschäftigten ermöglichen, die Dialogabläufe zu beeinflussen. Sie müssen eventuelle Fehler bei der Handhabung beschreiben und eine Fehlerbeseitigung mit begrenztem Arbeitsaufwand erlauben.

(5) Eine Kontrolle der Arbeit hinsichtlich der qualitativen oder quantitativen Ergebnisse darf ohne Wissen der Beschäftigten nicht durchgeführt werden.

Arbeitszeitgesetz (ArbZG)

Vom 6. Juni 1994 (BGBl. I S. 1170)

Zuletzt geändert durch
Viertes Bürokratieentlastungsgesetz
vom 23. Oktober 2024 (BGBl. I Nr. 323)

Erster Abschnitt
Allgemeine Vorschriften

§ 1 Zweck des Gesetzes

Zweck des Gesetzes ist es,

1. die Sicherheit und den Gesundheitsschutz der Arbeitnehmer in der Bundesrepublik Deutschland und in der ausschließlichen Wirtschaftszone bei der Arbeitszeitgestaltung zu gewährleisten und die Rahmenbedingungen für flexible Arbeitszeiten zu verbessern sowie
2. den Sonntag und die staatlich anerkannten Feiertage als Tage der Arbeitsruhe und der seelischen Erhebung der Arbeitnehmer zu schützen.

§ 2 Begriffsbestimmungen

(1) Arbeitszeit im Sinne dieses Gesetzes ist die Zeit vom Beginn bis zum Ende der Arbeit ohne die Ruhepausen; Arbeitszeiten bei mehreren Arbeitgebern sind zusammenzurechnen. Im Bergbau unter Tage zählen die Ruhepausen zur Arbeitszeit.

(2) Arbeitnehmer im Sinne dieses Gesetzes sind Arbeiter und Angestellte sowie die zu ihrer Berufsbildung Beschäftigten.

(3) Nachtzeit im Sinne dieses Gesetzes ist die Zeit von 23 bis 6 Uhr, in Bäckereien und Konditoreien die Zeit von 22 bis 5 Uhr.

(4) Nachtarbeit im Sinne dieses Gesetzes ist jede Arbeit, die mehr als zwei Stunden der Nachtzeit umfaßt.

(5) Nachtarbeitnehmer im Sinne dieses Gesetzes sind Arbeitnehmer, die

1. auf Grund ihrer Arbeitszeitgestaltung normalerweise Nachtarbeit in Wechselschicht zu leisten haben oder
2. Nachtarbeit an mindestens 48 Tagen im Kalenderjahr leisten.

Zweiter Abschnitt
Werktägliche Arbeitszeit und arbeitsfreie Zeiten

§ 3 Arbeitszeit der Arbeitnehmer

Die werktägliche Arbeitszeit der Arbeitnehmer darf acht Stunden nicht überschreiten. Sie kann auf bis zu zehn Stunden nur verlängert werden, wenn innerhalb von sechs Kalendermonaten oder innerhalb von 24 Wochen im Durchschnitt acht Stunden werktäglich nicht überschritten werden.

§ 4 Ruhepausen

Die Arbeit ist durch im voraus feststehende Ruhepausen von mindestens 30 Minuten bei einer Arbeitszeit von mehr als sechs bis zu neun Stunden und 45 Minuten bei einer Arbeitszeit von mehr als neun Stunden insgesamt zu unterbrechen. Die Ruhepausen nach Satz 1 können in Zeitabschnitte von jeweils mindestens 15 Minuten aufgeteilt werden. Länger als sechs Stunden hintereinander dürfen Arbeitnehmer nicht ohne Ruhepause beschäftigt werden.

§ 5 Ruhezeit

(1) Die Arbeitnehmer müssen nach Beendigung der täglichen Arbeitszeit eine ununterbrochene Ruhezeit von mindestens elf Stunden haben.

(2) Die Dauer der Ruhezeit des Absatzes 1 kann in Krankenhäusern und anderen Einrichtungen zur Behandlung, Pflege und Betreuung von Personen, in Gaststätten und anderen Einrichtungen zur Bewirtung und

Beherbergung, in Verkehrsbetrieben, beim Rundfunk sowie in der Landwirtschaft und in der Tierhaltung um bis zu eine Stunde verkürzt werden, wenn jede Verkürzung der Ruhezeit innerhalb eines Kalendermonats oder innerhalb von vier Wochen durch Verlängerung einer anderen Ruhezeit auf mindestens zwölf Stunden ausgeglichen wird.

(3) Abweichend von Absatz 1 können in Krankenhäusern und anderen Einrichtungen zur Behandlung, Pflege und Betreuung von Personen Kürzungen der Ruhezeit durch Inanspruchnahme während der Rufbereitschaft, die nicht mehr als die Hälfte der Ruhezeit betragen, zu anderen Zeiten ausgeglichen werden.

§ 6 Nacht- und Schichtarbeit

(1) Die Arbeitszeit der Nacht- und Schichtarbeitnehmer ist nach den gesicherten arbeitswissenschaftlichen Erkenntnissen über die menschengerechte Gestaltung der Arbeit festzulegen.

(2) Die werktägliche Arbeitszeit der Nachtarbeitnehmer darf acht Stunden nicht überschreiten. Sie kann auf bis zu zehn Stunden nur verlängert werden, wenn abweichend von § 3 innerhalb von einem Kalendermonat oder innerhalb von vier Wochen im Durchschnitt acht Stunden werktäglich nicht überschritten werden. Für Zeiträume, in denen Nachtarbeitnehmer im Sinne des § 2 Abs. 5 Nr. 2 nicht zur Nachtarbeit herangezogen werden, findet § 3 Satz 2 Anwendung.

(3) Nachtarbeitnehmer sind berechtigt, sich vor Beginn der Beschäftigung und danach in regelmäßigen Zeitabständen von nicht weniger als drei Jahren arbeitsmedizinisch untersuchen zu lassen. Nach Vollendung des 50. Lebensjahres steht Nachtarbeitnehmern dieses Recht in Zeitabständen von einem Jahr zu. Die Kosten der Untersuchungen hat der Arbeitgeber zu tragen, sofern er die Untersuchungen den Nachtarbeitnehmern nicht kostenlos durch einen Betriebsarzt oder einen überbetrieblichen Dienst von Betriebsärzten anbietet.

(4) Der Arbeitgeber hat den Nachtarbeitnehmer auf dessen Verlangen auf einen für ihn geeigneten Tagesarbeitsplatz umzusetzen, wenn

a) nach arbeitsmedizinischer Feststellung die weitere Verrichtung von Nachtarbeit den Arbeitnehmer in seiner Gesundheit gefährdet oder
b) im Haushalt des Arbeitnehmers ein Kind unter zwölf Jahren lebt, das nicht von einer anderen im Haushalt lebenden Person betreut werden kann, oder
c) der Arbeitnehmer einen schwerpflegebedürftigen Angehörigen zu versorgen hat, der nicht von einem anderen im Haushalt lebenden Angehörigen versorgt werden kann,

sofern dem nicht dringende betriebliche Erfordernisse entgegenstehen. Stehen der Umsetzung des Nachtarbeitnehmers auf einen für ihn geeigneten Tagesarbeitsplatz nach Auffassung des Arbeitgebers dringende betriebliche Erfordernisse entgegen, so ist der Betriebs- oder Personalrat zu hören. Der Betriebs- oder Personalrat kann dem Arbeitgeber Vorschläge für eine Umsetzung unterbreiten.

(5) Soweit keine tarifvertraglichen Ausgleichsregelungen bestehen, hat der Arbeitgeber dem Nachtarbeitnehmer für die während der Nachtzeit geleisteten Arbeitsstunden eine angemessene Zahl bezahlter freier Tage oder einen angemessenen Zuschlag auf das ihm hierfür zustehende Bruttoarbeitsentgelt zu gewähren.

(6) Es ist sicherzustellen, daß Nachtarbeitnehmer den gleichen Zugang zur betrieblichen Weiterbildung und zu aufstiegsfördernden Maßnahmen haben wie die übrigen Arbeitnehmer.

§ 7 Abweichende Regelungen

(1) In einem Tarifvertrag oder auf Grund eines Tarifvertrags in einer Betriebs- oder Dienstvereinbarung kann zugelassen werden,

1. abweichend von § 3
   a) die Arbeitszeit über zehn Stunden werktäglich zu verlängern, wenn in die Arbeitszeit regelmäßig und in erheblichem Umfang Arbeitsbereitschaft oder Bereitschaftsdienst fällt,
   b) einen anderen Ausgleichszeitraum festzulegen,

4

2. abweichend von § 4 Satz 2 die Gesamtdauer der Ruhepausen in Schichtbetrieben und Verkehrsbetrieben auf Kurzpausen von angemessener Dauer aufzuteilen,
3. abweichend von § 5 Abs. 1 die Ruhezeit um bis zu zwei Stunden zu kürzen, wenn die Art der Arbeit dies erfordert und die Kürzung der Ruhezeit innerhalb eines festzulegenden Ausgleichszeitraums ausgeglichen wird,
4. abweichend von § 6 Abs. 2
   a) die Arbeitszeit über zehn Stunden werktäglich hinaus zu verlängern, wenn in die Arbeitszeit regelmäßig und in erheblichem Umfang Arbeitsbereitschaft oder Bereitschaftsdienst fällt,
   b) einen anderen Ausgleichszeitraum festzulegen,
5. den Beginn des siebenstündigen Nachtzeitraums des § 2 Abs. 3 auf die Zeit zwischen 22 und 24 Uhr festzulegen.

(2) Sofern der Gesundheitsschutz der Arbeitnehmer durch einen entsprechenden Zeitausgleich gewährleistet wird, kann in einem Tarifvertrag oder auf Grund eines Tarifvertrags in einer Betriebs- oder Dienstvereinbarung ferner zugelassen werden,

1. abweichend von § 5 Abs. 1 die Ruhezeiten bei Rufbereitschaft den Besonderheiten dieses Dienstes anzupassen, insbesondere Kürzungen der Ruhezeit infolge von Inanspruchnahmen während dieses Dienstes zu anderen Zeiten auszugleichen,
2. die Regelungen der §§ 3, 5 Abs. 1 und § 6 Abs. 2 in der Landwirtschaft der Bestellungs- und Erntezeit sowie den Witterungseinflüssen anzupassen,
3. die Regelungen der §§ 3, 4, 5 Abs. 1 und § 6 Abs. 2 bei der Behandlung, Pflege und Betreuung von Personen der Eigenart dieser Tätigkeit und dem Wohl dieser Personen entsprechend anzupassen,
4. die Regelungen der §§ 3, 4, 5 Abs. 1 und § 6 Abs. 2 bei Verwaltungen und Betrieben des Bundes, der Länder, der Gemeinden und sonstigen Körperschaften, Anstalten und Stiftungen des öffentlichen Rechts sowie bei anderen Arbeitgebern, die der Tarifbindung eines für den öffentlichen Dienst geltenden oder eines im wesentlichen inhaltsgleichen Tarifvertrags unterliegen, der Eigenart der Tätigkeit bei diesen Stellen anzupassen.

(2a) In einem Tarifvertrag oder auf Grund eines Tarifvertrags in einer Betriebs- oder Dienstvereinbarung kann abweichend von den §§ 3, 5 Abs. 1 und § 6 Abs. 2 auch zugelassen werden, die werktägliche Arbeitszeit auch ohne Ausgleich über acht Stunden zu verlängern, wenn in die Arbeitszeit regelmäßig und in erheblichem Umfang Arbeitsbereitschaft oder Bereitschaftsdienst fällt und durch besondere Regelungen sichergestellt wird, dass die Gesundheit der Arbeitnehmer nicht gefährdet wird.

(3) Im Geltungsbereich eines Tarifvertrags nach Absatz 1, 2 oder 2a können abweichende tarifvertragliche Regelungen im Betrieb eines nicht tarifgebundenen Arbeitgebers durch Betriebs- oder Dienstvereinbarung oder, wenn ein Betriebs- oder Personalrat nicht besteht, durch schriftliche Vereinbarung zwischen dem Arbeitgeber und dem Arbeitnehmer übernommen werden. Können auf Grund eines solchen Tarifvertrags abweichende Regelungen in einer Betriebs- oder Dienstvereinbarung getroffen werden, kann auch in Betrieben eines nicht tarifgebundenen Arbeitgebers davon Gebrauch gemacht werden. Eine nach Absatz 2 Nr. 4 getroffene abweichende tarifvertragliche Regelung hat zwischen nicht tarifgebundenen Arbeitgebern und Arbeitnehmern Geltung, wenn zwischen ihnen die Anwendung der für den öffentlichen Dienst geltenden tarifvertraglichen Bestimmungen vereinbart ist und die Arbeitgeber die Kosten des Betriebs überwiegend mit Zuwendungen im Sinne des Haushaltsrechts decken.

(4) Die Kirchen und die öffentlich-rechtlichen Religionsgesellschaften können die in Absatz 1, 2 oder 2a genannten Abweichungen in ihren Regelungen vorsehen.

(5) In einem Bereich, in dem Regelungen durch Tarifvertrag üblicherweise nicht getroffen werden, können Ausnahmen im Rahmen des Absatzes 1, 2 oder 2a durch die Auf-

sichtsbehörde bewilligt werden, wenn dies aus betrieblichen Gründen erforderlich ist und die Gesundheit der Arbeitnehmer nicht gefährdet wird.

(6) Die Bundesregierung kann durch Rechtsverordnung mit Zustimmung des Bundesrates Ausnahmen im Rahmen des Absatzes 1 oder 2 zulassen, sofern dies aus betrieblichen Gründen erforderlich ist und die Gesundheit der Arbeitnehmer nicht gefährdet wird.

(7) Auf Grund einer Regelung nach Absatz 2a oder den Absätzen 3 bis 5 jeweils in Verbindung mit Absatz 2a darf die Arbeitszeit nur verlängert werden, wenn der Arbeitnehmer schriftlich eingewilligt hat. Der Arbeitnehmer kann die Einwilligung mit einer Frist von sechs Monaten schriftlich widerrufen. Der Arbeitgeber darf einen Arbeitnehmer nicht benachteiligen, wenn dieser die Einwilligung zur Verlängerung der Arbeitszeit nicht erklärt oder die Einwilligung widerrufen hat.

(8) Werden Regelungen nach Absatz 1 Nr. 1 und 4, Absatz 2 Nr. 2 bis 4 oder solche Regelungen auf Grund der Absätze 3 und 4 zugelassen, darf die Arbeitszeit 48 Stunden wöchentlich im Durchschnitt von zwölf Kalendermonaten nicht überschreiten. Erfolgt die Zulassung auf Grund des Absatzes 5, darf die Arbeitszeit 48 Stunden wöchentlich im Durchschnitt von sechs Kalendermonaten oder 24 Wochen nicht überschreiten.

(9) Wird die werktägliche Arbeitszeit über zwölf Stunden hinaus verlängert, muss im unmittelbaren Anschluss an die Beendigung der Arbeitszeit eine Ruhezeit von mindestens elf Stunden gewährt werden.

§ 8 Gefährliche Arbeiten

Die Bundesregierung kann durch Rechtsverordnung mit Zustimmung des Bundesrates für einzelne Beschäftigungsbereiche, für bestimmte Arbeiten oder für bestimmte Arbeitnehmergruppen, bei denen besondere Gefahren für die Gesundheit der Arbeitnehmer zu erwarten sind, die Arbeitszeit über § 3 hinaus beschränken, die Ruhepausen und Ruhezeiten über die §§ 4 und 5 hinaus ausdehnen, die Regelungen zum Schutz der Nacht- und Schichtarbeitnehmer in § 6 erweitern und die Abweichungsmöglichkeiten nach § 7 beschränken, soweit dies zum Schutz der Gesundheit der Arbeitnehmer erforderlich ist. Satz 1 gilt nicht für Beschäftigungsbereiche und Arbeiten in Betrieben, die der Bergaufsicht unterliegen.

Dritter Abschnitt
Sonn- und Feiertagsruhe

§ 9 Sonn- und Feiertagsruhe

(1) Arbeitnehmer dürfen an Sonn- und gesetzlichen Feiertagen von 0 bis 24 Uhr nicht beschäftigt werden.

(2) In mehrschichtigen Betrieben mit regelmäßiger Tag- und Nachtschicht kann Beginn oder Ende der Sonn- und Feiertagsruhe um bis zu sechs Stunden vor- oder zurückverlegt werden, wenn für die auf den Beginn der Ruhezeit folgenden 24 Stunden der Betrieb ruht.

(3) Für Kraftfahrer und Beifahrer kann der Beginn der 24stündigen Sonn- und Feiertagsruhe um bis zu zwei Stunden vorverlegt werden.

§ 10 Sonn- und Feiertagsbeschäftigung

(1) Sofern die Arbeiten nicht an Werktagen vorgenommen werden können, dürfen Arbeitnehmer an Sonn- und Feiertagen abweichend von § 9 beschäftigt werden

1. in Not- und Rettungsdiensten sowie bei der Feuerwehr,
2. zur Aufrechterhaltung der öffentlichen Sicherheit und Ordnung sowie der Funktionsfähigkeit von Gerichten und Behörden und für Zwecke der Verteidigung,
3. in Krankenhäusern und anderen Einrichtungen zur Behandlung, Pflege und Betreuung von Personen,
4. in Gaststätten und anderen Einrichtungen zur Bewirtung und Beherbergung sowie im Haushalt,
5. bei Musikaufführungen, Theatervorstellungen, Filmvorführungen, Schaustellungen, Darbietungen und anderen ähnlichen Veranstaltungen,
6. bei nichtgewerblichen Aktionen und Veranstaltungen der Kirchen, Religionsge-

sellschaften, Verbände, Vereine, Parteien und anderer ähnlicher Vereinigungen,
7. beim Sport und in Freizeit-, Erholungs- und Vergnügungseinrichtungen, beim Fremdenverkehr sowie in Museen und wissenschaftlichen Präsenzbibliotheken,
8. beim Rundfunk, bei der Tages- und Sportpresse, bei Nachrichtenagenturen sowie bei den der Tagesaktualität dienenden Tätigkeiten für andere Presseerzeugnisse einschließlich des Austragens, bei der Herstellung von Satz, Filmen und Druckformen für tagesaktuelle Nachrichten und Bilder, bei tagesaktuellen Aufnahmen auf Ton- und Bildträger sowie beim Transport und Kommissionieren von Presseerzeugnissen, deren Erscheinungstag am Montag oder am Tag nach einem Feiertag liegt,
9. bei Messen, Ausstellungen und Märkten im Sinne des Titels IV der Gewerbeordnung sowie bei Volksfesten,
10. in Verkehrsbetrieben sowie beim Transport und Kommissionieren von leichtverderblichen Waren im Sinne des § 30 Abs. 3 Nr. 2 der Straßenverkehrsordnung,
11. in den Energie- und Wasserversorgungsbetrieben sowie in Abfall- und Abwasserentsorgungsbetrieben,
12. in der Landwirtschaft und in der Tierhaltung sowie in Einrichtungen zur Behandlung und Pflege von Tieren,
13. im Bewachungsgewerbe und bei der Bewachung von Betriebsanlagen,
14. bei der Reinigung und Instandhaltung von Betriebseinrichtungen, soweit hierdurch der regelmäßige Fortgang des eigenen oder eines fremden Betriebs bedingt ist, bei der Vorbereitung der Wiederaufnahme des vollen werktägigen Betriebs sowie bei der Aufrechterhaltung der Funktionsfähigkeit von Datennetzen und Rechnersystemen,
15. zur Verhütung des Verderbens von Naturerzeugnissen oder Rohstoffen oder des Mißlingens von Arbeitsergebnissen sowie bei kontinuierlich durchzuführenden Forschungsarbeiten,
16. zur Vermeidung einer Zerstörung oder erheblichen Beschädigung der Produktionseinrichtungen.

(2) Abweichend von § 9 dürfen Arbeitnehmer an Sonn- und Feiertagen mit den Produktionsarbeiten beschäftigt werden, wenn die infolge der Unterbrechung der Produktion nach Absatz 1 Nr. 14 zulässigen Arbeiten den Einsatz von mehr Arbeitnehmern als bei durchgehender Produktion erfordern.

(3) Abweichend von § 9 dürfen Arbeitnehmer an Sonn- und Feiertagen in Bäckereien und Konditoreien für bis zu drei Stunden mit der Herstellung und dem Austragen oder Ausfahren von Konditorwaren und an diesem Tag zum Verkauf kommenden Bäckerwaren beschäftigt werden.

(4) Sofern die Arbeiten nicht an Werktagen vorgenommen werden können, dürfen Arbeitnehmer zur Durchführung des Eil- und Großbetragszahlungsverkehrs und des Geld-, Devisen-, Wertpapier- und Derivatehandels abweichend von § 9 Abs. 1 an den auf einen Werktag fallenden Feiertagen beschäftigt werden, die nicht in allen Mitgliedstaaten der Europäischen Union Feiertage sind.

§ 11 Ausgleich für Sonn- und Feiertagsbeschäftigung

(1) Mindestens 15 Sonntage im Jahr müssen beschäftigungsfrei bleiben.

(2) Für die Beschäftigung an Sonn- und Feiertagen gelten die §§ 3 bis 8 entsprechend, jedoch dürfen durch die Arbeitszeit an Sonn- und Feiertagen die in den §§ 3, 6 Abs. 2, §§ 7 und 21a Abs. 4 bestimmten Höchstarbeitszeiten und Ausgleichszeiträume nicht überschritten werden.

(3) Werden Arbeitnehmer an einem Sonntag beschäftigt, müssen sie einen Ersatzruhetag haben, der innerhalb eines den Beschäftigungstag einschließenden Zeitraums von zwei Wochen zu gewähren ist. Werden Arbeitnehmer an einem auf einen Werktag fallenden Feiertag beschäftigt, müssen sie einen Ersatzruhetag haben, der innerhalb eines den Beschäftigungstag einschließenden Zeitraums von acht Wochen zu gewähren ist.

(4) Die Sonn- oder Feiertagsruhe des § 9 oder der Ersatzruhetag des Absatzes 3 ist den Arbeitnehmern unmittelbar in Verbindung mit einer Ruhezeit nach § 5 zu gewähren, soweit dem technische oder arbeitsorganisatorische Gründe nicht entgegenstehen.

§ 12 Abweichende Regelungen

In einem Tarifvertrag oder auf Grund eines Tarifvertrags in einer Betriebs- oder Dienstvereinbarung kann zugelassen werden,

1. abweichend von § 11 Abs. 1 die Anzahl der beschäftigungsfreien Sonntage in den Einrichtungen des § 10 Abs. 1 Nr. 2, 3, 4 und 10 auf mindestens zehn Sonntage, im Rundfunk, in Theaterbetrieben, Orchestern sowie bei Schaustellungen auf mindestens acht Sonntage, in Filmtheatern und in der Tierhaltung auf mindestens sechs Sonntage im Jahr zu verringern,
2. abweichend von § 11 Abs. 3 den Wegfall von Ersatzruhetagen für auf Werktage fallende Feiertage zu vereinbaren oder Arbeitnehmer innerhalb eines festzulegenden Ausgleichszeitraums beschäftigungsfrei zu stellen,
3. abweichend von § 11 Abs. 1 bis 3 in der Seeschifffahrt die den Arbeitnehmern nach diesen Vorschriften zustehenden freien Tage zusammenhängend zu geben,
4. abweichend von § 11 Abs. 2 die Arbeitszeit in vollkontinuierlichen Schichtbetrieben an Sonn- und Feiertagen auf bis zu zwölf Stunden zu verlängern, wenn dadurch zusätzliche freie Schichten an Sonn- und Feiertagen erreicht werden.

§ 7 Abs. 3 bis 6 findet Anwendung.

§ 13 Ermächtigung, Anordnung, Bewilligung

(1) Die Bundesregierung kann durch Rechtsverordnung mit Zustimmung des Bundesrates zur Vermeidung erheblicher Schäden unter Berücksichtigung des Schutzes der Arbeitnehmer und der Sonn- und Feiertagsruhe

1. die Bereiche mit Sonn- und Feiertagsbeschäftigung nach § 10 sowie die dort zugelassenen Arbeiten näher bestimmen,
2. über die Ausnahmen nach § 10 hinaus weitere Ausnahmen abweichend von § 9
   a) für Betriebe, in denen die Beschäftigung von Arbeitnehmern an Sonn- oder Feiertagen zur Befriedigung täglicher oder an diesen Tagen besonders hervortretender Bedürfnisse der Bevölkerung erforderlich ist,
   b) für Betriebe, in denen Arbeiten vorkommen, deren Unterbrechung oder Aufschub
      aa) nach dem Stand der Technik ihrer Art nach nicht oder nur mit erheblichen Schwierigkeiten möglich ist,
      bb) besondere Gefahren für Leben oder Gesundheit der Arbeitnehmer zur Folge hätte,
      cc) zu erheblichen Belastungen der Umwelt oder der Energie- oder Wasserversorgung führen würde,
   c) aus Gründen des Gemeinwohls, insbesondere auch zur Sicherung der Beschäftigung,

   zulassen und die zum Schutz der Arbeitnehmer und der Sonn- und Feiertagsruhe notwendigen Bedingungen bestimmen.

(2) Soweit die Bundesregierung von der Ermächtigung des Absatzes 1 Nr. 2 Buchstabe a keinen Gebrauch gemacht hat, können die Landesregierungen durch Rechtsverordnung entsprechende Bestimmungen erlassen. Die Landesregierungen können diese Ermächtigung durch Rechtsverordnung auf oberste Landesbehörden übertragen.

(3) Die Aufsichtsbehörde kann

1. feststellen, ob eine Beschäftigung nach § 10 zulässig ist,
2. abweichend von § 9 bewilligen, Arbeitnehmer zu beschäftigen
   a) im Handelsgewerbe an bis zu zehn Sonn- und Feiertagen im Jahr, an denen besondere Verhältnisse einen erweiterten Geschäftsverkehr erforderlich machen,
   b) an bis zu fünf Sonn- und Feiertagen im Jahr, wenn besondere Verhältnisse zur

Verhütung eines unverhältnismäßigen Schadens dies erfordern,

c) an einem Sonntag im Jahr zur Durchführung einer gesetzlich vorgeschriebenen Inventur,

und Anordnungen über die Beschäftigungszeit unter Berücksichtigung der für den öffentlichen Gottesdienst bestimmten Zeit treffen.

(4) Die Aufsichtsbehörde soll abweichend von § 9 bewilligen, daß Arbeitnehmer an Sonn- und Feiertagen mit Arbeiten beschäftigt werden, die aus chemischen, biologischen, technischen oder physikalischen Gründen einen ununterbrochenen Fortgang auch an Sonn- und Feiertagen erfordern.

(5) Die Aufsichtsbehörde hat abweichend von § 9 die Beschäftigung von Arbeitnehmern an Sonn- und Feiertagen zu bewilligen, wenn bei einer weitgehenden Ausnutzung der gesetzlich zulässigen wöchentlichen Betriebszeiten und bei längeren Betriebszeiten im Ausland die Konkurrenzfähigkeit unzumutbar beeinträchtigt ist und durch die Genehmigung von Sonn- und Feiertagsarbeit die Beschäftigung gesichert werden kann.

Vierter Abschnitt
Ausnahmen in besonderen Fällen

§ 14 Außergewöhnliche Fälle

(1) Von den §§ 3 bis 5, 6 Abs. 2, §§ 7, 9 bis 11 darf abgewichen werden bei vorübergehenden Arbeiten in Notfällen und in außergewöhnlichen Fällen, die unabhängig vom Willen der Betroffenen eintreten und deren Folgen nicht auf andere Weise zu beseitigen sind, besonders wenn Rohstoffe oder Lebensmittel zu verderben oder Arbeitsergebnisse zu mißlingen drohen.

(2) Von den §§ 3 bis 5, 6 Abs. 2, §§ 7, 11 Abs. 1 bis 3 und § 12 darf ferner abgewichen werden,

1. wenn eine verhältnismäßig geringe Zahl von Arbeitnehmern vorübergehend mit Arbeiten beschäftigt wird, deren Nichterledigung das Ergebnis der Arbeiten gefährden oder einen unverhältnismäßigen Schaden zur Folge haben würden,
2. bei Forschung und Lehre, bei unaufschiebbaren Vor- und Abschlußarbeiten sowie bei unaufschiebbaren Arbeiten zur Behandlung, Pflege und Betreuung von Personen oder zur Behandlung und Pflege von Tieren an einzelnen Tagen,

wenn dem Arbeitgeber andere Vorkehrungen nicht zugemutet werden können.

(3) Wird von den Befugnissen nach Absatz 1 oder 2 Gebrauch gemacht, darf die Arbeitszeit 48 Stunden wöchentlich im Durchschnitt von sechs Kalendermonaten oder 24 Wochen nicht überschreiten.

§ 15 Bewilligung, Ermächtigung

(1) Die Aufsichtsbehörde kann

1. eine von den §§ 3, 6 Abs. 2 und § 11 Abs. 2 abweichende längere tägliche Arbeitszeit bewilligen
   a) für kontinuierliche Schichtbetriebe zur Erreichung zusätzlicher Freischichten,
   b) für Bau- und Montagestellen,
2. eine von den §§ 3, 6 Abs. 2 und § 11 Abs. 2 abweichende längere tägliche Arbeitszeit für Saison- und Kampagnebetriebe für die Zeit der Saison oder Kampagne bewilligen, wenn die Verlängerung der Arbeitszeit über acht Stunden werktäglich durch eine entsprechende Verkürzung der Arbeitszeit zu anderen Zeiten ausgeglichen wird,
3. eine von den §§ 5 und 11 Abs. 2 abweichende Dauer und Lage der Ruhezeit bei Arbeitsbereitschaft, Bereitschaftsdienst und Rufbereitschaft den Besonderheiten dieser Inanspruchnahmen im öffentlichen Dienst entsprechend bewilligen,
4. eine von den §§ 5 und 11 Abs. 2 abweichende Ruhezeit zur Herbeiführung eines regelmäßigen wöchentlichen Schichtwechsels zweimal innerhalb eines Zeitraums von drei Wochen bewilligen.

(2) Die Aufsichtsbehörde kann über die in diesem Gesetz vorgesehenen Ausnahmen hinaus weitergehende Ausnahmen zulassen, soweit sie im öffentlichen Interesse dringend nötig werden.

(2a) Die Bundesregierung kann durch Rechtsverordnung mit Zustimmung des Bundesrates

1. Ausnahmen von den §§ 3, 4, 5 und 6 Absatz 2 sowie von den §§ 9 und 11 für Arbeitnehmer, die besondere Tätigkeiten zur Errichtung, zur Änderung oder zum Betrieb von Bauwerken, künstlichen Inseln oder sonstigen Anlagen auf See (Offshore-Tätigkeiten) durchführen, zulassen und
2. die zum Schutz der in Nummer 1 genannten Arbeitnehmer sowie der Sonn- und Feiertagsruhe notwendigen Bedingungen bestimmen.

(3) Das Bundesministerium der Verteidigung kann in seinem Geschäftsbereich durch Rechtsverordnung mit Zustimmung des Bundesministeriums für Arbeit und Soziales aus zwingenden Gründen der Verteidigung Arbeitnehmer verpflichten, über die in diesem Gesetz und in den auf Grund dieses Gesetzes erlassenen Rechtsverordnungen und Tarifverträgen festgelegten Arbeitszeitgrenzen und -beschränkungen hinaus Arbeit zu leisten.

(3a) Das Bundesministerium der Verteidigung kann in seinem Geschäftsbereich durch Rechtsverordnung im Einvernehmen mit dem Bundesministerium für Arbeit und Soziales für besondere Tätigkeiten der Arbeitnehmer bei den Streitkräften Abweichungen von in diesem Gesetz sowie von in den auf Grund dieses Gesetzes erlassenen Rechtsverordnungen bestimmten Arbeitszeitgrenzen und -beschränkungen zulassen, soweit die Abweichungen aus zwingenden Gründen erforderlich sind und die größtmögliche Sicherheit und der bestmögliche Gesundheitsschutz der Arbeitnehmer gewährleistet werden.

(4) Werden Ausnahmen nach Absatz 1 oder 2 zugelassen, darf die Arbeitszeit 48 Stunden wöchentlich im Durchschnitt von sechs Kalendermonaten oder 24 Wochen nicht überschreiten.

Fünfter Abschnitt Durchführung des Gesetzes

§ 16 Aushang und Arbeitszeitnachweise

(1) Der Arbeitgeber ist verpflichtet, eine Kopie dieses Gesetzes, der auf Grund dieses Gesetzes erlassenen, für den Betrieb geltenden Rechtsverordnungen und der für den Betrieb geltenden Tarifverträge und Betriebs- oder Dienstvereinbarungen im Sinne des § 7 Absatz 1 bis 3 und der §§ 12 und 21a Absatz 6 den Arbeitnehmern über die im Betrieb oder in der Dienststelle übliche Informations- und Kommunikationstechnik zur Verfügung zu stellen oder an geeigneter Stelle im Betrieb oder in der Dienststelle zur Einsichtnahme auszulegen oder auszuhängen.

(2) Der Arbeitgeber ist verpflichtet, die über die werktägliche Arbeitszeit des § 3 Satz 1 hinausgehende Arbeitszeit der Arbeitnehmer aufzuzeichnen und ein Verzeichnis der Arbeitnehmer zu führen, die in eine Verlängerung der Arbeitszeit gemäß § 7 Abs. 7 eingewilligt haben. Die Nachweise sind mindestens zwei Jahre aufzubewahren.

§ 17 Aufsichtsbehörde

(1) Die Einhaltung dieses Gesetzes und der auf Grund dieses Gesetzes erlassenen Rechtsverordnungen wird von den nach Landesrecht zuständigen Behörden (Aufsichtsbehörden) überwacht.

(2) Die Aufsichtsbehörde kann die erforderlichen Maßnahmen anordnen, die der Arbeitgeber zur Erfüllung der sich aus diesem Gesetz und den auf Grund dieses Gesetzes erlassenen Rechtsverordnungen ergebenden Pflichten zu treffen hat.

(3) Für den öffentlichen Dienst des Bundes sowie für die bundesunmittelbaren Körperschaften, Anstalten und Stiftungen des öffentlichen Rechts werden die Aufgaben und Befugnisse der Aufsichtsbehörde vom zuständigen Bundesministerium oder den von ihm bestimmten Stellen wahrgenommen; das gleiche gilt für die Befugnisse nach § 15 Abs. 1 und 2.

(4) Die Aufsichtsbehörde kann vom Arbeitgeber die für die Durchführung dieses Gesetzes und der auf Grund dieses Gesetzes erlassenen Rechtsverordnungen erforderlichen Auskünfte verlangen. Sie kann ferner vom Arbeitgeber verlangen, die Arbeitszeitnachweise und Tarifverträge oder Betriebs- oder Dienstvereinbarungen im Sinne des § 7 Abs. 1 bis 3, §§ 12 und 21a Abs. 6 sowie andere Arbeitszeitnachweise oder Geschäftsunterlagen, die mittelbar oder unmittelbar Auskunft über die

Einhaltung des Arbeitszeitgesetzes geben, vorzulegen oder zur Einsicht einzusenden.

(5) Die Beauftragten der Aufsichtsbehörde sind berechtigt, die Arbeitsstätten während der Betriebs- und Arbeitszeit zu betreten und zu besichtigen; außerhalb dieser Zeit oder wenn sich die Arbeitsstätten in einer Wohnung befinden, dürfen sie ohne Einverständnis des Inhabers nur zur Verhütung von dringenden Gefahren für die öffentliche Sicherheit und Ordnung betreten und besichtigt werden. Der Arbeitgeber hat das Betreten und Besichtigen der Arbeitsstätten zu gestatten. Das Grundrecht der Unverletzlichkeit der Wohnung (Artikel 13 des Grundgesetzes) wird insoweit eingeschränkt.

(6) Der zur Auskunft Verpflichtete kann die Auskunft auf solche Fragen verweigern, deren Beantwortung ihn selbst oder einen der in § 383 Abs. 1 Nr. 1 bis 3 der Zivilprozeßordnung bezeichneten Angehörigen der Gefahr strafgerichtlicher Verfolgung oder eines Verfahrens nach dem Gesetz über Ordnungswidrigkeiten aussetzen würde.

Sechster Abschnitt Sonderregelungen

§ 18 Nichtanwendung des Gesetzes

(1) Dieses Gesetz ist nicht anzuwenden auf

1. leitende Angestellte im Sinne des § 5 Abs. 3 des Betriebsverfassungsgesetzes sowie Chefärzte,
2. Leiter von öffentlichen Dienststellen und deren Vertreter sowie Arbeitnehmer im öffentlichen Dienst, die zu selbständigen Entscheidungen in Personalangelegenheiten befugt sind,
3. Arbeitnehmer, die in häuslicher Gemeinschaft mit den ihnen anvertrauten Personen zusammenleben und sie eigenverantwortlich erziehen, pflegen oder betreuen,
4. den liturgischen Bereich der Kirchen und der Religionsgemeinschaften.

(2) Für die Beschäftigung von Personen unter 18 Jahren gilt anstelle dieses Gesetzes das Jugendarbeitsschutzgesetz.

(3) Für die Beschäftigung von Arbeitnehmern als Besatzungsmitglieder auf Kauffahrteischiffen im Sinne des § 3 des Seearbeitsgesetzes gilt anstelle dieses Gesetzes das Seearbeitsgesetz.

§ 19 Beschäftigung im öffentlichen Dienst

Bei der Wahrnehmung hoheitlicher Aufgaben im öffentlichen Dienst können, soweit keine tarifvertragliche Regelung besteht, durch die zuständige Dienstbehörde die für Beamte geltenden Bestimmungen über die Arbeitszeit auf die Arbeitnehmer übertragen werden; insoweit finden die §§ 3 bis 13 keine Anwendung.

§ 20 Beschäftigung in der Luftfahrt

Für die Beschäftigung von Arbeitnehmern als Besatzungsmitglieder von Luftfahrzeugen gelten anstelle der Vorschriften dieses Gesetzes über Arbeits- und Ruhezeiten die Vorschriften über Flug-, Flugdienst- und Ruhezeiten der Zweiten Durchführungsverordnung zur Betriebsordnung für Luftfahrtgerät in der jeweils geltenden Fassung.

§ 21 Beschäftigung in der Binnenschifffahrt

(1) Die Bundesregierung kann durch Rechtsverordnung mit Zustimmung des Bundesrates, auch zur Umsetzung zwischenstaatlicher Vereinbarungen oder Rechtsakten der Europäischen Union, abweichend von den Vorschriften dieses Gesetzes die Bedingungen für die Arbeitszeitgestaltung von Arbeitnehmern, die als Mitglied der Besatzung oder des Bordpersonals an Bord eines Fahrzeugs in der Binnenschifffahrt beschäftigt sind, regeln, soweit dies erforderlich ist, um den besonderen Bedingungen an Bord von Binnenschiffen Rechnung zu tragen. Insbesondere können in diesen Rechtsverordnungen die notwendigen Bedingungen für die Sicherheit und den Gesundheitsschutz im Sinne des § 1, einschließlich gesundheitlicher Untersuchungen hinsichtlich der Auswirkungen der Arbeitszeitbedingungen auf einem Schiff in der Binnenschifffahrt, sowie die notwendigen Bedingungen für den Schutz der Sonn- und Feiertagsruhe bestimmt werden. In Rechtsverordnungen nach Satz 1 kann ferner bestimmt

werden, dass von den Vorschriften der Rechtsverordnung durch Tarifvertrag abgewichen werden kann.

(2) Soweit die Bundesregierung von der Ermächtigung des Absatzes 1 keinen Gebrauch macht, gelten die Vorschriften dieses Gesetzes für das Fahrpersonal auf Binnenschiffen, es sei denn, binnenschifffahrtsrechtliche Vorschriften über Ruhezeiten stehen dem entgegen. Bei Anwendung des Satzes 1 kann durch Tarifvertrag von den Vorschriften dieses Gesetzes abgewichen werden, um der Eigenart der Binnenschifffahrt Rechnung zu tragen.

§ 21a Beschäftigung im Straßentransport

(1) Für die Beschäftigung von Arbeitnehmern als Fahrer oder Beifahrer bei Straßenverkehrstätigkeiten im Sinne der Verordnung (EG) Nr. 561/2006 des Europäischen Parlaments und des Rates vom 15. März 2006 zur Harmonisierung bestimmter Sozialvorschriften im Straßenverkehr und zur Änderung der Verordnungen (EWG) Nr. 3821/85 und (EG) Nr. 2135/98 des Rates sowie zur Aufhebung der Verordnung (EWG) Nr. 3820/85 des Rates (ABl. EG Nr. L 102 S. 1) oder des Europäischen Übereinkommens über die Arbeit des im internationalen Straßenverkehr beschäftigten Fahrpersonals (AETR) vom 1. Juli 1970 (BGBl. II 1974 S. 1473) in ihren jeweiligen Fassungen gelten die Vorschriften dieses Gesetzes, soweit nicht die folgenden Absätze abweichende Regelungen enthalten. Die Vorschriften der Verordnung (EG) Nr. 561/2006 und des AETR bleiben unberührt.

(2) Eine Woche im Sinne dieser Vorschriften ist der Zeitraum von Montag 0 Uhr bis Sonntag 24 Uhr.

(3) Abweichend von § 2 Abs. 1 ist keine Arbeitszeit:

1. die Zeit, während derer sich ein Arbeitnehmer am Arbeitsplatz bereithalten muss, um seine Tätigkeit aufzunehmen,
2. die Zeit, während derer sich ein Arbeitnehmer bereithalten muss, um seine Tätigkeit auf Anweisung aufnehmen zu können, ohne sich an seinem Arbeitsplatz aufhalten zu müssen,
3. für Arbeitnehmer, die sich beim Fahren abwechseln, die während der Fahrt neben dem Fahrer oder in einer Schlafkabine verbrachte Zeit.

Für die Zeiten nach Satz 1 Nr. 1 und 2 gilt dies nur, wenn der Zeitraum und dessen voraussichtliche Dauer im Voraus, spätestens unmittelbar vor Beginn des betreffenden Zeitraums bekannt ist. Die in Satz 1 genannten Zeiten sind keine Ruhezeiten. Die in Satz 1 Nr. 1 und 2 genannten Zeiten sind keine Ruhepausen.

(4) Die Arbeitszeit darf 48 Stunden wöchentlich nicht überschreiten. Sie kann auf bis zu 60 Stunden verlängert werden, wenn innerhalb von vier Kalendermonaten oder 16 Wochen im Durchschnitt 48 Stunden wöchentlich nicht überschritten werden.

(5) Die Ruhezeiten bestimmen sich nach den Vorschriften der Europäischen Gemeinschaften für Kraftfahrer und Beifahrer sowie nach dem AETR. Dies gilt auch für Auszubildende und Praktikanten.

(6) In einem Tarifvertrag oder auf Grund eines Tarifvertrags in einer Betriebs- oder Dienstvereinbarung kann zugelassen werden,

1. nähere Einzelheiten zu den in Absatz 3 Satz 1 Nr. 1, 2 und Satz 2 genannten Voraussetzungen zu regeln,
2. abweichend von Absatz 4 sowie den §§ 3 und 6 Abs. 2 die Arbeitszeit festzulegen, wenn objektive, technische oder arbeitszeitorganisatorische Gründe vorliegen. Dabei darf die Arbeitszeit 48 Stunden wöchentlich im Durchschnitt von sechs Kalendermonaten nicht überschreiten.

§ 7 Abs. 1 Nr. 2 und Abs. 2a gilt nicht. § 7 Abs. 3 gilt entsprechend.

(7) Der Arbeitgeber ist verpflichtet, die Arbeitszeit der Arbeitnehmer aufzuzeichnen. Die Aufzeichnungen sind mindestens zwei Jahre aufzubewahren. Der Arbeitgeber hat dem Arbeitnehmer auf Verlangen eine Kopie der Aufzeichnungen seiner Arbeitszeit auszuhändigen.

(8) Zur Berechnung der Arbeitszeit fordert der Arbeitgeber den Arbeitnehmer schriftlich auf, ihm eine Aufstellung der bei einem anderen Arbeitgeber geleisteten Arbeitszeit vorzulegen. Der Arbeitnehmer legt diese Angaben schriftlich vor.

Siebter Abschnitt
Straf- und Bußgeldvorschriften

§ 22 Bußgeldvorschriften

(1) Ordnungswidrig handelt, wer als Arbeitgeber vorsätzlich oder fahrlässig

1. entgegen §§ 3, 6 Abs. 2 oder § 21a Abs. 4, jeweils auch in Verbindung mit § 11 Abs. 2, einen Arbeitnehmer über die Grenzen der Arbeitszeit hinaus beschäftigt,
2. entgegen § 4 Ruhepausen nicht, nicht mit der vorgeschriebenen Mindestdauer oder nicht rechtzeitig gewährt,
3. entgegen § 5 Abs. 1 die Mindestruhezeit nicht gewährt oder entgegen § 5 Abs. 2 die Verkürzung der Ruhezeit durch Verlängerung einer anderen Ruhezeit nicht oder nicht rechtzeitig ausgleicht,
4. einer Rechtsverordnung nach § 8 Satz 1, § 13 Abs. 1 oder 2, § 15 Absatz 2a Nummer 2, § 21 Absatz 1 oder § 24 zuwiderhandelt, soweit sie für einen bestimmten Tatbestand auf diese Bußgeldvorschrift verweist,
5. entgegen § 9 Abs. 1 einen Arbeitnehmer an Sonn- oder Feiertagen beschäftigt,
6. entgegen § 11 Abs. 1 einen Arbeitnehmer an allen Sonntagen beschäftigt oder entgegen § 11 Abs. 3 einen Ersatzruhetag nicht oder nicht rechtzeitig gewährt,
7. einer vollziehbaren Anordnung nach § 13 Abs. 3 Nr. 2 zuwiderhandelt,
8. entgegen § 16 Abs. 1 die dort bezeichnete Auslage oder den dort bezeichneten Aushang nicht vornimmt,
9. entgegen § 16 Abs. 2 oder § 21a Abs. 7 Aufzeichnungen nicht oder nicht richtig erstellt oder nicht für die vorgeschriebene Dauer aufbewahrt oder
10. entgegen § 17 Abs. 4 eine Auskunft nicht, nicht richtig oder nicht vollständig erteilt, Unterlagen nicht oder nicht vollständig vorlegt oder nicht einsendet oder entgegen § 17 Abs. 5 Satz 2 eine Maßnahme nicht gestattet.

(2) Die Ordnungswidrigkeit kann in den Fällen des Absatzes 1 Nr. 1 bis 7, 9 und 10 mit einer Geldbuße bis zu dreißigtausend Euro, in den Fällen des Absatzes 1 Nr. 8 mit einer Geldbuße bis zu fünftausend Euro geahndet werden.

§ 23 Strafvorschriften

(1) Wer eine der in § 22 Abs. 1 Nr. 1 bis 3, 5 bis 7 bezeichneten Handlungen

1. vorsätzlich begeht und dadurch Gesundheit oder Arbeitskraft eines Arbeitnehmers gefährdet oder
2. beharrlich wiederholt,

wird mit Freiheitsstrafe bis zu einem Jahr oder mit Geldstrafe bestraft.

(2) Wer in den Fällen des Absatzes 1 Nr. 1 die Gefahr fahrlässig verursacht, wird mit Freiheitsstrafe bis zu sechs Monaten oder mit Geldstrafe bis zu 180 Tagessätzen bestraft.

Achter Abschnitt
Schlußvorschriften

§ 24 Umsetzung von zwischenstaatlichen Vereinbarungen und Rechtsakten der EG

Die Bundesregierung kann mit Zustimmung des Bundesrates zur Erfüllung von Verpflichtungen aus zwischenstaatlichen Vereinbarungen oder zur Umsetzung von Rechtsakten des Rates oder der Kommission der Europäischen Gemeinschaften, die Sachbereiche dieses Gesetzes betreffen, Rechtsverordnungen nach diesem Gesetz erlassen.

§ 25 Übergangsregelung für Tarifverträge

Enthält ein am 1. Januar 2004 bestehender oder nachwirkender Tarifvertrag abweichende Regelungen nach § 7 Abs. 1 oder 2 oder § 12 Satz 1, die den in diesen Vorschriften festgelegten Höchstrahmen überschreiten, bleiben diese tarifvertraglichen Bestimmungen bis zum 31. Dezember 2006 unberührt. Tarifverträgen nach Satz 1 stehen durch Tarifvertrag zugelassene Betriebsvereinbarungen sowie Regelungen nach § 7 Abs. 4 gleich.

Bürgerliches Gesetzbuch (BGB)

in der Fassung der Bekanntmachung vom 2. Januar 2002 (BGBl. I S. 42, S. 2909, 2003 S. 738)

Zuletzt geändert durch
Gesetz zur Änderung der Regelungen über die zulässige Miethöhe bei Mietbeginn und zur Änderung anderer Gesetze
vom 17. Juli 2025 (BGBl. I Nr. 163)

– Auszug –

Buch 2 Recht der Schuldverhältnisse

Titel 8 Dienstvertrag und ähnliche Verträge

Untertitel 1 Dienstvertrag

§ 611 Vertragstypische Pflichten beim Dienstvertrag

(1) Durch den Dienstvertrag wird derjenige, welcher Dienste zusagt, zur Leistung der versprochenen Dienste, der andere Teil zur Gewährung der vereinbarten Vergütung verpflichtet.

(2) Gegenstand des Dienstvertrags können Dienste jeder Art sein.

§ 611a Arbeitsvertrag

(1) Durch den Arbeitsvertrag wird der Arbeitnehmer im Dienste eines anderen zur Leistung weisungsgebundener, fremdbestimmter Arbeit in persönlicher Abhängigkeit verpflichtet. Das Weisungsrecht kann Inhalt, Durchführung, Zeit und Ort der Tätigkeit betreffen. Weisungsgebunden ist, wer nicht im Wesentlichen frei seine Tätigkeit gestalten und seine Arbeitszeit bestimmen kann. Der Grad der persönlichen Abhängigkeit hängt dabei auch von der Eigenart der jeweiligen Tätigkeit ab. Für die Feststellung, ob ein Arbeitsvertrag vorliegt, ist eine Gesamtbetrachtung aller Umstände vorzunehmen. Zeigt die tatsächliche Durchführung des Vertragsverhältnisses, dass es sich um ein Arbeitsverhältnis handelt, kommt es auf die Bezeichnung im Vertrag nicht an.

(2) Der Arbeitgeber ist zur Zahlung der vereinbarten Vergütung verpflichtet.

§ 612 Vergütung

(1) Eine Vergütung gilt als stillschweigend vereinbart, wenn die Dienstleistung den Umständen nach nur gegen eine Vergütung zu erwarten ist.

(2) Ist die Höhe der Vergütung nicht bestimmt, so ist bei dem Bestehen einer Taxe die taxmäßige Vergütung, in Ermangelung einer Taxe die übliche Vergütung als vereinbart anzusehen.

§ 612a Maßregelungsverbot

Der Arbeitgeber darf einen Arbeitnehmer bei einer Vereinbarung oder einer Maßnahme nicht benachteiligen, weil der Arbeitnehmer in zulässiger Weise seine Rechte ausübt.

§ 613 Unübertragbarkeit

Der zur Dienstleistung Verpflichtete hat die Dienste im Zweifel in Person zu leisten. Der Anspruch auf die Dienste ist im Zweifel nicht übertragbar.

§ 613a Rechte und Pflichten bei Betriebsübergang

(1) Geht ein Betrieb oder ein Betriebsteil durch Rechtsgeschäft auf einen anderen Inhaber über, so tritt dieser in die Rechte und Pflichten aus den im Zeitpunkt des Übergangs bestehenden Arbeitsverhältnissen ein. Sind diese Rechte und Pflichten durch Rechtsnormen eines Tarifvertrags oder durch eine Betriebsvereinbarung geregelt, so wer-

den sie Inhalt des Arbeitsverhältnisses zwischen dem neuen Inhaber und dem Arbeitnehmer und dürfen nicht vor Ablauf eines Jahres nach dem Zeitpunkt des Übergangs zum Nachteil des Arbeitnehmers geändert werden. Satz 2 gilt nicht, wenn die Rechte und Pflichten bei dem neuen Inhaber durch Rechtsnormen eines anderen Tarifvertrags oder durch eine andere Betriebsvereinbarung geregelt werden. Vor Ablauf der Frist nach Satz 2 können die Rechte und Pflichten geändert werden, wenn der Tarifvertrag oder die Betriebsvereinbarung nicht mehr gilt oder bei fehlender beiderseitiger Tarifgebundenheit im Geltungsbereich eines anderen Tarifvertrags dessen Anwendung zwischen dem neuen Inhaber und dem Arbeitnehmer vereinbart wird.

(2) Der bisherige Arbeitgeber haftet neben dem neuen Inhaber für Verpflichtungen nach Absatz 1, soweit sie vor dem Zeitpunkt des Übergangs entstanden sind und vor Ablauf von einem Jahr nach diesem Zeitpunkt fällig werden, als Gesamtschuldner. Werden solche Verpflichtungen nach dem Zeitpunkt des Übergangs fällig, so haftet der bisherige Arbeitgeber für sie jedoch nur in dem Umfang der dem im Zeitpunkt des Übergangs abgelaufenen Teil ihres Bemessungszeitraums entspricht.

(3) Absatz 2 gilt nicht, wenn eine juristische Person oder eine Personenhandelsgesellschaft durch Umwandlung erlischt.

(4) Die Kündigung des Arbeitsverhältnisses eines Arbeitnehmers durch den bisherigen Arbeitgeber oder durch den neuen Inhaber wegen des Übergangs eines Betriebs oder eines Betriebsteils ist unwirksam. Das Recht zur Kündigung des Arbeitsverhältnisses aus anderen Gründen bleibt unberührt.

(5) Der bisherige Arbeitgeber oder der neue Inhaber hat die von einem Übergang betroffenen Arbeitnehmer vor dem Übergang in Textform zu unterrichten über:

1. den Zeitpunkt oder den geplanten Zeitpunkt des Übergangs,
2. den Grund für den Übergang,
3. die rechtlichen, wirtschaftlichen und sozialen Folgen des Übergangs für die Arbeitnehmer und
4. die hinsichtlich der Arbeitnehmer in Aussicht genommenen Maßnahmen.

(6) Der Arbeitnehmer kann dem Übergang des Arbeitsverhältnisses innerhalb eines Monats nach Zugang der Unterrichtung nach Absatz 5 schriftlich widersprechen. Der Widerspruch kann gegenüber dem bisherigen Arbeitgeber oder dem neuen Inhaber erklärt werden.

§ 614 Fälligkeit der Vergütung

Die Vergütung ist nach der Leistung der Dienste zu entrichten. Ist die Vergütung nach Zeitabschnitten bemessen, so ist sie nach dem Ablaufe der einzelnen Zeitabschnitte zu entrichten.

§ 615 Vergütung bei Annahmeverzug und bei Betriebsrisiko

Kommt der Dienstberechtigte mit der Annahme der Dienste in Verzug, so kann der Verpflichtete für die infolge des Verzugs nicht geleisteten Dienste die vereinbarte Vergütung verlangen, ohne zur Nachleistung verpflichtet zu sein. Er muss sich jedoch den Wert desjenigen anrechnen lassen, was er infolge des Unterbleibens der Dienstleistung erspart oder durch anderweitige Verwendung seiner Dienste erwirbt oder zu erwerben böswillig unterlässt. Die Sätze 1 und 2 gelten entsprechend in den Fällen, in denen der Arbeitgeber das Risiko des Arbeitsausfalls trägt.

§ 616 Vorübergehende Verhinderung

Der zur Dienstleistung Verpflichtete wird des Anspruchs auf die Vergütung nicht dadurch verlustig, dass er für eine verhältnismäßig nicht erhebliche Zeit durch einen in seiner Person liegenden Grund ohne sein Verschulden an der Dienstleistung verhindert wird. Er muss sich jedoch den Betrag anrechnen lassen, welcher ihm für die Zeit der Verhinderung aus einer auf Grund gesetzlicher Verpflichtung bestehenden Kranken- oder Unfallversicherung zukommt.

§ 617 Pflicht zur Krankenfürsorge

(1) Ist bei einem dauernden Dienstverhältnis, welches die Erwerbstätigkeit des Verpflichteten vollständig oder hauptsächlich in Anspruch nimmt, der Verpflichtete in die häusliche Gemeinschaft aufgenommen, so hat der Dienstberechtigte ihm im Falle der Erkrankung die erforderliche Verpflegung und ärztliche Behandlung bis zur Dauer von sechs Wochen, jedoch nicht über die Beendigung des Dienstverhältnisses hinaus, zu gewähren, sofern nicht die Erkrankung von dem Verpflichteten vorsätzlich oder durch grobe Fahrlässigkeit herbeigeführt worden ist. Die Verpflegung und ärztliche Behandlung kann durch Aufnahme des Verpflichteten in eine Krankenanstalt gewährt werden. Die Kosten können auf die für die Zeit der Erkrankung geschuldete Vergütung angerechnet werden. Wird das Dienstverhältnis wegen der Erkrankung von dem Dienstberechtigten nach § 626 gekündigt, so bleibt die dadurch herbeigeführte Beendigung des Dienstverhältnisses außer Betracht.

(2) Die Verpflichtung des Dienstberechtigten tritt nicht ein, wenn für die Verpflegung und ärztliche Behandlung durch eine Versicherung oder durch eine Einrichtung der öffentlichen Krankenpflege Vorsorge getroffen ist.

§ 618 Pflicht zu Schutzmaßnahmen

(1) Der Dienstberechtigte hat Räume, Vorrichtungen oder Gerätschaften, die er zur Verrichtung der Dienste zu beschaffen hat, so einzurichten und zu unterhalten und Dienstleistungen, die unter seiner Anordnung oder seiner Leitung vorzunehmen sind, so zu regeln, dass der Verpflichtete gegen Gefahr für Leben und Gesundheit soweit geschützt ist, als die Natur der Dienstleistung es gestattet.

(2) Ist der Verpflichtete in die häusliche Gemeinschaft aufgenommen, so hat der Dienstberechtigte in Ansehung des Wohn- und Schlafraums, der Verpflegung sowie der Arbeits- und Erholungszeit diejenigen Einrichtungen und Anordnungen zu treffen, welche mit Rücksicht auf die Gesundheit, die Sittlichkeit und die Religion des Verpflichteten erforderlich sind.

(3) Erfüllt der Dienstberechtigte die ihm in Ansehung des Lebens und der Gesundheit des Verpflichteten obliegenden Verpflichtungen nicht, so finden auf seine Verpflichtung zum Schadensersatz die für unerlaubte Handlungen geltenden Vorschriften der §§ 842 bis 846 entsprechende Anwendung.

§ 619 Unabdingbarkeit der Fürsorgepflichten

Die dem Dienstberechtigten nach den §§ 617, 618 obliegenden Verpflichtungen können nicht im Voraus durch Vertrag aufgehoben oder beschränkt werden.

§ 619a Beweislast bei Haftung des Arbeitnehmers

Abweichend von § 280 Abs. 1 hat der Arbeitnehmer dem Arbeitgeber Ersatz für den aus der Verletzung einer Pflicht aus dem Arbeitsverhältnis entstehenden Schaden nur zu leisten, wenn er die Pflichtverletzung zu vertreten hat.

§ 620 Beendigung des Dienstverhältnisses

(1) Das Dienstverhältnis endigt mit dem Ablauf der Zeit, für die es eingegangen ist.

(2) Ist die Dauer des Dienstverhältnisses weder bestimmt noch aus der Beschaffenheit oder dem Zwecke der Dienste zu entnehmen, so kann jeder Teil das Dienstverhältnis nach Maßgabe der §§ 621 bis 623 kündigen.

(3) Für Arbeitsverträge, die auf bestimmte Zeit abgeschlossen werden, gilt das Teilzeit- und Befristungsgesetz.

(4) Ein Verbrauchervertrag über eine digitale Dienstleistung kann auch nach Maßgabe der §§ 327c, 327m und 327r Absatz 3 und 4 beendet werden.

5

§ 621 Kündigungsfristen bei Dienstverhältnissen

Bei einem Dienstverhältnis, das kein Arbeitsverhältnis im Sinne des § 622 ist, ist die Kündigung zulässig,

1. wenn die Vergütung nach Tagen bemessen ist, an jedem Tag für den Ablauf des folgenden Tages;
2. wenn die Vergütung nach Wochen bemessen ist, spätestens am ersten Werktag einer Woche für den Ablauf des folgenden Sonnabends;
3. wenn die Vergütung nach Monaten bemessen ist, spätestens am 15. eines Monats für den Schluss des Kalendermonats;
4. wenn die Vergütung nach Vierteljahren oder längeren Zeitabschnitten bemessen ist, unter Einhaltung einer Kündigungsfrist von sechs Wochen für den Schluss eines Kalendervierteljahrs;
5. wenn die Vergütung nicht nach Zeitabschnitten bemessen ist, jederzeit; bei einem die Erwerbstätigkeit des Verpflichteten vollständig oder hauptsächlich in Anspruch nehmenden Dienstverhältnis ist jedoch eine Kündigungsfrist von zwei Wochen einzuhalten.

§ 622 Kündigungsfristen bei Arbeitsverhältnissen

(1) Das Arbeitsverhältnis eines Arbeiters oder eines Angestellten (Arbeitnehmers) kann mit einer Frist von vier Wochen zum Fünfzehnten oder zum Ende eines Kalendermonats gekündigt werden.

(2) Für eine Kündigung durch den Arbeitgeber beträgt die Kündigungsfrist, wenn das Arbeitsverhältnis in dem Betrieb oder Unternehmen

1. zwei Jahre bestanden hat, einen Monat zum Ende eines Kalendermonats,
2. fünf Jahre bestanden hat, zwei Monate zum Ende eines Kalendermonats,
3. acht Jahre bestanden hat, drei Monate zum Ende eines Kalendermonats,
4. zehn Jahre bestanden hat, vier Monate zum Ende eines Kalendermonats,
5. zwölf Jahre bestanden hat, fünf Monate zum Ende eines Kalendermonats,
6. 15 Jahre bestanden hat, sechs Monate zum Ende eines Kalendermonats,
7. 20 Jahre bestanden hat, sieben Monate zum Ende eines Kalendermonats.

(3) Während einer vereinbarten Probezeit, längstens für die Dauer von sechs Monaten, kann das Arbeitsverhältnis mit einer Frist von zwei Wochen gekündigt werden.

(4) Von den Absätzen 1 bis 3 abweichende Regelungen können durch Tarifvertrag vereinbart werden. Im Geltungsbereich eines solchen Tarifvertrags gelten die abweichenden tarifvertraglichen Bestimmungen zwischen nicht tarifgebundenen Arbeitgebern und Arbeitnehmern, wenn ihre Anwendung zwischen ihnen vereinbart ist.

(5) Einzelvertraglich kann eine kürzere als die in Absatz 1 genannte Kündigungsfrist nur vereinbart werden,

1. wenn ein Arbeitnehmer zur vorübergehenden Aushilfe eingestellt ist; dies gilt nicht, wenn das Arbeitsverhältnis über die Zeit von drei Monaten hinaus fortgesetzt wird;
2. wenn der Arbeitgeber in der Regel nicht mehr als 20 Arbeitnehmer ausschließlich der zu ihrer Berufsbildung Beschäftigten beschäftigt und die Kündigungsfrist vier Wochen nicht unterschreitet. Bei der Feststellung der Zahl der beschäftigten Arbeitnehmer sind teilzeitbeschäftigte Arbeitnehmer mit einer regelmäßigen wöchentlichen Arbeitszeit von nicht mehr als 20 Stunden mit 0,5 und nicht mehr als 30 Stunden mit 0,75 zu berücksichtigen.

Die einzelvertragliche Vereinbarung längerer als der in den Absätzen 1 bis 3 genannten Kündigungsfristen bleibt hiervon unberührt.

(6) Für die Kündigung des Arbeitsverhältnisses durch den Arbeitnehmer darf keine längere Frist vereinbart werden als für die Kündigung durch den Arbeitgeber.

§ 623 Schriftform der Kündigung

Die Beendigung von Arbeitsverhältnissen durch Kündigung oder Auflösungsvertrag bedürfen zu ihrer Wirksamkeit der Schriftform; die elektronische Form ist ausgeschlossen.

§ 624 Kündigungsfrist bei Verträgen über mehr als fünf Jahre

Ist das Dienstverhältnis für die Lebenszeit einer Person oder für längere Zeit als fünf Jahre eingegangen, so kann es von dem Verpflichteten nach dem Ablauf von fünf Jahren gekündigt werden. Die Kündigungsfrist beträgt sechs Monate.

§ 625 Stillschweigende Verlängerung

Wird das Dienstverhältnis nach dem Ablauf der Dienstzeit von dem Verpflichteten mit Wissen des anderen Teiles fortgesetzt, so gilt es als auf unbestimmte Zeit verlängert, sofern nicht der andere Teil unverzüglich widerspricht.

§ 626 Fristlose Kündigung aus wichtigem Grund

(1) Das Dienstverhältnis kann von jedem Vertragsteil aus wichtigem Grund ohne Einhaltung einer Kündigungsfrist gekündigt werden, wenn Tatsachen vorliegen, auf Grund derer dem Kündigenden unter Berücksichtigung aller Umstände des Einzelfalles und unter Abwägung der Interessen beider Vertragsteile die Fortsetzung des Dienstverhältnisses bis zum Ablauf der Kündigungsfrist oder bis zu der vereinbarten Beendigung des Dienstverhältnisses nicht zugemutet werden kann.

(2) Die Kündigung kann nur innerhalb von zwei Wochen erfolgen. Die Frist beginnt mit dem Zeitpunkt, in dem der Kündigungsberechtigte von den für die Kündigung maßgebenden Tatsachen Kenntnis erlangt. Der Kündigende muss dem anderen Teil auf Verlangen den Kündigungsgrund unverzüglich schriftlich mitteilen.

§ 627 Fristlose Kündigung bei Vertrauensstellung

(1) Bei einem Dienstverhältnis, das kein Arbeitsverhältnis im Sinne des § 622 ist, ist die Kündigung auch ohne die im § 626 bezeichnete Voraussetzung zulässig, wenn der zur Dienstleistung Verpflichtete, ohne in einem dauernden Dienstverhältnis mit festen Bezügen zu stehen, Dienste höherer Art zu leisten hat, die auf Grund besonderen Vertrauens übertragen zu werden pflegen.

(2) Der Verpflichtete darf nur in der Art kündigen, dass sich der Dienstberechtigte die Dienste anderweit beschaffen kann, es sei denn, dass ein wichtiger Grund für die unzeitige Kündigung vorliegt. Kündigt er ohne solchen Grund zur Unzeit, so hat er dem Dienstberechtigten den daraus entstehenden Schaden zu ersetzen.

§ 628 Teilvergütung und Schadensersatz bei fristloser Kündigung

(1) Wird nach dem Beginn der Dienstleistung das Dienstverhältnis auf Grund des § 626 oder des § 627 gekündigt, so kann der Verpflichtete einen seinen bisherigen Leistungen entsprechenden Teil der Vergütung verlangen. Kündigt er, ohne durch vertragswidriges Verhalten des anderen Teiles dazu veranlasst zu sein, oder veranlasst er durch sein vertragswidriges Verhalten die Kündigung des anderen Teils, so steht ihm ein Anspruch auf die Vergütung insoweit nicht zu, als seine bisherigen Leistungen infolge der Kündigung für den anderen Teil kein Interesse haben. Ist die Vergütung für eine spätere Zeit im Voraus entrichtet, so hat der Verpflichtete sie nach Maßgabe des § 346 oder, wenn die Kündigung wegen eines Umstands erfolgt, den er nicht zu vertreten hat, nach den Vorschriften über die Herausgabe einer ungerechtfertigten Bereicherung zurückzuerstatten.

(2) Wird die Kündigung durch vertragswidriges Verhalten des anderen Teiles veranlasst, so ist dieser zum Ersatz des durch die Aufhebung des Dienstverhältnisses entstehenden Schadens verpflichtet.

§ 629 Freizeit zur Stellungssuche

Nach der Kündigung eines dauernden Dienstverhältnisses hat der Dienstberechtigte dem Verpflichteten auf Verlangen angemessene Zeit zum Aufsuchen eines anderen Dienstverhältnisses zu gewähren.

§ 630 Pflicht zur Zeugniserteilung

Bei der Beendigung eines dauernden Dienstverhältnisses kann der Verpflichtete von dem anderen Teil ein schriftliches Zeugnis über das Dienstverhältnis und dessen Dauer fordern. Das Zeugnis ist auf Verlangen auf die Leistungen und die Führung im Dienst zu erstrecken. Das Zeugnis kann mit Einwilligung des Verpflichteten in elektronischer Form erteilt werden. Wenn der Verpflichtete ein Arbeitnehmer ist, findet § 109 der Gewerbeordnung Anwendung.

Mindesturlaubsgesetz für Arbeitnehmer (Bundesurlaubsgesetz)

Vom 8. Januar 1963 (BGBl. I S. 2)

Zuletzt geändert durch
Gesetz zur Umsetzung des Seearbeitsübereinkommens 2006 der Internationalen Arbeitsorganisation
vom 20. April 2013 (BGBl. I S. 868)

§ 1 Urlaubsanspruch

Jeder Arbeitnehmer hat in jedem Kalenderjahr Anspruch auf bezahlten Erholungsurlaub.

§ 2 Geltungsbereich

Arbeitnehmer im Sinne des Gesetzes sind Arbeiter und Angestellte sowie die zu ihrer Berufsausbildung Beschäftigten. Als Arbeitnehmer gelten auch Personen, die wegen ihrer wirtschaftlichen Unselbständigkeit als arbeitnehmerähnliche Personen anzusehen sind; für den Bereich der Heimarbeit gilt § 12.

§ 3 Dauer des Urlaubs

(1) Der Urlaub beträgt jährlich mindestens 24 Werktage.

(2) Als Werktage gelten alle Kalendertage, die nicht Sonn- oder gesetzliche Feiertage sind.

§ 4 Wartezeit

Der volle Urlaubsanspruch wird erstmalig nach sechsmonatigem Bestehen des Arbeitsverhältnisses erworben.

§ 5 Teilurlaub

(1) Anspruch auf ein Zwölftel des Jahresurlaubs für jeden vollen Monat des Bestehens des Arbeitsverhältnisses hat der Arbeitnehmer

a) für Zeiten eines Kalenderjahres, für die er wegen Nichterfüllung der Wartezeit in diesem Kalenderjahr keinen vollen Urlaubsanspruch erwirbt;

b) wenn er vor erfüllter Wartezeit aus dem Arbeitsverhältnis ausscheidet;

c) wenn er nach erfüllter Wartezeit in der ersten Hälfte eines Kalenderjahres aus dem Arbeitsverhältnis ausscheidet.

(2) Bruchteile von Urlaubstagen, die mindestens einen halben Tag ergeben, sind auf volle Urlaubstage aufzurunden.

(3) Hat der Arbeitnehmer im Falle des Absatzes 1 Buchstabe c bereits Urlaub über den ihm zustehenden Umfang hinaus erhalten, so kann das dafür gezahlte Urlaubsentgelt nicht zurückgefordert werden.

6

§ 6 Ausschluß von Doppelansprüchen

(1) Der Anspruch auf Urlaub besteht nicht, soweit dem Arbeitnehmer für das laufende Kalenderjahr bereits von einem früheren Arbeitgeber Urlaub gewährt worden ist.

(2) Der Arbeitgeber ist verpflichtet, bei Beendigung des Arbeitsverhältnisses dem Arbeitnehmer eine Bescheinigung über den im laufenden Kalenderjahr gewährten oder abgegoltenen Urlaub auszuhändigen.

§ 7 Zeitpunkt, Übertragbarkeit und Abgeltung des Urlaubs

(1) Bei der zeitlichen Festlegung des Urlaubs sind die Urlaubswünsche des Arbeitnehmers zu berücksichtigen, es sei denn, daß ihrer Berücksichtigung dringende betriebliche Belange oder Urlaubswünsche anderer Arbeitnehmer, die unter sozialen Gesichtspunkten den Vorrang verdienen, entgegenstehen. Der Urlaub ist zu gewähren, wenn der Arbeitnehmer dies im Anschluß an eine Maßnahme der medizinischen Vorsorge oder Rehabilitation verlangt.

(2) Der Urlaub ist zusammenhängend zu gewähren, es sei denn, daß dringende betriebliche oder in der Person des Arbeitnehmers

liegende Gründe eine Teilung des Urlaubs erforderlich machen. Kann der Urlaub aus diesen Gründen nicht zusammenhängend gewährt werden, und hat der Arbeitnehmer Anspruch auf Urlaub von mehr als zwölf Werktagen, so muß einer der Urlaubsteile mindestens zwölf aufeinanderfolgende Werktage umfassen.

(3) Der Urlaub muß im laufenden Kalenderjahr gewährt und genommen werden. Eine Übertragung des Urlaubs auf das nächste Kalenderjahr ist nur statthaft, wenn dringende betriebliche oder in der Person des Arbeitnehmers liegende Gründe dies rechtfertigen. Im Fall der Übertragung muß der Urlaub in den ersten drei Monaten des folgenden Kalenderjahres gewährt und genommen werden. Auf Verlangen des Arbeitnehmers ist ein nach § 5 Abs. 1 Buchstabe a entstehender Teilurlaub jedoch auf das nächste Kalenderjahr zu übertragen.

(4) Kann der Urlaub wegen Beendigung des Arbeitsverhältnisses ganz oder teilweise nicht mehr gewährt werden, so ist er abzugelten.

§ 8 Erwerbstätigkeit während des Urlaubs

Während des Urlaubs darf der Arbeitnehmer keine dem Urlaubszweck widersprechende Erwerbstätigkeit leisten.

§ 9 Erkrankung während des Urlaubs

Erkrankt ein Arbeitnehmer während des Urlaubs, so werden die durch ärztliches Zeugnis nachgewiesenen Tage der Arbeitsunfähigkeit auf den Jahresurlaub nicht angerechnet.

§ 10 Maßnahmen der medizinischen Vorsorge oder Rehabilitation

Maßnahmen der medizinischen Vorsorge oder Rehabilitation dürfen nicht auf den Urlaub angerechnet werden, soweit ein Anspruch auf Fortzahlung des Arbeitsentgelts nach den gesetzlichen Vorschriften über die Entgeltfortzahlung im Krankheitsfall besteht.

§ 11 Urlaubsentgelt

(1) Das Urlaubsentgelt bemißt sich nach dem durchschnittlichen Arbeitsverdienst, das der Arbeitnehmer in den letzten dreizehn Wochen vor dem Beginn des Urlaubs erhalten hat, mit Ausnahme des zusätzlich für Überstunden gezahlten Arbeitsverdienstes. Bei Verdiensterhöhungen nicht nur vorübergehender Natur, die während des Berechnungszeitraums oder des Urlaubs eintreten, ist von dem erhöhten Verdienst auszugehen. Verdienstkürzungen, die im Berechnungszeitraum infolge von Kurzarbeit, Arbeitsausfällen oder unverschuldeter Arbeitsversäumnis eintreten, bleiben für die Berechnung des Urlaubsentgelts außer Betracht. Zum Arbeitsentgelt gehörende Sachbezüge, die während des Urlaubs nicht weitergewährt werden, sind für die Dauer des Urlaubs angemessen in bar abzugelten.

(2) Das Urlaubsentgelt ist vor Antritt des Urlaubs auszuzahlen.

§ 12 Urlaub im Bereich der Heimarbeit

Für die in Heimarbeit Beschäftigten und die ihnen nach § 1 Abs. 2 Buchstaben a bis c des Heimarbeitsgesetzes Gleichgestellten, für die die Urlaubsregelung nicht ausdrücklich von der Gleichstellung ausgenommen ist, gelten die vorstehenden Bestimmungen mit Ausnahme der §§ 4 bis 6, 7 Abs. 3 und 4 und § 11 nach Maßgabe der folgenden Bestimmungen:

1. Heimarbeiter (§ 1 Abs. 1 Buchstabe a des Heimarbeitsgesetzes) und nach § 1 Abs. 2 Buchstabe a des Heimarbeitsgesetzes Gleichgestellte erhalten von ihrem Auftraggeber, oder falls sie von einem Zwischenmeister beschäftigt werden, von diesem bei einem Anspruch auf 24 Werktage ein Urlaubsentgelt von 9,1 vom Hundert des in der Zeit vom 1. Mai bis zum 30. April des folgenden Jahres oder bis zur Beendigung des Beschäftigungsverhältnisses verdienten Arbeitsentgelts vor Abzug der Steuern und Sozialversicherungsbeiträge ohne Unkostenzuschlag und ohne die für den Lohnausfall an Feiertagen, den Arbeitsausfall infolge Krankheit und den Urlaub zu leistenden Zahlungen.
2. War der Anspruchsberechtigte im Berechnungszeitraum nicht ständig beschäftigt,

so brauchen unbeschadet des Anspruches auf Urlaubsentgelt nach Nummer 1 nur so viele Urlaubstage gegeben zu werden, wie durchschnittliche Tagesverdienste, die er in der Regel erzielt hat, in dem Urlaubsentgelt nach Nummer 1 enthalten sind.

3. Das Urlaubsentgelt für die in Nummer 1 bezeichneten Personen soll erst bei der letzten Entgeltzahlung vor Antritt des Urlaubs ausgezahlt werden.
4. Hausgewerbetreibende (§ 1 Abs. 1 Buchstabe b des Heimarbeitsgesetzes) und nach § 1 Abs. 2 Buchstaben b und c des Heimarbeitsgesetzes Gleichgestellte erhalten von ihrem Auftraggeber oder, falls sie von einem Zwischenmeister beschäftigt werden, von diesem als eigenes Urlaubsentgelt und zur Sicherung der Urlaubsansprüche der von ihnen Beschäftigten einen Betrag von 9,1 vom Hundert des an sie ausgezahlten Arbeitsentgelts vor Abzug der Steuern und Sozialversicherungsbeiträge ohne Unkostenzuschlag und ohne die für den Lohnausfall an Feiertagen, den Arbeitsausfall infolge Krankheit und den Urlaub zu leistenden Zahlungen.
5. Zwischenmeister, die den in Heimarbeit Beschäftigten nach § 1 Abs. 2 Buchstabe d des Heimarbeitsgesetzes gleichgestellt sind, haben gegen ihren Auftraggeber Anspruch auf die von ihnen nach den Nummern 1 und 4 nachweislich zu zahlenden Beträge.
6. Die Beträge nach den Nummern 1, 4 und 5 sind gesondert im Entgeltbeleg auszuweisen.
7. Durch Tarifvertrag kann bestimmt werden, daß Heimarbeiter (§ 1 Abs. 1 Buchstabe a des Heimarbeitsgesetzes), die nur für einen Auftraggeber tätig sind und tariflich allgemein wie Betriebsarbeiter behandelt werden, Urlaub nach den allgemeinen Urlaubsbestimmungen erhalten.
8. Auf die in den Nummern 1, 4 und 5 vorgesehenen Beträge finden die §§ 23 bis 25, 27 und 28 und auf die in den Nummern 1 und 4 vorgesehenen Beträge außerdem § 21 Abs. 2 des Heimarbeitsgesetzes entsprechende Anwendung. Für die Urlaubsansprüche der fremden Hilfskräfte der in Nummer 4 genannten Personen gilt § 26 des Heimarbeitsgesetzes entsprechend.

§ 13 Unabdingbarkeit

(1) Von den vorstehenden Vorschriften mit Ausnahme der §§ 1, 2 und 3 Abs. 1 kann in Tarifverträgen abgewichen werden. Die abweichenden Bestimmungen haben zwischen nichttarifgebundenen Arbeitgebern und Arbeitnehmern Geltung, wenn zwischen diesen die Anwendung der einschlägigen tariflichen Urlaubsregelung vereinbart ist. Im übrigen kann, abgesehen von § 7 Abs. 2 Satz 2, von den Bestimmungen dieses Gesetzes nicht zuungunsten des Arbeitnehmers abgewichen werden.

(2) Für das Baugewerbe oder sonstige Wirtschaftszweige, in denen als Folge häufigen Ortswechsels der von den Betrieben zu leistenden Arbeit Arbeitsverhältnisse von kürzerer Dauer als einem Jahr in erheblichem Umfange üblich sind, kann durch Tarifvertrag von den vorstehenden Vorschriften über die in Absatz 1 Satz 1 vorgesehene Grenze hinaus abgewichen werden, soweit dies zur Sicherung eines zusammenhängenden Jahresurlaubs für alle Arbeitnehmer erforderlich ist. Absatz 1 Satz 2 findet entsprechende Anwendung.

(3) Für den Bereich der Deutsche Bahn Aktiengesellschaft sowie einer gemäß § 2 Abs. 1 und § 3 Abs. 3 des Deutsche Bahn Gründungsgesetzes vom 27. Dezember 1993 (BGBl. I S. 2378, 2386) ausgegliederten Gesellschaft und für den Bereich der Nachfolgeunternehmen der Deutschen Bundespost kann von der Vorschrift über das Kalenderjahr als Urlaubsjahr (§ 1) in Tarifverträgen abgewichen werden.

§ 14 (gegenstandslos)

§ 15 Änderung und Aufhebung von Gesetzen

(1) Unberührt bleiben die urlaubsrechtlichen Bestimmungen des Arbeitsplatzschutzgeset-

6

zes vom 30. März 1957 (Bundesgesetzbl. I S. 293), geändert durch Gesetz vom 22. März 1962 (Bundesgesetzbl. I S. 169), des Neunten Buches Sozialgesetzbuch, des Jugendarbeitsschutzgesetzes vom 9. August 1960 (Bundesgesetzbl. I S. 665), geändert durch Gesetz vom 20. Juli 1962 (Bundesgesetzbl. I S. 449), und des Seearbeitsgesetzes vom 20. April 2013 (BGBl. I S. 868), jedoch wird

a) in § 19 Abs. 6 Satz 2 des Jugendarbeitsschutzgesetzes der Punkt hinter dem letzten Wort durch ein Komma ersetzt und folgender Satzteil angefügt: „und in diesen Fällen eine grobe Verletzung der Treuepflicht aus dem Beschäftigungsverhältnis vorliegt.";

b) § 53 Abs. 2 des Seemannsgesetzes durch folgende Bestimmungen ersetzt: „Das Bundesurlaubsgesetz vom 8. Januar 1963 (Bundesgesetzbl. I S. 2) findet auf den Urlaubsanspruch des Besatzungsmitglieds nur insoweit Anwendung, als es Vorschriften über die Mindestdauer des Urlaubs enthält."

(2) Mit dem Inkrafttreten dieses Gesetzes treten die landesrechtlichen Vorschriften über den Erholungsurlaub außer Kraft. In Kraft bleiben jedoch die landesrechtlichen Bestimmungen über den Urlaub für Opfer des Nationalsozialismus und für solche Arbeitnehmer, die geistig oder körperlich in ihrer Erwerbsfähigkeit behindert sind.

§ 15a Übergangsvorschrift

Befindet sich der Arbeitnehmer von einem Tag nach dem 9. Dezember 1998 bis zum 1. Januar 1999 oder darüber hinaus in einer Maßnahme der medizinischen Vorsorge oder Rehabilitation, sind für diesen Zeitraum die seit dem 1. Januar 1999 geltenden Vorschriften maßgebend, es sei denn, daß diese für den Arbeitnehmer ungünstiger sind.

§ 16 Inkrafttreten

Dieses Gesetz tritt mit Wirkung vom 1. Januar 1963 in Kraft.

Gesetz über die Zahlung des Arbeitsentgelts an Feiertagen und im Krankheitsfall (Entgeltfortzahlungsgesetz)

Vom 26. Mai 1994 (BGBl. I S. 1014)

Zuletzt geändert durch
Drittes Bürokratieentlastungsgesetz
vom 22. November 2019 (BGBl. I S. 1746, 2021 S. 154, 2022 S. 482)[1])

§ 1 Anwendungsbereich

(1) Dieses Gesetz regelt die Zahlung des Arbeitsentgelts an gesetzlichen Feiertagen und die Fortzahlung des Arbeitsentgelts im Krankheitsfall an Arbeitnehmer sowie die wirtschaftliche Sicherung im Bereich der Heimarbeit für gesetzliche Feiertage und im Krankheitsfall.

(2) Arbeitnehmer im Sinne dieses Gesetzes sind Arbeiter und Angestellte sowie die zu ihrer Berufsbildung Beschäftigten.

§ 2 Entgeltzahlung an Feiertagen

(1) Für Arbeitszeit, die infolge eines gesetzlichen Feiertages ausfällt, hat der Arbeitgeber dem Arbeitnehmer das Arbeitsentgelt zu zahlen, das er ohne den Arbeitsausfall erhalten hätte.

(2) Die Arbeitszeit, die an einem gesetzlichen Feiertag gleichzeitig infolge von Kurzarbeit ausfällt und für die an anderen Tagen als an gesetzlichen Feiertagen Kurzarbeitergeld geleistet wird, gilt als infolge eines gesetzlichen Feiertages nach Absatz 1 ausgefallen.

(3) Arbeitnehmer, die am letzten Arbeitstag vor oder am ersten Arbeitstag nach Feiertagen unentschuldigt der Arbeit fernbleiben, haben keinen Anspruch auf Bezahlung für diese Feiertage.

§ 3 Anspruch auf Entgeltfortzahlung im Krankheitsfall

(1) Wird ein Arbeitnehmer durch Arbeitsunfähigkeit infolge Krankheit an seiner Arbeitsleistung verhindert, ohne daß ihn ein Verschulden trifft, so hat er Anspruch auf Entgeltfortzahlung im Krankheitsfall durch den Arbeitgeber für die Zeit der Arbeitsunfähigkeit bis zur Dauer von sechs Wochen. Wird der Arbeitnehmer infolge derselben Krankheit erneut arbeitsunfähig, so verliert er wegen der erneuten Arbeitsunfähigkeit den Anspruch nach Satz 1 für einen weiteren Zeitraum von höchstens sechs Wochen nicht, wenn

1. er vor der erneuten Arbeitsunfähigkeit mindestens sechs Monate nicht infolge derselben Krankheit arbeitsunfähig war oder
2. seit Beginn der ersten Arbeitsunfähigkeit infolge derselben Krankheit eine Frist von zwölf Monaten abgelaufen ist.

(2) Als unverschuldete Arbeitsunfähigkeit im Sinne des Absatzes 1 gilt auch eine Arbeitsverhinderung, die infolge einer nicht rechtswidrigen Sterilisation oder eines nicht rechtswidrigen Abbruchs der Schwangerschaft eintritt. Dasselbe gilt für einen Abbruch der Schwangerschaft, wenn die Schwangerschaft innerhalb von zwölf Wochen nach der Empfängnis durch einen Arzt abgebrochen wird, die schwangere Frau den Abbruch verlangt und dem Arzt durch eine Bescheinigung nachgewiesen hat, daß sie sich mindestens drei Tage vor dem Eingriff von einer anerkannten Beratungsstelle hat beraten lassen.

(3) Der Anspruch nach Absatz 1 entsteht nach vierwöchiger ununterbrochener Dauer des Arbeitsverhältnisses.

7

[1]) In-Kraft-Treten: 1. Januar 2023

§ 3a Anspruch auf Entgeltfortzahlung bei Spende von Organen, Geweben oder Blut zur Separation von Blutstammzellen oder anderen Blutbestandteilen

(1) Ist ein Arbeitnehmer durch Arbeitsunfähigkeit infolge der Spende von Organen oder Geweben, die nach den §§ 8 und 8a des Transplantationsgesetzes erfolgt, oder einer Blutspende zur Separation von Blutstammzellen oder anderen Blutbestandteilen im Sinne von § 9 des Transfusionsgesetzes an seiner Arbeitsleistung verhindert, hat er Anspruch auf Entgeltfortzahlung durch den Arbeitgeber für die Zeit der Arbeitsunfähigkeit bis zur Dauer von sechs Wochen. § 3 Absatz 1 Satz 2 gilt entsprechend.

(2) Dem Arbeitgeber sind von der gesetzlichen Krankenkasse des Empfängers von Organen, Geweben oder Blut zur Separation von Blutstammzellen oder anderen Blutbestandteilen das an den Arbeitnehmer nach Absatz 1 fortgezahlte Arbeitsentgelt sowie die hierauf entfallenden vom Arbeitgeber zu tragenden Beiträge zur Sozialversicherung und zur betrieblichen Alters- und Hinterbliebenenversorgung auf Antrag zu erstatten. Ist der Empfänger von Organen, Geweben oder Blut zur Separation von Blutstammzellen oder anderen Blutbestandteilen gemäß § 193 Absatz 3 des Versicherungsvertragsgesetzes bei einem privaten Krankenversicherungsunternehmen versichert, erstattet dieses dem Arbeitgeber auf Antrag die Kosten nach Satz 1 in Höhe des tariflichen Erstattungssatzes. Ist der Empfänger von Organen, Geweben oder Blut zur Separation von Blutstammzellen oder anderen Blutbestandteilen bei einem Beihilfeträger des Bundes beihilfeberechtigt oder berücksichtigungsfähiger Angehöriger, erstattet der zuständige Beihilfeträger dem Arbeitgeber auf Antrag die Kosten nach Satz 1 zum jeweiligen Bemessungssatz des Empfängers von Organen, Geweben oder Blut zur Separation von Blutstammzellen oder anderen Blutbestandteilen; dies gilt entsprechend für sonstige öffentlich-rechtliche Träger von Kosten in Krankheitsfällen auf Bundesebene. Unterliegt der Empfänger von Organen, Geweben oder Blut zur Separation von Blutstammzellen oder anderen Blutbestandteilen der Heilfürsorge im Bereich des Bundes oder der truppenärztlichen Versorgung, erstatten die zuständigen Träger auf Antrag die Kosten nach Satz 1. Mehrere Erstattungspflichtige haben die Kosten nach Satz 1 anteilig zu tragen. Der Arbeitnehmer hat dem Arbeitgeber unverzüglich die zur Geltendmachung des Erstattungsanspruches erforderlichen Angaben zu machen.

§ 4 Höhe des fortzuzahlenden Arbeitsentgelts

(1) Für den in § 3 Abs. 1 oder in § 3a Absatz 1 bezeichneten Zeitraum ist dem Arbeitnehmer das ihm bei der für ihn maßgebenden regelmäßigen Arbeitszeit zustehende Arbeitsentgelt fortzuzahlen.

(1a) Zum Arbeitsentgelt nach Absatz 1 gehören nicht das zusätzlich für Überstunden gezahlte Arbeitsentgelt und Leistungen für Aufwendungen des Arbeitnehmers, soweit der Anspruch auf sie im Falle der Arbeitsfähigkeit davon abhängig ist, daß dem Arbeitnehmer entsprechende Aufwendungen tatsächlich entstanden sind, und dem Arbeitnehmer solche Aufwendungen während der Arbeitsunfähigkeit nicht entstehen. Erhält der Arbeitnehmer eine auf das Ergebnis der Arbeit abgestellte Vergütung, so ist der von dem Arbeitnehmer in der für ihn maßgebenden regelmäßigen Arbeitszeit erzielbare Durchschnittsverdienst der Berechnung zugrunde zu legen.

(2) Ist der Arbeitgeber für Arbeitszeit, die gleichzeitig infolge eines gesetzlichen Feiertages ausgefallen ist, zur Fortzahlung des Arbeitsentgelts nach § 3 oder nach § 3a Absatz 1 verpflichtet, bemißt sich die Höhe des fortzuzahlenden Arbeitsentgelts für diesen Feiertag nach § 2.

(3) Wird in dem Betrieb verkürzt gearbeitet und würde deshalb das Arbeitsentgelt des Arbeitnehmers im Falle seiner Arbeitsfähigkeit gemindert, so ist die verkürzte Arbeitszeit für ihre Dauer als die für den Arbeitnehmer maßgebende regelmäßige Arbeitszeit im Sin-

7

ne des Absatzes 1 anzusehen. Dies gilt nicht im Falle des § 2 Abs. 2.

(4) Durch Tarifvertrag kann eine von den Absätzen 1, 1a und 3 abweichende Bemessungsgrundlage des fortzuzahlenden Arbeitsentgelts festgelegt werden. Im Geltungsbereich eines solchen Tarifvertrages kann zwischen nichttarifgebundenen Arbeitgebern und Arbeitnehmern die Anwendung der tarifvertraglichen Regelung über die Fortzahlung des Arbeitsentgelts im Krankheitsfalle vereinbart werden.

§ 4a Kürzung von Sondervergütungen

Eine Vereinbarung über die Kürzung von Leistungen, die der Arbeitgeber zusätzlich zum laufenden Arbeitsentgelt erbringt (Sondervergütungen), ist auch für Zeiten der Arbeitsunfähigkeit infolge Krankheit zulässig. Die Kürzung darf für jeden Tag der Arbeitsunfähigkeit infolge Krankheit ein Viertel des Arbeitsentgelts, das im Jahresdurchschnitt auf einen Arbeitstag entfällt, nicht überschreiten.

§ 5 Anzeige- und Nachweispflichten

(1) Der Arbeitnehmer ist verpflichtet, dem Arbeitgeber die Arbeitsunfähigkeit und deren voraussichtliche Dauer unverzüglich mitzuteilen. Dauert die Arbeitsunfähigkeit länger als drei Kalendertage, hat der Arbeitnehmer eine ärztliche Bescheinigung über das Bestehen der Arbeitsunfähigkeit sowie deren voraussichtliche Dauer spätestens an dem darauffolgenden Arbeitstag vorzulegen. Der Arbeitgeber ist berechtigt, die Vorlage der ärztlichen Bescheinigung früher zu verlangen. Dauert die Arbeitsunfähigkeit länger als in der Bescheinigung angegeben, ist der Arbeitnehmer verpflichtet, eine neue ärztliche Bescheinigung vorzulegen. Ist der Arbeitnehmer Mitglied einer gesetzlichen Krankenkasse, muß die ärztliche Bescheinigung einen Vermerk des behandelnden Arztes darüber enthalten, daß der Krankenkasse unverzüglich eine Bescheinigung über die Arbeitsunfähigkeit mit Angaben über den Befund und die voraussichtliche Dauer der Arbeitsunfähigkeit übersandt wird.

(1a) Absatz 1 Satz 2 bis 5 gilt nicht für Arbeitnehmer, die Versicherte einer gesetzlichen Krankenkasse sind. Diese sind verpflichtet, zu den in Absatz 1 Satz 2 bis 4 genannten Zeitpunkten das Bestehen einer Arbeitsunfähigkeit sowie deren voraussichtliche Dauer feststellen und sich eine ärztliche Bescheinigung nach Absatz 1 Satz 2 oder 4 aushändigen zu lassen. Die Sätze 1 und 2 gelten nicht

1. für Personen, die eine geringfügige Beschäftigung in Privathaushalten ausüben (§ 8a des Vierten Buches Sozialgesetzbuch), und
2. in Fällen der Feststellung der Arbeitsunfähigkeit durch einen Arzt, der nicht an der vertragsärztlichen Versorgung teilnimmt.

(2) Hält sich der Arbeitnehmer bei Beginn der Arbeitsunfähigkeit im Ausland auf, so ist er verpflichtet, dem Arbeitgeber die Arbeitsunfähigkeit, deren voraussichtliche Dauer und die Adresse am Aufenthaltsort in der schnellstmöglichen Art der Übermittlung mitzuteilen. Die durch die Mitteilung entstehenden Kosten hat der Arbeitgeber zu tragen. Darüber hinaus ist der Arbeitnehmer, wenn er Mitglied einer gesetzlichen Krankenkasse ist, verpflichtet, auch dieser die Arbeitsunfähigkeit und deren voraussichtliche Dauer unverzüglich anzuzeigen. Dauert die Arbeitsunfähigkeit länger als angezeigt, so ist der Arbeitnehmer verpflichtet, der gesetzlichen Krankenkasse die voraussichtliche Fortdauer der Arbeitsunfähigkeit mitzuteilen. Die gesetzlichen Krankenkassen können festlegen, daß der Arbeitnehmer Anzeige- und Mitteilungspflichten nach den Sätzen 3 und 4 auch gegenüber einem ausländischen Sozialversicherungsträger erfüllen kann. Absatz 1 Satz 5 gilt nicht. Kehrt ein arbeitsunfähig erkrankter Arbeitnehmer in das Inland zurück, so ist er verpflichtet, dem Arbeitgeber und der Krankenkasse seine Rückkehr unverzüglich anzuzeigen.

§ 6 Forderungsübergang bei Dritthaftung

(1) Kann der Arbeitnehmer auf Grund gesetzlicher Vorschriften von einem Dritten Schadensersatz wegen des Verdienstausfalls beanspruchen, der ihm durch die Arbeitsunfähigkeit entstanden ist, so geht dieser An-

7

spruch insoweit auf den Arbeitgeber über, als dieser dem Arbeitnehmer nach diesem Gesetz Arbeitsentgelt fortgezahlt und darauf entfallende vom Arbeitgeber zu tragende Beiträge zur Bundesagentur für Arbeit, Arbeitgeberanteile an Beiträgen zur Sozialversicherung und zur Pflegeversicherung sowie zu Einrichtungen der zusätzlichen Alters- und Hinterbliebenenversorgung abgeführt hat.

(2) Der Arbeitnehmer hat dem Arbeitgeber unverzüglich die zur Geltendmachung des Schadensersatzanspruchs erforderlichen Angaben zu machen.

(3) Der Forderungsübergang nach Absatz 1 kann nicht zum Nachteil des Arbeitnehmers geltend gemacht werden.

§ 7 Leistungsverweigerungsrecht des Arbeitgebers

(1) Der Arbeitgeber ist berechtigt, die Fortzahlung des Arbeitsentgelts zu verweigern,

1. solange der Arbeitnehmer die von ihm nach § 5 Abs. 1 vorzulegende ärztliche Bescheinigung nicht vorlegt oder den ihm nach § 5 Abs. 2 obliegenden Verpflichtungen nicht nachkommt;
2. wenn der Arbeitnehmer den Übergang eines Schadensersatzanspruchs gegen einen Dritten auf den Arbeitgeber (§ 6) verhindert.

(2) Absatz 1 gilt nicht, wenn der Arbeitnehmer die Verletzung dieser ihm obliegenden Verpflichtungen nicht zu vertreten hat.

§ 8 Beendigung des Arbeitsverhältnisses

(1) Der Anspruch auf Fortzahlung des Arbeitsentgelts wird nicht dadurch berührt, daß der Arbeitgeber das Arbeitsverhältnis aus Anlaß der Arbeitsunfähigkeit kündigt. Das gleiche gilt, wenn der Arbeitnehmer das Arbeitsverhältnis aus einem vom Arbeitgeber zu vertretenden Grunde kündigt, der den Arbeitnehmer zur Kündigung aus wichtigem Grund ohne Einhaltung einer Kündigungsfrist berechtigt.

(2) Endet das Arbeitsverhältnis vor Ablauf der in § 3 Abs. 1 oder in § 3a Absatz 1 bezeichneten Zeit nach dem Beginn der Arbeitsunfähigkeit, ohne daß es einer Kündigung bedarf, oder infolge einer Kündigung aus anderen als den in Absatz 1 bezeichneten Gründen, so endet der Anspruch mit dem Ende des Arbeitsverhältnisses.

§ 9 Maßnahmen der medizinischen Vorsorge und Rehabilitation

(1) Die Vorschriften der §§ 3 bis 4a und 6 bis 8 gelten entsprechend für die Arbeitsverhinderung infolge einer Maßnahme der medizinischen Vorsorge oder Rehabilitation, die ein Träger der gesetzlichen Renten-, Kranken- oder Unfallversicherung, eine Verwaltungsbehörde der Kriegsopferversorgung oder ein sonstiger Sozialleistungsträger bewilligt hat und die in einer Einrichtung der medizinischen Vorsorge oder Rehabilitation durchgeführt wird. Ist der Arbeitnehmer nicht Mitglied einer gesetzlichen Krankenkasse oder nicht in der gesetzlichen Rentenversicherung versichert, gelten die §§ 3 bis 4a und 6 bis 8 entsprechend, wenn eine Maßnahme der medizinischen Vorsorge oder Rehabilitation ärztlich verordnet worden ist und in einer Einrichtung der medizinischen Vorsorge oder Rehabilitation oder einer vergleichbaren Einrichtung durchgeführt wird.

(2) Der Arbeitnehmer ist verpflichtet, dem Arbeitgeber den Zeitpunkt des Antritts der Maßnahme, die voraussichtliche Dauer und die Verlängerung der Maßnahme im Sinne des Absatzes 1 unverzüglich mitzuteilen und ihm

a) eine Bescheinigung über die Bewilligung der Maßnahme durch einen Sozialleistungsträger nach Absatz 1 Satz 1 oder
b) eine ärztliche Bescheinigung über die Erforderlichkeit der Maßnahme im Sinne des Absatzes 1 Satz 2

unverzüglich vorzulegen.

§ 10 Wirtschaftliche Sicherung für den Krankheitsfall im Bereich der Heimarbeit

(1) In Heimarbeit Beschäftigte (§ 1 Abs. 1 des Heimarbeitsgesetzes) und ihnen nach § 1 Abs. 2 Buchstabe a bis c des Heimarbeitsgesetzes Gleichgestellte haben gegen ihren Auftraggeber oder, falls sie von einem Zwi-

schenmeister beschäftigt werden, gegen diesen Anspruch auf Zahlung eines Zuschlags zum Arbeitsentgelt. Der Zuschlag beträgt

1. für Heimarbeiter, für Hausgewerbetreibende ohne fremde Hilfskräfte und die nach § 1 Abs. 2 Buchstabe a des Heimarbeitsgesetzes Gleichgestellten 3,4 vom Hundert,
2. für Hausgewerbetreibende mit nicht mehr als zwei fremden Hilfskräften und die nach § 1 Abs. 2 Buchstabe b und c des Heimarbeitsgesetzes Gleichgestellten 6,4 vom Hundert

des Arbeitsentgelts vor Abzug der Steuern, des Beitrags zur Bundesagentur für Arbeit und der Sozialversicherungsbeiträge ohne Unkostenzuschlag und ohne die für den Lohnausfall an gesetzlichen Feiertagen, den Urlaub und den Arbeitsausfall infolge Krankheit zu leistenden Zahlungen. Der Zuschlag für die unter Nummer 2 aufgeführten Personen dient zugleich zur Sicherung der Ansprüche der von ihnen Beschäftigten.

(2) Zwischenmeister, die den in Heimarbeit Beschäftigten nach § 1 Abs. 2 Buchstabe d des Heimarbeitsgesetzes gleichgestellt sind, haben gegen ihren Auftraggeber Anspruch auf Vergütung der von ihnen nach Absatz 1 nachweislich zu zahlenden Zuschläge.

(3) Die nach den Absätzen 1 und 2 in Betracht kommenden Zuschläge sind gesondert in den Entgeltbeleg einzutragen.

(4) Für Heimarbeiter (§ 1 Abs. 1 Buchstabe a des Heimarbeitsgesetzes) kann durch Tarifvertrag bestimmt werden, daß sie statt der in Absatz 1 Satz 2 Nr. 1 bezeichneten Leistungen die den Arbeitnehmern im Falle ihrer Arbeitsunfähigkeit nach diesem Gesetz zustehenden Leistungen erhalten. Bei der Bemessung des Anspruchs auf Arbeitsentgelt bleibt der Unkostenzuschlag außer Betracht.

(5) Auf die in den Absätzen 1 und 2 vorgesehenen Zuschläge sind die §§ 23 bis 25, 27 und 28 des Heimarbeitsgesetzes, auf die in Absatz 1 dem Zwischenmeister gegenüber vorgesehenen Zuschläge außerdem § 21 Abs. 2 des Heimarbeitsgesetzes entsprechend anzuwenden. Auf die Ansprüche der fremden Hilfskräfte der in Absatz 1 unter Nummer 2 genannten Personen auf Entgeltfortzahlung im Krankheitsfall ist § 26 des Heimarbeitsgesetzes entsprechend anzuwenden.

§ 11 Feiertagsbezahlung der in Heimarbeit Beschäftigten

(1) Die in Heimarbeit Beschäftigten (§ 1 Abs. 1 des Heimarbeitsgesetzes) haben gegen den Auftraggeber oder Zwischenmeister Anspruch auf Feiertagsbezahlung nach Maßgabe der Absätze 2 bis 5. Den gleichen Anspruch haben die in § 1 Abs. 2 Buchstabe a bis d des Heimarbeitsgesetzes bezeichneten Personen, wenn sie hinsichtlich der Feiertagsbezahlung gleichgestellt werden; die Vorschriften des § 1 Abs. 3 Satz 3 und Abs. 4 und 5 des Heimarbeitsgesetzes finden Anwendung. Eine Gleichstellung, die sich auf die Entgeltregelung erstreckt, gilt auch für die Feiertagsbezahlung, wenn diese nicht ausdrücklich von der Gleichstellung ausgenommen ist.

(2) Das Feiertagsgeld beträgt für jeden Feiertag im Sinne des § 2 Abs. 1 0,72 vom Hundert des in einem Zeitraum von sechs Monaten ausgezahlten reinen Arbeitsentgelts ohne Unkostenzuschläge. Bei der Berechnung des Feiertagsgeldes ist für die Feiertage, die in den Zeitraum von 1. Mai bis 31. Oktober fallen, der vorhergehende Zeitraum vom 1. November bis 30. April und für die Feiertage, die in den Zeitraum vom 1. November bis 30. April fallen, der vorhergehende Zeitraum vom 1. Mai bis 31. Oktober zugrunde zu legen. Der Anspruch auf Feiertagsgeld ist unabhängig davon, ob im laufenden Halbjahreszeitraum noch eine Beschäftigung in Heimarbeit für den Auftraggeber stattfindet.

(3) Das Feiertagsgeld ist jeweils bei der Entgeltzahlung vor dem Feiertag zu zahlen. Ist die Beschäftigung vor dem Feiertag unterbrochen worden, so ist das Feiertagsgeld spätestens drei Tage vor dem Feiertag auszuzahlen. Besteht bei der Einstellung der Ausgabe von Heimarbeit zwischen den Beteiligten Einvernehmen, das Heimarbeitsverhältnis nicht wieder fortzusetzen, so ist dem Berech-

7

tigten bei der letzten Entgeltzahlung das Feiertagsgeld für die noch übrigen Feiertage des laufenden sowie für die Feiertage des folgenden Halbjahreszeitraumes zu zahlen. Das Feiertagsgeld ist jeweils bei der Auszahlung in die Entgeltbelege (§ 9 des Heimarbeitsgesetzes) einzutragen.

(4) Übersteigt das Feiertagsgeld, das der nach Absatz 1 anspruchsberechtigte Hausgewerbetreibende oder im Lohnauftrag arbeitende Gewerbetreibende (Anspruchsberechtigte) für einen Feiertag auf Grund des § 2 seinen fremden Hilfskräften (§ 2 Abs. 6 des Heimarbeitsgesetzes) gezahlt hat, den Betrag, den er auf Grund der Absätze 2 und 3 für diesen Feiertag erhalten hat, so haben ihm auf Verlangen seine Auftraggeber oder Zwischenmeister den Mehrbetrag anteilig zu erstatten. Ist der Anspruchsberechtigte gleichzeitig Zwischenmeister, so bleibt hierbei das für die Heimarbeiter oder Hausgewerbetreibenden empfangene und weiter gezahlte Feiertagsgeld außer Ansatz. Nimmt ein Anspruchsberechtigter eine Erstattung nach Satz 1 in Anspruch, so können ihm bei Einstellung der Ausgabe von Heimarbeit die erstatteten Beträge auf das Feiertagsgeld angerechnet werden, das ihm auf Grund des Absatzes 2 und des Absatzes 3 Satz 3 für die dann noch übrigen Feiertage des laufenden sowie für die Feiertage des folgenden Halbjahreszeitraumes zu zahlen ist.

(5) Das Feiertagsgeld gilt als Entgelt im Sinne der Vorschriften des Heimarbeitsgesetzes über Mithaftung des Auftraggebers (§ 21 Abs. 2), über Entgeltschutz (§§ 23 bis 27) und über Auskunftspflicht über Entgelte (§ 28); hierbei finden die §§ 24 bis 26 des Heimarbeitsgesetzes Anwendung, wenn ein Feiertagsgeld gezahlt ist, das niedriger ist als das in diesem Gesetz festgesetzte.

§ 12 Unabdingbarkeit

Abgesehen von § 4 Abs. 4 kann von den Vorschriften dieses Gesetzes nicht zuungunsten des Arbeitnehmers oder der nach § 10 berechtigten Personen abgewichen werden.

§ 13 Übergangsvorschrift

Ist der Arbeitnehmer von einem Tag nach dem 9. Dezember 1998 bis zum 1. Januar 1999 oder darüber hinaus durch Arbeitsunfähigkeit infolge Krankheit oder infolge einer Maßnahme der medizinischen Vorsorge oder Rehabilitation an seiner Arbeitsleistung verhindert, sind für diesen Zeitraum die seit dem 1. Januar 1999 geltenden Vorschriften maßgebend, es sei denn, daß diese für den Arbeitnehmer ungünstiger sind.

Gewerbeordnung (GewO)

in der Fassung der Bekanntmachung vom 22. Februar 1999 (BGBl. I S. 202)

Zuletzt geändert durch Finanzmarktdigitalisierungsgesetz vom 27. Dezember 2024 (BGBl. I Nr. 438)

– Auszug –

Titel VII Arbeitnehmer

I. Allgemeine arbeitsrechtliche Grundsätze

§ 105 Freie Gestaltung des Arbeitsvertrages

1Arbeitgeber und Arbeitnehmer können Abschluss, Inhalt und Form des Arbeitsvertrages frei vereinbaren, soweit nicht zwingende gesetzliche Vorschriften, Bestimmungen eines anwendbaren Tarifvertrages oder einer Betriebsvereinbarung entgegenstehen. 2Soweit die Vertragsbedingungen wesentlich sind, richtet sich ihr Nachweis nach den Bestimmungen des Nachweisgesetzes.

§ 106 Weisungsrecht des Arbeitgebers

1Der Arbeitgeber kann Inhalt, Ort und Zeit der Arbeitsleistung nach billigem Ermessen näher bestimmen, soweit diese Arbeitsbedingungen nicht durch den Arbeitsvertrag, Bestimmungen einer Betriebsvereinbarung, eines anwendbaren Tarifvertrages oder gesetzliche Vorschriften festgelegt sind. 2Dies gilt auch hinsichtlich der Ordnung und des Verhaltens der Arbeitnehmer im Betrieb. 3Bei der Ausübung des Ermessens hat der Arbeitgeber auch auf Behinderungen des Arbeitnehmers Rücksicht zu nehmen.

§ 107 Berechnung und Zahlung des Arbeitsentgelts

(1) Das Arbeitsentgelt ist in Euro zu berechnen und auszuzahlen.

(2) 1Arbeitgeber und Arbeitnehmer können Sachbezüge als Teil des Arbeitsentgelts vereinbaren, wenn dies dem Interesse des Arbeitnehmers oder der Eigenart des Arbeitsverhältnisses entspricht. 2Der Arbeitgeber darf dem Arbeitnehmer keine Waren auf Kredit überlassen. 3Er darf ihm nach Vereinbarung Waren in Anrechnung auf das Arbeitsentgelt überlassen, wenn die Anrechnung zu den durchschnittlichen Selbstkosten erfolgt. 4Die geleisteten Gegenstände müssen mittlerer Art und Güte sein, soweit nicht ausdrücklich eine andere Vereinbarung getroffen worden ist. 5Der Wert der vereinbarten Sachbezüge oder die Anrechnung der überlassenen Waren auf das Arbeitsentgelt darf die Höhe des pfändbaren Teils des Arbeitsentgelts nicht übersteigen.

(3) 1Die Zahlung eines regelmäßigen Arbeitsentgelts kann nicht für die Fälle ausgeschlossen werden, in denen der Arbeitnehmer für seine Tätigkeit von Dritten ein Trinkgeld erhält. 2Trinkgeld ist ein Geldbetrag, den ein Dritter ohne rechtliche Verpflichtung dem Arbeitnehmer zusätzlich zu einer dem Arbeitgeber geschuldeten Leistung zahlt.

§ 108 Abrechnung des Arbeitsentgelts

(1) 1Dem Arbeitnehmer ist bei Zahlung des Arbeitsentgelts eine Abrechnung in Textform zu erteilen. 2Die Abrechnung muss mindestens Angaben über Abrechnungszeitraum und Zusammensetzung des Arbeitsentgelts enthalten. 3Hinsichtlich der Zusammensetzung sind insbesondere Angaben über Art und Höhe der Zuschläge, Zulagen, sonstige Vergütungen, Art und Höhe der Abzüge, Abschlagszahlungen sowie Vorschüsse erforderlich.

(2) Die Verpflichtung zur Abrechnung entfällt, wenn sich die Angaben gegenüber der letzten ordnungsgemäßen Abrechnung nicht geändert haben.

(3) 1Das Bundesministerium für Arbeit und Soziales wird ermächtigt, das Nähere zum Inhalt und Verfahren einer Entgeltbescheinigung, die zu Zwecken nach dem Sozialgesetzbuch sowie zur Vorlage bei den Sozial- und Familiengerichten verwendet werden kann, durch Rechtsverordnung zu bestimmen. 2Besoldungsmitteilungen für Beamte, Richter oder Soldaten, die inhaltlich der Entgeltbescheinigung nach Satz 1 entsprechen, können für die in Satz 1 genannten Zwecke verwendet werden. 3Der Arbeitnehmer kann vom Arbeitgeber zu anderen Zwecken eine weitere Entgeltbescheinigung verlangen, die sich auf die Angaben nach Absatz 1 beschränkt.

§ 109 Zeugnis

(1) 1Der Arbeitnehmer hat bei Beendigung eines Arbeitsverhältnisses Anspruch auf ein schriftliches Zeugnis. 2Das Zeugnis muss mindestens Angaben zu Art und Dauer der Tätigkeit (einfaches Zeugnis) enthalten. 3Der Arbeitnehmer kann verlangen, dass sich die Angaben darüber hinaus auf Leistung und Verhalten im Arbeitsverhältnis (qualifiziertes Zeugnis) erstrecken.

(2) 1Das Zeugnis muss klar und verständlich formuliert sein. 2Es darf keine Merkmale oder Formulierungen enthalten, die den Zweck haben, eine andere als aus der äußeren Form oder aus dem Wortlaut ersichtliche Aussage über den Arbeitnehmer zu treffen.

(3) Das Zeugnis kann mit Einwilligung des Arbeitnehmers in elektronischer Form erteilt werden.

§ 110 Wettbewerbsverbot

1Arbeitgeber und Arbeitnehmer können die berufliche Tätigkeit des Arbeitnehmers für die Zeit nach Beendigung des Arbeitsverhältnisses durch Vereinbarung beschränken (Wettbewerbsverbot). 2Die §§ 74 bis 75f des Handelsgesetzbuches sind entsprechend anzuwenden.

§ 111 Pflichtfortbildungen

(1) Ist der Arbeitgeber durch Gesetz oder aufgrund eines Gesetzes, durch Tarifvertrag oder Betriebs- oder Dienstvereinbarung verpflichtet, dem Arbeitnehmer eine für die Erbringung der Arbeitsleistung erforderliche Fortbildung anzubieten, dürfen dem Arbeitnehmer die Kosten hierfür nicht auferlegt werden.

(2) Fortbildungen nach Absatz 1 sollen während der regelmäßigen Arbeitszeit durchgeführt werden. Soweit Fortbildungen nach Absatz 1 außerhalb der regelmäßigen Arbeitszeit durchgeführt werden müssen, gelten sie als Arbeitszeit.

§§ 112 bis 132a (weggefallen)

Gesetz für einen besseren Schutz hinweisgebender Personen (Hinweisgeberschutzgesetz – HinSchG)

Vom 31. Mai 2023 (BGBl. I Nr. 140)

Zuletzt geändert durch
Finanzmarktdigitalisierungsgesetz
vom 27. Dezember 2024 (BGBl. I Nr. 438)

Abschnitt 1
Allgemeine Vorschriften

§ 1 Zielsetzung und persönlicher Anwendungsbereich

(1) Dieses Gesetz regelt den Schutz von natürlichen Personen, die im Zusammenhang mit ihrer beruflichen Tätigkeit oder im Vorfeld einer beruflichen Tätigkeit Informationen über Verstöße erlangt haben und diese an die nach diesem Gesetz vorgesehenen Meldestellen melden oder offenlegen (hinweisgebende Personen).

(2) Darüber hinaus werden Personen geschützt, die Gegenstand einer Meldung oder Offenlegung sind, sowie sonstige Personen, die von einer Meldung oder Offenlegung betroffen sind.

§ 2 Sachlicher Anwendungsbereich

(1) Dieses Gesetz gilt für die Meldung (§ 3 Absatz 4) und die Offenlegung (§ 3 Absatz 5) von Informationen über

1. Verstöße, die strafbewehrt sind,
2. Verstöße, die bußgeldbewehrt sind, soweit die verletzte Vorschrift dem Schutz von Leben, Leib oder Gesundheit oder dem Schutz der Rechte von Beschäftigten oder ihrer Vertretungsorgane dient,
3. sonstige Verstöße gegen Rechtsvorschriften des Bundes und der Länder sowie unmittelbar geltende Rechtsakte der Europäischen Union und der Europäischen Atomgemeinschaft
   a) zur Bekämpfung von Geldwäsche und Terrorismusfinanzierung, unter Einschluss insbesondere des Geldwäschegesetzes und der Verordnung (EU) 2015/847 des Europäischen Parlaments und des Rates vom 20. Mai 2015 über die Übermittlung von Angaben bei Geldtransfers und zur Aufhebung der Verordnung (EU) Nr. 1781/2006 (ABl. L 141 vom 5. 6. 2015, S. 1), die durch die Verordnung (EU) 2019/2175 (ABl. L 334 vom 27. 12. 2019, S. 1) geändert worden ist, in der jeweils geltenden Fassung,
   b) mit Vorgaben zur Produktsicherheit und -konformität,
   c) mit Vorgaben zur Sicherheit im Straßenverkehr, die das Straßeninfrastruktursicherheitsmanagement, die Sicherheitsanforderungen in Straßentunneln sowie die Zulassung zum Beruf des Güterkraftverkehrsunternehmers oder des Personenkraftverkehrsunternehmers (Kraftomnibusunternehmen) betreffen,
   d) mit Vorgaben zur Gewährleistung der Eisenbahnbetriebssicherheit,
   e) mit Vorgaben zur Sicherheit im Seeverkehr betreffend Vorschriften der Europäischen Union für die Anerkennung von Schiffsüberprüfungs- und -besichtigungsorganisationen, die Haftung und Versicherung des Beförderers bei der Beförderung von Reisenden auf See, die Zulassung von Schiffsausrüstung, die Seesicherheitsuntersuchung, die Seeleute-Ausbildung, die Registrierung von Personen auf Fahrgastschiffen in der Seeschifffahrt sowie Vorschriften und Verfahrensregeln der Europäischen Union für das sichere Be- und Entladen von Massengutschiffen,
   f) mit Vorgaben zur zivilen Luftverkehrssicherheit im Sinne der Abwehr von Gefahren für die betriebliche und technische Sicherheit und im Sinne der Flugsicherung,

9

g) mit Vorgaben zur sicheren Beförderung gefährlicher Güter auf der Straße, per Eisenbahn und per Binnenschiff,

h) mit Vorgaben zum Umweltschutz,

i) mit Vorgaben zum Strahlenschutz und zur kerntechnischen Sicherheit,

j) zur Förderung der Nutzung von Energie aus erneuerbaren Quellen und der Energieeffizienz,

k) zur Lebensmittel- und Futtermittelsicherheit, zur ökologischen Produktion und zur Kennzeichnung von ökologischen Erzeugnissen, zum Schutz geografischer Angaben für Agrarerzeugnisse und Lebensmittel einschließlich Wein, aromatisierter Weinerzeugnisse und Spirituosen sowie garantiert traditioneller Spezialitäten, zum Inverkehrbringen und Verwenden von Pflanzenschutzmitteln sowie zur Tiergesundheit und zum Tierschutz, soweit sie den Schutz von landwirtschaftlichen Nutztieren, den Schutz von Tieren zum Zeitpunkt der Tötung, die Haltung von Wildtieren in Zoos, den Schutz der für wissenschaftliche Zwecke verwendeten Tiere sowie den Transport von Tieren und die damit zusammenhängenden Vorgänge betreffen,

l) zu Qualitäts- und Sicherheitsstandards für Organe und Substanzen menschlichen Ursprungs, Human- und Tierarzneimittel, Medizinprodukte sowie die grenzüberschreitende Patientenversorgung,

m) zur Herstellung, zur Aufmachung und zum Verkauf von Tabakerzeugnissen und verwandten Erzeugnissen,

n) zur Regelung der Verbraucherrechte und des Verbraucherschutzes im Zusammenhang mit Verträgen zwischen Unternehmern und Verbrauchern sowie zum Schutz von Verbrauchern im Bereich der Zahlungskonten und Finanzdienstleistungen, bei Preisangaben sowie vor unlauteren geschäftlichen Handlungen,

o) zum Schutz der Privatsphäre in der elektronischen Kommunikation, zum Schutz der Vertraulichkeit der Kommunikation, zum Schutz personenbezogener Daten im Bereich der elektronischen Kommunikation, zum Schutz der Privatsphäre der Endeinrichtungen von Nutzern und von in diesen Endeinrichtungen gespeicherten Informationen, zum Schutz vor unzumutbaren Belästigungen durch Werbung mittels Telefonanrufen, automatischen Anrufmaschinen, Faxgeräten oder elektronischer Post sowie über die Rufnummernanzeige und -unterdrückung und zur Aufnahme in Teilnehmerverzeichnisse,

p) zum Schutz personenbezogener Daten im Anwendungsbereich der Verordnung (EU) 2016/679 des Europäischen Parlaments und des Rates vom 27. April 2016 zum Schutz natürlicher Personen bei der Verarbeitung personenbezogener Daten, zum freien Datenverkehr und zur Aufhebung der Richtlinie 95/46/ EG (Datenschutz-Grundverordnung) (ABl. L 119 vom 4. 5. 2016, S. 1; L 314 vom 22. 11. 2016, S. 72; L 127 vom 23. 5. 2018, S. 2; L 74 vom 4. 3. 2021, S. 35) gemäß deren Artikel 2,

q) zur Sicherheit in der Informationstechnik im Sinne des § 2 Absatz 2 des BSI-Gesetzes von Anbietern digitaler Dienste im Sinne des § 2 Absatz 12 des BSI-Gesetzes,

r) zur Regelung der Rechte von Aktionären von Aktiengesellschaften,

s) zur Abschlussprüfung bei Unternehmen von öffentlichem Interesse nach § 316a Satz 2 des Handelsgesetzbuchs,

t) zur Rechnungslegung einschließlich der Buchführung von Unternehmen, die kapitalmarktorientiert im Sinne des § 264d des Handelsgesetzbuchs sind, von Kreditinstituten im Sinne des § 340 Absatz 1 des Handelsgesetzbuchs, Finanzdienstleistungsinstituten im Sinne des § 340 Absatz 4 Satz 1 des Handelsgesetzbuchs, Wertpapierinstituten im Sinne des § 340 Absatz 4a Satz 1 des Handelsgesetzbuchs, Instituten im Sinne des § 340 Absatz 5 Satz 1 des Handelsgesetzbuchs, Versicherungsunternehmen im Sinne des § 341 Absatz 1 des Handelsgesetzbuchs und Pensionsfonds im Sinne des § 341 Absatz 4 Satz 1 des Handelsgesetzbuchs,

4. Verstöße gegen bundesrechtlich und einheitlich geltende Regelungen für Auftraggeber zum Verfahren der Vergabe von öffentlichen Aufträgen und Konzessionen und zum Rechtsschutz in diesen Verfahren ab Erreichen der jeweils maßgeblichen EU-Schwellenwerte,
5. Verstöße, die von § 4d Absatz 1 Satz 1 des Finanzdienstleistungsaufsichtsgesetzes erfasst sind, soweit sich nicht aus § 4 Absatz 1 Satz 1 etwas anderes ergibt,
6. Verstöße gegen für Körperschaften und Personenhandelsgesellschaften geltende steuerliche Rechtsnormen,
7. Verstöße in Form von Vereinbarungen, die darauf abzielen, sich in missbräuchlicher Weise einen steuerlichen Vorteil zu verschaffen, der dem Ziel oder dem Zweck des für Körperschaften und Personenhandelsgesellschaften geltenden Steuerrechts zuwiderläuft,
8. Verstöße gegen die Artikel 101 und 102 des Vertrags über die Arbeitsweise der Europäischen Union sowie Verstöße gegen die in § 81 Absatz 2 Nummer 1, 2 Buchstabe a und Nummer 5 sowie Absatz 3 des Gesetzes gegen Wettbewerbsbeschränkungen genannten Rechtsvorschriften,
9. Verstöße gegen Vorschriften der Verordnung (EU) 2022/1925 des Europäischen Parlaments und des Rates vom 14. September 2022 über bestreitbare und faire Märkte im digitalen Sektor und zur Änderung der Richtlinien (EU) 2019/1937 und (EU) 2020/1828 (Gesetz über digitale Märkte) (ABl. L 265 vom 12. 10. 2022, S. 1),
10. Äußerungen von Beamtinnen und Beamten, die einen Verstoß gegen die Pflicht zur Verfassungstreue darstellen.

(2) Dieses Gesetz gilt außerdem für die Meldung und Offenlegung von Informationen über

1. Verstöße gegen den Schutz der finanziellen Interessen der Europäischen Union im Sinne des Artikels 325 des Vertrags über die Arbeitsweise der Europäischen Union und
2. Verstöße gegen Binnenmarktvorschriften im Sinne des Artikels 26 Absatz 2 des Vertrags über die Arbeitsweise der Europäischen Union, einschließlich über Absatz 1 Nummer 8 hinausgehender Vorschriften der Europäischen Union über Wettbewerb und staatliche Beihilfen.

§ 3 Begriffsbestimmungen

(1) Für dieses Gesetz gelten die Begriffsbestimmungen der folgenden Absätze.

(2) Verstöße sind Handlungen oder Unterlassungen im Rahmen einer beruflichen, unternehmerischen oder dienstlichen Tätigkeit, die rechtswidrig sind und Vorschriften oder Rechtsgebiete betreffen, die in den sachlichen Anwendungsbereich nach § 2 fallen. Hierzu können auch missbräuchliche Handlungen oder Unterlassungen gehören, die dem Ziel oder dem Zweck der Regelungen in den Vorschriften oder Rechtsgebieten zuwiderlaufen, die in den sachlichen Anwendungsbereich nach § 2 fallen.

(3) Informationen über Verstöße sind begründete Verdachtsmomente oder Wissen über tatsächliche oder mögliche Verstöße, die bei dem Beschäftigungsgeber, bei dem die hinweisgebende Person tätig ist oder war, oder bei einer anderen Stelle, mit der die hinweisgebende Person aufgrund ihrer beruflichen Tätigkeit im Kontakt steht oder stand, bereits begangen wurden oder sehr wahrscheinlich erfolgen werden, sowie über Versuche der Verschleierung solcher Verstöße.

(4) Meldungen sind Mitteilungen von Informationen über Verstöße an interne Meldestellen (§ 12) oder externe Meldestellen (§§ 19 bis 24).

(5) Offenlegung bezeichnet das Zugänglichmachen von Informationen über Verstöße gegenüber der Öffentlichkeit.

(6) Repressalien sind Handlungen oder Unterlassungen im Zusammenhang mit der beruflichen Tätigkeit, die eine Reaktion auf eine Meldung oder eine Offenlegung sind und durch die der hinweisgebenden Person ein ungerechtfertigter Nachteil entsteht oder entstehen kann.

(7) Folgemaßnahmen sind die von einer internen Meldestelle nach § 18 oder von einer externen Meldestelle nach § 29 ergriffenen Maßnahmen zur Prüfung der Stichhaltigkeit einer Meldung, zum weiteren Vorgehen gegen den gemeldeten Verstoß oder zum Abschluss des Verfahrens.

(8) Beschäftigte sind

1. Arbeitnehmerinnen und Arbeitnehmer,
2. die zu ihrer Berufsbildung Beschäftigten,
3. Beamtinnen und Beamte,
4. Richterinnen und Richter mit Ausnahme der ehrenamtlichen Richterinnen und Richter,
5. Soldatinnen und Soldaten,
6. Personen, die wegen ihrer wirtschaftlichen Unselbständigkeit als arbeitnehmerähnliche Personen anzusehen sind; zu diesen gehören auch die in Heimarbeit Beschäftigten und die ihnen Gleichgestellten,
7. Menschen mit Behinderung, die in einer Werkstatt für behinderte Menschen oder bei einem anderen Leistungsanbieter nach § 60 des Neunten Buches Sozialgesetzbuch beschäftigt sind.

(9) Beschäftigungsgeber sind, sofern mindestens eine Person bei ihnen beschäftigt ist,

1. natürliche Personen sowie juristische Personen des öffentlichen und des privaten Rechts,
2. rechtsfähige Personengesellschaften und
3. sonstige, nicht in den Nummern 1 und 2 genannte rechtsfähige Personenvereinigungen.

(10) Private Beschäftigungsgeber sind Beschäftigungsgeber mit Ausnahme juristischer Personen des öffentlichen Rechts und solcher Beschäftigungsgeber, die im Eigentum oder unter der Kontrolle einer juristischen Person des öffentlichen Rechts stehen.

§ 4 Verhältnis zu sonstigen Bestimmungen

(1) Diesem Gesetz gehen spezifische Regelungen über die Mitteilung von Informationen über Verstöße in den folgenden Vorschriften vor:

1. § 6 Absatz 5 und § 53 des Geldwäschegesetzes,
2. § 25a Absatz 1 Satz 6 Nummer 3 des Kreditwesengesetzes und § 13 Absatz 1 des Wertpapierinstitutsgesetzes,
3. § 58 des Wertpapierhandelsgesetzes,
4. § 23 Absatz 6 des Versicherungsaufsichtsgesetzes,
5. § 28 Absatz 1 Satz 2 Nummer 9 und § 68 Absatz 4 Satz 3 des Kapitalanlagegesetzbuchs,
6. §§ 3b und 5 Absatz 8 des Börsengesetzes,
7. § 55b Absatz 2 Nummer 7 der Wirtschaftsprüferordnung,
8. Artikel 32 der Verordnung (EU) Nr. 596/2014 des Europäischen Parlaments und des Rates vom 16. April 2014 über Marktmissbrauch (Marktmissbrauchsverordnung) und zur Aufhebung der Richtlinie 2003/6/EG des Europäischen Parlaments und des Rates und der Richtlinien 2003/124/EG, 2003/125/EG und 2004/72/EG der Kommission (ABl. L 173 vom 12. 6. 2014, S. 1; L 287 vom 21. 10. 2016, S. 320; L 348 vom 21. 12. 2016, S. 83), die zuletzt durch die Delegierte Verordnung (EU) 2021/1783 (ABl. L 359 vom 11. 10. 2021, S. 1) geändert worden ist, in der jeweils geltenden Fassung,
9. Artikel 4 und 5 der Verordnung (EU) Nr. 376/2014 des Europäischen Parlaments und des Rates vom 3. April 2014 über die Meldung, Analyse und Weiterverfolgung von Ereignissen in der Zivilluftfahrt, zur Änderung der Verordnung (EU) Nr. 996/2010 des Europäischen Parlaments und des Rates und zur Aufhebung der Richtlinie 2003/42/EG des Eu-

ropäischen Parlaments und des Rates und der Verordnungen (EG) Nr. 1321/2007 und (EG) Nr. 1330/2007 der Kommission (ABl. L 122 vom 24. 4. 2014, S. 18), die zuletzt durch die Delegierte Verordnung (EU) 2020/2034 (ABl. L 416 vom 11. 12. 2020, S. 1) geändert worden ist, in der jeweils geltenden Fassung, und der aufgrund des § 32 Absatz 1 Nummer 1 des Luftverkehrsgesetzes erlassenen Rechtsverordnungen,

10. §§ 127 und 128 des Seearbeitsgesetzes,
11. § 14 Absatz 1 des Schiffssicherheitsgesetzes in Verbindung mit Abschnitt D Nummer 8 der Anlage zum Schiffssicherheitsgesetz und den aufgrund der §§ 9, 9a und 9c des Seeaufgabengesetzes erlassenen Rechtsverordnungen für Beschwerden, die die Sicherheit eines Schiffes unter ausländischer Flagge einschließlich der Sicherheit und Gesundheit seiner Besatzung, der Lebens- und Arbeitsbedingungen an Bord und der Verhütung von Verschmutzung durch Schiffe unter ausländischer Flagge betreffen, und
12. aufgrund des § 57c Satz 1 Nummer 1 und des § 68 Absatz 2 in Verbindung mit Absatz 3 und mit den §§ 65, 66 und 67 Nummer 1 und 8 und den §§ 126, 128 und 129 des Bundesberggesetzes erlassenen Rechtsverordnungen.

Soweit die spezifischen Regelungen in Satz 1 keine Vorgaben machen, gelten die Bestimmungen dieses Gesetzes.

(2) Das Verbraucherinformationsgesetz, das Informationsfreiheitsgesetz sowie Regelungen der Länder über den Zugang zu amtlichen Informationen finden keine Anwendung auf die Vorgänge nach diesem Gesetz. Satz 1 gilt nicht für die Regelungen des Bundes und der Länder über den Zugang zu Umweltinformationen.

(3) Die §§ 81h bis 81n des Gesetzes gegen Wettbewerbsbeschränkungen bleiben unberührt.

(4) Die Regelungen des Strafprozessrechts werden von den Vorgaben dieses Gesetzes nicht berührt.

§ 5 Vorrang von Sicherheitsinteressen sowie Verschwiegenheits- und Geheimhaltungspflichten

(1) Eine Meldung oder Offenlegung fällt nicht in den Anwendungsbereich dieses Gesetzes, wenn sie folgende Informationen beinhaltet:

1. Informationen, die die nationale Sicherheit oder wesentliche Sicherheitsinteressen des Staates, insbesondere militärische oder sonstige sicherheitsempfindliche Belange des Geschäftsbereiches des Bundesministeriums der Verteidigung oder Kritische Infrastrukturen im Sinne der BSI-Kritisverordnung, betreffen,
2. Informationen von Nachrichtendiensten des Bundes oder der Länder oder von Behörden oder sonstigen öffentlichen Stellen des Bundes oder der Länder, soweit sie Aufgaben im Sinne des § 10 Nummer 3 des Sicherheitsüberprüfungsgesetzes oder im Sinne entsprechender Rechtsvorschriften der Länder wahrnehmen, oder
3. Informationen, die die Vergabe öffentlicher Aufträge und Konzessionen, die in den Anwendungsbereich des Artikels 346 des Vertrags über die Arbeitsweise der Europäischen Union fallen, betreffen.

(2) Eine Meldung oder Offenlegung fällt auch nicht in den Anwendungsbereich dieses Gesetzes, wenn ihr entgegenstehen:

1. eine Geheimhaltungs- oder Vertraulichkeitspflicht zum materiellen oder organisatorischen Schutz von Verschlusssachen, es sei denn, es handelt sich um die Meldung eines Verstoßes nach § 2 Absatz 1 Nummer 1 an eine interne Meldestelle (§ 12), mit den Aufgaben der internen Meldestelle wurde kein Dritter nach § 14 Absatz 1 betraut und die betreffende Geheimhaltungs- oder Vertraulichkeitspflicht bezieht sich auf eine Verschlusssache des Bundes nach § 4 Absatz 2 Nummer 4 des Sicherheitsüberprüfungsgesetzes oder auf eine entsprechende Verschlusssache nach den Rechtsvorschriften der Länder,
2. das richterliche Beratungsgeheimnis,
3. die Pflichten zur Wahrung der Verschwiegenheit durch Rechtsanwälte, Verteidiger

in einem gesetzlich geordneten Verfahren, Kammerrechtsbeistände, Patentanwälte und Notare,

4. die Pflichten zur Wahrung der Verschwiegenheit durch Ärzte, Zahnärzte, Apotheker und Angehörige eines anderen Heilberufs, der für die Berufsausübung oder die Führung der Berufsbezeichnung eine staatlich geregelte Ausbildung erfordert, mit Ausnahme von Tierärzten, soweit es um Verstöße gegen von § 2 Absatz 1 Nummer 3 Buchstabe k erfasste Rechtsvorschriften zum Schutz von gewerblich gehaltenen landwirtschaftlichen Nutztieren geht, oder
5. die Pflichten zur Wahrung der Verschwiegenheit durch Personen, die aufgrund eines Vertragsverhältnisses einschließlich der gemeinschaftlichen Berufsausübung, einer berufsvorbereitenden Tätigkeit oder einer sonstigen Hilfstätigkeit an der beruflichen Tätigkeit der in den Nummern 2, 3 und 4 genannten Berufsgeheimnisträger mitwirken.

§ 6 Verhältnis zu sonstigen Verschwiegenheits- und Geheimhaltungspflichten

(1) Beinhaltet eine interne oder eine externe Meldung oder eine Offenlegung ein Geschäftsgeheimnis im Sinne des § 2 Nummer 1 des Gesetzes zum Schutz von Geschäftsgeheimnissen, so ist die Weitergabe des Geschäftsgeheimnisses an eine zuständige Meldestelle oder dessen Offenlegung erlaubt, sofern

1. die hinweisgebende Person hinreichenden Grund zu der Annahme hatte, dass die Weitergabe oder die Offenlegung des Inhalts dieser Informationen notwendig ist, um einen Verstoß aufzudecken, und
2. die Voraussetzungen des § 33 Absatz 1 Nummer 2 und 3 erfüllt sind.

(2) Vorbehaltlich der Vorgaben des § 5 dürfen Informationen, die einer vertraglichen Verschwiegenheitspflicht, einer Rechtsvorschrift des Bundes, eines Landes oder einem unmittelbar geltenden Rechtsakt der Europäischen Union über die Geheimhaltung oder über Verschwiegenheitspflichten, dem Steuergeheimnis nach § 30 der Abgabenordnung oder dem Sozialgeheimnis nach § 35 des Ersten Buches Sozialgesetzbuch unterliegen, an eine zuständige Meldestelle weitergegeben oder unter den Voraussetzungen des § 32 offengelegt werden, sofern

1. die hinweisgebende Person hinreichenden Grund zu der Annahme hatte, dass die Weitergabe oder die Offenlegung des Inhalts dieser Informationen notwendig ist, um einen Verstoß aufzudecken, und
2. die Voraussetzungen des § 33 Absatz 1 Nummer 2 und 3 erfüllt sind.

(3) Personen, die im Rahmen ihrer Tätigkeit für eine Meldestelle Informationen erlangen, die einer vertraglichen Verschwiegenheitspflicht, einer Rechtsvorschrift des Bundes über die Geheimhaltung oder über Verschwiegenheitspflichten, dem Steuergeheimnis nach § 30 der Abgabenordnung oder dem Sozialgeheimnis nach § 35 des Ersten Buches Sozialgesetzbuch unterliegen, haben ab dem Zeitpunkt des Eingangs der Informationen

1. diese Verschwiegenheits- oder Geheimhaltungsvorschriften vorbehaltlich des Absatzes 4 anzuwenden und
2. die schutzwürdigen Belange Betroffener in gleicher Weise zu beachten wie sie die hinweisgebende Person zu beachten hat, die die Informationen der Meldestelle mitgeteilt hat.

(4) Meldestellen dürfen Geheimnisse im Sinne der Absätze 1 und 2 nur insoweit verwenden oder weitergeben, wie dies für das Ergreifen von Folgemaßnahmen erforderlich ist.

(5) In Bezug auf Informationen, die einer vertraglichen Verschwiegenheitspflicht unterliegen, gelten die Absätze 3 und 4 ab dem Zeitpunkt, zu dem Kenntnis von der Verschwiegenheitspflicht besteht.

Abschnitt 2 Meldungen

Unterabschnitt 1 Grundsätze

§ 7 Wahlrecht zwischen interner und externer Meldung

(1) Personen, die beabsichtigen, Informationen über einen Verstoß zu melden, können wählen, ob sie sich an eine interne Melde-

9

stelle (§ 12) oder eine externe Meldestelle (§§ 19 bis 24) wenden. Diese Personen sollten in den Fällen, in denen intern wirksam gegen den Verstoß vorgegangen werden kann und sie keine Repressalien befürchten, die Meldung an eine interne Meldestelle bevorzugen. Wenn einem intern gemeldeten Verstoß nicht abgeholfen wurde, bleibt es der hinweisgebenden Person unbenommen, sich an eine externe Meldestelle zu wenden.

(2) Es ist verboten, Meldungen oder die auf eine Meldung folgende Kommunikation zwischen hinweisgebender Person und Meldestelle zu behindern oder dies zu versuchen.

(3) Beschäftigungsgeber, die nach § 12 Absatz 1 und 3 zur Einrichtung interner Meldestellen verpflichtet sind, sollen Anreize dafür schaffen, dass sich hinweisgebende Personen vor einer Meldung an eine externe Meldestelle zunächst an die jeweilige interne Meldestelle wenden. Diese Beschäftigungsgeber stellen für Beschäftigte klare und leicht zugängliche Informationen über die Nutzung des internen Meldeverfahrens bereit. Die Möglichkeit einer externen Meldung darf hierdurch nicht beschränkt oder erschwert werden.

§ 8 Vertraulichkeitsgebot

(1) Die Meldestellen haben die Vertraulichkeit der Identität der folgenden Personen zu wahren:

1. der hinweisgebenden Person, sofern die gemeldeten Informationen Verstöße betreffen, die in den Anwendungsbereich dieses Gesetzes fallen, oder die hinweisgebende Person zum Zeitpunkt der Meldung hinreichenden Grund zu der Annahme hatte, dass dies der Fall sei,
2. der Personen, die Gegenstand einer Meldung sind, und
3. der sonstigen in der Meldung genannten Personen.

Die Identität der in Satz 1 genannten Personen darf ausschließlich den Personen, die für die Entgegennahme von Meldungen oder für das Ergreifen von Folgemaßnahmen zuständig sind, sowie den sie bei der Erfüllung dieser Aufgaben unterstützenden Personen bekannt werden.

(2) Das Gebot der Vertraulichkeit der Identität gilt unabhängig davon, ob die Meldestelle für die eingehende Meldung zuständig ist.

§ 9 Ausnahmen vom Vertraulichkeitsgebot

(1) Die Identität einer hinweisgebenden Person, die vorsätzlich oder grob fahrlässig unrichtige Informationen über Verstöße meldet, wird nicht nach diesem Gesetz geschützt.

(2) Informationen über die Identität einer hinweisgebenden Person oder über sonstige Umstände, die Rückschlüsse auf die Identität dieser Person erlauben, dürfen abweichend von § 8 Absatz 1 an die zuständige Stelle weitergegeben werden

1. in Strafverfahren auf Verlangen der Strafverfolgungsbehörden,
2. aufgrund einer Anordnung in einem einer Meldung nachfolgenden Verwaltungsverfahren, einschließlich verwaltungsbehördlicher Bußgeldverfahren,
3. aufgrund einer gerichtlichen Entscheidung,
4. von der Bundesanstalt für Finanzdienstleistungsaufsicht als externe Meldestelle nach § 21 an die zuständigen Fachabteilungen innerhalb der Bundesanstalt für Finanzdienstleistungsaufsicht sowie bei in § 109a des Wertpapierhandelsgesetzes genannten Vorgängen an die in § 109a des Wertpapierhandelsgesetzes genannten Stellen oder
5. von dem Bundeskartellamt als externe Meldestelle nach § 22 an die zuständigen Fachabteilungen innerhalb des Bundeskartellamtes sowie in den Fällen des § 49 Absatz 2 Satz 2 und Absatz 4 und § 50d des Gesetzes gegen Wettbewerbsbeschränkungen an die jeweils zuständige Wettbewerbsbehörde.

Die Meldestelle hat die hinweisgebende Person vorab über die Weitergabe zu informieren. Hiervon ist abzusehen, wenn die Strafverfolgungsbehörde, die zuständige Behörde oder das Gericht der Meldestelle mitgeteilt hat, dass durch die Information die entsprechenden Ermittlungen, Untersuchungen oder Gerichtsverfahren gefährdet würden. Der hinweisgebenden Person sind mit der Information zugleich die Gründe für die Weitergabe schriftlich oder elektronisch darzulegen.

(3) Über die Fälle des Absatzes 2 hinaus dürfen Informationen über die Identität der hinweisgebenden Person oder über sonstige Umstände, die Rückschlüsse auf die Identität dieser Person erlauben, weitergegeben werden, wenn

1. die Weitergabe für Folgemaßnahmen erforderlich ist und
2. die hinweisgebende Person zuvor in die Weitergabe eingewilligt hat.

Die Einwilligung nach Satz 1 Nummer 2 muss für jede einzelne Weitergabe von Informationen über die Identität gesondert und in Textform vorliegen. Die Regelung des § 26 Absatz 2 des Bundesdatenschutzgesetzes bleibt unberührt.

(4) Informationen über die Identität von Personen, die Gegenstand einer Meldung sind, und von sonstigen in der Meldung genannten Personen dürfen abweichend von § 8 Absatz 1 an die jeweils zuständige Stelle weitergegeben werden

1. bei Vorliegen einer diesbezüglichen Einwilligung,
2. von internen Meldestellen, sofern dies im Rahmen interner Untersuchungen bei dem jeweiligen Beschäftigungsgeber oder in der jeweiligen Organisationseinheit erforderlich ist,
3. sofern dies für das Ergreifen von Folgemaßnahmen erforderlich ist,
4. in Strafverfahren auf Verlangen der Strafverfolgungsbehörde,
5. aufgrund einer Anordnung in einem einer Meldung nachfolgenden Verwaltungsverfahren, einschließlich verwaltungsbehördlicher Bußgeldverfahren,
6. aufgrund einer gerichtlichen Entscheidung,
7. von der Bundesanstalt für Finanzdienstleistungsaufsicht als externe Meldestelle nach § 21 an die zuständigen Fachabteilungen innerhalb der Bundesanstalt für Finanzdienstleistungsaufsicht sowie bei in § 109a des Wertpapierhandelsgesetzes genannten Vorgängen an die in § 109a des Wertpapierhandelsgesetzes genannten Stellen oder
8. von dem Bundeskartellamt als externe Meldestelle nach § 22 an die zuständigen Fachabteilungen innerhalb des Bundeskartellamtes sowie in den Fällen des § 49 Absatz 2 Satz 2 und Absatz 4 und § 50d des Gesetzes gegen Wettbewerbsbeschränkungen an die jeweils zuständige Wettbewerbsbehörde.

§ 10 Verarbeitung personenbezogener Daten

Die Meldestellen sind befugt, personenbezogene Daten zu verarbeiten, soweit dies zur Erfüllung ihrer in den §§ 13 und 24 bezeichneten Aufgaben erforderlich ist. Abweichend von Artikel 9 Absatz 1 der Verordnung (EU) 2016/679 ist die Verarbeitung besonderer Kategorien personenbezogener Daten durch eine Meldestelle zulässig, wenn dies zur Erfüllung ihrer Aufgaben erforderlich ist. In diesem Fall hat die Meldestelle spezifische und angemessene Maßnahmen zur Wahrung der Interessen der betroffenen Person vorzusehen; § 22 Absatz 2 Satz 2 des Bundesdatenschutzgesetzes ist entsprechend anzuwenden.

§ 11 Dokumentation der Meldungen

(1) Die Personen, die in einer Meldestelle für die Entgegennahme von Meldungen zuständig sind, dokumentieren alle eingehenden Meldungen in dauerhaft abrufbarer Weise unter Beachtung des Vertraulichkeitsgebots (§ 8).

(2) Bei telefonischen Meldungen oder Meldungen mittels einer anderen Art der Sprachübermittlung darf eine dauerhaft abrufbare Tonaufzeichnung des Gesprächs oder dessen vollständige und genaue Niederschrift (Wortprotokoll) nur mit Einwilligung der hinweisgebenden Person erfolgen. Liegt eine solche Einwilligung nicht vor, ist die Meldung durch eine von der für die Bearbeitung der Meldung verantwortlichen Person zu erstellende Zusammenfassung ihres Inhalts (Inhaltsprotokoll) zu dokumentieren.

(3) Erfolgt die Meldung im Rahmen einer Zusammenkunft gemäß § 16 Absatz 3 oder § 27 Absatz 3, darf mit Zustimmung der hinweisgebenden Person eine vollständige und genaue Aufzeichnung der Zusammenkunft erstellt und aufbewahrt werden. Die Aufzeichnung kann durch Erstellung einer Tonaufzeichnung des Gesprächs in dauerhaft abrufbarer Form oder durch ein von der für die Bearbeitung der Meldung verantwortlichen Person erstelltes Wortprotokoll der Zusammenkunft erfolgen.

(4) Der hinweisgebenden Person ist Gelegenheit zu geben, das Protokoll zu überprüfen, gegebenenfalls zu korrigieren und es durch ihre Unterschrift oder in elektronischer Form zu bestätigen. Wird eine Tonaufzeichnung zur Anfertigung eines Protokolls verwendet, so ist sie zu löschen, sobald das Protokoll fertiggestellt ist.

(5) Die Dokumentation wird drei Jahre nach Abschluss des Verfahrens gelöscht. Die Dokumentation kann länger aufbewahrt werden, um die Anforderungen nach diesem Gesetz oder nach anderen Rechtsvorschriften zu erfüllen, solange dies erforderlich und verhältnismäßig ist.

Unterabschnitt 2
Interne Meldungen

§ 12 Pflicht zur Einrichtung interner Meldestellen

(1) Beschäftigungsgeber haben dafür zu sorgen, dass bei ihnen mindestens eine Stelle für interne Meldungen eingerichtet ist und betrieben wird, an die sich Beschäftigte wenden können (interne Meldestelle). Ist der Bund oder ein Land Beschäftigungsgeber, bestimmen die obersten Bundes- oder Landesbehörden Organisationseinheiten in Form von einzelnen oder mehreren Behörden, Verwaltungsstellen, Betrieben oder Gerichten. Die Pflicht nach Satz 1 gilt sodann für die Einrichtung und den Betrieb der internen Meldestelle bei den jeweiligen Organisationseinheiten. Für Gemeinden und Gemeindeverbände und solche Beschäftigungsgeber, die im Eigentum oder unter der Kontrolle von Gemeinden und Gemeindeverbänden stehen, gilt die Pflicht zur Einrichtung und zum Betrieb interner Meldestellen nach Maßgabe des jeweiligen Landesrechts.

(2) Die Pflicht nach Absatz 1 Satz 1 gilt nur für Beschäftigungsgeber mit jeweils in der Regel mindestens 50 Beschäftigten.

(3) Abweichend von Absatz 2 gilt die Pflicht nach Absatz 1 Satz 1 unabhängig von der Zahl der Beschäftigten für

1. Wertpapierdienstleistungsunternehmen im Sinne des § 2 Absatz 10 des Wertpapierhandelsgesetzes,
2. Datenbereitstellungsdienste im Sinne des § 2 Absatz 40 des Wertpapierhandelsgesetzes,
3. Börsenträger im Sinne des Börsengesetzes,
4. Institute im Sinne des § 1 Absatz 1b des Kreditwesengesetzes und Institute im Sinne des § 2 Absatz 1 des Wertpapierinstitutsgesetzes,
5. Gegenparteien im Sinne des Artikels 3 Nummer 2 der Verordnung (EU) 2015/2365 des Europäischen Parlaments und des Rates vom 25. November 2015 über die Transparenz von Wertpapierfinanzierungsgeschäften und der Weiterverwendung sowie zur Änderung der Verordnung (EU) Nr. 648/2012 (ABl. L 337 vom 23. 12. 2015, S. 1), die zuletzt durch die Verordnung (EU) 2021/23 (ABl. L 22 vom 22. 1. 2021, S. 1) geändert worden ist, in der jeweils geltenden Fassung,
6. Kapitalverwaltungsgesellschaften gemäß § 17 Absatz 1 des Kapitalanlagegesetzbuchs,
7. Unternehmen gemäß § 1 Absatz 1 des Versicherungsaufsichtsgesetzes mit Ausnahme der nach den §§ 61 bis 66a des Versicherungsaufsichtsgesetzes tätigen Unternehmen mit Sitz in einem anderen Mitgliedstaat der Europäischen Union oder einem anderen Vertragsstaat des Abkommens über den Europäischen Wirtschaftsraum,
8. Institute im Sinne des § 2 Absatz 4 des Kryptomärkteaufsichtsgesetzes sowie

9. Institute im Sinne des § 1 Absatz 3 des Zahlungsdiensteaufsichtsgesetzes.

(4) Die nach Absatz 1 Satz 1 verpflichteten Beschäftigungsgeber erteilen der internen Meldestelle die notwendigen Befugnisse, um ihre Aufgaben wahrzunehmen, insbesondere, um Meldungen zu prüfen und Folgemaßnahmen zu ergreifen. Ist der Beschäftigungsgeber der Bund oder ein Land, gilt Satz 1 für die jeweiligen Organisationseinheiten entsprechend.

§ 13 Aufgaben der internen Meldestellen

(1) Die internen Meldestellen betreiben Meldekanäle nach § 16, führen das Verfahren nach § 17 und ergreifen Folgemaßnahmen nach § 18.

(2) Die internen Meldestellen halten für Beschäftigte klare und leicht zugängliche Informationen über externe Meldeverfahren gemäß Unterabschnitt 3 und einschlägige Meldeverfahren von Organen, Einrichtungen oder sonstigen Stellen der Europäischen Union bereit.

§ 14 Organisationsformen interner Meldestellen

(1) Eine interne Meldestelle kann eingerichtet werden, indem eine bei dem jeweiligen Beschäftigungsgeber oder bei der jeweiligen Organisationseinheit beschäftigte Person, eine aus mehreren beschäftigten Personen bestehende Arbeitseinheit oder ein Dritter mit den Aufgaben einer internen Meldestelle betraut wird. Die Betrauung eines Dritten mit den Aufgaben einer internen Meldestelle entbindet den betrauenden Beschäftigungsgeber nicht von der Pflicht, selbst geeignete Maßnahmen zu ergreifen, um einen etwaigen Verstoß abzustellen. Ist der Beschäftigungsgeber der Bund oder ein Land, gilt Satz 2 für die jeweiligen Organisationseinheiten entsprechend.

(2) Mehrere private Beschäftigungsgeber mit in der Regel 50 bis 249 Beschäftigten können für die Entgegennahme von Meldungen und für die weiteren nach diesem Gesetz vorgesehenen Maßnahmen eine gemeinsame Stelle einrichten und betreiben. Die Pflicht, Maßnahmen zu ergreifen, um den Verstoß abzustellen, und die Pflicht zur Rückmeldung an die hinweisgebende Person verbleiben bei dem einzelnen Beschäftigungsgeber.

§ 15 Unabhängige Tätigkeit; notwendige Fachkunde

(1) Die mit den Aufgaben einer internen Meldestelle beauftragten Personen sind bei der Ausübung ihrer Tätigkeit unabhängig. Sie dürfen neben ihrer Tätigkeit für die interne Meldestelle andere Aufgaben und Pflichten wahrnehmen. Es ist dabei sicherzustellen, dass derartige Aufgaben und Pflichten nicht zu Interessenkonflikten führen.

(2) Beschäftigungsgeber tragen dafür Sorge, dass die mit den Aufgaben einer internen Meldestelle beauftragten Personen über die notwendige Fachkunde verfügen. Ist der Beschäftigungsgeber der Bund oder ein Land, gilt Satz 1 für die jeweiligen Organisationseinheiten entsprechend.

§ 16 Meldekanäle für interne Meldestellen

(1) Nach § 12 zur Einrichtung interner Meldestellen verpflichtete Beschäftigungsgeber richten für diese Meldekanäle ein, über die sich Beschäftigte und dem Beschäftigungsgeber überlassene Leiharbeitnehmerinnen und Leiharbeitnehmer an die internen Meldestellen wenden können, um Informationen über Verstöße zu melden. Ist der Beschäftigungsgeber der Bund oder ein Land, gilt Satz 1 für die jeweiligen Organisationseinheiten entsprechend. Der interne Meldekanal kann so gestaltet werden, dass er darüber hinaus auch natürlichen Personen offensteht, die im Rahmen ihrer beruflichen Tätigkeiten mit dem jeweiligen zur Einrichtung der internen Meldestelle verpflichteten Beschäftigungsgeber oder mit der jeweiligen Organisationseinheit in Kontakt stehen. Die interne Meldestelle sollte auch anonym eingehende Meldungen bearbeiten. Es besteht allerdings keine Verpflichtung, die Meldekanäle so zu gestalten, dass sie die Abgabe anonymer Meldungen ermöglichen.

(2) Die Meldekanäle sind so zu gestalten, dass nur die für die Entgegennahme und Bearbeitung der Meldungen zuständigen sowie die sie bei der Erfüllung dieser Aufgaben unterstützenden Personen Zugriff auf die eingehenden Meldungen haben.

(3) Interne Meldekanäle müssen Meldungen in mündlicher oder in Textform ermöglichen. Mündliche Meldungen müssen per Telefon oder mittels einer anderen Art der Sprachübermittlung möglich sein. Auf Ersuchen der hinweisgebenden Person ist für eine Meldung innerhalb einer angemessenen Zeit eine persönliche Zusammenkunft mit einer für die Entgegennahme einer Meldung zuständigen Person der internen Meldestelle zu ermöglichen. Mit Einwilligung der hinweisgebenden Person kann die Zusammenkunft auch im Wege der Bild- und Tonübertragung erfolgen.

§ 17 Verfahren bei internen Meldungen

(1) Die interne Meldestelle

1. bestätigt der hinweisgebenden Person den Eingang einer Meldung spätestens nach sieben Tagen,
2. prüft, ob der gemeldete Verstoß in den sachlichen Anwendungsbereich nach § 2 fällt,
3. hält mit der hinweisgebenden Person Kontakt,
4. prüft die Stichhaltigkeit der eingegangenen Meldung,
5. ersucht die hinweisgebende Person erforderlichenfalls um weitere Informationen und
6. ergreift angemessene Folgemaßnahmen nach § 18.

(2) Die interne Meldestelle gibt der hinweisgebenden Person innerhalb von drei Monaten nach der Bestätigung des Eingangs der Meldung oder, wenn der Eingang nicht bestätigt wurde, spätestens drei Monate und sieben Tage nach Eingang der Meldung eine Rückmeldung. Die Rückmeldung umfasst die Mitteilung geplanter sowie bereits ergriffener Folgemaßnahmen sowie die Gründe für diese. Eine Rückmeldung an die hinweisgebende Person darf nur insoweit erfolgen, als dadurch interne Nachforschungen oder Ermittlungen nicht berührt und die Rechte der Personen, die Gegenstand einer Meldung sind oder die in der Meldung genannt werden, nicht beeinträchtigt werden.

§ 18 Folgemaßnahmen der internen Meldestelle

Als Folgemaßnahmen kann die interne Meldestelle insbesondere

1. interne Untersuchungen bei dem Beschäftigungsgeber oder bei der jeweiligen Organisationseinheit durchführen und betroffene Personen und Arbeitseinheiten kontaktieren,
2. die hinweisgebende Person an andere zuständige Stellen verweisen,
3. das Verfahren aus Mangel an Beweisen oder aus anderen Gründen abschließen oder
4. das Verfahren zwecks weiterer Untersuchungen abgeben an
   a) eine bei dem Beschäftigungsgeber oder bei der jeweiligen Organisationseinheit für interne Ermittlungen zuständige Arbeitseinheit oder
   b) eine zuständige Behörde.

Unterabschnitt 3
Externe Meldestellen

§ 19 Errichtung und Zuständigkeit einer externen Meldestelle des Bundes

(1) Der Bund errichtet beim Bundesamt für Justiz eine Stelle für externe Meldungen (externe Meldestelle des Bundes). Die externe Meldestelle des Bundes ist organisatorisch vom übrigen Zuständigkeitsbereich des Bundesamts für Justiz getrennt.

(2) Die Aufgaben der externen Meldestelle des Bundes werden unabhängig von den sonstigen Aufgaben des Bundesamts für Justiz wahrgenommen. Die Dienstaufsicht über die externe Meldestelle des Bundes führt die Präsidentin oder der Präsident des Bundesamts für Justiz. Die externe Meldestelle des Bundes untersteht einer Dienstaufsicht nur, soweit nicht ihre Unabhängigkeit beeinträchtigt wird.

(3) Der externen Meldestelle des Bundes ist die für die Erfüllung ihrer Aufgaben notwendige Personal- und Sachausstattung zur Verfügung zu stellen.

(4) Die externe Meldestelle des Bundes ist zuständig, soweit nicht eine externe Meldestelle nach den §§ 20 bis 23 zuständig ist.

§ 20 Errichtung und Zuständigkeit externer Meldestellen der Länder

Jedes Land kann eine eigene externe Meldestelle einrichten für Meldungen, die die jeweilige Landesverwaltung und die jeweiligen Kommunalverwaltungen betreffen.

§ 21 Bundesanstalt für Finanzdienstleistungsaufsicht als externe Meldestelle

Die Bundesanstalt für Finanzdienstleistungsaufsicht ist zuständige externe Meldestelle für

1. Meldungen, die von § 4d des Finanzdienstleistungsaufsichtsgesetzes erfasst werden, einschließlich Meldungen, die Vorschriften des Wertpapiererwerbs- und Übernahmegesetzes betreffen,
2. Meldungen von Informationen über Verstöße
   a) nach § 2 Absatz 1 Nummer 3 Buchstabe a, soweit die Bundesanstalt für Finanzdienstleistungsaufsicht zuständige Behörde im Sinne des § 50 Absatz 1 Nummer 1 oder Nummer 2 des Geldwäschegesetzes ist, sowie
   b) nach § 2 Absatz 1 Nummer 3 Buchstabe r bis t.

Für die über dieses Gesetz hinausgehende nähere Ausgestaltung der Organisation und des Verfahrens der Bundesanstalt für Finanzdienstleistungsaufsicht als externe Meldestelle gilt § 4d des Finanzdienstleistungsaufsichtsgesetzes.

§ 22 Bundeskartellamt als externe Meldestelle

(1) Das Bundeskartellamt ist zuständige externe Meldestelle für Meldungen von Informationen über Verstöße nach § 2 Absatz 1 Nummer 8 und 9. § 7 Absatz 1 Satz 3 findet mit der Maßgabe Anwendung, dass sich die hinweisgebende Person jederzeit und unabhängig vom Ausgang des Verfahrens über die interne Meldung an das Bundeskartellamt wenden kann.

(2) Die Befugnisse des Bundeskartellamts nach anderen Vorschriften bleiben unberührt.

§ 23 Weitere externe Meldestellen

(1) Der Bund richtet eine weitere externe Meldestelle ein für externe Meldungen, die die externe Meldestelle des Bundes nach § 19 betreffen.

(2) Für Meldungen, die eine externe Meldestelle nach den §§ 20 bis 22 betreffen, ist weitere externe Meldestelle die externe Meldestelle des Bundes nach § 19.

§ 24 Aufgaben der externen Meldestellen

(1) Die externen Meldestellen errichten und betreiben Meldekanäle nach § 27, prüfen die Stichhaltigkeit einer Meldung und führen das Verfahren nach § 28.

(2) Die externen Meldestellen bieten natürlichen Personen, die in Erwägung ziehen, eine Meldung zu erstatten, umfassende und unabhängige Informationen und Beratung über bestehende Abhilfemöglichkeiten und Verfahren für den Schutz vor Repressalien. Dabei informieren die externen Meldestellen insbesondere auch über die Möglichkeit einer internen Meldung.

(3) Die externen Meldestellen veröffentlichen in einem gesonderten, leicht erkennbaren und leicht zugänglichen Abschnitt ihres Internetauftritts

1. die Voraussetzungen für den Schutz nach Maßgabe dieses Gesetzes,
2. Erläuterungen zum Meldeverfahren sowie die Art der möglichen Folgemaßnahmen nach § 29,
3. die geltende Vertraulichkeitsregelung für Meldungen und Informationen über die Verarbeitung personenbezogener Daten,
4. Informationen über die verfügbaren Abhilfemöglichkeiten und Verfahren zum Schutz vor Repressalien sowie die Verfügbarkeit einer vertraulichen Beratung von Personen, die in Erwägung ziehen, eine Meldung zu erstatten,

5. eine leicht verständliche Erläuterung dazu, unter welchen Voraussetzungen Personen, die eine Meldung an die externe Meldestelle richten, nicht wegen Verletzung der Verschwiegenheits- und Geheimhaltungspflichten haftbar gemacht werden können,
6. ihre Erreichbarkeiten, insbesondere E-Mail-Adresse, Postanschrift und Telefonnummer, sowie die Angabe, ob Telefongespräche aufgezeichnet werden.

(4) Die externen Meldestellen halten klare und leicht zugängliche Informationen über ihre jeweiligen Meldeverfahren bereit, auf die interne Meldestellen zugreifen oder verweisen können, um ihrer Pflicht nach § 13 Absatz 2 nachzukommen. Die externe Meldestelle des Bundes hält zudem klare und leicht zugängliche Informationen über die in § 13 Absatz 2 genannten Meldeverfahren bereit, auf die interne Meldestellen zugreifen oder verweisen können, um ihrer Pflicht nach § 13 Absatz 2 nachzukommen.

§ 25 Unabhängige Tätigkeit; Schulung

(1) Die externen Meldestellen arbeiten im Rahmen ihrer Aufgaben und Befugnisse fachlich unabhängig und von den internen Meldestellen getrennt. Die Aufsicht über sie erstreckt sich auf die Beachtung von Gesetz und sonstigem Recht.

(2) Die für die Bearbeitung von Meldungen zuständigen Personen werden regelmäßig für diese Aufgabe geschult. Sie dürfen neben ihrer Tätigkeit für eine externe Meldestelle andere Aufgaben und Pflichten wahrnehmen. Es ist dabei sicherzustellen, dass derartige Aufgaben und Pflichten nicht zu einem Interessenkonflikt führen.

§ 26 Berichtspflichten der externen Meldestellen

(1) Die externen Meldestellen berichten jährlich in zusammengefasster Form über die eingegangenen Meldungen. Der Bericht darf keine Rückschlüsse auf die beteiligten Personen oder Unternehmen zulassen. Er ist der Öffentlichkeit zugänglich zu machen.

(2) Für den Bericht erfassen die externen Meldestellen die folgenden Daten und weisen sie im Bericht aus:

1. die Anzahl der eingegangenen Meldungen,
2. die Anzahl der Fälle, in denen interne Untersuchungen bei den betroffenen Unternehmen oder Behörden eingeleitet wurden,
3. die Anzahl der Fälle, die Ermittlungen einer Staatsanwaltschaft oder ein gerichtliches Verfahren zur Folge hatten, und
4. die Anzahl der Fälle, die eine Abgabe an eine sonstige zuständige Stelle zur Folge hatten.

(3) Die externe Meldestelle des Bundes nach § 19 übermittelt ihren Jahresbericht darüber hinaus dem Deutschen Bundestag, dem Bundesrat und der Bundesregierung und übermittelt eine Zusammenstellung der Berichte nach den Absätzen 1 und 2 der Europäischen Kommission.

Unterabschnitt 4
Externe Meldungen

§ 27 Meldekanäle für externe Meldestellen

(1) Für externe Meldestellen werden Meldekanäle eingerichtet, über die sich hinweisgebende Personen an die externen Meldestellen wenden können, um Informationen über Verstöße zu melden. § 16 Absatz 2 gilt entsprechend. Die externe Meldestelle sollte auch anonym eingehende Meldungen bearbeiten. Vorbehaltlich spezialgesetzlicher Regelungen besteht allerdings keine Verpflichtung, die Meldekanäle so zu gestalten, dass sie die Abgabe anonymer Meldungen ermöglichen.

(2) Wird eine Meldung bei einer externen Meldestelle von anderen als den für die Bearbeitung zuständigen Personen entgegengenommen, so ist sie unverzüglich, unverändert und unmittelbar an die für die Bearbeitung zuständigen Personen weiterzuleiten.

(3) Externe Meldekanäle müssen Meldungen in mündlicher und in Textform ermöglichen. Mündliche Meldungen müssen per Telefon

9

oder mittels einer anderen Art der Sprachübermittlung möglich sein. Auf Ersuchen der hinweisgebenden Person ist für eine Meldung innerhalb einer angemessenen Zeit eine persönliche Zusammenkunft mit den für die Entgegennahme einer Meldung zuständigen Personen der externen Meldestelle zu ermöglichen. Mit Einwilligung der hinweisgebenden Person kann die Zusammenkunft auch im Wege der Bild- und Tonübertragung erfolgen.

§ 28 Verfahren bei externen Meldungen

(1) Die externen Meldestellen bestätigen den Eingang einer Meldung umgehend, spätestens jedoch sieben Tage nach Eingang der Meldung. Eine Eingangsbestätigung erfolgt nicht, wenn die hinweisgebende Person darauf ausdrücklich verzichtet oder wenn hinreichender Grund zu der Annahme besteht, dass die Eingangsbestätigung den Schutz der Identität der hinweisgebenden Person beeinträchtigen würde. In für ein internes Meldeverfahren geeigneten Fällen weisen die externen Meldestellen zusammen mit der Eingangsbestätigung die hinweisgebende Person auf die Möglichkeit einer internen Meldung hin.

(2) Die externen Meldestellen prüfen, ob der gemeldete Verstoß in den sachlichen Anwendungsbereich nach § 2 fällt und keine Ausnahmen vom Anwendungsbereich dieses Gesetzes nach § 5 greifen. Ist dies der Fall, prüfen sie die Stichhaltigkeit der Meldung und ergreifen angemessene Folgemaßnahmen nach § 29.

(3) Für die Akteneinsicht durch Beteiligte im Sinne dieses Gesetzes gilt § 29 des Verwaltungsverfahrensgesetzes. Bestehende Verschwiegenheits- und Geheimhaltungspflichten im Sinne des § 6 Absatz 3 sind zu beachten. Für die hinweisgebende Person gelten die Sätze 1 und 2 entsprechend; hierbei ist sicherzustellen, dass die Rechte der Personen, die Gegenstand einer Meldung sind oder die in der Meldung genannt werden, nicht beeinträchtigt werden.

(4) Die hinweisgebende Person erhält auf ihre Meldung hin innerhalb einer angemessenen Zeit eine Rückmeldung. Diese erfolgt spätestens nach drei Monaten. In Fällen, in denen die Bearbeitung umfangreich ist, beträgt diese Frist sechs Monate. Die Gründe für die Verlängerung der Frist sind der hinweisgebenden Person mitzuteilen. § 17 Absatz 2 Satz 2 und 3 gilt entsprechend.

(5) Meldungen über Verstöße von besonderer Schwere können vorrangig behandelt werden. Die Fristen des Absatzes 4 für eine Rückmeldung bleiben davon unberührt.

§ 29 Folgemaßnahmen der externen Meldestellen

(1) Die externen Meldestellen können nach pflichtgemäßem Ermessen Auskünfte von den betroffenen natürlichen Personen, von dem betroffenen Beschäftigungsgeber, von Dritten sowie von Behörden verlangen, soweit dies zur Überprüfung der Stichhaltigkeit der Meldung erforderlich ist. Für die Beantwortung des Auskunftsverlangens ist eine angemessene Frist zu gewähren. Für Auskunftsverlangen nach Satz 1 gelten das Zeugnisverweigerungsrecht nach den §§ 53 und 53a und das Auskunftsverweigerungsrecht nach § 55 der Strafprozessordnung entsprechend. Für die Beantwortung von Auskunftsverlangen wird auf Antrag eine Entschädigung entsprechend den Vorschriften des Justizvergütungs- und -entschädigungsgesetzes über die Entschädigung von Zeugen gewährt. § 23 Absatz 2 Satz 2 des Justizvergütungs- und -entschädigungsgesetzes gilt entsprechend.

(2) Als weitere Folgemaßnahmen können die externen Meldestellen nach pflichtgemäßem Ermessen

1. betroffene Beschäftigungsgeber kontaktieren,
2. die hinweisgebende Person an andere zuständige Stellen verweisen,
3. das Verfahren aus Mangel an Beweisen oder aus anderen Gründen abschließen oder
4. das Verfahren an eine zuständige Behörde zwecks weiterer Untersuchungen abgeben.

§ 30 Zusammenarbeit mit anderen öffentlichen Stellen

Die externen Meldestellen sowie die sonstigen öffentlichen Stellen, die für die Aufklärung, Verhütung und Verfolgung von Verstößen im Anwendungsbereich dieses Gesetzes zuständig sind, arbeiten zur Durchführung dieses Gesetzes zusammen und unterstützen sich gegenseitig. Spezielle gesetzliche Regelungen zur Zusammenarbeit öffentlicher Stellen bleiben hiervon unberührt.

§ 31 Abschluss des Verfahrens

(1) Hat eine externe Meldestelle die Stichhaltigkeit einer Meldung geprüft und das Verfahren nach § 28 geführt, schließt sie das Verfahren ab.

(2) Ist eine externe Meldestelle nicht zuständig für eine Meldung oder ist es ihr nicht möglich, dem gemeldeten Verstoß innerhalb einer angemessenen Zeit weiter nachzugehen, so leitet sie die Meldung unverzüglich unter Wahrung der Vertraulichkeit der Identität der hinweisgebenden Person an die jeweilige für die Aufklärung, Verhütung und Verfolgung des Verstoßes zuständige Stelle weiter. Dies gilt auch für Meldungen, für deren Weiterverfolgung nach § 4 Absatz 1 die externe Meldestelle nicht zuständig ist. Über die Weiterleitung setzt die externe Meldestelle die hinweisgebende Person unverzüglich in Kenntnis. Ist die Weiterleitung unter Wahrung der Vertraulichkeit der Identität nicht möglich, ist § 9 Absatz 3 zu beachten.

(3) Kommt eine externe Meldestelle zu dem Ergebnis, dass ein gemeldeter Verstoß als geringfügig anzusehen ist, so kann sie nach pflichtgemäßem Ermessen das Verfahren abschließen.

(4) Betrifft eine Meldung einen Sachverhalt, zu dem bereits ein Verfahren nach diesem Gesetz abgeschlossen wurde, so kann eine externe Meldestelle nach pflichtgemäßem Ermessen das Verfahren abschließen, wenn die Meldung keine neuen Tatsachen enthält. Dies gilt nicht, wenn neue rechtliche oder sachliche Umstände ein anderes Vorgehen rechtfertigen.

(5) Schließt eine externe Meldestelle das Verfahren nach Absatz 3 oder Absatz 4 ab, teilt sie der hinweisgebenden Person die Entscheidung und die Gründe für die Entscheidung unverzüglich mit. Die externe Meldestelle soll die Entscheidung nach Satz 1 unter Wahrung der Vertraulichkeit der Identität der in § 8 Absatz 1 genannten Personen dem betroffenen Beschäftigungsgeber mitteilen, wenn dieser zuvor gemäß § 29 Absatz 2 Nummer 1 von der externen Meldestelle kontaktiert wurde.

(6) Eine externe Meldestelle teilt der hinweisgebenden Person das Ergebnis der durch die Meldung ausgelösten Untersuchungen nach deren Abschluss mit, soweit dies mit gesetzlichen Verschwiegenheitspflichten vereinbar ist. Absatz 5 Satz 2 ist anzuwenden.

(7) Für Streitigkeiten wegen der Entscheidungen einer externen Meldestelle nach den Absätzen 1 bis 6 ist der Verwaltungsrechtsweg gegeben. Vor Erhebung einer Klage bedarf es keiner Nachprüfung in einem Vorverfahren.

Abschnitt 3
Offenlegung

§ 32 Offenlegen von Informationen

(1) Personen, die Informationen über Verstöße offenlegen, fallen unter die Schutzmaßnahmen dieses Gesetzes, wenn sie

1. zunächst gemäß Abschnitt 2 Unterabschnitt 4 eine externe Meldung erstattet haben und
   a) hierauf innerhalb der Fristen für eine Rückmeldung nach § 28 Absatz 4 keine geeigneten Folgemaßnahmen nach § 29 ergriffen wurden oder
   b) sie keine Rückmeldung über das Ergreifen solcher Folgemaßnahmen erhalten haben oder
2. hinreichenden Grund zu der Annahme hatten, dass
   a) der Verstoß wegen eines Notfalls, der Gefahr irreversibler Schäden oder vergleichbarer Umstände eine unmittelbare oder offenkundige Gefährdung des öffentlichen Interesses darstellen kann,
   b) im Fall einer externen Meldung Repressalien zu befürchten sind oder
   c) Beweismittel unterdrückt oder vernichtet werden könnten, Absprachen zwischen der zuständigen externen Mel-

9

destelle und dem Urheber des Verstoßes bestehen könnten oder aufgrund sonstiger besonderer Umstände die Aussichten gering sind, dass die externe Meldestelle wirksame Folgemaßnahmen nach § 29 einleiten wird.

(2) Das Offenlegen unrichtiger Informationen über Verstöße ist verboten.

Abschnitt 4 Schutzmaßnahmen

§ 33 Voraussetzungen für den Schutz hinweisgebender Personen

(1) Die §§ 35 bis 37 sind auf hinweisgebende Personen anwendbar, sofern

1. diese intern gemäß § 17 oder extern gemäß § 28 Meldung erstattet haben oder eine Offenlegung gemäß § 32 vorgenommen haben,
2. die hinweisgebende Person zum Zeitpunkt der Meldung oder Offenlegung hinreichenden Grund zu der Annahme hatte, dass die von ihr gemeldeten oder offengelegten Informationen der Wahrheit entsprechen, und
3. die Informationen Verstöße betreffen, die in den Anwendungsbereich dieses Gesetzes fallen, oder die hinweisgebende Person zum Zeitpunkt der Meldung oder Offenlegung hinreichenden Grund zu der Annahme hatte, dass dies der Fall sei.

(2) Die §§ 35 bis 37 sind unter den Voraussetzungen des Absatzes 1 auch anwendbar auf Personen, die zuständigen Organen, Einrichtungen oder sonstigen Stellen der Europäischen Union in den Anwendungsbereich dieses Gesetzes fallende Verstöße gegen das Unionsrecht melden.

9

§ 34 Weitere geschützte Personen

(1) Die §§ 35 bis 37 gelten entsprechend für natürliche Personen, die die hinweisgebende Person bei einer internen oder externen Meldung oder einer Offenlegung im beruflichen Zusammenhang vertraulich unterstützen, sofern die gemeldeten oder offengelegten Informationen

1. zutreffend sind oder die unterstützende Person zum Zeitpunkt der Unterstützung hinreichenden Grund zu der Annahme hatte, dass die von der hinweisgebenden Person gemeldeten oder offengelegten Informationen der Wahrheit entsprachen, und
2. Verstöße betreffen, die in den Anwendungsbereich dieses Gesetzes fallen, oder die unterstützende Person zum Zeitpunkt der Unterstützung hinreichenden Grund zu der Annahme hatte, dass dies der Fall sei.

(2) Sofern die Voraussetzungen des § 33 erfüllt sind, gelten die §§ 35 bis 37 entsprechend für

1. Dritte, die mit der hinweisgebenden Person in Verbindung stehen und in einem beruflichen Zusammenhang Repressalien erlitten haben, es sei denn, diese beruhen nicht auf der Meldung oder Offenlegung durch die hinweisgebende Person, und
2. juristische Personen, rechtsfähige Personengesellschaften und sonstige rechtsfähige Personenvereinigungen, die mit der hinweisgebenden Person infolge einer Beteiligung rechtlich verbunden sind oder für die die hinweisgebende Person tätig ist oder mit denen sie in einem beruflichen Kontext anderweitig in Verbindung steht.

§ 35 Ausschluss der Verantwortlichkeit

(1) Eine hinweisgebende Person kann nicht für die Beschaffung von oder den Zugriff auf Informationen, die sie gemeldet oder offengelegt hat, rechtlich verantwortlich gemacht werden, sofern die Beschaffung nicht als solche oder der Zugriff nicht als solcher eine eigenständige Straftat darstellt.

(2) Eine hinweisgebende Person verletzt keine Offenlegungsbeschränkungen und kann nicht für die bei einer Meldung oder Offenlegung erfolgte Weitergabe von Informationen rechtlich verantwortlich gemacht werden, sofern sie hinreichenden Grund zu der Annahme hatte, dass die Weitergabe der Informationen erforderlich war, um einen Verstoß aufzudecken.

§ 36 Verbot von Repressalien; Beweislastumkehr

(1) Gegen hinweisgebende Personen gerichtete Repressalien sind verboten. Das gilt auch

für die Androhung und den Versuch, Repressalien auszuüben.

(2) Erleidet eine hinweisgebende Person eine Benachteiligung im Zusammenhang mit ihrer beruflichen Tätigkeit und macht sie geltend, diese Benachteiligung infolge einer Meldung oder Offenlegung nach diesem Gesetz erlitten zu haben, so wird vermutet, dass diese Benachteiligung eine Repressalie für diese Meldung oder Offenlegung ist. In diesem Fall hat die Person, die die hinweisgebende Person benachteiligt hat, zu beweisen, dass die Benachteiligung auf hinreichend gerechtfertigten Gründen basierte oder dass sie nicht auf der Meldung oder Offenlegung beruhte.

§ 37 Schadensersatz nach Repressalien

(1) Bei einem Verstoß gegen das Verbot von Repressalien ist der Verursacher verpflichtet, der hinweisgebenden Person den daraus entstehenden Schaden zu ersetzen.

(2) Ein Verstoß gegen das Verbot von Repressalien begründet keinen Anspruch auf Begründung eines Beschäftigungsverhältnisses, eines Berufsausbildungsverhältnisses oder eines anderen Vertragsverhältnisses oder auf einen beruflichen Aufstieg.

§ 38 Schadensersatz nach einer Falschmeldung

Die hinweisgebende Person ist zum Ersatz des Schadens verpflichtet, der aus einer vorsätzlichen oder grob fahrlässigen Meldung oder Offenlegung unrichtiger Informationen entstanden ist.

§ 39 Verbot abweichender Vereinbarungen

Vereinbarungen, die die nach diesem Gesetz bestehenden Rechte hinweisgebender Personen oder sonst nach diesem Gesetz geschützter Personen einschränken, sind unwirksam.

Abschnitt 5 Sanktionen

§ 40 Bußgeldvorschriften

(1) Ordnungswidrig handelt, wer wissentlich entgegen § 32 Absatz 2 eine unrichtige Information offenlegt.

(2) Ordnungswidrig handelt, wer

1. entgegen § 7 Absatz 2 eine Meldung oder dort genannte Kommunikation behindert,
2. entgegen § 12 Absatz 1 Satz 1 nicht dafür sorgt, dass eine interne Meldestelle eingerichtet ist und betrieben wird, oder
3. entgegen § 36 Absatz 1 Satz 1, auch in Verbindung mit § 34, eine Repressalie ergreift.

(3) Ordnungswidrig handelt, wer vorsätzlich oder leichtfertig entgegen § 8 Absatz 1 Satz 1 die Vertraulichkeit nicht wahrt.

(4) Ordnungswidrig handelt, wer eine in Absatz 3 bezeichnete Handlung fahrlässig begeht.

(5) Der Versuch einer Ordnungswidrigkeit kann in den Fällen des Absatzes 2 Nummer 1 und 3 geahndet werden.

(6) Die Ordnungswidrigkeit kann in den Fällen des Absatzes 2 Nummer 1 und 3, der Absätze 3 und 5 mit einer Geldbuße bis zu fünfzigtausend Euro, in den Fällen der Absätze 1 und 2 Nummer 2 mit einer Geldbuße bis zu zwanzigtausend Euro und in den übrigen Fällen mit einer Geldbuße bis zu zehntausend Euro geahndet werden. § 30 Absatz 2 Satz 3 des Gesetzes über Ordnungswidrigkeiten ist in den Fällen des Absatzes 2 Nummer 1 und 3 und der Absätze 3 und 4 anzuwenden.

Abschnitt 6 Schlussvorschriften

§ 41 Verordnungsermächtigung

Das Bundesministerium der Justiz wird ermächtigt, durch Rechtsverordnung, die nicht der Zustimmung des Bundesrates bedarf, im Einvernehmen mit dem Bundesministerium für Wirtschaft und Klimaschutz, dem Bundesministerium der Finanzen, dem Bundesministerium des Innern und für Heimat, dem Bundesministerium für Arbeit und Soziales, dem Bundesministerium der Verteidigung, dem Bundesministerium für Gesundheit und dem Bundesministerium für Umwelt, Naturschutz, nukleare Sicherheit und Verbraucherschutz

1. die nähere Ausgestaltung der Organisation und des Verfahrens der externen Meldestelle des Bundes zu regeln und
2. eine weitere externe Meldestelle nach § 23 Absatz 1 zu bestimmen.

---

§ 41 ist bereits am 3. Juni 2023 in Kraft getreten.

§ 42 Übergangsregelung

(1) Abweichend von § 12 Absatz 1 müssen private Beschäftigungsgeber mit in der Regel 50 bis 249 Beschäftigten ihre internen Meldestellen erst ab dem 17. Dezember 2023 einrichten. Satz 1 gilt nicht für die in § 12 Absatz 3 genannten Beschäftigungsgeber.

(2) § 40 Absatz 2 Nummer 2 ist erst ab dem 1. Dezember 2023 anzuwenden.

Gesetz zum Schutze der arbeitenden Jugend (Jugendarbeitsschutzgesetz – JArbSchG)

Vom 12. April 1976 (BGBl. I S. 965)

Zuletzt geändert durch
Viertes Bürokratieentlastungsgesetz
vom 23. Oktober 2024 (BGBl. I Nr. 323)

Erster Abschnitt
Allgemeine Vorschriften

§ 1 Geltungsbereich

(1) Dieses Gesetz gilt in der Bundesrepublik Deutschland und in der ausschließlichen Wirtschaftszone für die Beschäftigung von Personen, die noch nicht 18 Jahre alt sind,

1. in der Berufsausbildung,
2. als Arbeitnehmer oder Heimarbeiter,
3. mit sonstigen Dienstleistungen, die der Arbeitsleistung von Arbeitnehmern oder Heimarbeitern ähnlich sind,
4. in einem der Berufsausbildung ähnlichen Ausbildungsverhältnis.

(2) Dieses Gesetz gilt nicht

1. für geringfügige Hilfeleistungen, soweit sie gelegentlich
   a) aus Gefälligkeit,
   b) auf Grund familienrechtlicher Vorschriften,
   c) in Einrichtungen der Jugendhilfe,
   d) in Einrichtungen zur Eingliederung Behinderter

   erbracht werden,
2. für die Beschäftigung durch die Personensorgeberechtigten im Familienhaushalt.

§ 1a Formvorgaben

Soweit in diesem Gesetz schriftliche Handlungen vorgesehen sind, können diese auch in Textform erfolgen. Dies gilt nicht für § 6 Absatz 4 Satz 1 und § 21a Absatz 2.

§ 2 Kind, Jugendlicher

(1) Kind im Sinne dieses Gesetzes ist, wer noch nicht 15 Jahre alt ist.

(2) Jugendlicher im Sinne dieses Gesetzes ist, wer 15, aber noch nicht 18 Jahre alt ist.

(3) Auf Jugendliche, die der Vollzeitschulpflicht unterliegen, finden die für Kinder geltenden Vorschriften Anwendung.

§ 3 Arbeitgeber

Arbeitgeber im Sinne dieses Gesetzes ist, wer ein Kind oder einen Jugendlichen gemäß § 1 beschäftigt.

§ 4 Arbeitszeit

(1) Tägliche Arbeitszeit ist die Zeit vom Beginn bis zum Ende der täglichen Beschäftigung ohne die Ruhepausen (§ 11).

(2) Schichtzeit ist die tägliche Arbeitszeit unter Hinzurechnung der Ruhepausen (§ 11).

(3) Im Bergbau unter Tage gilt die Schichtzeit als Arbeitszeit. Sie wird gerechnet vom Betreten des Förderkorbes bei der Einfahrt bis zum Verlassen des Förderkorbes bei der Ausfahrt oder vom Eintritt des einzelnen Beschäftigten in das Stollenmundloch bis zu seinem Wiederaustritt.

(4) Für die Berechnung der wöchentlichen Arbeitszeit ist als Woche die Zeit von Montag bis einschließlich Sonntag zugrunde zu legen. Die Arbeitszeit, die an einem Werktag infolge eines gesetzlichen Feiertags ausfällt, wird auf die wöchentliche Arbeitszeit angerechnet.

(5) Wird ein Kind oder ein Jugendlicher von mehreren Arbeitgebern beschäftigt, so werden die Arbeits- und Schichtzeiten sowie die Arbeitstage zusammengerechnet.

Zweiter Abschnitt Beschäftigung von Kindern

§ 5 Verbot der Beschäftigung von Kindern

(1) Die Beschäftigung von Kindern (§ 2 Abs. 1) ist verboten.

(2) Das Verbot des Absatzes 1 gilt nicht für die Beschäftigung von Kindern

1. zum Zwecke der Beschäftigungs- und Arbeitstherapie,
2. im Rahmen des Betriebspraktikums während der Vollzeitschulpflicht,
3. in Erfüllung einer richterlichen Weisung.

Auf die Beschäftigung finden § 7 Satz 1 Nr. 2 und die §§ 9 bis 46 entsprechende Anwendung.

(3) Das Verbot des Absatzes 1 gilt ferner nicht für die Beschäftigung von Kindern über 13 Jahre mit Einwilligung des Personensorgeberechtigten, soweit die Beschäftigung leicht und für Kinder geeignet ist. Die Beschäftigung ist leicht, wenn sie auf Grund ihrer Beschaffenheit und der besonderen Bedingungen, unter denen sie ausgeführt wird,

1. die Sicherheit, Gesundheit und Entwicklung der Kinder,
2. ihren Schulbesuch, ihre Beteiligung an Maßnahmen zur Berufswahlvorbereitung oder Berufsausbildung, die von der zuständigen Stelle anerkannt sind, und
3. ihre Fähigkeit, dem Unterricht mit Nutzen zu folgen,

nicht nachteilig beeinflußt. Die Kinder dürfen nicht mehr als zwei Stunden täglich, in landwirtschaftlichen Familienbetrieben nicht mehr als drei Stunden täglich, nicht zwischen 18 und 8 Uhr, nicht vor dem Schulunterricht und nicht während des Schulunterrichts beschäftigt werden. Auf die Beschäftigung finden die §§ 15 bis 31 entsprechende Anwendung.

(4) Das Verbot des Absatzes 1 gilt ferner nicht für die Beschäftigung von Jugendlichen (§ 2 Abs. 3) während der Schulferien für höchstens vier Wochen im Kalenderjahr. Auf die Beschäftigung finden die §§ 8 bis 31 entsprechende Anwendung.

(4a) Die Bundesregierung hat durch Rechtsverordnung mit Zustimmung des Bundesrates die Beschäftigung nach Absatz 3 näher zu bestimmen.

(4b) Der Arbeitgeber unterrichtet die Personensorgeberechtigten der von ihm beschäftigten Kinder über mögliche Gefahren sowie über alle zu ihrer Sicherheit und ihrem Gesundheitsschutz getroffenen Maßnahmen.

(5) Für Veranstaltungen kann die Aufsichtsbehörde Ausnahmen gemäß § 6 bewilligen.

§ 6 Behördliche Ausnahmen für Veranstaltungen

(1) Die Aufsichtsbehörde kann auf Antrag bewilligen, daß

1. bei Theatervorstellungen Kinder über sechs Jahre bis zu vier Stunden täglich in der Zeit von 10 bis 23 Uhr,
2. bei Musikaufführungen und anderen Aufführungen, bei Werbeveranstaltungen sowie bei Aufnahmen im Rundfunk (Hörfunk und Fernsehen), auf Ton- und Bildträger sowie bei Film- und Fotoaufnahmen
   a) Kinder über drei bis sechs Jahre bis zu zwei Stunden täglich in der Zeit von 8 bis 17 Uhr,
   b) Kinder über sechs Jahre bis zu drei Stunden täglich in der Zeit von 8 bis 22 Uhr

gestaltend mitwirken und an den erforderlichen Proben teilnehmen. Eine Ausnahme darf nicht bewilligt werden für die Mitwirkung in Kabaretts, Tanzlokalen und ähnlichen Betrieben sowie auf Vergnügungsparks, Kirmessen, Jahrmärkten und bei ähnlichen Veranstaltungen, Schaustellungen oder Darbietungen.

(2) Die Aufsichtsbehörde darf nach Anhörung des zuständigen Jugendamtes die Beschäftigung nur bewilligen, wenn

1. die Personensorgeberechtigten in die Beschäftigung schriftlich eingewilligt haben,
2. der Aufsichtsbehörde eine nicht länger als vor drei Monaten ausgestellte ärztliche Bescheinigung vorgelegt wird, nach der gesundheitliche Bedenken gegen die Beschäftigung nicht bestehen,

3. die erforderlichen Vorkehrungen und Maßnahmen zum Schutze des Kindes gegen Gefahren für Leben und Gesundheit sowie zur Vermeidung einer Beeinträchtigung der körperlichen oder seelisch-geistigen Entwicklung getroffen sind,
4. Betreuung und Beaufsichtigung des Kindes bei der Beschäftigung sichergestellt sind,
5. nach Beendigung der Beschäftigung eine ununterbrochene Freizeit von mindestens 14 Stunden eingehalten wird,
6. das Fortkommen in der Schule nicht beeinträchtigt wird.

(3) Die Aufsichtsbehörde bestimmt,

1. wie lange, zu welcher Zeit und an welchem Tage das Kind beschäftigt werden darf,
2. Dauer und Lage der Ruhepausen,
3. die Höchstdauer des täglichen Aufenthalts an der Beschäftigungsstätte.

(4) Die Entscheidung der Aufsichtsbehörde ist dem Arbeitgeber schriftlich bekanntzugeben. Er darf das Kind erst nach Empfang des Bewilligungsbescheides beschäftigen.

§ 7 Beschäftigung von nicht vollzeitschulpflichtigen Kindern

Kinder, die der Vollzeitschulpflicht nicht mehr unterliegen, dürfen

1. im Berufsausbildungsverhältnis,
2. außerhalb eines Berufsausbildungsverhältnisses nur mit leichten und für sie geeigneten Tätigkeiten bis zu sieben Stunden täglich und 35 Stunden wöchentlich

beschäftigt werden. Auf die Beschäftigung finden die §§ 8 bis 46 entsprechende Anwendung.

Dritter Abschnitt Beschäftigung Jugendlicher

Erster Titel Arbeitszeit und Freizeit

§ 8 Dauer der Arbeitszeit

(1) Jugendliche dürfen nicht mehr als acht Stunden täglich und nicht mehr als 40 Stunden wöchentlich beschäftigt werden.

(2) Wenn in Verbindung mit Feiertagen an Werktagen nicht gearbeitet wird, damit die Beschäftigten eine längere zusammenhängende Freizeit haben, so darf die ausfallende Arbeitszeit auf die Werktage von fünf zusammenhängenden, die Ausfalltage einschließenden Wochen nur dergestalt verteilt werden, daß die Wochenarbeitszeit im Durchschnitt dieser fünf Wochen 40 Stunden nicht überschreitet. Die tägliche Arbeitszeit darf hierbei achteinhalb Stunden nicht überschreiten.

(2a) Wenn an einzelnen Werktagen die Arbeitszeit auf weniger als acht Stunden verkürzt ist, können Jugendliche an den übrigen Werktagen derselben Woche achteinhalb Stunden beschäftigt werden.

(3) In der Landwirtschaft dürfen Jugendliche über 16 Jahre während der Erntezeit nicht mehr als neun Stunden täglich und nicht mehr als 85 Stunden in der Doppelwoche beschäftigt werden.

§ 9 Berufsschule

(1) Der Arbeitgeber hat den Jugendlichen für die Teilnahme am Berufsschulunterricht freizustellen. Er darf den Jugendlichen nicht beschäftigen

1. vor einem vor 9 Uhr beginnenden Unterricht; dies gilt auch für Personen, die über 18 Jahre alt und noch berufsschulpflichtig sind,
2. an einem Berufsschultag mit mehr als fünf Unterrichtsstunden von mindestens je 45 Minuten, einmal in der Woche,
3. in Berufsschulwochen mit einem planmäßigen Blockunterricht von mindestens 25 Stunden an mindestens fünf Tagen; zusätzliche betriebliche Ausbildungsveranstaltungen bis zu zwei Stunden wöchentlich sind zulässig.

(2) Auf die Arbeitszeit des Jugendlichen werden angerechnet

1. Berufsschultage nach Absatz 1 Satz 2 Nummer 2 mit der durchschnittlichen täglichen Arbeitszeit
2. Berufsschulwochen nach Absatz 1 Satz 2 Nummer 3 mit der durchschnittlichen wöchentlichen Arbeitszeit,

3. im Übrigen die Unterrichtszeit einschließlich der Pausen und der notwendigen Wegezeiten zwischen Berufsschule und Ausbildungsstätte.

(3) Ein Entgeltausfall darf durch den Besuch der Berufsschule nicht eintreten.

§ 10 Prüfungen und außerbetriebliche Ausbildungsmaßnahmen

(1) Der Arbeitgeber hat den Jugendlichen

1. für die Teilnahme an Prüfungen und Ausbildungsmaßnahmen, die auf Grund öffentlich-rechtlicher oder vertraglicher Bestimmungen außerhalb der Ausbildungsstätte durchzuführen sind,
2. an dem Arbeitstag, der der schriftlichen Abschlußprüfung unmittelbar vorangeht,

freizustellen.

(2) Auf die Arbeitszeit des Jugendlichen werden angerechnet

1. die Freistellung nach Absatz 1 Nr. 1 mit der Zeit der Teilnahme einschließlich der Pausen und der notwendigen Wegezeiten zwischen Teilnahmeort und Ausbildungsstätte,
2. die Freistellung nach Absatz 1 Nr. 2 mit der durchschnittlichen täglichen Arbeitszeit.

Ein Entgeltausfall darf nicht eintreten.

§ 11 Ruhepausen, Aufenthaltsräume

(1) Jugendlichen müssen im voraus feststehende Ruhepausen von angemessener Dauer gewährt werden. Die Ruhepausen müssen mindestens betragen

1. 30 Minuten bei einer Arbeitszeit von mehr als viereinhalb bis zu sechs Stunden,
2. 60 Minuten bei einer Arbeitszeit von mehr als sechs Stunden.

Als Ruhepause gilt nur eine Arbeitsunterbrechung von mindestens 15 Minuten.

(2) Die Ruhepausen müssen in angemessener zeitlicher Lage gewährt werden, frühestens eine Stunde nach Beginn und spätestens eine Stunde vor Ende der Arbeitszeit. Länger als viereinhalb Stunden hintereinander dürfen Jugendliche nicht ohne Ruhepause beschäftigt werden.

(3) Der Aufenthalt während der Ruhepausen in Arbeitsräumen darf dem Jugendlichen nur gestattet werden, wenn die Arbeit in diesen Räumen während dieser Zeit eingestellt ist und auch sonst die notwendige Erholung nicht beeinträchtigt wird.

(4) Absatz 3 gilt nicht für den Bergbau unter Tage.

§ 12 Schichtzeit

Bei der Beschäftigung Jugendlicher darf die Schichtzeit (§ 4 Abs. 2) 10 Stunden, im Bergbau unter Tage 8 Stunden, im Gaststättengewerbe, in der Landwirtschaft, in der Tierhaltung, auf Bau- und Montagestellen 11 Stunden nicht überschreiten.

§ 13 Tägliche Freizeit

Nach Beendigung der täglichen Arbeitszeit dürfen Jugendliche nicht vor Ablauf einer ununterbrochenen Freizeit von mindestens 12 Stunden beschäftigt werden.

§ 14 Nachtruhe

(1) Jugendliche dürfen nur in der Zeit von 6 bis 20 Uhr beschäftigt werden.

(2) Jugendliche über 16 Jahre dürfen

1. im Gaststätten- und Schaustellergewerbe bis 22 Uhr,
2. in mehrschichtigen Betrieben bis 23 Uhr,
3. in der Landwirtschaft ab 5 Uhr oder bis 21 Uhr,
4. in Bäckereien und Konditoreien ab 5 Uhr

beschäftigt werden.

(3) Jugendliche über 17 Jahre dürfen in Bäckereien ab 4 Uhr beschäftigt werden.

(4) An dem einem Berufsschultag unmittelbar vorangehenden Tag dürfen Jugendliche auch nach Absatz 2 Nr. 1 bis 3 nicht nach 20 Uhr beschäftigt werden, wenn der Berufsschulunterricht am Berufsschultag vor 9 Uhr beginnt.

(5) Nach vorheriger Anzeige an die Aufsichtsbehörde dürfen in Betrieben, in denen die übliche Arbeitszeit aus verkehrstechnischen Gründen nach 20 Uhr endet, Jugendliche bis 21 Uhr beschäftigt werden, soweit sie hierdurch unnötige Wartezeiten vermeiden können. Nach vorheriger Anzeige an die Auf-

sichtsbehörde dürfen ferner in mehrschichtigen Betrieben Jugendliche über 16 Jahre ab 5.30 Uhr oder bis 23.30 Uhr beschäftigt werden, soweit sie hierdurch unnötige Wartezeiten vermeiden können.

(6) Jugendliche dürfen in Betrieben, in denen die Beschäftigten in außergewöhnlichem Grade der Einwirkung von Hitze ausgesetzt sind, in der warmen Jahreszeit ab 5 Uhr beschäftigt werden. Die Jugendlichen sind berechtigt, sich vor Beginn der Beschäftigung und danach in regelmäßigen Zeitabständen arbeitsmedizinisch untersuchen zu lassen. Die Kosten der Untersuchungen hat der Arbeitgeber zu tragen, sofern er diese nicht kostenlos durch einen Betriebsarzt oder einen überbetrieblichen Dienst von Betriebsärzten anbietet.

(7) Jugendliche dürfen bei Musikaufführungen, Theatervorstellungen und anderen Aufführungen, bei Aufnahmen im Rundfunk (Hörfunk und Fernsehen), auf Ton- und Bildträger sowie bei Film- und Fotoaufnahmen bis 23 Uhr gestaltend mitwirken. Eine Mitwirkung ist nicht zulässig bei Veranstaltungen, Schaustellungen oder Darbietungen, bei denen die Anwesenheit Jugendlicher nach den Vorschriften des Jugendschutzgesetzes verboten ist. Nach Beendigung der Tätigkeit dürfen Jugendliche nicht vor Ablauf einer ununterbrochenen Freizeit von mindestens 14 Stunden beschäftigt werden. Die Sätze 1 bis 3 gelten entsprechend auch für die Tätigkeit von Jugendlichen als Sportler im Rahmen von Sportveranstaltungen.

§ 15 Fünf-Tage-Woche

Jugendliche dürfen nur an fünf Tagen in der Woche beschäftigt werden. Die beiden wöchentlichen Ruhetage sollen nach Möglichkeit aufeinander folgen.

§ 16 Samstagsruhe

(1) An Samstagen dürfen Jugendliche nicht beschäftigt werden.

(2) Zulässig ist die Beschäftigung Jugendlicher an Samstagen nur

1. in Krankenanstalten sowie in Alten-, Pflege- und Kinderheimen,
2. in offenen Verkaufsstellen, in Betrieben mit offenen Verkaufsstellen, in Bäckereien und Konditoreien, im Friseurhandwerk und im Marktverkehr,
3. im Verkehrswesen,
4. in der Landwirtschaft und Tierhaltung,
5. im Familienhaushalt,
6. im Gaststätten- und Schaustellergewerbe,
7. bei Musikaufführungen, Theatervorstellungen und anderen Aufführungen, bei Aufnahmen im Rundfunk (Hörfunk und Fernsehen), auf Ton- und Bildträger sowie bei Film- und Fotoaufnahmen,
8. bei außerbetrieblichen Ausbildungsmaßnahmen,
9. beim Sport,
10. im ärztlichen Notdienst,
11. in Reparaturwerkstätten für Kraftfahrzeuge.

Mindestens zwei Samstage im Monat sollen beschäftigungsfrei bleiben.

(3) Werden Jugendliche am Samstag beschäftigt, ist ihnen die Fünf-Tage-Woche (§ 15) durch Freistellung an einem anderen berufsschulfreien Arbeitstag derselben Woche sicherzustellen. In Betrieben mit einem Betriebsruhetag in der Woche kann die Freistellung auch an diesem Tage erfolgen, wenn die Jugendlichen an diesem Tage keinen Berufsschulunterricht haben.

(4) Können Jugendliche in den Fällen des Absatzes 2 Nr. 2 am Samstag nicht acht Stunden beschäftigt werden, kann der Unterschied zwischen der tatsächlichen und der nach § 8 Abs. 1 höchstzulässigen Arbeitszeit an dem Tage bis 13 Uhr ausgeglichen werden, an dem die Jugendlichen nach Absatz 3 Satz 1 freizustellen sind.

§ 17 Sonntagsruhe

(1) An Sonntagen dürfen Jugendliche nicht beschäftigt werden.

(2) Zulässig ist die Beschäftigung Jugendlicher an Sonntagen nur

1. in Krankenanstalten sowie in Alten-, Pflege- und Kinderheimen,
2. in der Landwirtschaft und Tierhaltung mit Arbeiten, die auch an Sonn- und Feierta-

gen naturnotwendig vorgenommen werden müssen,
3. im Familienhaushalt, wenn der Jugendliche in die häusliche Gemeinschaft aufgenommen ist,
4. im Schaustellergewerbe,
5. bei Musikaufführungen, Theatervorstellungen und anderen Aufführungen sowie bei Direktsendungen im Rundfunk (Hörfunk und Fernsehen),
6. beim Sport,
7. im ärztlichen Notdienst,
8. im Gaststättengewerbe.

Jeder zweite Sonntag soll, mindestens zwei Sonntage im Monat müssen beschäftigungsfrei bleiben.

(3) Werden Jugendliche am Sonntag beschäftigt, ist ihnen die Fünf-Tage-Woche (§ 15) durch Freistellung an einem anderen berufsschulfreien Arbeitstag derselben Woche sicherzustellen. In Betrieben mit einem Betriebsruhetag in der Woche kann die Freistellung auch an diesem Tage erfolgen, wenn die Jugendlichen an diesem Tage keinen Berufsschulunterricht haben.

§ 18 Feiertagsruhe

(1) Am 24. und 31. Dezember nach 14 Uhr und an gesetzlichen Feiertagen dürfen Jugendliche nicht beschäftigt werden.

(2) Zulässig ist die Beschäftigung Jugendlicher an gesetzlichen Feiertagen in den Fällen des § 17 Abs. 2, ausgenommen am 25. Dezember, am 1. Januar, am ersten Osterfeiertag und am 1. Mai.

(3) Für die Beschäftigung an einem gesetzlichen Feiertag, der auf einen Werktag fällt, ist der Jugendliche an einem anderen berufsschulfreien Arbeitstag derselben oder der folgenden Woche freizustellen. In Betrieben mit einem Betriebsruhetag in der Woche kann die Freistellung auch an diesem Tage erfolgen, wenn die Jugendlichen an diesem Tage keinen Berufsschulunterricht haben.

§ 19 Urlaub

(1) Der Arbeitgeber hat Jugendlichen für jedes Kalenderjahr einen bezahlten Erholungsurlaub zu gewähren.

(2) Der Urlaub beträgt jährlich
1. mindestens 30 Werktage, wenn der Jugendliche zu Beginn des Kalenderjahres noch nicht 16 Jahre alt ist,
2. mindestens 27 Werktage, wenn der Jugendliche zu Beginn des Kalenderjahres noch nicht 17 Jahre alt ist,
3. mindestens 25 Werktage, wenn der Jugendliche zu Beginn des Kalenderjahres noch nicht 18 Jahre alt ist.

Jugendliche, die im Bergbau unter Tage beschäftigt werden, erhalten in jeder Altersgruppe einen zusätzlichen Urlaub von drei Werktagen.

(3) Der Urlaub soll Berufsschülern in der Zeit der Berufsschulferien gegeben werden. Soweit er nicht in den Berufsschulferien gegeben wird, ist für jeden Berufsschultag, an dem die Berufsschule während des Urlaubs besucht wird, ein weiterer Urlaubstag zu gewähren.

(4) Im übrigen gelten für den Urlaub der Jugendlichen § 3 Abs. 2, §§ 4 bis 12 und § 13 Abs. 3 des Bundesurlaubsgesetzes. Der Auftraggeber oder Zwischenmeister hat jedoch abweichend von § 12 Nr. 1 des Bundesurlaubsgesetzes den jugendlichen Heimarbeitern für jedes Kalenderjahr einen bezahlten Erholungsurlaub entsprechend Absatz 2 zu gewähren; das Urlaubsentgelt der jugendlichen Heimarbeiter beträgt bei einem Urlaub von 30 Werktagen 11,6 vom Hundert, bei einem Urlaub von 27 Werktagen 10,3 vom Hundert und bei einem Urlaub von 25 Werktagen 9,5 vom Hundert.

§ 20 Binnenschifffahrt

(1) In der Binnenschifffahrt gelten folgende Abweichungen:
1. Abweichend von § 12 darf die Schichtzeit Jugendlicher über 16 Jahre während der Fahrt bis auf 14 Stunden täglich ausgedehnt werden, wenn ihre Arbeitszeit sechs Stunden täglich nicht überschreitet. Ihre tägliche Freizeit kann abweichend von § 13 der Ausdehnung der Schichtzeit entsprechend bis auf 10 Stunden verkürzt werden.

2. Abweichend von § 14 Abs. 1 dürfen Jugendliche über 16 Jahre während der Fahrt bis 22 Uhr beschäftigt werden.
3. Abweichend von §§ 15, 16 Abs. 1, § 17 Abs. 1 und § 18 Abs. 1 dürfen Jugendliche an jedem Tag der Woche beschäftigt werden, jedoch nicht am 24. Dezember, an den Weihnachtsfeiertagen, am 31. Dezember, am 1. Januar, an den Osterfeiertagen und am 1. Mai. Für die Beschäftigung an einem Samstag, Sonntag und an einem gesetzlichen Feiertag, der auf einen Werktag fällt, ist ihnen je ein freier Tag zu gewähren. Diese freien Tage sind den Jugendlichen in Verbindung mit anderen freien Tagen zu gewähren, spätestens, wenn ihnen 10 freie Tage zustehen.

(2) In der gewerblichen Binnenschifffahrt hat der Arbeitgeber Aufzeichnungen nach Absatz 3 über die tägliche Arbeits- oder Freizeit jedes Jugendlichen zu führen, um eine Kontrolle der Einhaltung der §§ 8 bis 21a dieses Gesetzes zu ermöglichen. Die Aufzeichnungen sind in geeigneten Zeitabständen, spätestens bis zum nächsten Monatsende, gemeinsam vom Arbeitgeber oder seinem Vertreter und von dem Jugendlichen zu prüfen und zu bestätigen. Im Anschluss müssen die Aufzeichnungen für mindestens zwölf Monate an Bord aufbewahrt werden und dem Jugendlichen ist eine Kopie der bestätigten Aufzeichnungen auszuhändigen. Der Jugendliche hat die Kopien daraufhin zwölf Monate für eine Kontrolle bereitzuhalten.

(3) Die Aufzeichnungen nach Absatz 2 müssen mindestens folgende Angaben enthalten:

1. Name des Schiffes,
2. Name des Jugendlichen,
3. Name des verantwortlichen Schiffsführers,
4. Datum des jeweiligen Arbeits- oder Ruhetages,
5. für jeden Tag der Beschäftigung, ob es sich um einen Arbeits- oder um einen Ruhetag handelt sowie
6. Beginn und Ende der täglichen Arbeitszeit oder der täglichen Freizeit.

§ 21 Ausnahmen in besonderen Fällen

(1) Die §§ 8 und 11 bis 18 finden keine Anwendung auf die Beschäftigung Jugendlicher mit vorübergehenden und unaufschiebbaren Arbeiten in Notfällen, soweit erwachsene Beschäftigte nicht zur Verfügung stehen.

(2) Wird in den Fällen des Absatzes 1 über die Arbeitszeit des § 8 hinaus Mehrarbeit geleistet, so ist sie durch entsprechende Verkürzung der Arbeitszeit innerhalb der folgenden drei Wochen auszugleichen.

§ 21a Abweichende Regelungen

(1) In einem Tarifvertrag oder auf Grund eines Tarifvertrages in einer Betriebsvereinbarung kann zugelassen werden

1. abweichend von den §§ 8, 15, 16 Abs. 3 und 4, § 17 Abs. 3 und § 18 Abs. 3 die Arbeitszeit bis zu neun Stunden täglich, 44 Stunden wöchentlich und bis zu fünfeinhalb Tagen in der Woche anders zu verteilen, jedoch nur unter Einhaltung einer durchschnittlichen Wochenarbeitszeit von 40 Stunden in einem Ausgleichszeitraum von zwei Monaten,
2. abweichend von § 11 Abs. 1 Satz 2 Nr. 2 und Abs. 2 die Ruhepausen bis zu 15 Minuten zu kürzen und die Lage der Pausen anders zu bestimmen,
3. abweichend von § 12 die Schichtzeit mit Ausnahme des Bergbaus unter Tage bis zu einer Stunde täglich zu verlängern,
4. abweichend von § 16 Abs. 1 und 2 Jugendliche an 26 Samstagen im Jahr oder an jedem Samstag zu beschäftigen, wenn statt dessen der Jugendliche an einem anderen Werktag derselben Woche von der Beschäftigung freigestellt wird,
5. abweichend von den §§ 15, 16 Abs. 3 und 4, § 17 Abs. 3 und § 18 Abs. 3 Jugendliche bei einer Beschäftigung an einem Samstag oder an einem Sonn- oder Feiertag unter vier Stunden an einem anderen Arbeitstag derselben oder der folgenden Woche vor- oder nachmittags von der Beschäftigung freizustellen,
6. abweichend von § 17 Abs. 2 Satz 2 Jugendliche im Gaststätten- und Schaustel-

lergewerbe sowie in der Landwirtschaft während der Saison oder der Erntezeit an drei Sonntagen im Monat zu beschäftigen.

(2) Im Geltungsbereich eines Tarifvertrages nach Absatz 1 kann die abweichende tarifvertragliche Regelung im Betrieb eines nicht tarifgebundenen Arbeitgebers durch Betriebsvereinbarung oder, wenn ein Betriebsrat nicht besteht, durch schriftliche Vereinbarung zwischen dem Arbeitgeber und dem Jugendlichen übernommen werden.

(3) Die Kirchen und die öffentlich-rechtlichen Religionsgesellschaften können die in Absatz 1 genannten Abweichungen in ihren Regelungen vorsehen.

§ 21b Ermächtigung

Das Bundesministerium für Arbeit und Soziales kann im Interesse der Berufsausbildung oder der Zusammenarbeit von Jugendlichen und Erwachsenen durch Rechtsverordnung mit Zustimmung des Bundesrates Ausnahmen von den Vorschriften

1. des § 8, der §§ 11 und 12, der §§ 15 und 16, des § 17 Abs. 2 und 3 sowie des § 18 Abs. 3 im Rahmen des § 21a Abs. 1,
2. des § 14, jedoch nicht vor 5 Uhr und nicht nach 23 Uhr, sowie
3. des § 17 Abs. 1 und des § 18 Abs. 1 an höchstens 26 Sonn- und Feiertagen im Jahr

zulassen, soweit eine Beeinträchtigung der Gesundheit oder der körperlichen oder seelisch-geistigen Entwicklung der Jugendlichen nicht zu befürchten ist.

Zweiter Titel
Beschäftigungsverbote und -beschränkungen

§ 22 Gefährliche Arbeiten

(1) Jugendliche dürfen nicht beschäftigt werden

1. mit Arbeiten, die ihre physische oder psychische Leistungsfähigkeit übersteigen,
2. mit Arbeiten, bei denen sie sittlichen Gefahren ausgesetzt sind,
3. mit Arbeiten, die mit Unfallgefahren verbunden sind, von denen anzunehmen ist, daß Jugendliche sie wegen mangelnden Sicherheitsbewußtseins oder mangelnder Erfahrung nicht erkennen oder nicht abwenden können,
4. mit Arbeiten, bei denen ihre Gesundheit durch außergewöhnliche Hitze oder Kälte oder starke Nässe gefährdet wird,
5. mit Arbeiten, bei denen sie schädlichen Einwirkungen von Lärm, Erschütterungen oder Strahlen ausgesetzt sind,
6. mit Arbeiten, bei denen sie schädlichen Einwirkungen von Gefahrstoffen im Sinne der Gefahrstoffverordnung ausgesetzt sind,
7. mit Arbeiten, bei denen sie schädlichen Einwirkungen von biologischen Arbeitsstoffen im Sinne der Biostoffverordnung ausgesetzt sind.

(2) Absatz 1 Nr. 3 bis 7 gilt nicht für die Beschäftigung Jugendlicher, soweit

1. dies zur Erreichung ihres Ausbildungszieles erforderlich ist,
2. ihr Schutz durch die Aufsicht eines Fachkundigen gewährleistet ist und
3. der Luftgrenzwert bei gefährlichen Stoffen (Absatz 1 Nr. 6) unterschritten wird.

Satz 1 findet keine Anwendung auf gezielte Tätigkeiten mit biologischen Arbeitsstoffen der Risikogruppen 3 und 4 im Sinne der Biostoffverordnung sowie auf nicht gezielte Tätigkeiten, die nach der Biostoffverordnung der Schutzstufe 3 oder 4 zuzuordnen sind.

(3) Werden Jugendliche in einem Betrieb beschäftigt, für den ein Betriebsarzt oder eine Fachkraft für Arbeitssicherheit verpflichtet ist, muß ihre betriebsärztliche oder sicherheitstechnische Betreuung sichergestellt sein.

§ 23 Akkordarbeit; tempoabhängige Arbeiten

(1) Jugendliche dürfen nicht beschäftigt werden

1. mit Akkordarbeit und sonstigen Arbeiten, bei denen durch ein gesteigertes Arbeitstempo ein höheres Entgelt erzielt werden kann,

2. in einer Arbeitsgruppe mit erwachsenen Arbeitnehmern, die mit Arbeiten nach Nummer 1 beschäftigt werden,
3. mit Arbeiten, bei denen ihr Arbeitstempo nicht nur gelegentlich vorgeschrieben, vorgegeben oder auf andere Weise erzwungen wird.

(2) Absatz 1 Nr. 2 gilt nicht für die Beschäftigung Jugendlicher,

1. soweit dies zur Erreichung ihres Ausbildungszieles erforderlich ist oder
2. wenn sie eine Berufsausbildung für diese Beschäftigung abgeschlossen haben

und ihr Schutz durch die Aufsicht eines Fachkundigen gewährleistet ist.

§ 24 Arbeiten unter Tage

(1) Jugendliche dürfen nicht mit Arbeiten unter Tage beschäftigt werden.

(2) Absatz 1 gilt nicht für die Beschäftigung Jugendlicher über 16 Jahre,

1. soweit dies zur Erreichung ihres Ausbildungszieles erforderlich ist,
2. wenn sie eine Berufsausbildung für die Beschäftigung unter Tage abgeschlossen haben oder
3. wenn sie an einer von der Bergbehörde genehmigten Ausbildungsmaßnahme für Bergjungarbeiter teilnehmen oder teilgenommen haben

und ihr Schutz durch die Aufsicht eines Fachkundigen gewährleistet ist.

§ 25 Verbot der Beschäftigung durch bestimmte Personen

(1) Personen, die

1. wegen eines Verbrechens zu einer Freiheitsstrafe von mindestens zwei Jahren,
2. wegen einer vorsätzlichen Straftat, die sie unter Verletzung der ihnen als Arbeitgeber, Ausbildender oder Ausbilder obliegenden Pflichten zum Nachteil von Kindern oder Jugendlichen begangen haben, zu einer Freiheitsstrafe von mehr als drei Monaten,
3. wegen einer Straftat nach den §§ 109h, 171, 174 bis 184l, 225, 232 bis 233a des Strafgesetzbuches,
4. wegen einer Straftat nach dem Betäubungsmittelgesetz,
5. wegen einer Straftat nach dem Konsumcannabisgesetz oder nach dem Medizinal-Cannabisgesetz oder
6. wegen einer Straftat nach dem Jugendschutzgesetz wenigstens zweimal

rechtskräftig verurteilt worden sind, dürfen Jugendliche nicht beschäftigen sowie im Rahmen eines Rechtsverhältnisses im Sinne des § 1 nicht beaufsichtigen, nicht anweisen, nicht ausbilden und nicht mit der Beaufsichtigung, Anweisung oder Ausbildung von Jugendlichen beauftragt werden. Eine Verurteilung bleibt außer Betracht, wenn seit dem Tage ihrer Rechtskraft fünf Jahre verstrichen sind. Die Zeit, in welcher der Täter auf behördliche Anordnung in einer Anstalt verwahrt worden ist, wird nicht eingerechnet.

(2) Das Verbot des Absatzes 1 Satz 1 gilt auch für Personen, gegen die wegen einer Ordnungswidrigkeit nach § 58 Abs. 1 bis 4 wenigstens dreimal eine Geldbuße rechtskräftig festgesetzt worden ist. Eine Geldbuße bleibt außer Betracht, wenn seit dem Tage ihrer rechtskräftigen Festsetzung fünf Jahre verstrichen sind.

(3) Das Verbot des Absatzes 1 und 2 gilt nicht für die Beschäftigung durch die Personensorgeberechtigten.

§ 26 Ermächtigungen

Das Bundesministerium für Arbeit und Soziales kann zum Schutze der Jugendlichen gegen Gefahren für Leben und Gesundheit sowie zur Vermeidung einer Beeinträchtigung der körperlichen oder seelisch-geistigen Entwicklung durch Rechtsverordnung mit Zustimmung des Bundesrates

1. die für Kinder, die der Vollzeitschulpflicht nicht mehr unterliegen, geeigneten und leichten Tätigkeiten nach § 7 Satz 1 Nr. 2 und die Arbeiten nach § 22 Abs. 1 und den §§ 23 und 24 näher bestimmen,

2. über die Beschäftigungsverbote in den §§ 22 bis 25 hinaus die Beschäftigung Jugendlicher in bestimmten Betriebsarten oder mit bestimmten Arbeiten verbieten oder beschränken, wenn sie bei diesen Arbeiten infolge ihres Entwicklungsstandes in besonderem Maße Gefahren ausgesetzt sind oder wenn das Verbot oder die Beschränkung der Beschäftigung infolge der technischen Entwicklung oder neuer arbeitsmedizinischer oder sicherheitstechnischer Erkenntnisse notwendig ist.

§ 27 Behördliche Anordnungen und Ausnahmen

(1) Die Aufsichtsbehörde kann in Einzelfällen feststellen, ob eine Arbeit unter die Beschäftigungsverbote oder -beschränkungen der §§ 22 bis 24 oder einer Rechtsverordnung nach § 26 fällt. Sie kann in Einzelfällen die Beschäftigung Jugendlicher mit bestimmten Arbeiten über die Beschäftigungsverbote und -beschränkungen der §§ 22 bis 24 und einer Rechtsverordnung nach § 26 hinaus verbieten oder beschränken, wenn diese Arbeiten mit Gefahren für Leben, Gesundheit oder für die körperliche oder seelisch-geistige Entwicklung der Jugendlichen verbunden sind.

(2) Die zuständige Behörde kann

1. den Personen, die die Pflichten, die ihnen kraft Gesetzes zugunsten der von ihnen beschäftigten, beaufsichtigten, angewiesenen oder auszubildenden Kinder und Jugendlichen obliegen, wiederholt oder gröblich verletzt haben,
2. den Personen, gegen die Tatsachen vorliegen, die sie in sittlicher Beziehung zur Beschäftigung, Beaufsichtigung, Anweisung oder Ausbildung von Kindern und Jugendlichen ungeeignet erscheinen lassen,

verbieten, Kinder und Jugendliche zu beschäftigen oder im Rahmen eines Rechtsverhältnisses im Sinne des § 1 zu beaufsichtigen, anzuweisen oder auszubilden.

(3) Die Aufsichtsbehörde kann auf Antrag Ausnahmen von § 23 Abs. 1 Nr. 2 und 3 für Jugendliche über 16 Jahre bewilligen,

1. wenn die Art der Arbeit oder das Arbeitstempo eine Beeinträchtigung der Gesundheit oder der körperlichen oder seelisch-geistigen Entwicklung des Jugendlichen nicht befürchten lassen und
2. wenn eine nicht länger als vor drei Monaten ausgestellte ärztliche Bescheinigung vorgelegt wird, nach der gesundheitliche Bedenken gegen die Beschäftigung nicht bestehen.

Dritter Titel
Sonstige Pflichten des Arbeitgebers

§ 28 Menschengerechte Gestaltung der Arbeit

(1) Der Arbeitgeber hat bei der Einrichtung und der Unterhaltung der Arbeitsstätte einschließlich der Maschinen, Werkzeuge und Geräte und bei der Regelung der Beschäftigung die Vorkehrungen und Maßnahmen zu treffen, die zum Schutze der Jugendlichen gegen Gefahren für Leben und Gesundheit sowie zur Vermeidung einer Beeinträchtigung der körperlichen oder seelisch-geistigen Entwicklung der Jugendlichen erforderlich sind. Hierbei sind das mangelnde Sicherheitsbewußtsein, die mangelnde Erfahrung und der Entwicklungsstand der Jugendlichen zu berücksichtigen und die allgemein anerkannten sicherheitstechnischen und arbeitsmedizinischen Regeln sowie die sonstigen gesicherten arbeitswissenschaftlichen Erkenntnisse zu beachten.

(2) Das Bundesministerium für Arbeit und Soziales kann durch Rechtsverordnung mit Zustimmung des Bundesrates bestimmen, welche Vorkehrungen und Maßnahmen der Arbeitgeber zur Erfüllung der sich aus Absatz 1 ergebenden Pflichten zu treffen hat.

(3) Die Aufsichtsbehörde kann in Einzelfällen anordnen, welche Vorkehrungen und Maßnahmen zur Durchführung des Absatzes 1 oder einer vom Bundesministerium für Arbeit und Soziales gemäß Absatz 2 erlassenen Verordnung zu treffen sind.

§ 28a Beurteilung der Arbeitsbedingungen

Vor Beginn der Beschäftigung Jugendlicher und bei wesentlicher Änderung der Arbeitsbedingungen hat der Arbeitgeber die mit der Beschäftigung verbundenen Gefährdungen Jugendlicher zu beurteilen. Im übrigen gelten die Vorschriften des Arbeitsschutzgesetzes.

§ 29 Unterweisung über Gefahren

(1) Der Arbeitgeber hat die Jugendlichen vor Beginn der Beschäftigung und bei wesentlicher Änderung der Arbeitsbedingungen über die Unfall- und Gesundheitsgefahren, denen sie bei der Beschäftigung ausgesetzt sind, sowie über die Einrichtungen und Maßnahmen zur Abwendung dieser Gefahren zu unterweisen. Er hat die Jugendlichen vor der erstmaligen Beschäftigung an Maschinen oder gefährlichen Arbeitsstellen oder mit Arbeiten, bei denen sie mit gesundheitsgefährdenden Stoffen in Berührung kommen, über die besonderen Gefahren dieser Arbeiten sowie über das bei ihrer Verrichtung erforderliche Verhalten zu unterweisen.

(2) Die Unterweisungen sind in angemessenen Zeitabständen mindestens aber halbjährlich, zu wiederholen.

(3) Der Arbeitgeber beteiligt die Betriebsärzte und die Fachkräfte für Arbeitssicherheit an der Planung, Durchführung und Überwachung der für die Sicherheit und den Gesundheitsschutz bei der Beschäftigung Jugendlicher geltenden Vorschriften.

§ 30 Häusliche Gemeinschaft

(1) Hat der Arbeitgeber einen Jugendlichen in die häusliche Gemeinschaft aufgenommen, so muß er

1. ihm eine Unterkunft zur Verfügung stellen und dafür sorgen, daß sie so beschaffen, ausgestattet und belegt ist und so benutzt wird, daß die Gesundheit des Jugendlichen nicht beeinträchtigt wird, und
2. ihm bei einer Erkrankung, jedoch nicht über die Beendigung der Beschäftigung hinaus, die erforderliche Pflege und ärztliche Behandlung zuteil werden lassen, soweit diese nicht von einem Sozialversicherungsträger geleistet wird.

(2) Die Aufsichtsbehörde kann im Einzelfall anordnen, welchen Anforderungen die Unterkunft (Absatz 1 Nr. 1) und die Pflege bei Erkrankungen (Absatz 1 Nr. 2) genügen müssen.

§ 31 Züchtigungsverbot; Verbot der Abgabe von Alkohol und Tabak

(1) Wer Jugendliche beschäftigt oder im Rahmen eines Rechtsverhältnisses im Sinne des § 1 beaufsichtigt, anweist oder ausbildet, darf sie nicht körperlich züchtigen.

(2) Wer Jugendliche beschäftigt, muß sie vor körperlicher Züchtigung und Mißhandlung und vor sittlicher Gefährdung durch andere bei ihm Beschäftigte und durch Mitglieder seines Haushalts an der Arbeitsstätte und in seinem Hause schützen. Soweit deren Abgabe nach § 9 Absatz 1 oder § 10 Absatz 1 und 4 des Jugendschutzgesetzes verboten ist, darf der Arbeitgeber Jugendlichen keine alkoholischen Getränke, Tabakwaren oder anderen dort genannten Erzeugnisse geben.

Verweis auf Jugendschutzgesetz in Absatz 2:

§ 9 Absatz 1 Jugendschutzgesetz lautet:

„(1) In Gaststätten, Verkaufsstellen oder sonst in der Öffentlichkeit dürfen

1. Bier, Wein, weinähnliche Getränke oder Schaumwein oder Mischungen von Bier, Wein, weinähnlichen Getränken oder Schaumwein mit nichtalkoholischen Getränken an Kinder und Jugendliche unter 16 Jahren,
2. andere alkoholische Getränke oder Lebensmittel, die andere alkoholische Getränke in nicht nur geringfügiger Menge enthalten, an Kinder und Jugendliche

weder abgegeben noch darf ihnen der Verzehr gestattet werden."

§ 10 Absatz 1 und Absatz 4 des Jugendschutzgesetzes lauten:

„(1) In Gaststätten, Verkaufsstellen oder sonst in der Öffentlichkeit dürfen Tabakwaren und andere nikotinhaltige Erzeugnisse und deren Behältnisse an Kinder oder Jugendliche weder abgegeben noch darf ihnen das Rauchen oder der Konsum nikotinhaltiger Produkte gestattet werden."

„(4) Die Absätze 1 bis 3 gelten auch für nikotinfreie Erzeugnisse, wie elektronische Zigaretten oder elektronische Shishas, in denen Flüssigkeit durch ein elektronisches Heizelement verdampft und die entstehenden Aerosole mit dem Mund eingeatmet werden, sowie für deren Behältnisse."

10

Vierter Titel
Gesundheitliche Betreuung

§ 32 Erstuntersuchung

(1) Ein Jugendlicher, der in das Berufsleben eintritt, darf nur beschäftigt werden, wenn

1. er innerhalb der letzten vierzehn Monate von einem Arzt untersucht worden ist (Erstuntersuchung) und
2. dem Arbeitgeber eine von diesem Arzt ausgestellte Bescheinigung vorliegt.

(2) Absatz 1 gilt nicht für eine nur geringfügige oder eine nicht länger als zwei Monate dauernde Beschäftigung mit leichten Arbeiten, von denen keine gesundheitlichen Nachteile für den Jugendlichen zu befürchten sind.

§ 33 Erste Nachuntersuchung

(1) Ein Jahr nach Aufnahme der ersten Beschäftigung hat sich der Arbeitgeber die Bescheinigung eines Arztes darüber vorlegen zu lassen, daß der Jugendliche nachuntersucht worden ist (erste Nachuntersuchung). Die Nachuntersuchung darf nicht länger als drei Monate zurückliegen. Der Arbeitgeber soll den Jugendlichen neun Monate nach Aufnahme der ersten Beschäftigung nachdrücklich auf den Zeitpunkt, bis zu dem der Jugendliche ihm die ärztliche Bescheinigung nach Satz 1 vorzulegen hat, hinweisen und ihn auffordern, die Nachuntersuchung bis dahin durchführen zu lassen.

(2) Legt der Jugendliche die Bescheinigung nicht nach Ablauf eines Jahres vor, hat ihn der Arbeitgeber innerhalb eines Monats unter Hinweis auf das Beschäftigungsverbot nach Absatz 3 schriftlich aufzufordern, ihm die Bescheinigung vorzulegen. Je eine Durchschrift des Aufforderungsschreibens hat der Arbeitgeber dem Personensorgeberechtigten und dem Betriebs- oder Personalrat zuzusenden.

(3) Der Jugendliche darf nach Ablauf von 14 Monaten nach Aufnahme der ersten Beschäftigung nicht weiterbeschäftigt werden, solange er die Bescheinigung nicht vorgelegt hat.

§ 34 Weitere Nachuntersuchungen

Nach Ablauf jedes weiteren Jahres nach der ersten Nachuntersuchung kann sich der Jugendliche erneut nachuntersuchen lassen (weitere Nachuntersuchungen). Der Arbeitgeber soll ihn auf diese Möglichkeit rechtzeitig hinweisen und darauf hinwirken, daß der Jugendliche ihm die Bescheinigung über die weitere Nachuntersuchung vorlegt.

§ 35 Außerordentliche Nachuntersuchung

(1) Der Arzt soll eine außerordentliche Nachuntersuchung anordnen, wenn eine Untersuchung ergibt, daß

1. ein Jugendlicher hinter dem seinem Alter entsprechenden Entwicklungsstand zurückgeblieben ist,
2. gesundheitliche Schwächen oder Schäden vorhanden sind,
3. die Auswirkungen der Beschäftigung auf die Gesundheit oder Entwicklung des Jugendlichen noch nicht zu übersehen sind.

(2) Die in § 33 Abs. 1 festgelegten Fristen werden durch die Anordnung einer außerordentlichen Nachuntersuchung nicht berührt.

§ 36 Ärztliche Untersuchungen und Wechsel des Arbeitgebers

Wechselt der Jugendliche den Arbeitgeber, so darf ihn der neue Arbeitgeber erst beschäftigen, wenn ihm die Bescheinigung über die Erstuntersuchung (§ 32 Abs. 1) und, falls seit der Aufnahme der Beschäftigung ein Jahr vergangen ist, die Bescheinigung über die erste Nachuntersuchung (§ 33) vorliegen.

§ 37 Inhalt und Durchführung der ärztlichen Untersuchungen

(1) Die ärztlichen Untersuchungen haben sich auf den Gesundheits- und Entwicklungsstand und die körperliche Beschaffenheit, die Nachuntersuchungen außerdem auf die Auswirkungen der Beschäftigung auf Gesundheit und Entwicklung des Jugendlichen zu erstrecken.

(2) Der Arzt hat unter Berücksichtigung der Krankheitsvorgeschichte des Jugendlichen auf Grund der Untersuchungen zu beurteilen,

1. ob die Gesundheit oder die Entwicklung des Jugendlichen durch die Ausführung bestimmter Arbeiten oder durch die Beschäftigung während bestimmter Zeiten gefährdet wird,
2. ob besondere der Gesundheit dienende Maßnahmen einschließlich Maßnahmen zur Verbesserung des Impfstatus erforderlich sind,
3. ob eine außerordentliche Nachuntersuchung (§ 35 Abs. 1) erforderlich ist.

(3) Der Arzt hat schriftlich festzuhalten:

1. den Untersuchungsbefund,
2. die Arbeiten, durch deren Ausführung er die Gesundheit oder die Entwicklung des Jugendlichen für gefährdet hält,
3. die besonderen der Gesundheit dienenden Maßnahmen einschließlich Maßnahmen zur Verbesserung des Impfstatus,
4. die Anordnung einer außerordentlichen Nachuntersuchung (§ 35 Abs. 1).

§ 38 Ergänzungsuntersuchung

Kann der Arzt den Gesundheits- und Entwicklungsstand des Jugendlichen nur beurteilen, wenn das Ergebnis einer Ergänzungsuntersuchung durch einen anderen Arzt oder einen Zahnarzt vorliegt, so hat er die Ergänzungsuntersuchung zu veranlassen und ihre Notwendigkeit schriftlich zu begründen.

§ 39 Mitteilung, Bescheinigung

(1) Der Arzt hat dem Personensorgeberechtigten schriftlich mitzuteilen:

1. das wesentliche Ergebnis der Untersuchung,
2. die Arbeiten, durch deren Ausführung er die Gesundheit oder die Entwicklung des Jugendlichen für gefährdet hält,
3. die besonderen der Gesundheit dienenden Maßnahmen einschließlich Maßnahmen zur Verbesserung des Impfstatus,
4. die Anordnung einer außerordentlichen Nachuntersuchung (§ 35 Abs. 1).

(2) Der Arzt hat eine für den Arbeitgeber bestimmte Bescheinigung darüber auszustellen, daß die Untersuchung stattgefunden hat und darin die Arbeiten zu vermerken, durch deren Ausführung er die Gesundheit oder die Entwicklung des Jugendlichen für gefährdet hält.

§ 40 Bescheinigung mit Gefährdungsvermerk

(1) Enthält die Bescheinigung des Arztes (§ 39 Abs. 2) einen Vermerk über Arbeiten, durch deren Ausführung er die Gesundheit oder die Entwicklung des Jugendlichen für gefährdet hält, so darf der Jugendliche mit solchen Arbeiten nicht beschäftigt werden.

(2) Die Aufsichtsbehörde kann die Beschäftigung des Jugendlichen mit den in der Bescheinigung des Arztes (§ 39 Abs. 2) vermerkten Arbeiten im Einvernehmen mit einem Arzt zulassen und die Zulassung mit Auflagen verbinden.

§ 41 Aufbewahren der ärztlichen Bescheinigungen

(1) Der Arbeitgeber hat die ärztlichen Bescheinigungen bis zur Beendigung der Beschäftigung, längstens jedoch bis zur Vollendung des 18. Lebensjahres des Jugendlichen aufzubewahren und der Aufsichtsbehörde sowie der Berufsgenossenschaft auf Verlangen zur Einsicht vorzulegen oder einzusenden.

(2) Scheidet der Jugendliche aus dem Beschäftigungsverhältnis aus, so hat ihm der Arbeitgeber die Bescheinigungen auszuhändigen.

§ 42 Eingreifen der Aufsichtsbehörde

Die Aufsichtsbehörde hat, wenn die dem Jugendlichen übertragenen Arbeiten Gefahren für seine Gesundheit befürchten lassen, dies dem Personensorgeberechtigten und dem Arbeitgeber mitzuteilen und den Jugendlichen aufzufordern, sich durch einen von ihr ermächtigten Arzt untersuchen zu lassen.

§ 43 Freistellung für Untersuchungen

Der Arbeitgeber hat den Jugendlichen für die Durchführung der ärztlichen Untersuchungen nach diesem Abschnitt freizustellen. Ein Entgeltausfall darf hierdurch nicht eintreten.

§ 44 Kosten der Untersuchungen

Die Kosten der Untersuchungen trägt das Land.

§ 45 Gegenseitige Unterrichtung der Ärzte

(1) Die Ärzte, die Untersuchungen nach diesem Abschnitt vorgenommen haben, müssen, wenn der Personensorgeberechtigte und der Jugendliche damit einverstanden sind,

1. dem staatlichen Gewerbearzt,
2. dem Arzt, der einen Jugendlichen nach diesem Abschnitt nachuntersucht,

auf Verlangen die Aufzeichnungen über die Untersuchungsbefunde zur Einsicht aushändigen.

(2) Unter den Voraussetzungen des Absatzes 1 kann der Amtsarzt des Gesundheitsamtes einem Arzt, der einen Jugendlichen nach diesem Abschnitt untersucht, Einsicht in andere in seiner Dienststelle vorhandene Unterlagen über Gesundheit und Entwicklung des Jugendlichen gewähren.

§ 46 Ermächtigungen

(1) Das Bundesministerium für Arbeit und Soziales kann zum Zwecke einer gleichmäßigen und wirksamen gesundheitlichen Betreuung durch Rechtsverordnung mit Zustimmung des Bundesrates Vorschriften über die Durchführung der ärztlichen Untersuchungen und über die für die Aufzeichnungen der Untersuchungsbefunde, die Bescheinigungen und Mitteilungen zu verwendenden Vordrucke erlassen.

(2) Die Landesregierung kann durch Rechtsverordnung

1. zur Vermeidung von mehreren Untersuchungen innerhalb eines kurzen Zeitraums aus verschiedenen Anlässen bestimmen, daß die Untersuchungen nach den §§ 32 bis 34 zusammen mit Untersuchungen nach anderen Vorschriften durchzuführen sind, und hierbei von der Frist des § 32 Abs. 1 Nr. 1 bis zu drei Monaten abweichen,
2. zur Vereinfachung der Abrechnung
   a) Pauschbeträge für die Kosten der ärztlichen Untersuchungen im Rahmen der geltenden Gebührenordnungen festsetzen,
   b) Vorschriften über die Erstattung der Kosten beim Zusammentreffen mehrerer Untersuchungen nach Nummer 1 erlassen.

Vierter Abschnitt
Durchführung des Gesetzes

Erster Titel
Aushänge und Verzeichnisse

§ 47 Bekanntgabe des Gesetzes und der Aufsichtsbehörde

Arbeitgeber, die regelmäßig mindestens einen Jugendlichen beschäftigen, haben eine Kopie dieses Gesetzes und die Anschrift der zuständigen Aufsichtsbehörde den Arbeitnehmern über die im Betrieb oder in der Dienststelle übliche Informations- und Kommunikationstechnik zur Verfügung zu stellen oder an geeigneter Stelle im Betrieb oder in der Dienststelle zur Einsicht auszulegen oder auszuhängen.

§ 48 Information über Arbeitszeit und Pausen

Arbeitgeber, die regelmäßig mindestens drei Jugendliche beschäftigen, haben eine Information über Beginn und Ende der regelmäßigen täglichen Arbeitszeit und der Pausen der Jugendlichen den Arbeitnehmern über die im Betrieb oder in der Dienststelle übliche Informations- und Kommunikationstechnik zur Verfügung zu stellen oder an geeigneter Stelle im Betrieb oder in der Dienststelle zur Einsicht auszulegen oder auszuhängen.

§ 49 Verzeichnisse der Jugendlichen

Arbeitgeber haben Verzeichnisse der bei ihnen beschäftigten Jugendlichen unter Angabe des Vor- und Familiennamens, des Geburtsdatums und der Wohnanschrift zu führen, in denen das Datum des Beginns der Beschäftigung bei ihnen, bei einer Beschäftigung unter Tage auch das Datum des Beginns dieser Beschäftigung, enthalten ist.

§ 50 Auskunft; Vorlage der Verzeichnisse

(1) Der Arbeitgeber ist verpflichtet, der Aufsichtsbehörde auf Verlangen

1. die zur Erfüllung ihrer Aufgaben erforderlichen Angaben wahrheitsgemäß und vollständig zu machen,

2. die Verzeichnisse gemäß § 49, die Unterlagen, aus denen Name, Beschäftigungsart und -zeiten der Jugendlichen sowie Lohn- und Gehaltszahlungen ersichtlich sind, und alle sonstigen Unterlagen, die sich auf die nach Nummer 1 zu machenden Angaben beziehen, zur Einsicht vorzulegen oder einzusenden.

(2) Die Verzeichnisse und Unterlagen sind mindestens bis zum Ablauf von zwei Jahren nach der letzten Eintragung aufzubewahren.

Zweiter Titel
Aufsicht

§ 51 Aufsichtsbehörde; Besichtigungsrechte und Berichtspflicht

(1) Die Aufsicht über die Ausführung dieses Gesetzes und der auf Grund dieses Gesetzes erlassenen Rechtsverordnungen obliegt der nach Landesrecht zuständigen Behörde (Aufsichtsbehörde). Die Landesregierung kann durch Rechtsverordnung die Aufsicht über die Ausführung dieser Vorschriften in Familienhaushalten auf gelegentliche Prüfungen beschränken.

(2) Die Beauftragten der Aufsichtsbehörde sind berechtigt, die Arbeitsstätten während der üblichen Betriebs- und Arbeitszeit zu betreten und zu besichtigen; außerhalb dieser Zeit oder wenn sich die Arbeitsstätten in einer Wohnung befinden, dürfen sie nur zur Verhütung von dringenden Gefahren für die öffentliche Sicherheit und Ordnung betreten und besichtigt werden. Der Arbeitgeber hat das Betreten und Besichtigen der Arbeitsstätten zu gestatten. Das Grundrecht der Unverletzlichkeit der Wohnung (Artikel 13 des Grundgesetzes) wird insoweit eingeschränkt.

(3) Die Aufsichtsbehörden haben im Rahmen der Jahresberichte nach § 139b Abs. 3 der Gewerbeordnung über ihre Aufsichtstätigkeit gemäß Absatz 1 zu berichten.

§ 52 (weggefallen)

§ 53 Mitteilung über Verstöße

Die Aufsichtsbehörde teilt schwerwiegende Verstöße gegen die Vorschriften dieses Gesetzes oder gegen die auf Grund dieses Gesetzes erlassenen Rechtsverordnungen der nach dem Berufsbildungsgesetz oder der Handwerksordnung zuständigen Stelle mit. Die zuständige Agentur für Arbeit erhält eine Durchschrift dieser Mitteilung.

§ 54 Ausnahmebewilligungen

(1) Ausnahmen, die die Aufsichtsbehörde nach diesem Gesetz oder den auf Grund dieses Gesetzes erlassenen Rechtsverordnungen bewilligen kann, sind zu befristen. Die Ausnahmebewilligungen können

1. mit einer Bedingung erlassen werden,
2. mit einer Auflage oder mit einem Vorbehalt der nachträglichen Aufnahme, Änderung oder Ergänzung einer Auflage verbunden werden und
3. jederzeit widerrufen werden.

(2) Ausnahmen können nur für einzelne Beschäftigte, einzelne Betriebe oder einzelne Teile des Betriebs bewilligt werden.

(3) Ist eine Ausnahme für einen Betrieb oder einen Teil des Betriebs bewilligt worden, so hat der Arbeitgeber eine Kopie der Bewilligung den Arbeitnehmern über die im Betrieb oder in der Dienststelle übliche Informations- und Kommunikationstechnik zur Verfügung zu stellen oder an geeigneter Stelle im Betrieb oder in der Dienststelle zur Einsicht auszulegen oder auszuhängen.

Dritter Titel
Ausschüsse für Jugendarbeitsschutz

§ 55 Bildung des Landesausschusses für Jugendarbeitsschutz

(1) Bei der von der Landesregierung bestimmten obersten Landesbehörde kann ein Landesausschuss für Jugendarbeitsschutz gebildet werden.

(2) Dem Landesausschuß gehören als Mitglieder an:

1. je sechs Vertreter der Arbeitgeber und der Arbeitnehmer,
2. ein Vertreter des Landesjugendringes,
3. ein von der Bundesagentur für Arbeit benannter Vertreter und je ein Vertreter des

Landesjugendamtes, der für das Gesundheitswesen zuständigen obersten Landesbehörde und der für die berufsbildenden Schulen zuständigen obersten Landesbehörde und

4. ein Arzt.

(3) Die Mitglieder des Landesausschusses werden von der von der Landesregierung bestimmten obersten Landesbehörde berufen, die Vertreter der Arbeitgeber und Arbeitnehmer auf Vorschlag der auf Landesebene bestehenden Arbeitgeberverbände und Gewerkschaften, der Arzt auf Vorschlag der Landesärztekammer, die übrigen Vertreter auf Vorschlag der in Absatz 2 Nr. 2 und 3 genannten Stellen.

(4) Die Tätigkeit im Landesausschuß ist ehrenamtlich. Für bare Auslagen und für Entgeltausfall ist, soweit eine Entschädigung nicht von anderer Seite gewährt wird, eine angemessene Entschädigung zu zahlen, deren Höhe nach Landesrecht oder von der von der Landesregierung bestimmten obersten Landesbehörde festgesetzt wird.

(5) Die Mitglieder können nach Anhören der an ihrer Berufung beteiligten Stellen aus wichtigem Grund abberufen werden.

(6) Die Mitglieder haben Stellvertreter. Die Absätze 2 bis 5 gelten für die Stellvertreter entsprechend.

(7) Der Landesausschuß wählt aus seiner Mitte einen Vorsitzenden und dessen Stellvertreter. Der Vorsitzende und sein Stellvertreter sollen nicht derselben Mitgliedergruppe angehören.

(8) Der Landesausschuß gibt sich eine Geschäftsordnung. Die Geschäftsordnung kann die Bildung von Unterausschüssen vorsehen und bestimmen, daß ihnen ausnahmsweise nicht nur Mitglieder des Landesausschusses angehören. Absatz 4 Satz 2 gilt für die Unterausschüsse hinsichtlich der Entschädigung entsprechend. An den Sitzungen des Landesausschusses und der Unterausschüsse können Vertreter der beteiligten obersten Landesbehörden teilnehmen.

§ 56 Bildung des Ausschusses für Jugendarbeitsschutz bei der Aufsichtsbehörde

(1) Bei der Aufsichtsbehörde kann ein Ausschuss für Jugendarbeitsschutz gebildet werden. In Städten, in denen mehrere Aufsichtsbehörden ihren Sitz haben, kann ein gemeinsamer Ausschuss für Jugendarbeitsschutz gebildet werden. In Ländern, in denen nicht mehr als zwei Aufsichtsbehörden eingerichtet sind, kann der Landesausschuss für Jugendarbeitsschutz die Aufgaben dieses Ausschusses übernehmen.

(2) Dem Ausschuß gehören als Mitglieder an:

1. je sechs Vertreter der Arbeitgeber und der Arbeitnehmer,
2. ein Vertreter des im Bezirk der Aufsichtsbehörde wirkenden Jugendringes,
3. je ein Vertreter eines Arbeits-, Jugend- und Gesundheitsamtes,
4. ein Arzt und ein Lehrer an einer berufsbildenden Schule.

(3) Die Mitglieder des Jugendarbeitsschutzausschusses werden von der Aufsichtsbehörde berufen, die Vertreter der Arbeitgeber und Arbeitnehmer auf Vorschlag der im Aufsichtsbezirk bestehenden Arbeitgeberverbände und Gewerkschaften, der Arzt auf Vorschlag der Ärztekammer, der Lehrer auf Vorschlag der nach Landesrecht zuständigen Behörde, die übrigen Vertreter auf Vorschlag der in Absatz 2 Nr. 2 und 3 genannten Stellen. § 55 Abs. 4 bis 8 gilt mit der Maßgabe entsprechend, daß die Entschädigung von der Aufsichtsbehörde mit Genehmigung der von der Landesregierung bestimmten obersten Landesbehörde festgesetzt wird.

§ 57 Aufgaben der Ausschüsse

(1) Der Landesausschuß berät die oberste Landesbehörde in allen allgemeinen Angelegenheiten des Jugendarbeitsschutzes und macht Vorschläge für die Durchführung dieses Gesetzes. Er klärt über Inhalt und Ziel des Jugendarbeitsschutzes auf.

(2) Die oberste Landesbehörde beteiligt den Landesausschuß in Angelegenheiten von besonderer Bedeutung, insbesondere vor Erlaß

von Rechtsvorschriften zur Durchführung dieses Gesetzes.

(3) Der Landesausschuß hat über seine Tätigkeit im Zusammenhang mit dem Bericht der Aufsichtsbehörden nach § 51 Abs. 3 zu berichten.

(4) Der Ausschuß für Jugendarbeitsschutz bei der Aufsichtsbehörde berät diese in allen allgemeinen Angelegenheiten des Jugendarbeitsschutzes und macht dem Landesausschuß Vorschläge für die Durchführung dieses Gesetzes. Er klärt über Inhalt und Ziel des Jugendarbeitsschutzes auf.

Fünfter Abschnitt Straf- und Bußgeldvorschriften

§ 58 Bußgeld- und Strafvorschriften

(1) Ordnungswidrig handelt, wer als Arbeitgeber vorsätzlich oder fahrlässig

1. entgegen § 5 Abs. 1, auch in Verbindung mit § 2 Abs. 3, ein Kind oder einen Jugendlichen, der der Vollzeitschulpflicht unterliegt, beschäftigt,
2. entgegen § 5 Abs. 3 Satz 1 oder Satz 3, jeweils auch in Verbindung mit § 2 Abs. 3, ein Kind über 13 Jahre oder einen Jugendlichen, der der Vollzeitschulpflicht unterliegt, in anderer als der zugelassenen Weise beschäftigt,
3. (weggefallen)
4. entgegen § 7 Satz 1 Nr. 2, auch in Verbindung mit einer Rechtsverordnung nach § 26 Nr. 1, ein Kind, das der Vollzeitschulpflicht nicht mehr unterliegt, in anderer als der zugelassenen Weise beschäftigt,
5. entgegen § 8 einen Jugendlichen über die zulässige Dauer der Arbeitszeit hinaus beschäftigt,
6. entgegen § 9 Absatz 1 einen Jugendlichen beschäftigt oder nicht freistellt,
7. entgegen § 10 Abs. 1 einen Jugendlichen für die Teilnahme an Prüfungen oder Ausbildungsmaßnahmen oder an dem Arbeitstag, der der schriftlichen Abschlußprüfung unmittelbar vorangeht, nicht freistellt,
8. entgegen § 11 Abs. 1 oder 2 Ruhepausen nicht, nicht mit der vorgeschriebenen Mindestdauer oder nicht in der vorgeschriebenen zeitlichen Lage gewährt,
9. entgegen § 12 einen Jugendlichen über die zulässige Schichtzeit hinaus beschäftigt,
10. entgegen § 13 die Mindestfreizeit nicht gewährt,
11. entgegen § 14 Abs. 1 einen Jugendlichen außerhalb der Zeit von 6 bis 20 Uhr oder entgegen § 14 Abs. 7 Satz 3 vor Ablauf der Mindestfreizeit beschäftigt,
12. entgegen § 15 einen Jugendlichen an mehr als fünf Tagen in der Woche beschäftigt,
13. entgegen § 16 Abs. 1 einen Jugendlichen an Samstagen beschäftigt oder entgegen § 16 Abs. 3 Satz 1 den Jugendlichen nicht freistellt,
14. entgegen § 17 Abs. 1 einen Jugendlichen an Sonntagen beschäftigt oder entgegen § 17 Abs. 2 Satz 2 Halbsatz 2 oder Abs. 3 Satz 1 den Jugendlichen nicht freistellt,
15. entgegen § 18 Abs. 1 einen Jugendlichen am 24. oder 31. Dezember nach 14 Uhr oder an gesetzlichen Feiertagen beschäftigt oder entgegen § 18 Abs. 3 nicht freistellt,
16. entgegen § 19 Abs. 1 auch in Verbindung mit Abs. 2 Satz 1 oder 2, oder entgegen § 19 Abs. 3 Satz 2 oder Abs. 4 Satz 2 Urlaub nicht oder nicht mit der vorgeschriebenen Dauer gewährt,
17. entgegen § 21 Abs. 2 die geleistete Mehrarbeit durch Verkürzung der Arbeitszeit nicht ausgleicht,
18. entgegen § 22 Abs. 1, auch in Verbindung mit einer Rechtsverordnung nach § 26 Nr. 1, einen Jugendlichen mit den dort genannten Arbeiten beschäftigt,
19. entgegen § 23 Abs. 1, auch in Verbindung mit einer Rechtsverordnung nach § 26 Nr. 1, einen Jugendlichen mit Arbeiten mit Lohnanreiz, in einer Arbeits-

gruppe mit Erwachsenen, deren Entgelt vom Ergebnis ihrer Arbeit abhängt, oder mit tempoabhängigen Arbeiten beschäftigt,

20. entgegen § 24 Abs. 1, auch in Verbindung mit einer Rechtsverordnung nach § 26 Nr. 1, einen Jugendlichen mit Arbeiten unter Tage beschäftigt,
21. entgegen § 31 Abs. 2 Satz 2 einem Jugendlichen ein dort genanntes Getränk, Tabakwaren oder ein dort genanntes Erzeugnis gibt,
22. entgegen § 32 Abs. 1 einen Jugendlichen ohne ärztliche Bescheinigung über die Erstuntersuchung beschäftigt,
23. entgegen § 33 Abs. 3 einen Jugendlichen ohne ärztliche Bescheinigung über die erste Nachuntersuchung weiterbeschäftigt,
24. entgegen § 36 einen Jugendlichen ohne Vorlage der erforderlichen ärztlichen Bescheinigungen beschäftigt,
25. entgegen § 40 Abs. 1 einen Jugendlichen mit Arbeiten beschäftigt, durch deren Ausführung der Arzt nach der von ihm erteilten Bescheinigung die Gesundheit oder die Entwicklung des Jugendlichen für gefährdet hält,
26. einer Rechtsverordnung nach
    a) § 26 Nr. 2 oder
    b) § 28 Abs. 2

    zuwiderhandelt, soweit sie für einen bestimmten Tatbestand auf diese Bußgeldvorschrift verweist,
27. einer vollziehbaren Anordnung der Aufsichtsbehörde nach § 6 Abs. 3, § 27 Abs. 1 Satz 2 oder Abs. 2, § 28 Abs. 3 oder § 30 Abs. 2 zuwiderhandelt,
28. einer vollziehbaren Auflage der Aufsichtsbehörde nach § 6 Abs. 1, § 14 Abs. 7, § 27 Abs. 3 oder § 40 Abs. 2, jeweils in Verbindung mit § 54 Abs. 1, zuwiderhandelt,
29. einer vollziehbaren Anordnung oder Auflage der Aufsichtsbehörde auf Grund einer Rechtsverordnung nach § 26 Nr. 2 oder § 28 Abs. 2 zuwiderhandelt, soweit die Rechtsverordnung für einen bestimmten Tatbestand auf die Bußgeldvorschrift verweist.

(2) Ordnungswidrig handelt, wer vorsätzlich oder fahrlässig entgegen § 25 Abs. 1 Satz 1 oder Abs. 2 Satz 1 einen Jugendlichen beschäftigt, beaufsichtigt, anweist oder ausbildet, obwohl ihm dies verboten ist, oder einen anderen, dem dies verboten ist, mit der Beaufsichtigung, Anweisung oder Ausbildung eines Jugendlichen beauftragt.

(3) Absatz 1 Nr. 4, 6 bis 29 und Absatz 2 gelten auch für die Beschäftigung von Kindern (§ 2 Abs. 1) oder Jugendlichen, die der Vollzeitschulpflicht unterliegen (§ 2 Abs. 3), nach § 5 Abs. 2. Absatz 1 Nr. 6 bis 29 und Absatz 2 gelten auch für die Beschäftigung von Kindern, die der Vollzeitschulpflicht nicht mehr unterliegen, nach § 7.

(4) Die Ordnungswidrigkeit kann mit einer Geldbuße bis zu dreißigtausend Euro geahndet werden.

(5) Wer vorsätzlich eine in Absatz 1, 2 oder 3 bezeichnete Handlung begeht und dadurch ein Kind, einen Jugendlichen oder im Falle des Absatzes 1 Nr. 6 eine Person, die noch nicht 21 Jahre alt ist, in ihrer Gesundheit oder Arbeitskraft gefährdet, wird mit Freiheitsstrafe bis zu einem Jahr oder mit Geldstrafe bestraft. Ebenso wird bestraft, wer eine in Absatz 1, 2 oder 3 bezeichnete Handlung beharrlich wiederholt.

(6) Wer in den Fällen des Absatzes 5 Satz 1 die Gefahr fahrlässig verursacht, wird mit Freiheitsstrafe bis zu sechs Monaten oder mit Geldstrafe bis zu einhundertachtzig Tagessätzen bestraft.

§ 59 Bußgeldvorschrift

(1) Ordnungswidrig handelt, wer als Arbeitgeber vorsätzlich oder fahrlässig

1. entgegen § 6 Abs. 4 Satz 2 ein Kind vor Erhalt des Bewilligungsbescheides beschäftigt,
2. entgegen § 11 Abs. 3 den Aufenthalt in Arbeitsräumen gestattet,

2a. entgegen § 20 Absatz 2 Satz 1 eine Aufzeichnung nicht oder nicht richtig führt,

2b. entgegen § 20 Absatz 2 Satz 3 eine Aufzeichnung nicht oder nicht mindestens zwölf Monate aufbewahrt,
3. entgegen § 29 einen Jugendlichen über Gefahren nicht, nicht richtig oder nicht rechtzeitig unterweist,
4. entgegen § 33 Abs. 2 Satz 1 einen Jugendlichen nicht oder nicht rechtzeitig zur Vorlage einer ärztlichen Bescheinigung auffordert,
5. entgegen § 41 die ärztliche Bescheinigung nicht aufbewahrt, vorlegt, einsendet oder aushändigt,
6. entgegen § 43 Satz 1 einen Jugendlichen für ärztliche Untersuchungen nicht freistellt,
7. entgegen § 47 eine Kopie des Gesetzes oder die Anschrift der zuständigen Aufsichtsbehörde nicht, nicht richtig oder nicht vollständig zur Verfügung stellt und nicht, nicht richtig oder nicht vollständig auslegt und nicht, nicht richtig oder nicht vollständig aushängt,
8. entgegen § 48 eine Information nicht, nicht richtig oder nicht vollständig zur Verfügung stellt und nicht, nicht richtig oder nicht vollständig auslegt und nicht, nicht richtig oder nicht vollständig aushängt,
9. entgegen § 49 ein Verzeichnis nicht oder nicht in der vorgeschriebenen Weise führt,
10. entgegen § 50 Abs. 1 Angaben nicht, nicht richtig oder nicht vollständig macht oder Verzeichnisse oder Unterlagen nicht vorlegt oder einsendet oder entgegen § 50 Abs. 2 Verzeichnisse oder Unterlagen nicht oder nicht vorschriftsmäßig aufbewahrt,
11. entgegen § 51 Abs. 2 Satz 2 das Betreten oder Besichtigen der Arbeitsstätten nicht gestattet,
12. entgegen § 54 Abs. 3 eine Kopie nicht, nicht richtig oder nicht vollständig zur Verfügung stellt und nicht, nicht richtig oder nicht vollständig auslegt und nicht, nicht richtig oder nicht vollständig aushängt.

(2) Absatz 1 Nr. 2 bis 6 gilt auch für die Beschäftigung von Kindern (§ 2 Abs. 1 und 3) nach § 5 Abs. 2 Satz 1.

(3) Die Ordnungswidrigkeit kann mit einer Geldbuße bis zu fünftausend Euro geahndet werden.

§ 60 Verwaltungsvorschriften für die Verfolgung und Ahndung von Ordnungswidrigkeiten

Der Bundesminister für Arbeit und Sozialordnung kann mit Zustimmung des Bundesrates allgemeine Verwaltungsvorschriften für die Verfolgung und Ahndung von Ordnungswidrigkeiten nach §§ 58 und 59 durch die Verwaltungsbehörde (§ 35 des Gesetzes über Ordnungswidrigkeiten) und über die Erteilung einer Verwarnung (§§ 56, 58 Abs. 2 des Gesetzes über Ordnungswidrigkeiten) wegen einer Ordnungswidrigkeit nach §§ 58 und 59 erlassen.

Sechster Abschnitt
Schlußvorschriften

§ 61 Beschäftigung von Jugendlichen auf Kauffahrteischiffen

Für die Beschäftigung von Jugendlichen als Besatzungsmitglieder auf Kauffahrteischiffen im Sinne des § 3 des Seearbeitsgesetzes gilt anstelle dieses Gesetzes das Seearbeitsgesetz.

§ 62 Beschäftigung im Vollzug einer Freiheitsentziehung

(1) Die Vorschriften dieses Gesetzes gelten für die Beschäftigung Jugendlicher (§ 2 Abs. 2) im Vollzug einer gerichtlich angeordneten Freiheitsentziehung entsprechend, soweit es sich nicht nur um gelegentliche, geringfügige Hilfeleistungen handelt und soweit in den Absätzen 2 bis 4 nichts anderes bestimmt ist.

(2) Im Vollzug einer gerichtlich angeordneten Freiheitsentziehung finden § 19, §§ 47 bis 50 keine Anwendung.

(3) Die §§ 13, 14, 15, 16, 17 und 18 Abs. 1 und 2 gelten im Vollzug einer gerichtlich angeordneten Freiheitsentziehung nicht für die

Beschäftigung jugendlicher Anstaltsinsassen mit der Zubereitung und Ausgabe der Anstaltsverpflegung.

(4) § 18 Abs. 1 und 2 gilt nicht für die Beschäftigung jugendlicher Anstaltsinsassen in landwirtschaftlichen Betrieben der Vollzugsanstalten mit Arbeiten, die auch an Sonn- und Feiertagen naturnotwendig vorgenommen werden müssen.

§§ 63 bis 70 (Änderung anderer Vorschriften)

(hier nicht aufgenommen)

§ 71 (weggefallen)

§ 72 Inkrafttreten

(1) Dieses Gesetz tritt am 1. Mai 1976 in Kraft.

(2) Zum gleichen Zeitpunkt treten außer Kraft

1. das Jugendschutzgesetz vom 30. April 1938 (Reichsgesetzbl. I S. 437), zuletzt geändert durch das Zuständigkeitslockerungsgesetz vom 10. März 1975 (Bundesgesetzbl. I S. 685),
2. das Jugendarbeitsschutzgesetz vom 9. August 1960 (Bundesgesetzbl. I S. 665), zuletzt geändert durch Artikel 244 des Einführungsgesetzes zum Strafgesetzbuch vom 2. März 1974 (Bundesgesetzblatt I S. 469),
3. die auf § 80 Nr. 3 des Bundesbeamtengesetzes gestützten Rechtsvorschriften.

(3) Die auf Grund des § 37 Abs. 2 und des § 53 des Jugendarbeitsschutzgesetzes vom 9. August 1960, des § 20 Abs. 1 des Jugendschutzgesetzes vom 30. April 1938 und des § 120e der Gewerbeordnung erlassenen Vorschriften bleiben unberührt. Sie können, soweit sie den Geltungsbereich dieses Gesetzes betreffen, durch Rechtsverordnungen auf Grund des § 26 oder des § 46 geändert oder aufgehoben werden.

(4) Vorschriften in Rechtsverordnungen, die durch § 69 dieses Gesetzes geändert werden, können vom Bundesministerium für Arbeit und Soziales im Rahmen der bestehenden Ermächtigungen geändert oder aufgehoben werden.

(5) Verweisungen auf Vorschriften des Jugendarbeitsschutzgesetzes vom 9. August 1960 gelten als Verweisungen auf die entsprechenden Vorschriften dieses Gesetzes oder der auf Grund dieses Gesetzes erlassenen Rechtsverordnungen.

Kündigungsschutzgesetz (KSchG)

in der Fassung der Bekanntmachung vom 25. August 1969 (BGBl. I S. 1317)

Zuletzt geändert durch
Betriebsrätemodernisierungsgesetz
vom 14. Juni 2021 (BGBl. I S. 1762)

Erster Abschnitt Allgemeiner Kündigungsschutz

§ 1 Sozial ungerechtfertigte Kündigungen

(1) Die Kündigung des Arbeitsverhältnisses gegenüber einem Arbeitnehmer, dessen Arbeitsverhältnis in demselben Betrieb oder Unternehmen ohne Unterbrechung länger als sechs Monate bestanden hat, ist rechtsunwirksam, wenn sie sozial ungerechtfertigt ist.

(2) $_1$Sozial ungerechtfertigt ist die Kündigung, wenn sie nicht durch Gründe, die in der Person oder in dem Verhalten des Arbeitnehmers liegen, oder durch dringende betriebliche Erfordernisse, die einer Weiterbeschäftigung des Arbeitnehmers in diesem Betrieb entgegenstehen, bedingt ist. $_2$Die Kündigung ist auch sozial ungerechtfertigt, wenn

1. in Betrieben des privaten Rechts
   a) die Kündigung gegen eine Richtlinie nach § 95 des Betriebsverfassungsgesetzes verstößt,
   b) der Arbeitnehmer an einem anderen Arbeitsplatz in demselben Betrieb oder in einem anderen Betrieb des Unternehmens weiterbeschäftigt werden kann

   und der Betriebsrat oder eine andere nach dem Betriebsverfassungsgesetz insoweit zuständige Vertretung der Arbeitnehmer aus einem dieser Gründe der Kündigung innerhalb der Frist des § 102 Abs. 2 Satz 1 des Betriebsverfassungsgesetzes schriftlich widersprochen hat,
2. in Betrieben und Verwaltungen des öffentlichen Rechts
   a) die Kündigung gegen eine Richtlinie über die personelle Auswahl bei Kündigungen verstößt,
   b) der Arbeitnehmer an einem anderen Arbeitsplatz in derselben Dienststelle oder in einer anderen Dienststelle desselben Verwaltungszweiges an demselben Dienstort einschließlich seines Einzugsgebietes weiterbeschäftigt werden kann

   und die zuständige Personalvertretung aus einem dieser Gründe fristgerecht gegen die Kündigung Einwendungen erhoben hat, es sei denn, daß die Stufenvertretung in der Verhandlung mit der übergeordneten Dienststelle die Einwendungen nicht aufrechterhalten hat.

$_3$Satz 2 gilt entsprechend, wenn die Weiterbeschäftigung des Arbeitnehmers nach zumutbaren Umschulungs- oder Fortbildungsmaßnahmen oder eine Weiterbeschäftigung des Arbeitnehmers unter geänderten Arbeitsbedingungen möglich ist und der Arbeitnehmer sein Einverständnis hiermit erklärt hat. $_4$Der Arbeitgeber hat die Tatsachen zu beweisen, die die Kündigung bedingen.

(3) $_1$Ist einem Arbeitnehmer aus dringenden betrieblichen Erfordernissen im Sinne des Absatzes 2 gekündigt worden, so ist die Kündigung trotzdem sozial ungerechtfertigt, wenn der Arbeitgeber bei der Auswahl des Arbeitnehmers die Dauer der Betriebszugehörigkeit, das Lebensalter, die Unterhaltspflichten und die Schwerbehinderung des Arbeitnehmers nicht oder nicht ausreichend berücksichtigt hat; auf Verlangen des Arbeitnehmers hat der Arbeitgeber dem Arbeitnehmer die Gründe anzugeben, die zu der ge-

troffenen sozialen Auswahl geführt haben. 2In die soziale Auswahl nach Satz 1 sind Arbeitnehmer nicht einzubeziehen, deren Weiterbeschäftigung, insbesondere wegen ihrer Kenntnisse, Fähigkeiten und Leistungen oder zur Sicherung einer ausgewogenen Personalstruktur des Betriebes, im berechtigten betrieblichen Interesse liegt. 3Der Arbeitnehmer hat die Tatsachen zu beweisen, die die Kündigung als sozial ungerechtfertigt im Sinne des Satzes 1 erscheinen lassen.

(4) Ist in einem Tarifvertrag, in einer Betriebsvereinbarung nach § 95 des Betriebsverfassungsgesetzes oder in einer entsprechenden Richtlinie nach den Personalvertretungsgesetzen festgelegt, wie die sozialen Gesichtspunkte nach Absatz 3 Satz 1 im Verhältnis zueinander zu bewerten sind, so kann die Bewertung nur auf grobe Fehlerhaftigkeit überprüft werden.

(5) 1Sind bei einer Kündigung auf Grund einer Betriebsänderung nach § 111 des Betriebsverfassungsgesetzes die Arbeitnehmer, denen gekündigt werden soll, in einem Interessenausgleich zwischen Arbeitgeber und Betriebsrat namentlich bezeichnet, so wird vermutet, dass die Kündigung durch dringende betriebliche Erfordernisse im Sinne des Absatzes 2 bedingt ist. 2Die soziale Auswahl der Arbeitnehmer kann nur auf grobe Fehlerhaftigkeit überprüft werden. 3Die Sätze 1 und 2 gelten nicht, soweit sich die Sachlage nach Zustandekommen des Interessenausgleichs wesentlich geändert hat. 4Der Interessenausgleich nach Satz 1 ersetzt die Stellungnahme des Betriebsrates nach § 17 Abs. 3 Satz 2.

§ 1a Abfindungsanspruch bei betriebsbedingter Kündigung

(1) 1Kündigt der Arbeitgeber wegen dringender betrieblicher Erfordernisse nach § 1 Abs. 2 Satz 1 und erhebt der Arbeitnehmer bis zum Ablauf der Frist des § 4 Satz 1 keine Klage auf Feststellung, dass das Arbeitsverhältnis durch die Kündigung nicht aufgelöst ist, hat der Arbeitnehmer mit dem Ablauf der Kündigungsfrist Anspruch auf eine Abfindung. 2Der Anspruch setzt den Hinweis des Arbeitgebers in der Kündigungserklärung voraus, dass die Kündigung auf dringende betriebliche Erfordernisse gestützt ist und der Arbeitnehmer bei Verstreichenlassen der Klagefrist die Abfindung beanspruchen kann.

(2) 1Die Höhe der Abfindung beträgt 0,5 Monatsverdienste für jedes Jahr des Bestehens des Arbeitsverhältnisses. 2§ 10 Abs. 3 gilt entsprechend. 3Bei der Ermittlung der Dauer des Arbeitsverhältnisses ist ein Zeitraum von mehr als sechs Monaten auf ein volles Jahr aufzurunden.

§ 2 Änderungskündigung

1Kündigt der Arbeitgeber das Arbeitsverhältnis und bietet er dem Arbeitnehmer im Zusammenhang mit der Kündigung die Fortsetzung des Arbeitsverhältnisses zu geänderten Arbeitsbedingungen an, so kann der Arbeitnehmer dieses Angebot unter dem Vorbehalt annehmen, daß die Änderung der Arbeitsbedingungen nicht sozial ungerechtfertigt ist (§ 1 Abs. 2 Satz 1 bis 3, Abs. 3 Satz 1 und 2). 2Diesen Vorbehalt muß der Arbeitnehmer dem Arbeitgeber innerhalb der Kündigungsfrist, spätestens jedoch innerhalb von drei Wochen nach Zugang der Kündigung erklären.

§ 3 Kündigungseinspruch

1Hält der Arbeitnehmer eine Kündigung für sozial ungerechtfertigt, so kann er binnen einer Woche nach der Kündigung Einspruch beim Betriebsrat einlegen. 2Erachtet der Betriebsrat den Einspruch für begründet, so hat er zu versuchen, eine Verständigung mit dem Arbeitgeber herbeizuführen. 3Er hat seine Stellungnahme zu dem Einspruch dem Arbeitnehmer und dem Arbeitgeber auf Verlangen schriftlich mitzuteilen.

§ 4 Anrufung des Arbeitsgerichts

1Will ein Arbeitnehmer geltend machen, dass eine Kündigung sozial ungerechtfertigt oder aus anderen Gründen rechtsunwirksam ist, so muss er innerhalb von drei Wochen nach Zugang der schriftlichen Kündigung Klage beim Arbeitsgericht auf Feststellung erheben, dass das Arbeitsverhältnis durch die Kündigung nicht aufgelöst ist. 2Im Falle des § 2 ist die Klage auf Feststellung zu erheben, daß die

Änderung der Arbeitsbedingungen sozial ungerechtfertigt oder aus anderen Gründen rechtsunwirksam ist. $_{3}$Hat der Arbeitnehmer Einspruch beim Betriebsrat eingelegt (§ 3), so soll er der Klage die Stellungnahme des Betriebsrates beifügen. $_{4}$Soweit die Kündigung der Zustimmung einer Behörde bedarf, läuft die Frist zur Anrufung des Arbeitsgerichtes erst von der Bekanntgabe der Entscheidung der Behörde an den Arbeitnehmer ab.

§ 5 Zulassung verspäteter Klagen

(1) $_{1}$War ein Arbeitnehmer nach erfolgter Kündigung trotz Anwendung aller ihm nach Lage der Umstände zuzumutenden Sorgfalt verhindert, die Klage innerhalb von drei Wochen nach Zugang der schriftlichen Kündigung zu erheben, so ist auf seinen Antrag die Klage nachträglich zuzulassen. $_{2}$Gleiches gilt, wenn eine Frau von ihrer Schwangerschaft aus einem von ihr nicht zu vertretenden Grund erst nach Ablauf der Frist des § 4 Satz 1 Kenntnis erlangt hat.

(2) $_{1}$Mit dem Antrag ist die Klageerhebung zu verbinden; ist die Klage bereits eingereicht, so ist auf sie im Antrag Bezug zu nehmen. $_{2}$Der Antrag muß ferner die Angabe der die nachträgliche Zulassung begründenden Tatsachen und der Mittel für deren Glaubhaftmachung enthalten.

(3) $_{1}$Der Antrag ist nur innerhalb von zwei Wochen nach Behebung des Hindernisses zulässig. $_{2}$Nach Ablauf von sechs Monaten, vom Ende der versäumten Frist an gerechnet, kann der Antrag nicht mehr gestellt werden.

(4) $_{1}$Das Verfahren über den Antrag auf nachträgliche Zulassung ist mit dem Verfahren über die Klage zu verbinden. $_{2}$Das Arbeitsgericht kann das Verfahren zunächst auf die Verhandlung und Entscheidung über den Antrag beschränken. $_{3}$In diesem Fall ergeht die Entscheidung durch Zwischenurteil, das wie ein Endurteil angefochten werden kann.

(5) $_{1}$Hat das Arbeitsgericht über einen Antrag auf nachträgliche Klagezulassung nicht entschieden oder wird ein solcher Antrag erstmals vor dem Landesarbeitsgericht gestellt, entscheidet hierüber die Kammer des Landesarbeitsgerichts. $_{2}$Absatz 4 gilt entsprechend.

§ 6 Verlängerte Anrufungsfrist

$_{1}$Hat ein Arbeitnehmer innerhalb von drei Wochen nach Zugang der schriftlichen Kündigung im Klagewege geltend gemacht, dass eine rechtswirksame Kündigung nicht vorliege, so kann er sich in diesem Verfahren bis zum Schluss der mündlichen Verhandlung erster Instanz zur Begründung der Unwirksamkeit der Kündigung auch auf innerhalb der Klagefrist nicht geltend gemachte Gründe berufen. $_{2}$Das Arbeitsgericht soll ihn hierauf hinweisen.

§ 7 Wirksamwerden der Kündigung

Wird die Rechtsunwirksamkeit einer Kündigung nicht rechtzeitig geltend gemacht (§ 4 Satz 1, §§ 5 und 6), so gilt die Kündigung als von Anfang an rechtswirksam; ein vom Arbeitnehmer nach § 2 erklärter Vorbehalt erlischt.

§ 8 Wiederherstellung der früheren Arbeitsbedingungen

Stellt das Gericht im Falle des § 2 fest, daß die Änderung der Arbeitsbedingungen sozial ungerechtfertigt ist, so gilt die Änderungskündigung als von Anfang an rechtsunwirksam.

§ 9 Auflösung des Arbeitsverhältnisses durch Urteil des Gerichts; Abfindung des Arbeitnehmers

(1) $_{1}$Stellt das Gericht fest, daß das Arbeitsverhältnis durch die Kündigung nicht aufgelöst ist, ist jedoch dem Arbeitnehmer die Fortsetzung des Arbeitsverhältnisses nicht zuzumuten, so hat das Gericht auf Antrag des Arbeitnehmers das Arbeitsverhältnis aufzulösen und den Arbeitgeber zur Zahlung einer angemessenen Abfindung zu verurteilen. $_{2}$Die gleiche Entscheidung hat das Gericht auf Antrag des Arbeitgebers zu treffen, wenn Gründe vorliegen, die eine den Betriebszwecken dienliche weitere Zusammenarbeit zwischen Arbeitgeber und Arbeitnehmer nicht erwarten lassen. $_{3}$Arbeitnehmer und Arbeitgeber können den Antrag auf Auflösung des Arbeitsverhältnisses bis zum Schluß der letz-

ten mündlichen Verhandlung in der Berufungsinstanz stellen.

(2) Das Gericht hat für die Auflösung des Arbeitsverhältnisses den Zeitpunkt festzusetzen, an dem es bei sozial gerechtfertigter Kündigung geendet hätte.

§ 10 Höhe der Abfindung

(1) Als Abfindung ist ein Betrag bis zu zwölf Monatsverdiensten festzusetzen.

(2) $_1$Hat der Arbeitnehmer das fünfzigste Lebensjahr vollendet und hat das Arbeitsverhältnis mindestens fünfzehn Jahre bestanden, so ist ein Betrag bis zu fünfzehn Monatsverdiensten, hat der Arbeitnehmer das fünfundfünfzigste Lebensjahr vollendet und hat das Arbeitsverhältnis mindestens zwanzig Jahre bestanden, so ist ein Betrag bis zu achtzehn Monatsverdiensten festzusetzen. $_2$Dies gilt nicht, wenn der Arbeitnehmer in dem Zeitpunkt, den das Gericht nach § 9 Abs. 2 für die Auflösung des Arbeitsverhältnisses festsetzt, das in der Vorschrift des Sechsten Buches Sozialgesetzbuch über die Regelaltersrente bezeichnete Lebensalter erreicht hat.

(3) Als Monatsverdienst gilt, was dem Arbeitnehmer bei der für ihn maßgebenden regelmäßigen Arbeitszeit in dem Monat, in dem das Arbeitsverhältnis endet (§ 9 Abs. 2), an Geld- und Sachbezügen zusteht.

§ 11 Anrechnung auf entgangenen Zwischenverdienst

Besteht nach der Entscheidung des Gerichts das Arbeitsverhältnis fort, so muß sich der Arbeitnehmer auf das Arbeitsentgelt, das ihm der Arbeitgeber für die Zeit nach der Entlassung schuldet, anrechnen lassen,

1. was er durch anderweitige Arbeit verdient hat,
2. was er hätte verdienen können, wenn er es nicht böswillig unterlassen hätte, eine ihm zumutbare Arbeit anzunehmen,
3. was ihm an öffentlich-rechtlichen Leistungen infolge Arbeitslosigkeit aus der Sozialversicherung, der Arbeitslosenversicherung, der Sicherung des Lebensunterhalts nach dem Zweiten Buch Sozialgesetzbuch oder der Sozialhilfe für die Zwischenzeit gezahlt worden ist. Diese Beträge hat der Arbeitgeber der Stelle zu erstatten, die sie geleistet hat.

§ 12 Neues Arbeitsverhältnis des Arbeitnehmers; Auflösung des alten Arbeitsverhältnisses

$_1$Besteht nach der Entscheidung des Gerichts das Arbeitsverhältnis fort, ist jedoch der Arbeitnehmer inzwischen ein neues Arbeitsverhältnis eingegangen, so kann er binnen einer Woche nach der Rechtskraft des Urteils durch Erklärung gegenüber dem alten Arbeitgeber die Fortsetzung des Arbeitsverhältnisses bei diesem verweigern. $_2$Die Frist wird auch durch eine vor ihrem Ablauf zur Post gegebene schriftliche Erklärung gewahrt. $_3$Mit dem Zugang der Erklärung erlischt das Arbeitsverhältnis. $_4$Macht der Arbeitnehmer von seinem Verweigerungsrecht Gebrauch, so ist ihm entgangener Verdienst nur für die Zeit zwischen der Entlassung und dem Tage des Eintritts in das neue Arbeitsverhältnis zu gewähren. $_5$§ 11 findet entsprechende Anwendung.

§ 13 Außerordentliche, sittenwidrige und sonstige Kündigungen

(1) $_1$Die Vorschriften über das Recht zur außerordentlichen Kündigung eines Arbeitsverhältnisses werden durch das vorliegende Gesetz nicht berührt. $_2$Die Rechtsunwirksamkeit einer außerordentlichen Kündigung kann jedoch nur nach Maßgabe des § 4 Satz 1 und der §§ 5 bis 7 geltend gemacht werden. $_3$Stellt das Gericht fest, dass die außerordentliche Kündigung unbegründet ist, ist jedoch dem Arbeitnehmer die Fortsetzung des Arbeitsverhältnisses nicht zuzumuten, so hat auf seinen Antrag das Gericht das Arbeitsverhältnis aufzulösen und den Arbeitgeber zur Zahlung einer angemessenen Abfindung zu verurteilen. $_4$Das Gericht hat für die Auflösung des Arbeitsverhältnisses den Zeitpunkt festzulegen, zu dem die außerordentliche Kündigung ausgesprochen wurde. $_5$Die Vorschriften der §§ 10 bis 12 gelten entsprechend.

(2) Verstößt eine Kündigung gegen die guten Sitten, so finden die Vorschriften des § 9 Abs. 1 Satz 1 und Abs. 2 und der §§ 10 bis 12 entsprechende Anwendung.

(3) Im Übrigen finden die Vorschriften dieses Abschnitts mit Ausnahme der §§ 4 bis 7 auf eine Kündigung, die bereits aus anderen als den in § 1 Abs. 2 und 3 bezeichneten Gründen rechtsunwirksam ist, keine Anwendung.

§ 14 Angestellte in leitender Stellung

(1) Die Vorschriften dieses Abschnitts gelten nicht

1. in Betrieben einer juristischen Person für die Mitglieder des Organs, das zur gesetzlichen Vertretung der juristischen Person berufen ist,
2. in Betrieben einer Personengesamtheit für die durch Gesetz, Satzung oder Gesellschaftsvertrag zur Vertretung der Personengesamtheit berufenen Personen.

(2) $_1$Auf Geschäftsführer, Betriebsleiter und ähnliche leitende Angestellte, soweit diese zur selbständigen Einstellung oder Entlassung von Arbeitnehmern berechtigt sind, finden die Vorschriften dieses Abschnitts mit Ausnahme des § 3 Anwendung. $_2$§ 9 Abs. 1 Satz 2 findet mit der Maßgabe Anwendung, daß der Antrag des Arbeitgebers auf Auflösung des Arbeitsverhältnisses keiner Begründung bedarf.

Zweiter Abschnitt Kündigungsschutz im Rahmen der Betriebsverfassung und Personalvertretung

§ 15 Unzulässigkeit der Kündigung

(1) $_1$Die Kündigung eines Mitglieds eines Betriebsrats, einer Jugend- und Auszubildendenvertretung, einer Bordvertretung oder eines Seebetriebsrats ist unzulässig, es sei denn, daß Tatsachen vorliegen, die den Arbeitgeber zur Kündigung aus wichtigem Grund ohne Einhaltung einer Kündigungsfrist berechtigen, und daß die nach § 103 des Betriebsverfassungsgesetzes erforderliche Zustimmung vorliegt oder durch gerichtliche Entscheidung ersetzt ist. $_2$Nach Beendigung der Amtszeit ist die Kündigung eines Mitglieds eines Betriebsrats, einer Jugend- und Auszubildendenvertretung oder eines Seebetriebsrats innerhalb eines Jahres, die Kündigung eines Mitglieds einer Bordvertretung innerhalb von sechs Monaten, jeweils vom Zeitpunkt der Beendigung der Amtszeit an gerechnet, unzulässig, es sei denn, daß Tatsachen vorliegen, die den Arbeitgeber zur Kündigung aus wichtigem Grund ohne Einhaltung einer Kündigungsfrist berechtigen; dies gilt nicht, wenn die Beendigung der Mitgliedschaft auf einer gerichtlichen Entscheidung beruht.

(2) $_1$Die Kündigung eines Mitglieds einer Personalvertretung, einer Jugend- und Auszubildendenvertretung oder einer Jugendvertretung ist unzulässig, es sei denn, daß Tatsachen vorliegen, die den Arbeitgeber zur Kündigung aus wichtigem Grund ohne Einhaltung einer Kündigungsfrist berechtigen, und daß die nach dem Personalvertretungsrecht erforderliche Zustimmung vorliegt oder durch gerichtliche Entscheidung ersetzt ist. $_2$Nach Beendigung der Amtszeit der in Satz 1 genannten Personen ist ihre Kündigung innerhalb eines Jahres, vom Zeitpunkt der Beendigung der Amtszeit an gerechnet, unzulässig, es sei denn, daß Tatsachen vorliegen, die den Arbeitgeber zur Kündigung aus wichtigem Grund ohne Einhaltung einer Kündigungsfrist berechtigen; dies gilt nicht, wenn die Beendigung der Mitgliedschaft auf einer gerichtlichen Entscheidung beruht.

(3) $_1$Die Kündigung eines Mitglieds eines Wahlvorstands ist vom Zeitpunkt seiner Bestellung an, die Kündigung eines Wahlbewerbers vom Zeitpunkt der Aufstellung des Wahlvorschlags an, jeweils bis zur Bekanntgabe des Wahlergebnisses unzulässig, es sei denn, daß Tatsachen vorliegen, die den Arbeitgeber zur Kündigung aus wichtigem Grund ohne Einhaltung einer Kündigungsfrist berechtigen, und daß die nach § 103 des Betriebsverfassungsgesetzes oder nach dem Personalvertretungsrecht erforderliche Zustimmung vorliegt oder durch eine gerichtliche Entscheidung ersetzt ist. $_2$Innerhalb von

sechs Monaten nach Bekanntgabe des Wahlergebnisses ist die Kündigung unzulässig, es sei denn, daß Tatsachen vorliegen, die den Arbeitgeber zur Kündigung aus wichtigem Grund ohne Einhaltung einer Kündigungsfrist berechtigen; dies gilt nicht für Mitglieder des Wahlvorstands, wenn dieser durch gerichtliche Entscheidung durch einen anderen Wahlvorstand ersetzt worden ist.

(3a) 1Die Kündigung eines Arbeitnehmers, der zu einer Betriebs-, Wahl- oder Bordversammlung nach § 17 Abs. 3, § 17a Nr. 3 Satz 2, § 115 Abs. 2 Nr. 8 Satz 1 des Betriebsverfassungsgesetzes einlädt oder die Bestellung eines Wahlvorstands nach § 16 Abs. 2 Satz 1, § 17 Abs. 4, § 17a Nr. 4, § 63 Abs. 3, § 115 Abs. 2 Nr. 8 Satz 2 oder § 116 Abs. 2 Nr. 7 Satz 5 des Betriebsverfassungsgesetzes beantragt, ist vom Zeitpunkt der Einladung oder Antragstellung an bis zur Bekanntgabe des Wahlergebnisses unzulässig, es sei denn, dass Tatsachen vorliegen, die den Arbeitgeber zur Kündigung aus wichtigem Grund ohne Einhaltung einer Kündigungsfrist berechtigen; der Kündigungsschutz gilt für die ersten sechs in der Einladung oder die ersten drei in der Antragstellung aufgeführten Arbeitnehmer. 2Wird ein Betriebsrat, eine Jugend- und Auszubildendenvertretung, eine Bordvertretung oder ein Seebetriebsrat nicht gewählt, besteht der Kündigungsschutz nach Satz 1 vom Zeitpunkt der Einladung oder Antragstellung an drei Monate.

(3b) 1Die Kündigung eines Arbeitnehmers, der Vorbereitungshandlungen zur Errichtung eines Betriebsrats oder einer Bordvertretung unternimmt und eine öffentlich beglaubigte Erklärung mit dem Inhalt abgegeben hat, dass er die Absicht hat, einen Betriebsrat oder eine Bordvertretung zu errichten, ist unzulässig, soweit sie aus Gründen erfolgt, die in der Person oder in dem Verhalten des Arbeitnehmers liegen, es sei denn, dass Tatsachen vorliegen, die den Arbeitgeber zur Kündigung aus wichtigem Grund ohne Einhaltung einer Kündigungsfrist berechtigen. 2Der Kündigungsschutz gilt von der Abgabe der Erklärung nach Satz 1 bis zum Zeitpunkt der Einladung zu einer Betriebs-, Wahl- oder Bordversammlung nach § 17 Absatz 3, § 17a Nummer 3 Satz 2, § 115 Absatz 2 Nummer 8 Satz 1 des Betriebsverfassungsgesetzes, längstens jedoch für drei Monate.

(4) Wird der Betrieb stillgelegt, so ist die Kündigung der in den Absätzen 1 bis 3a genannten Personen frühestens zum Zeitpunkt der Stillegung zulässig, es sei denn, daß ihre Kündigung zu einem früheren Zeitpunkt durch zwingende betriebliche Erfordernisse bedingt ist.

(5) 1Wird eine der in den Absätzen 1 bis 3a genannten Personen in einer Betriebsabteilung beschäftigt, die stillgelegt wird, so ist sie in eine andere Betriebsabteilung zu übernehmen. 2Ist dies aus betrieblichen Gründen nicht möglich, so findet auf ihre Kündigung die Vorschrift des Absatzes 4 über die Kündigung bei Stillegung des Betriebs sinngemäß Anwendung.

§ 16 Neues Arbeitsverhältnis; Auflösung des alten Arbeitsverhältnisses

1Stellt das Gericht die Unwirksamkeit der Kündigung einer der in § 15 Absatz 1 bis 3b genannten Personen fest, so kann diese Person, falls sie inzwischen ein neues Arbeitsverhältnis eingegangen ist, binnen einer Woche nach Rechtskraft des Urteils durch Erklärung gegenüber dem alten Arbeitgeber die Weiterbeschäftigung bei diesem verweigern. 2Im übrigen finden die Vorschriften des § 11 und des § 12 Satz 2 bis 4 entsprechende Anwendung.

Dritter Abschnitt
Anzeigepflichtige Entlassungen

§ 17 Anzeigepflicht

(1) 1Der Arbeitgeber ist verpflichtet, der Agentur für Arbeit Anzeige zu erstatten, bevor er

1. in Betrieben mit in der Regel mehr als 20 und weniger als 60 Arbeitnehmern mehr als 5 Arbeitnehmer,
2. in Betrieben mit in der Regel mindestens 60 und weniger als 500 Arbeitnehmern 10 vom Hundert der im Betrieb regelmäßig

11

beschäftigten Arbeitnehmer oder aber mehr als 25 Arbeitnehmer,

3. in Betrieben mit in der Regel mindestens 500 Arbeitnehmern mindestens 30 Arbeitnehmer

innerhalb von 30 Kalendertagen entläßt. ₂Den Entlassungen stehen andere Beendigungen des Arbeitsverhältnisses gleich, die vom Arbeitgeber veranlaßt werden.

(2) ₁Beabsichtigt der Arbeitgeber, nach Absatz 1 anzeigepflichtige Entlassungen vorzunehmen, hat er dem Betriebsrat rechtzeitig die zweckdienlichen Auskünfte zu erteilen und ihn schriftlich insbesondere zu unterrichten über

1. die Gründe für die geplanten Entlassungen,
2. die Zahl und die Berufsgruppen der zu entlassenden Arbeitnehmer,
3. die Zahl und die Berufsgruppen der in der Regel beschäftigten Arbeitnehmer,
4. den Zeitraum, in dem die Entlassungen vorgenommen werden sollen,
5. die vorgesehenen Kriterien für die Auswahl der zu entlassenden Arbeitnehmer,
6. die für die Berechnung etwaiger Abfindungen vorgesehenen Kriterien.

₂Arbeitgeber und Betriebsrat haben insbesondere die Möglichkeiten zu beraten, Entlassungen zu vermeiden oder einzuschränken und ihre Folgen zu mildern.

(3) ₁Der Arbeitgeber hat gleichzeitig der Agentur für Arbeit eine Abschrift der Mitteilung an den Betriebsrat zuzuleiten; sie muß zumindest die in Absatz 2 Satz 1 Nr. 1 bis 5 vorgeschriebenen Angaben enthalten. ₂Die Anzeige nach Absatz 1 ist schriftlich unter Beifügung der Stellungnahme des Betriebsrates zu den Entlassungen zu erstatten. ₃Liegt eine Stellungnahme des Betriebsrates nicht vor, so ist die Anzeige wirksam, wenn der Arbeitgeber glaubhaft macht, daß er den Betriebsrat mindestens zwei Wochen vor Erstattung der Anzeige nach Absatz 2 Satz 1 unterrichtet hat, und er den Stand der Beratungen darlegt. ₄Die Anzeige muß Angaben über den Namen des Arbeitgebers, den Sitz und die Art des Betriebes enthalten, ferner die Gründe für die geplanten Entlassungen, die Zahl und die Berufsgruppen der zu entlassenden und der in der Regel beschäftigten Arbeitnehmer, den Zeitraum, in dem die Entlassungen vorgenommen werden sollen und die vorgesehenen Kriterien für die Auswahl der zu entlassenden Arbeitnehmer. ₅In der Anzeige sollen ferner im Einvernehmen mit dem Betriebsrat für die Arbeitsvermittlung Angaben über Geschlecht, Alter, Beruf und Staatsangehörigkeit der zu entlassenden Arbeitnehmer gemacht werden. ₆Der Arbeitgeber hat dem Betriebsrat eine Abschrift der Anzeige zuzuleiten. ₇Der Betriebsrat kann gegenüber der Agentur für Arbeit weitere Stellungnahmen abgeben. ₈Er hat dem Arbeitgeber eine Abschrift der Stellungnahme zuzuleiten.

(3a) ₁Die Auskunfts-, Beratungs- und Anzeigepflichten nach den Absätzen 1 bis 3 gelten auch dann, wenn die Entscheidung über die Entlassungen von einem den Arbeitgeber beherrschenden Unternehmen getroffen wurde. ₂Der Arbeitgeber kann sich nicht darauf berufen, daß das für die Entlassungen verantwortliche Unternehmen die notwendigen Auskünfte nicht übermittelt hat.

(4) ₁Das Recht zur fristlosen Entlassung bleibt unberührt. ₂Fristlose Entlassungen werden bei Berechnung der Mindestzahl der Entlassungen nach Absatz 1 nicht mitgerechnet.

(5) Als Arbeitnehmer im Sinne dieser Vorschrift gelten nicht

1. in Betrieben einer juristischen Person die Mitglieder des Organs, das zur gesetzlichen Vertretung der juristischen Person berufen ist,
2. in Betrieben einer Personengesamtheit die durch Gesetz, Satzung oder Gesellschaftsvertrag zur Vertretung der Personengesamtheit berufenen Personen,
3. Geschäftsführer, Betriebsleiter und ähnliche leitende Personen, soweit diese zur selbständigen Einstellung oder Entlassung von Arbeitnehmern berechtigt sind.

§ 18 Entlassungssperre

(1) Entlassungen, die nach § 17 anzuzeigen sind, werden vor Ablauf eines Monats nach

Eingang der Anzeige bei der Agentur für Arbeit nur mit deren Zustimmung wirksam; die Zustimmung kann auch rückwirkend bis zum Tage der Antragstellung erteilt werden.

(2) Die Agentur für Arbeit kann im Einzelfall bestimmen, daß die Entlassungen nicht vor Ablauf von längstens zwei Monaten nach Eingang der Anzeige bei der Agentur für Arbeit wirksam werden.

(3) (weggefallen)

(4) Soweit die Entlassungen nicht innerhalb von 90 Tagen nach dem Zeitpunkt, zu dem sie nach den Absätzen 1 und 2 zulässig sind, durchgeführt werden, bedarf es unter den Voraussetzungen des § 17 Abs. 1 einer erneuten Anzeige.

§ 19 Zulässigkeit von Kurzarbeit

(1) Ist der Arbeitgeber nicht in der Lage, die Arbeitnehmer bis zu dem in § 18 Abs. 1 und 2 bezeichneten Zeitpunkt voll zu beschäftigen, so kann die Bundesagentur für Arbeit zulassen, daß der Arbeitgeber für die Zwischenzeit Kurzarbeit einführt.

(2) Der Arbeitgeber ist im Falle der Kurzarbeit berechtigt, Lohn oder Gehalt der mit verkürzter Arbeitszeit beschäftigten Arbeitnehmer entsprechend zu kürzen; die Kürzung des Arbeitsentgelts wird jedoch erst von dem Zeitpunkt an wirksam, an dem das Arbeitsverhältnis nach den allgemeinen gesetzlichen oder den vereinbarten Bestimmungen enden würde.

(3) Tarifvertragliche Bestimmungen über die Einführung, das Ausmaß und die Bezahlung von Kurzarbeit werden durch die Absätze 1 und 2 nicht berührt.

§ 20 Entscheidungen der Agentur für Arbeit

(1) 1Die Entscheidungen der Agentur für Arbeit nach § 18 Abs. 1 und 2 trifft deren Geschäftsführung oder ein Ausschuß (Entscheidungsträger). 2Die Geschäftsführung darf nur dann entscheiden, wenn die Zahl der Entlassungen weniger als 50 beträgt.

(2) 1Der Ausschuß setzt sich aus dem Geschäftsführer, der Geschäftsführerin oder dem oder der Vorsitzenden der Geschäftsführung der Agentur für Arbeit oder einem von ihm oder ihr beauftragten Angehörigen der Agentur für Arbeit als Vorsitzenden und je zwei Vertretern der Arbeitnehmer, der Arbeitgeber und der öffentlichen Körperschaften zusammen, die von dem Verwaltungsausschuss der Agentur für Arbeit benannt werden. 2Er trifft seine Entscheidungen mit Stimmenmehrheit.

(3) 1Der Entscheidungsträger hat vor seiner Entscheidung den Arbeitgeber und den Betriebsrat anzuhören. 2Dem Entscheidungsträger sind, insbesondere vom Arbeitgeber und Betriebsrat, die von ihm für die Beurteilung des Falles erforderlich gehaltenen Auskünfte zu erteilen.

(4) Der Entscheidungsträger hat sowohl das Interesse des Arbeitgebers als auch das der zu entlassenden Arbeitnehmer, das öffentliche Interesse und die Lage des gesamten Arbeitsmarktes unter besonderer Beachtung des Wirtschaftszweiges, dem der Betrieb angehört, zu berücksichtigen.

§ 21 Entscheidungen der Zentrale der Bundesagentur für Arbeit

1Für Betriebe, die zum Geschäftsbereich des Bundesministers für Verkehr oder des Bundesministers für Post- und Telekommunikation gehören, trifft, wenn mehr als 500 Arbeitnehmer entlassen werden sollen, ein gemäß § 20 Abs. 1 bei der Zentrale der Bundesagentur für Arbeit zu bildender Ausschuß die Entscheidungen nach § 18 Abs. 1 und 2. 2Der zuständige Bundesminister kann zwei Vertreter mit beratender Stimme in den Ausschuß entsenden. 3Die Anzeigen nach § 17 sind in diesem Falle an die Zentrale der Bundesagentur für Arbeit zu erstatten. 4Im übrigen gilt § 20 Abs. 1 bis 3 entsprechend.

§ 22 Ausnahmebetriebe

(1) Auf Saisonbetriebe und Kampagne-Betriebe finden die Vorschriften dieses Abschnittes bei Entlassungen, die durch diese Eigenart der Betriebe bedingt sind, keine Anwendung.

(2) 1Keine Saisonbetriebe oder Kampagne-Betriebe sind Betriebe des Baugewerbes, in

11

denen die ganzjährige Beschäftigung nach dem Dritten Buch Sozialgesetzbuch gefördert wird. 2Das Bundesministerium für Arbeit und Soziales wird ermächtigt, durch Rechtsverordnung Vorschriften zu erlassen, welche Betriebe als Saisonbetriebe oder Kampagne-Betriebe im Sinne des Absatzes 1 gelten.

Vierter Abschnitt Schlußbestimmungen

§ 23 Geltungsbereich

(1) 1Die Vorschriften des Ersten und Zweiten Abschnitts gelten für Betriebe und Verwaltungen des privaten und des öffentlichen Rechts, vorbehaltlich der Vorschriften des § 24 für die Seeschifffahrts-, Binnenschifffahrts- und Luftverkehrsbetriebe. 2Die Vorschriften des Ersten Abschnitts gelten mit Ausnahme der §§ 4 bis 7 und des § 13 Abs. 1 Satz 1 und 2 nicht für Betriebe und Verwaltungen, in denen in der Regel fünf oder weniger Arbeitnehmer ausschließlich der zu ihrer Berufsbildung Beschäftigten beschäftigt werden. 3In Betrieben und Verwaltungen, in denen in der Regel zehn oder weniger Arbeitnehmer ausschließlich der zu ihrer Berufsbildung Beschäftigten beschäftigt werden, gelten die Vorschriften des Ersten Abschnitts mit Ausnahme der §§ 4 bis 7 und des § 13 Abs. 1 Satz 1 und 2 nicht für Arbeitnehmer, deren Arbeitsverhältnis nach dem 31. Dezember 2003 begonnen hat; diese Arbeitnehmer sind bei der Feststellung der Zahl der beschäftigten Arbeitnehmer nach Satz 2 bis zur Beschäftigung von in der Regel zehn Arbeitnehmern nicht zu berücksichtigen. 4Bei der Feststellung der Zahl der beschäftigten Arbeitnehmer nach den Sätzen 2 und 3 sind teilzeitbeschäftigte Arbeitnehmer mit einer regelmäßigen wöchentlichen Arbeitszeit von nicht mehr als 20 Stunden mit 0,5 und nicht mehr als 30 Stunden mit 0,75 zu berücksichtigen.

(2) Die Vorschriften des Dritten Abschnitts gelten für Betriebe und Verwaltungen des privaten Rechts sowie für Betriebe, die von einer öffentlichen Verwaltung geführt werden, soweit sie wirtschaftliche Zwecke verfolgen.

§ 24 Anwendung des Gesetzes auf Betriebe der Schifffahrt und des Luftverkehrs

(1) Die Vorschriften des Ersten und Zweiten Abschnitts finden nach Maßgabe der Absätze 2 bis 4 auf Arbeitsverhältnisse der Besatzung von Seeschiffen, Binnenschiffen und Luftfahrzeugen Anwendung.

(2) Als Betrieb im Sinne dieses Gesetzes gilt jeweils die Gesamtheit der Seeschiffe oder der Binnenschiffe eines Schifffahrtsbetriebs oder der Luftfahrzeuge eines Luftverkehrsbetriebs.

(3) Dauert die erste Reise eines Besatzungsmitglieds eines Seeschiffes oder eines Binnenschiffes länger als sechs Monate, so verlängert sich die Sechsmonatsfrist des § 1 Absatz 1 bis drei Tage nach Beendigung dieser Reise.

(4) 1Die Klage nach § 4 ist binnen drei Wochen zu erheben, nachdem die Kündigung dem Besatzungsmitglied an Land zugegangen ist. 2Geht dem Besatzungsmitglied eines Seeschiffes oder eines Binnenschiffes die Kündigung während der Fahrt des Schiffes zu, ist die Klage innerhalb von sechs Wochen nach dem Dienstende an Bord zu erheben. 3Geht dem Besatzungsmitglied eines Seeschiffes die Kündigung während einer Gefangenschaft aufgrund von seeräuberischen Handlungen oder bewaffneten Raubüberfällen auf Schiffe im Sinne von § 2 Nummer 11 oder 12 des Seearbeitsgesetzes zu oder gerät das Besatzungsmitglied während des Laufs der Frist nach Satz 1 oder 2 in eine solche Gefangenschaft, ist die Klage innerhalb von sechs Wochen nach der Freilassung des Besatzungsmitglieds zu erheben; nimmt das Besatzungsmitglied nach der Freilassung den Dienst an Bord wieder auf, beginnt die Frist mit dem Dienstende an Bord. 4An die Stelle der Dreiwochenfrist in § 5 Absatz 1 und § 6 treten die in den Sätzen 1 bis 3 genannten Fristen.

(5) 1Die Vorschriften des Dritten Abschnitts finden nach Maßgabe der folgenden Sätze Anwendung auf die Besatzungen von Seeschiffen. 2Bei Schiffen nach § 114 Absatz 4 Satz 1 des Betriebsverfassungsgesetzes tritt, soweit sie nicht als Teil des Landbetriebs gelten, an die Stelle des Betriebsrats der

Seebetriebsrat. 3Betrifft eine anzeigepflichtige Entlassung die Besatzung eines Seeschiffes, welches unter der Flagge eines anderen Mitgliedstaates der Europäischen Union fährt, so ist die Anzeige an die Behörde des Staates zu richten, unter dessen Flagge das Schiff fährt.

§ 25 Kündigung in Arbeitskämpfen

Die Vorschriften dieses Gesetzes finden keine Anwendung auf Kündigungen und Entlassungen, die lediglich als Maßnahmen in wirtschaftlichen Kämpfen zwischen Arbeitgebern und Arbeitnehmern vorgenommen werden.

§ 25a (gegenstandslos)

§ 26 Inkrafttreten

Dieses Gesetz tritt am Tage nach seiner Verkündung in Kraft.

Gesetz über die Ladenöffnung in Baden-Württemberg (LadÖG)

Vom 14. Februar 2007 (GBl. S. 135)

Zuletzt geändert durch
Gesetz zur Abwehr alkoholbedingter Störungen der öffentlichen Sicherheit
vom 28. November 2017 (GBl. S. 631)

§ 1 Anwendungsbereich

Dieses Gesetz gilt für die Öffnung von Verkaufsstellen und das gewerbliche Feilhalten von Waren.

§ 2 Begriffsbestimmungen

(1) Verkaufsstellen im Sinne dieses Gesetzes sind

1. Ladengeschäfte aller Art, Apotheken, Tankstellen und Verkaufsstellen in Bahnhöfen, auf Flugplätzen, von Genossenschaften, von landwirtschaftlichen Betrieben sowie Hofläden,
2. sonstige Verkaufsstände und -Buden, Kioske, Basare und ähnliche Einrichtungen, falls in ihnen ebenfalls von einer festen Stelle aus ständig Waren zum Verkauf an jedermann feilgehalten werden. Dem Feilhalten steht das Zeigen von Mustern, Proben und Ähnlichem gleich, wenn Warenbestellungen in der Einrichtung entgegengenommen werden.

(2) Gewerbliches Feilhalten ist das gewerbliche Anbieten von Waren zum Verkauf inner- und außerhalb von Verkaufsstellen. Dem gewerblichen Feilhalten steht das Zeigen von Mustern, Proben und Ähnlichem gleich, wenn dazu Räume benutzt werden, die für diesen Zweck besonders bereitgestellt sind, und dabei Warenbestellungen entgegengenommen werden.

(3) Feiertage im Sinne dieses Gesetzes sind die gesetzlichen Feiertage.

(4) Reisebedarf im Sinne dieses Gesetzes sind Zeitungen, Zeitschriften, Straßenkarten, Stadtpläne, Reiselektüre, Schreibmaterialien, Tabakwaren, Schnittblumen, Reisetoilettenartikel, Träger für Bild- und Tonaufnahmen, Bedarf für Reiseapotheken, persönlicher Witterungsschutz, Reiseandenken und Spielzeug geringeren Wertes, Lebens- und Genussmittel in kleineren Mengen sowie ausländische Geldsorten.

(5) Zubehör im Sinne dieses Gesetzes sind Waren, die, insbesondere bei Sport- und Kulturveranstaltungen oder in Museen, als Nebenleistung

1. einen engen Bezug zu einer nach anderen Rechtsvorschriften erlaubten oder nach diesem Gesetz zulässigen Hauptleistung aufweisen oder
2. der sofortigen Versorgung der Besucher der Hauptleistung dienen.

§ 3 Ladenöffnungszeiten

(1) Verkaufsstellen dürfen geöffnet sein, soweit nicht Regelungen dieses Gesetzes entgegenstehen.

(2) Verkaufsstellen müssen für den geschäftlichen Verkehr mit Kunden geschlossen sein

1. an Sonn- und Feiertagen,
2. am 24. Dezember, wenn dieser Tag auf einen Werktag fällt, ab 14 Uhr.

(3) Während der Ladenschlusszeiten nach Absatz 2 ist auch das gewerbliche Feilhalten von Waren zum Verkauf an jedermann außerhalb von Verkaufsstellen verboten. Soweit für Verkaufsstellen nach diesem Gesetz oder den hierauf gestützten Vorschriften Abweichungen von den Ladenschlusszeiten nach Absatz 2 zugelassen sind, gelten diese Abweichungen unter denselben Voraussetzungen und Bedingungen auch für das gewerbliche Feilhalten.

(4) Die beim Ladenschluss anwesenden Kunden dürfen noch bedient werden.

(5) Absatz 2 gilt nicht für Volksfeste, die den Vorschriften des Titels III der Gewerbeordnung unterliegen und von der zuständigen Behörde genehmigt worden sind.

§ 3a (aufgehoben)

§ 4 Apotheken

(1) Apotheken dürfen abweichend von § 3 Abs. 2 zur Abgabe von Arznei-, Krankenpflege-, Säuglingspflege- und Säuglingsnährmitteln, Hygieneartikeln sowie Desinfektionsmitteln geöffnet sein.

(2) Die zuständige Behörde hat für eine Gemeinde oder für benachbarte Gemeinden mit mehreren Apotheken anzuordnen, dass während der Ladenschlusszeiten nach § 3 Abs. 2 abwechselnd ein Teil der Apotheken geschlossen sein muss. An den geschlossenen Apotheken ist an sichtbarer Stelle ein Aushang anzubringen, der die zur Zeit offenen Apotheken bekannt gibt. Dienstbereitschaft der Apotheken steht der Offenhaltung gleich.

§ 5 Tankstellen

(1) Tankstellen dürfen abweichend von § 3 Abs. 2 geöffnet sein.

(2) Während der Ladenschlusszeiten nach § 3 Abs. 2 ist nur die Abgabe von Ersatzteilen für Kraftfahrzeuge, soweit dies für die Erhaltung oder Wiederherstellung der Fahrbereitschaft notwendig ist, sowie die Abgabe von Betriebsstoffen und von Reisebedarf gestattet.

§ 6 Verkaufsstellen auf Verkehrsflughäfen, Verkehrslandeplätzen, Personenbahnhöfen und in Fährhäfen

(1) Verkaufsstellen auf Verkehrsflughäfen und Verkehrslandeplätzen innerhalb der Terminals, Personenbahnhöfen des Schienenverkehrs sowie in überregionalen Fährhäfen dürfen abweichend von § 3 Abs. 2 geöffnet sein.

(2) Während der Ladenschlusszeiten nach § 3 Abs. 2 ist Verkaufsstellen nach Absatz 1 nur die Abgabe von Reisebedarf gestattet.

(3) Absatz 2 gilt nicht für Verkaufsstellen auf Verkehrsflughäfen.

(4) Die Gesamtverkaufsfläche darf während der Ladenschlusszeiten nach § 3 Abs. 2 auf Verkehrsflughäfen mit einer Fluggastzahl pro Jahr von weniger als

1. einer Million 1000 m^2,
2. fünf Millionen 4000 m^2,
3. zehn Millionen 7500 m^2,
4. 12,5 Millionen 8750 m^2,
5. 15 Millionen 10 000 m^2,
6. 17,5 Millionen 11 250 m^2,
7. 20 Millionen 12 500 m^2

nicht überschreiten. Die Vorschriften über die raumordnungsrechtliche und bauplanungsrechtliche Zulässigkeit von Vorhaben bleiben unberührt.

§ 7 Kur-, Erholungs-, Ausflugs- und Wallfahrtsorte

(1) In anerkannten Kur- und Erholungsorten dürfen Verkaufsstellen, die eine oder mehrere der nachfolgend genannten Waren ausschließlich oder in erheblichem Umfang führen, abweichend von § 3 Abs. 2 Nr. 1 zum Verkauf von Reisebedarf, Sport- und Badegegenständen, Devotionalien sowie Waren, die für diese Orte kennzeichnend sind, an jährlich höchstens 40 Sonn- und Feiertagen bis zur Dauer von acht Stunden geöffnet sein, sofern und soweit dies durch die zuständige Behörde festgesetzt ist. Bei der Festsetzung der Öffnungszeiten ist auf die Zeit des Hauptgottesdienstes Rücksicht zu nehmen.

(2) Das Regierungspräsidium setzt im Einvernehmen mit dem Ministerium für Arbeit und Soziales Ausflugs- oder Wallfahrtsorte oder Ortsteile von Ausflugs- oder Wallfahrtsorten mit besonders starkem Tourismus fest, in denen von den Bestimmungen des Absatzes 1 Gebrauch gemacht werden darf. Die Festsetzung ist nach Wegfall der Voraussetzungen zu widerrufen. Das Regierungspräsidium gibt eine aktuelle Liste der Orte oder Ortsteile, in denen von den Bestimmungen des Absatzes 1 Gebrauch gemacht werden darf, im Gemeinsamen Amtsblatt bekannt.

§ 8 Weitere Verkaufssonntage

(1) Abweichend von § 3 Abs. 2 Nr. 1 dürfen Verkaufsstellen aus Anlass von örtlichen Festen, Märkten, Messen oder ähnlichen Veranstaltungen an jährlich höchstens drei Sonn- und Feiertagen geöffnet sein. Die zuständige Behörde bestimmt diese Tage und setzt die Öffnungszeiten fest. Die zuständigen kirchlichen Stellen sind vorher anzuhören, soweit weite Bevölkerungsteile der jeweiligen Kirche angehören. Satz 3 gilt nicht für den 1. Mai und den 3. Oktober.

(2) Die Offenhaltung von Verkaufsstellen kann auf bestimmte Bezirke und Handelszweige beschränkt werden. Sie darf fünf zusammenhängende Stunden nicht überschreiten, muss spätestens um 18 Uhr enden und soll außerhalb der Zeit des Hauptgottesdienstes liegen. Wird die Offenhaltung von Verkaufsstellen auf bestimmte Bezirke beschränkt, so sind die verkaufsoffenen Sonn- oder Feiertage nur für diese Bezirke verbraucht.

(3) Die Adventssonntage, die Feiertage im Dezember sowie der Oster- und Pfingstsonntag dürfen nicht freigegeben werden.

§ 9 Besondere Warengruppen

(1) Abweichend von § 3 Abs. 2 Nr. 1 dürfen Verkaufsstellen an Sonn- und Feiertagen geöffnet sein für die Abgabe von

1. frischer Milch für die Dauer von insgesamt drei Stunden,
2. Konditor- und frischen Backwaren für die Dauer von insgesamt drei Stunden,
3. Blumen, wenn Blumen in erheblichem Umfang feilgehalten werden, für die Dauer von drei Stunden, am 1. November (Allerheiligen), am Muttertag, am Volkstrauertag, am Totensonntag und am 1. Adventssonntag für die Dauer von sechs Stunden,
4. selbst erzeugten landwirtschaftlichen Produkten in Verkaufsstellen auf landwirtschaftlichen Betriebsflächen, in Hofläden und Verkaufsstellen von Genossenschaften für die Dauer von sechs Stunden,
5. Zeitungen und Zeitschriften für die Dauer von sechs Stunden,
6. Zubehör für die Dauer der Hauptleistung und in unmittelbarem räumlichen Zusammenhang dazu.

(2) Absatz 1 Nr. 1 bis 4 gilt nicht für die Abgabe am 1. Weihnachtsfeiertag sowie am Oster- und Pfingstsonntag.

(3) Abweichend von § 3 Abs. 2 Nr. 1 dürfen am 24. Dezember, wenn dieser Tag auf einen Sonntag fällt,

1. Verkaufsstellen, die überwiegend Lebens- und Genussmittel feilhalten, und
2. alle Verkaufsstellen für die Abgabe von Weihnachtsbäumen

während höchstens drei Stunden bis längstens 14 Uhr geöffnet sein.

(4) Die zuständige Behörde kann über Absatz 1 hinaus abweichend von § 3 Abs. 2 Nr. 1 Ausnahmen für das Feilhalten von leicht verderblichen Waren und Waren zum sofortigen Verzehr, Gebrauch oder Verbrauch zulassen, sofern dies zur Befriedigung örtlich auftretender Bedürfnisse notwendig ist.

(5) Der Inhaber der Verkaufsstelle hat bei der Festlegung der jeweiligen Öffnungszeiten nach den Absätzen 1 und 3 die Zeit des Hauptgottesdienstes zu berücksichtigen. Die Lage der zugelassenen Öffnungszeiten nach Absatz 4 ist unter Berücksichtigung der Zeit des Hauptgottesdienstes festzusetzen.

(6) Der Inhaber hat an der Verkaufsstelle gut sichtbar auf die Öffnungszeiten an Sonn- und Feiertagen hinzuweisen.

§ 10 Marktverzehr

(1) Dieses Gesetz findet keine Anwendung auf Messen, Ausstellungen und Märkte, die den Vorschriften des Titels IV der Gewerbeordnung unterliegen und von der für den Vollzug des Titels IV der Gewerbeordnung zuständigen Behörde genehmigt worden sind, sofern in den folgenden Absätzen nichts anderes geregelt ist.

(2) Während der allgemeinen Ladenschlusszeiten nach § 3 Abs. 2 dürfen auf Groß- und Wochenmärkten nach Absatz 1 Waren zum Verkauf an den Endverbraucher nicht feilgehalten werden; jedoch kann die für den Vollzug des Titels IV der Gewerbeordnung zuständige Behörde in den Grenzen einer nach §§ 7 bis 9 zulässigen Offenhaltung der Verkaufsstellen eine Ausnahme zulassen.

(3) Am 24. Dezember dürfen nach 14 Uhr Waren auch im sonstigen Marktverkehr nicht feilgehalten werden.

§ 11 Ausnahmen im öffentlichen Interesse

(1) Die zuständige Behörde kann in Einzelfällen befristete Ausnahmen von den Vorschriften der §§ 3 bis 10 bewilligen, wenn die Ausnahmen im öffentlichen Interesse dringend nötig werden.

(2) Die Bewilligung kann jederzeit widerrufen werden.

§ 12 Besonderer Arbeitnehmerschutz

(1) Arbeitnehmer in Verkaufsstellen oder beim gewerblichen Feilhalten dürfen an Sonn- und Feiertagen nur während der ausnahmsweise zugelassenen Öffnungszeiten und, falls dies zur Erledigung von Vorbereitungs- und Abschlussarbeiten unerlässlich ist, während insgesamt weiterer 30 Minuten beschäftigt werden. Die Beschäftigungszeit des einzelnen Arbeitnehmers darf die Dauer von acht Stunden nicht überschreiten.

(2) Bei nach § 7 zugelassenen Öffnungszeiten dürfen Arbeitnehmer in Verkaufsstellen oder beim gewerblichen Feilhalten an jährlich höchstens 22 Sonn- und Feiertagen für jeweils nicht mehr als vier Stunden beschäftigt werden.

(3) Werden Arbeitnehmer während zugelassener Öffnungszeiten nach §§ 4 bis 9 an Sonn- und Feiertagen beschäftigt, so sind sie an einem Werktag derselben Woche

1. bei einer Beschäftigung von mehr als drei Stunden ab 13 Uhr,
2. bei einer Beschäftigung von mehr als sechs Stunden ganztägig

von der Beschäftigung freizustellen. Jeder dritte Sonntag muss beschäftigungsfrei bleiben. Werden Arbeitnehmer während zugelassener Öffnungszeiten nach §§ 4 bis 9 kürzer als drei Stunden an Sonn- und Feiertagen beschäftigt, muss in jeder zweiten Woche ein Nachmittag ab 13 Uhr oder ein Samstag- oder Montagvormittag bis 14 Uhr oder jeder zweite Sonntag beschäftigungsfrei bleiben.

(4) Arbeitnehmer in Verkaufsstellen oder beim gewerblichen Feilhalten können verlangen, in jedem Kalendermonat an einem Samstag von der Beschäftigung freigestellt zu werden.

(5) Warenautomaten dürfen von Arbeitnehmern an Sonn- und Feiertagen nur während der Öffnungszeiten der mit den Warenautomaten in räumlichem Zusammenhang stehenden Verkaufsstelle beschickt werden.

(6) Die zuständige Behörde kann in Einzelfällen Ausnahmen von den Vorschriften der Absätze 1 bis 5 zulassen. Die Bewilligung kann befristet und jederzeit widerrufen werden.

(7) Inhaber einer Verkaufsstelle haben bei der Beschäftigung von mehr als einem Arbeitnehmer

1. einen Abdruck dieses Gesetzes an geeigneter Stelle in der Verkaufsstelle auszulegen oder auszuhängen und
2. ein Verzeichnis über Namen, Tag, Beschäftigungsart und -zeiten der an Sonn- und Feiertagen beschäftigten Arbeitnehmer sowie die Freistellungszeiten nach Absatz 3 zu führen.

Satz 1 Nr. 2 gilt auch für Gewerbetreibende nach § 2 Abs. 2.

(8) Die Absätze 1 bis 7 gelten nicht für pharmazeutisch vorgebildete Arbeitnehmer in Apotheken.

§ 13 Aufsicht und Auskunft

(1) Die zuständige Behörde führt die Aufsicht über die Ausführung der Vorschriften dieses Gesetzes. Sie kann die erforderlichen Maßnahmen zur Erfüllung der sich aus diesem Gesetz ergebenden Pflichten anordnen. Für die Befugnisse und Obliegenheiten der zuständigen Behörde gilt § 139b der Gewerbeordnung in der Fassung vom 22. Februar 1999 (BGBl. I S. 203), zuletzt geändert durch Artikel 144 der Verordnung vom 31. Oktober 2006 (BGBl. I S. 2407), entsprechend.

(2) Die Inhaber von Verkaufsstellen sowie Gewerbetreibende nach § 2 Abs. 2 sind verpflichtet, der zuständigen Behörde auf Verlangen die zur Erfüllung ihrer Aufgaben erforderlichen Angaben wahrheitsgemäß und vollständig zu machen.

(3) Die Pflicht nach Absatz 2 obliegt auch den in Verkaufsstellen oder beim gewerblichen Feilhalten Beschäftigten.

(4) Die Inhaber von Verkaufsstellen sowie Gewerbetreibende nach § 2 Abs. 2 sind verpflichtet, das Verzeichnis nach § 12 Abs. 7 Nr. 2 und alle sonstigen Unterlagen, die sich auf die nach Absatz 2 zu machenden Angaben beziehen, der zuständigen Behörde auf Verlangen jederzeit vorzulegen oder zur Ein-

sicht einzusenden. Die Verzeichnisse und Unterlagen sind zwei Jahre aufzubewahren.

§ 14 Zuständigkeit

(1) Soweit nichts anderes bestimmt ist, ist die Gemeinde zuständige Behörde nach diesem Gesetz.

(2) Die zuständige Behörde nach § 4 Abs. 2 Satz 1 sowie für die mit § 4 verbundene Aufsicht nach § 13 bestimmt sich nach dem Heilberufe-Kammergesetz (HBKG).

(3) Zuständige Behörde für die mit § 10 verbundene Aufsicht nach § 13 ist die für den Vollzug des Titels IV der Gewerbeordnung zuständige Behörde.

(4) Zuständige Behörde nach § 12 Abs. 6 sowie für die mit § 12 verbundene Aufsicht nach § 13 ist die nach der Arbeitszeitzuständigkeitsverordnung zuständige Behörde.

§ 15 Ordnungswidrigkeiten

(1) Ordnungswidrig handelt, wer vorsätzlich oder fahrlässig

1. als Inhaber einer Verkaufsstelle oder als Gewerbetreibender nach § 2 Abs. 2
   a) den Bestimmungen und Festsetzungen nach § 3 Abs. 2 und 3, § 5 Abs. 2, § 6 Abs. 2, § 7 Abs. 1, § 8 Abs. 1 und 2 sowie § 9,
   b) den Bestimmungen und Anordnungen nach § 4,
   c) den Bestimmungen und Festsetzungen nach § 10 Abs. 2 und 3,
   d) den Bestimmungen nach § 12 Abs. 1 bis 3,
   e) einer Verpflichtung nach § 12 Abs. 7,
2. als Arbeitgeber der Bestimmung nach § 12 Abs. 5 oder
3. einer Verpflichtung oder Anordnung nach § 13 Abs. 1 in Verbindung mit § 139b der Gewerbeordnung und § 13 Abs. 2 bis 4

zuwiderhandelt.

(2) Eine Ordnungswidrigkeit nach Absatz 1 Nummer 1 Buchstaben a bis c und Nummer 3 kann mit einer Geldbuße bis zu 10 000 Euro, eine Ordnungswidrigkeit nach Absatz 1 Nummer. 1 Buchstaben d und e und Nummer. 2 kann mit einer Geldbuße bis zu 15 000 Euro geahndet werden.

(3) Zuständige Behörde nach § 36 Abs. 1 Nr. 1 des Gesetzes über Ordnungswidrigkeiten für die Verfolgung und Ahndung von Ordnungswidrigkeiten nach Absatz 1 ist

1. die Gemeinde, soweit nichts anderes bestimmt ist,
2. für Ordnungswidrigkeiten nach Absatz 1 Nummer 1 Buchstabe b sowie, soweit sie für die Aufsicht nach diesem Gesetz zuständig ist, nach Absatz 1 Nr. 3 die nach § 6 HBKG zuständige Stelle,
3. für Ordnungswidrigkeiten nach Absatz 1 Nummer 1 Buchst. c sowie, soweit sie für die Aufsicht nach diesem Gesetz zuständig ist, nach Absatz 1 Nr. 3 die für den Vollzug des Titels IV der Gewerbeordnung zuständige Behörde und
4. für Ordnungswidrigkeiten nach Absatz 1 Nummer 1 Buchstaben d und e und Nummer 2 sowie, soweit sie für die Aufsicht nach diesem Gesetz zuständig ist, nach Absatz 1 Nr. 3 die nach der Arbeitszeitzuständigkeitsverordnung zuständige Behörde.

§ 16 Straftaten

Wer vorsätzlich als Inhaber einer Verkaufsstelle oder als Gewerbetreibender nach § 2 Abs. 2 eine der in § 15 Absatz 1 Nummer 1 Buchst. d bezeichneten Handlungen begeht und dadurch vorsätzlich oder fahrlässig Arbeitnehmer in ihrer Arbeitskraft oder Gesundheit gefährdet, wird mit Freiheitsstrafe bis zu sechs Monaten oder mit Geldstrafe bis zu 180 Tagessätzen bestraft.

§ 17 Verhältnis zu anderen Normen

(1) Die Regelungen dieses Gesetzes sind gesetzliche Vorschriften nach § 6 Abs. 1 des Feiertagsgesetzes.

(2) Die bundesrechtlichen Regelungen des Gesetzes über den Ladenschluss und die darauf gestützten bundesrechtlichen Rechtsverordnungen sind im Geltungsbereich dieses Gesetzes nicht anzuwenden.

Bayerisches Ladenschlussgesetz (BayLadSchlG)

Vom 25. Juli 2025 (GVBl. S. 246)

Der Landtag des Freistaates Bayern hat das folgende Gesetz beschlossen, das hiermit bekannt gemacht wird:

Art. 1 Anwendungsbereich

$_1$Dieses Gesetz regelt die für das gewerbliche Feilhalten von Waren zum Verkauf innerhalb und außerhalb von Verkaufsstellen ausgeschlossenen Zeiten. $_2$Verkaufsstellen sind

1. Ladengeschäfte aller Art,
2. Verkaufsstände und andere Verkaufseinrichtungen, falls in ihnen von einer festen Stelle aus ständig Waren zum Verkauf an jedermann feilgehalten werden, sowie
3. Verkaufseinrichtungen von Genossenschaften.

$_3$Dem Feilhalten steht die Entgegennahme von Warenbestellungen, die Beratung sowie das auf den Verkauf gerichtete Zeigen von Waren, Mustern und Ähnlichem gleich.

Art. 2 Allgemeine Ladenschlusszeiten

(1) $_1$Verkaufsstellen müssen zu folgenden Zeiten (allgemeine Ladenschlusszeiten) für den geschäftlichen Verkehr mit Kunden geschlossen sein, soweit nicht dieses Gesetz Ausnahmen zulässt:

1. an Sonntagen und den gesetzlichen Feiertagen nach dem Feiertagsgesetz (Feiertage),
2. montags bis samstags bis 6 Uhr und ab 20 Uhr,
3. an Heiligabend, sofern dieser auf einen Werktag fällt, bis 6 Uhr und ab 14 Uhr.

$_2$Verkaufsstellen für Bäckerwaren dürfen abweichend von Satz 1 den Beginn der Ladenöffnungszeit montags bis samstags auf 5.30 Uhr vorverlegen. $_3$Die bei Ladenschluss anwesenden Kunden dürfen noch bedient werden.

(2) $_1$Personallos betriebene Kleinstsupermärkte mit einer unmittelbar dem Verkauf dienenden Grundfläche von bis zu 150 m^2, in denen kein persönlicher Kundenkontakt stattfindet und die Auswahl, Übergabe und Bezahlung der Waren mittels eines oder mehrerer Warenautomaten oder mittels Selbstbedienung erfolgt, dürfen in den allgemeinen Ladenschlusszeiten geöffnet sein. $_2$Die Gemeinden können durch Rechtsverordnung an Sonn- und Feiertagen die Dauer und die Lage der zugelassenen Öffnungszeit abweichend, jedoch nicht unter einer Dauer von acht zusammenhängenden Stunden, festsetzen.

(3) $_1$Für das sonstige Feilhalten an jedermann außerhalb von Verkaufsstellen gelten die allgemeinen Ladenschlusszeiten mit den nach diesem Gesetz zugelassenen Ausnahmen entsprechend. $_2$Dies gilt nicht für

1. das Feilhalten von Tageszeitungen an Werktagen und
2. einzelne Warenautomaten, die außerhalb einer Verkaufsstelle Waren aus einem beschränkten Warensortiment feilhalten.

$_3$Für das Feilhalten von Waren im Rahmen von Volksfesten, Messen, Ausstellungen und Märkten im Sinne der Titel III und IV der Gewerbeordnung (GewO) gelten die gewerberechtlich festgesetzten Öffnungszeiten. $_4$Während der allgemeinen Ladenschlusszeiten dürfen auf gewerberechtlich festgesetzten Groß- und Wochenmärkten jedoch keine Waren zum Verkauf an Endverbraucher feilgehalten werden. $_5$An Heiligabend dürfen Waren nach 14 Uhr auch im sonstigen Marktverkehr nicht feilgehalten werden.

Art. 3 Verkauf bestimmter Waren

(1) $_1$Apotheken dürfen in den allgemeinen Ladenschlusszeiten zur Abgabe von Arznei-, Krankenpflege-, Säuglingspflege- und Säuglingsnährmitteln, Hygieneartikeln, Desinfektionsmitteln und ähnlichen apothekenüblichen Medizinprodukten geöffnet sein. $_2$Die Bayerische Landesapothekerkammer hat für eine Gemeinde oder für benachbarte Ge-

meinden mit mehreren Apotheken anzuordnen, dass während der allgemeinen Ladenschlusszeiten abwechselnd ein Teil der Apotheken geschlossen sein muss. 3An den geschlossenen Apotheken ist an sichtbarer Stelle ein gut lesbarer Aushang anzubringen, der auf die nächstgelegenen zurzeit geöffneten Apotheken hinweist. 4Dienstbereitschaft der Apotheken steht der Öffnung gleich.

(2) 1Verkaufsstellen auf dem Gelände oder in Gebäuden von kulturellen Einrichtungen wie Museen, Theatern oder Kinos sowie von Sport- und Freizeiteinrichtungen dürfen an allen Tagen in der Öffnungszeit der Einrichtung zur Versorgung der Besucher mit Lebens- und Genussmitteln zum sofortigen Verzehr und mit Waren mit engem Bezug zur Einrichtung geöffnet sein. 2Art. 5 Abs. 1 bleibt unberührt.

(3) 1An Sonn- und Feiertagen dürfen

1. Verkaufsstellen zur Abgabe von Zeitungen und Zeitschriften für die Dauer von fünf Stunden,
2. Verkaufsstellen von Betrieben, die Bäcker- oder Konditorwaren herstellen, zur Abgabe von Bäcker- und Konditorwaren für die Dauer von drei Stunden,
3. Verkaufsstellen zur Abgabe von Blumen für die Dauer von zwei Stunden, jedoch am Valentinstag, sofern dieser auf einen Sonntag fällt, und am Muttertag für die Dauer von vier Stunden, sowie an Allerheiligen, am Volkstrauertag, am Totensonntag und am ersten Adventssonntag für die Dauer von sechs Stunden, und
4. Verkaufsstellen zur Abgabe frischer Milch oder von Milcherzeugnissen im Sinne des § 4 Abs. 2 des Milch- und Fettgesetzes für die Dauer von zwei Stunden

zwischen 8 und 18 Uhr, fällt Heiligabend auf einen Sonntag jedoch nur bis 14 Uhr, geöffnet sein, wenn sie auch außerhalb der allgemeinen Ladenschlusszeiten in überwiegendem Umfang die genannten Waren feilhalten. 2Satz 1 Nr. 2 bis 4 gilt nicht für die Abgabe am Ostermontag, Pfingstmontag sowie am Zweiten Weihnachtstag. 3Die Öffnung nach Satz 1 soll außerhalb der Zeit des Hauptgottesdienstes liegen. 4Die Gemeinden können durch Rechtsverordnung unter Berücksichtigung der Zeit des Hauptgottesdienstes eine von Satz 1 abweichende Lage der zugelassenen Öffnungszeiten festsetzen.

(4) Fällt Heiligabend auf einen Sonntag, dürfen an diesem Tag Verkaufsstellen, die überwiegend Lebens- und Genussmittel feilhalten, sowie Verkaufsstellen zur Abgabe von Christbäumen für die Dauer von drei Stunden zwischen 8 und 14 Uhr geöffnet sein.

Art. 4 Verkauf an Verkehrsanlagen

(1) Tankstellen dürfen in den allgemeinen Ladenschlusszeiten für die Abgabe von Betriebsstoffen und elektrischer Energie zum Betrieb von Kraftfahrzeugen, für die Abgabe von Ersatzteilen für die Erhaltung oder Wiederherstellung der Fahrbereitschaft von Kraftfahrzeugen sowie für die Abgabe von Reisebedarf geöffnet sein.

(2) Verkaufsstellen auf Personenbahnhöfen des Eisenbahn- und Fernbusverkehrs sowie auf Flughäfen dürfen in den allgemeinen Ladenschlusszeiten, an Heiligabend jedoch nur bis 17 Uhr, für die Abgabe von Reisebedarf geöffnet sein.

(3) 1Verkaufsstellen auf den internationalen Verkehrsflughäfen Memmingen, München und Nürnberg dürfen in den allgemeinen Ladenschlusszeiten, an Heiligabend jedoch nur bis 17 Uhr, für die Abgabe von Waren des täglichen Ge- und Verbrauchs sowie von Bekleidungs-, Fan-, Sport- und Geschenkartikeln, soweit diese üblicherweise der Versorgung der Flugreisenden dienen, geöffnet sein. 2Die Verkaufsfläche darf auf dem Flughafen München insgesamt 15 000 m^2, auf dem Flughafen Nürnberg und auf dem Flughafen Memmingen jeweils insgesamt 3 000 m^2 nicht übersteigen. 3Die Verkaufsfläche einer einzelnen Verkaufsstelle soll in der Regel nicht mehr als 500 m^2 betragen, sofern nicht bauliche oder bedarfsbedingte Besonderheiten Abweichungen erfordern. 4Die Errichtung von Großverkaufsstellen ist nicht zulässig.

(4) Für Apotheken auf Personenbahnhöfen des Eisenbahn- und Fernbusverkehrs sowie auf Flughäfen bleibt es bei den Vorschriften des Art. 3 Abs. 1.

12

(5) Reisebedarf sind Zeitungen, Zeitschriften, Bücher, Karten- und Schreibmaterial, Tabakwaren, Schnittblumen, Träger für Film-, Foto- und Tonaufnahmen, Batterien, Ladezubehör für elektronische Kleingeräte, persönlicher Witterungsschutz, Erste-Hilfe-, Gesundheits- und Hygieneartikel sowie Andenken und Spielzeug geringen Wertes, Lebens- und Genussmittel in kleinen Mengen sowie ausländische Geldsorten, soweit diese üblicherweise der Versorgung der jeweiligen Reisenden dienen.

Art. 5 Verkauf in Kur-, Erholungs-, Wallfahrts- und Ausflugsorten

(1) $_{1}$Die Gemeinden können durch Rechtsverordnung in Kur- und Erholungsorten sowie in Wallfahrts- und Ausflugsorten jährlich höchstens 40 Sonn- und Feiertage für die Öffnung von Verkaufsstellen zur Abgabe von Tourismusbedarf freigeben. $_{2}$Kur- und Erholungsorte sind die nach der Bayerischen Anerkennungsverordnung (BayAnerkV) anerkannten Kur- und Erholungsorte. $_{3}$Wallfahrtsorte sind Orte oder Ortsteile mit besonderer religiöser Bedeutung, die als Ziel von Wallfahrten der religiösen Verehrung dienen. $_{4}$Ausflugsorte sind Orte oder Ortsteile mit besonders ausgeprägtem Tourismus, in denen entweder die Zahl der Gästeübernachtungen das Siebenfache der Einwohnerzahl der jeweiligen Gemeinde in der Regel übersteigt oder die neben einer hohen Zahl an Tages- und Übernachtungsgästen ihrem touristischen Ortscharakter entsprechend über herausgehobene Sehenswürdigkeiten, über besondere Sport-, Kultur- oder Freizeitangebote oder über vergleichbare den Tourismus fördernde Einrichtungen verfügen.

(2) $_{1}$Die Öffnung ist in der Rechtsverordnung nach Abs. 1 nach dem zu erwartenden Besucheraufkommen auf bestimmte Orte oder Ortsteile, Tage und Öffnungszeiten zu beschränken. $_{2}$Die Öffnung darf für bis zu acht zusammenhängende Stunden zwischen 10 und 20 Uhr freigegeben werden, an Heiligabend, sofern dieser auf einen Sonntag fällt, jedoch nur bis 14 Uhr. $_{3}$Dabei ist auf die Zeit des Hauptgottesdienstes Rücksicht zu nehmen. $_{4}$Karfreitag, Allerheiligen, Volkstrauertag und Totensonntag sowie der Erste und der Zweite Weihnachtstag dürfen nicht freigegeben werden. $_{5}$Öffnen dürfen nur Verkaufsstellen, die auch außerhalb der allgemeinen Ladenschlusszeiten in überwiegendem Umfang Tourismusbedarf feilhalten.

(3) $_{1}$Die Freigabe erfolgt im Falle von Wallfahrtsorten im Einvernehmen mit den betroffenen öffentlich-rechtlichen Religionsgemeinschaften. $_{2}$Nach Wegfall der in Abs. 1 genannten Voraussetzungen in einem Ort oder Ortsteil ist die Rechtsverordnung aufzuheben. $_{3}$Die Gemeinden haben eine Rechtsverordnung nach Abs. 1 bei der Regierung anzuzeigen.

(4) $_{1}$Tourismusbedarf sind Lebens- und Genussmittel zum sofortigen Verzehr, Schnittblumen, Zeitungen, Zeitschriften, Devotionalien, Bade- und Sportzubehör, sofern dies der touristischen Ausrichtung des jeweiligen Verkaufsortes entspricht, sowie Andenken geringen Wertes und für die Region kennzeichnende Waren. $_{2}$Für die Region kennzeichnend sind Waren, die in der Region des Verkaufsortes als Spezialität hergestellt oder gewonnen werden, auf die Region des Verkaufsortes besonders Bezug nehmen oder für die Landschaft oder Kultur der Region des Verkaufsortes besonders typisch und charakteristisch sind.

Art. 6 Verkaufsoffene Sonn- und Feiertage

(1) $_{1}$Die Gemeinden können durch Rechtsverordnung jährlich höchstens vier Sonn- und Feiertage für die Öffnung von Verkaufsstellen freigeben, wenn die Öffnung im Zusammenhang mit einem besonderen Anlass steht, der den zeitlichen und räumlichen Umfang der Öffnung rechtfertigt. $_{2}$Der besondere Anlass kann in Märkten, Messen, großen kulturellen, religiösen, traditionellen, historischen oder sportlichen Ereignissen und Festen oder ähnlichen Veranstaltungen liegen, die eine erhebliche Zahl von Besuchern anziehen. $_{3}$Der Zusammenhang zwischen Anlass und Ladenöffnung wird vermutet, wenn die zu öffnenden Verkaufsstellen durch ihre unmittelbare räumliche und zeitliche Nähe zur anlassgebenden Veranstaltung betroffen sind und die Öffnung der einzelnen Verkaufsstellen dem Charakter des Tages und der Veranstaltung nicht offensichtlich widerspricht.

(2) $_{1}$Die Öffnung darf fünf zusammenhängende Stunden zwischen 10 und 18 Uhr nicht überschreiten. $_{2}$Dabei ist auf die Zeit des Hauptgottesdienstes Rücksicht zu nehmen. $_{3}$Neujahr, Heilige Drei Könige (Epiphanias), Karfreitag, Ostersonntag, Ostermontag, 1. Mai, Pfingstsonntag, Pfingstmontag, Allerheiligen, Volkstrauertag, Totensonntag, die Adventssonntage im Dezember, der Erste und der Zweite Weihnachtstag sowie Heiligabend und Silvester, sofern diese auf einen Sonntag fallen, dürfen nicht freigegeben werden. $_{4}$Die Gemeinde kann die Freigabe auf bestimmte Orte oder Ortsteile und Handelszweige beschränken. $_{5}$Sonn- und Feiertage dürfen nach Abs. 1 nur freigegeben werden, soweit die Zahl dieser Tage zusammen mit den nach Art. 5 freigegebenen Tagen 40 nicht übersteigt.

Art. 7 Verkaufsoffene Nächte an Werktagen

(1) Die Gemeinden können durch Rechtsverordnung jährlich höchstens acht Werktage für die Öffnung von Verkaufsstellen von 20 bis höchstens 24 Uhr freigeben.

(2) $_{1}$Aschermittwoch, Gründonnerstag, Karsamstag, Buß- und Bettag, Heiligabend und Silvester sowie der jeweilige Tag vor Pfingstsonntag, Allerheiligen, Volkstrauertag und Totensonntag dürfen nicht freigegeben werden. $_{2}$Die Gemeinde kann die Freigabe auf bestimmte Orte oder Ortsteile und Handelszweige beschränken.

(3) $_{1}$Verkaufsstellen dürfen außer an den in Abs. 2 Satz 1 benannten Tagen jährlich an bis zu vier weiteren Werktagen von 20 bis höchstens 24 Uhr geöffnet sein. $_{2}$Spätestens zwei Wochen vor der geplanten Öffnung ist diese von dem Inhaber der Verkaufsstelle unter Angabe des Tages und der erweiterten Öffnungszeit bei der Gemeinde anzuzeigen.

Art. 8 Ausnahmen in Einzelfällen

(1) Das Staatsministerium für Familie, Arbeit und Soziales (Staatsministerium) kann in Einzelfällen befristete Ausnahmen von den Vorschriften der Art. 2 bis 7 bewilligen, wenn die Ausnahmen im öffentlichen Interesse dringend nötig werden.

(2) $_{1}$Die Regierungen können in Einzelfällen befristete Ausnahmen von den Vorschriften der Art. 2 bis 7 bewilligen, wenn dies die Befriedigung an einzelnen Tagen besonders hervortretender Bedürfnisse in der Bevölkerung im öffentlichen Interesse erfordert; im Fall überregionaler Großereignisse kultureller, religiöser, traditioneller, historischer oder sportlicher Art sollen sie die Ausnahme bewilligen. $_{2}$Betrifft der Anlass für die Ausnahme nach Satz 1 mehrere Regierungsbezirke, ist das Staatsministerium zuständig.

(3) $_{1}$Sofern es zur Befriedigung örtlich auftretender Bedürfnisse notwendig und im Hinblick auf den Arbeitsschutz unbedenklich ist, können die Gemeinden in Einzelfällen befristete Ausnahmen für das Feilhalten von leicht verderblichen Waren und Waren zum sofortigen Verzehr, Ge- oder Verbrauch zulassen. $_{2}$Die Gemeinden können in Einzelfällen in den Grenzen einer nach den Art. 5 bis 7 zulässigen Öffnung der Verkaufsstellen einen geschäftlichen Verkehr auf Groß- und Wochenmärkten zulassen.

(4) $_{1}$Die Bewilligung der Ausnahmen nach den Abs. 1 bis 3 kann auf bestimmte Arten von Verkaufsstellen beschränkt und jederzeit widerrufen werden. $_{2}$Für Ausnahmen an Sonn- und Feiertagen soll die Zeit des Hauptgottesdienstes berücksichtigt werden.

Art. 9 Schutz der Arbeitnehmer

(1) $_{1}$In Verkaufsstellen oder beim sonstigen Feilhalten nach Art. 2 Abs. 3 dürfen Arbeitnehmer an Sonn- und Feiertagen nur während der ausnahmsweise zugelassenen Öffnungszeiten und, falls dies zur Erledigung von Vorbereitungs- und Abschlussarbeiten unerlässlich ist, während insgesamt weiterer 30 Minuten beschäftigt werden. $_{2}$Die Dauer der Arbeitszeit des einzelnen Arbeitnehmers darf an Sonn- und Feiertagen acht Stunden nicht überschreiten.

(2) $_{1}$Arbeitnehmer, die nach Abs. 1 an einem Sonn- oder Feiertag beschäftigt werden, sind in derselben Woche,

1. bei Beschäftigung von mehr als drei Stunden, an einem Werktag ab 13 Uhr,

2. bei Beschäftigung von mehr als sechs Stunden, an einem ganzen Werktag derselben Woche

von der Arbeit freizustellen; mindestens jeder dritte Sonntag muss beschäftigungsfrei bleiben. 2Werden Arbeitnehmer nach Abs. 1 an einem Sonn- oder Feiertag bis zu drei Stunden beschäftigt, so muss jeder zweite Sonntag oder in jeder zweiten Woche ein Nachmittag ab 13 Uhr beschäftigungsfrei bleiben. 3Statt an einem Nachmittag darf der Ausgleich am Samstag- oder Montagvormittag bis 14 Uhr gewährt werden. 4Während der Zeiten, zu denen die Verkaufsstelle geschlossen sein muss, darf der Ausgleich nicht gewährt werden.

(3) Arbeitnehmer in Verkaufsstellen können verlangen, in jedem Kalendermonat an einem Samstag von der Beschäftigung freigestellt zu werden.

(4) 1Arbeitnehmer in Verkaufsstellen können verlangen, in jedem Kalendermonat nur an bis zu zwei verkaufsoffenen Nächten an Werktagen eingesetzt zu werden. 2Arbeitnehmer, die mit einem Kind unter zwölf Jahren in einem Haushalt leben oder eine pflegebedürftige angehörige Person im Sinne des § 14 des Elften Buches Sozialgesetzbuch (SGB XI) versorgen, sind auf Verlangen von einer Beschäftigung an verkaufsoffenen Nächten an Werktagen freizustellen. 3Dieser Anspruch besteht nicht, soweit die Betreuung durch eine andere im Haushalt lebende Person gewährleistet ist.

(5) 1In den allgemeinen Ladenschlusszeiten dürfen Arbeitnehmer nicht

1. zur Wartung und zum Befüllen von Warenautomaten, die in räumlichem Zusammenhang zu einer Verkaufsstelle stehen, und
2. in personallos betriebenen Kleinstsupermärkten zum Verkauf, zur Wartung, zum Befüllen, zum Reinigen oder ähnlichen regelmäßig anfallenden Tätigkeiten

beschäftigt werden. 2Sofern die Arbeiten nicht außerhalb der allgemeinen Ladenschlusszeiten vorgenommen werden können, gelten die Ausnahmen des § 10 des Arbeitszeitgesetzes (ArbZG) entsprechend.

(6) 1Die Inhaber von Verkaufsstellen, in denen in der Regel mindestens ein Arbeitnehmer beschäftigt wird, sind verpflichtet,

1. den Arbeitnehmern den Wortlaut dieses Gesetzes und der aufgrund dieses Gesetzes erlassenen und für die Verkaufsstelle geltenden Rechtsverordnungen durch Aushang, Auslegen zur Einsichtnahme oder über die in der Verkaufsstelle übliche Informations- und Kommunikationstechnik zur Verfügung zu stellen und
2. Namen, Tag, Beschäftigungsart und -zeiten der an Sonn- und Feiertagen beschäftigten Arbeitnehmer sowie den Ausgleich nach Abs. 2 zu dokumentieren.

2Satz 1 Nr. 2 gilt auch für Gewerbetreibende nach Art. 2 Abs. 3.

(7) Die Abs. 1 bis 6 gelten nicht für pharmazeutisch vorgebildete Arbeitnehmer in Apotheken.

Art. 10 Aufsicht und Auskunft

(1) 1Die Aufsicht über die Einhaltung der Vorschriften dieses Gesetzes und der aufgrund dieses Gesetzes erlassenen Vorschriften obliegt den Kreisverwaltungsbehörden. 2Daneben üben die Gemeinden die Aufsicht über die Durchführung der Art. 2 bis 7 sowie aufgrund dieser Bestimmungen erlassenen Vorschriften aus. 3Bei der Wahrnehmung der Aufgabe nach Art. 3 Abs. 1 Satz 2 untersteht die Bayerische Landesapothekerkammer der Rechts- und Fachaufsicht des Staatsministeriums für Gesundheit, Pflege und Prävention in entsprechender Anwendung der Bestimmungen der Gemeindeordnung (GO).

(2) Auf die Befugnisse und Obliegenheiten der in Abs. 1 Satz 1 und 2 genannten Behörden finden die Vorschriften des § 139b GewO entsprechend Anwendung.

(3) 1Die Inhaber von Verkaufsstellen und die in Art. 2 Abs. 3 genannten Gewerbetreibenden sind verpflichtet, den nach Abs. 1 zuständigen Behörden auf Verlangen die zur Erfüllung der Aufgaben dieser Behörden erforderlichen Angaben wahrheitsgemäß und vollständig zu machen. 2Sie sind verpflichtet, die Dokumentation nach Art. 9 Abs. 6 Satz 1

Nr. 2 und alle sonstigen Unterlagen, die sich auf die nach Satz 1 zu machenden Angaben beziehen, den nach Abs. 1 zuständigen Behörden auf Verlangen vorzulegen oder zur Einsicht einzusenden. 3Die Dokumentation und Unterlagen sind bis zum Ablauf von zwei Jahren nach der letzten Eintragung aufzubewahren. 4Die Auskunftspflicht nach Satz 1 obliegt auch den in Verkaufsstellen oder beim sonstigen Feilhalten nach Art. 2 Abs. 3 beschäftigten Arbeitnehmern.

Art. 11 Straftaten und Ordnungswidrigkeiten

(1) Ordnungswidrig handelt, wer vorsätzlich oder fahrlässig

1. als Inhaber einer Verkaufsstelle oder als Gewerbetreibender nach Art. 2 Abs. 3
   a) entgegen Art. 9 Abs. 1, 2 oder Abs. 5 Satz 1 einen Arbeitnehmer beschäftigt,
   b) entgegen Art. 9 Abs. 6 Satz 1 Nr. 2 die Sonn- und Feiertagsarbeit und den Ausgleich nicht, nicht richtig oder nicht vollständig dokumentiert, oder
   c) entgegen Art. 10 Abs. 3 Satz 2 und 3 Unterlagen nicht, nicht richtig, oder nicht vollständig vorlegt oder einsendet,
2. als Inhaber einer Verkaufsstelle
   a) entgegen Art. 2 Abs. 1 eine Verkaufsstelle öffnet,
   b) entgegen Art. 3 Abs. 1 Satz 1, Abs. 2 Satz 1, Abs. 3 Satz 1, Art. 4 Abs. 1, 2 und 3 Satz 1 oder Art. 5 Abs. 1 Satz 1 Waren feilhält oder
   c) entgegen Art. 9 Abs. 6 Satz 1 Nr. 1 den Wortlaut dieses Gesetzes und der aufgrund dieses Gesetzes erlassenen und für die Verkaufsstelle geltenden Rechtsverordnungen nicht, nicht richtig oder nicht vollständig den Arbeitnehmern zur Verfügung stellt,
3. als Gewerbetreibender entgegen Art. 2 Abs. 3 Waren außerhalb einer Verkaufsstelle feilhält oder
4. entgegen Art. 10 Abs. 3 Satz 1 oder Satz 4 Angaben nicht, nicht wahrheitsgemäß oder nicht vollständig macht.

(2) Die Ordnungswidrigkeit kann im Fall des Abs. 1 Nr. 1 Buchst. a mit einer Geldbuße bis zu dreißigtausend Euro, in den übrigen Fällen mit einer Geldbuße bis zu fünftausend Euro geahndet werden.

(3) Wer vorsätzlich als Inhaber einer Verkaufsstelle oder als Gewerbetreibender nach Art. 2 Abs. 3 die in Abs. 1 Nr. 1 Buchst. a bezeichnete Handlung begeht und dadurch vorsätzlich oder fahrlässig Arbeitskraft oder Gesundheit des Arbeitnehmers gefährdet, wird mit Freiheitsstrafe bis zu sechs Monaten oder mit Geldstrafe bis zu einhundertachtzig Tagessätzen bestraft.

Art. 12 Übergangsvorschrift, Evaluierung

(1) 1Für die in der Anlage zu § 1 der Ladenschlussverordnung (LSchlV) in der am 31. Juli 2025 geltenden Fassung aufgeführten Gemeinden und Gemeindeteile sind die §§ 1 bis 3 LSchlV in der am 31. Juli 2025 geltenden Fassung bis zum Ablauf des 31. Dezember 2030 weiter anzuwenden. 2Die aufgrund der Ladenschlussverordnung erlassenen Rechtsverordnungen der Gemeinden treten spätestens mit Ablauf des 31. Dezember 2030 außer Kraft.

(2) Auf bis zum 31. Juli 2025 durch Rechtsverordnungen der Gemeinden aufgrund des § 14 Abs. 1 des Gesetzes über den Ladenschluss in der am 31. Juli 2025 geltenden Fassung festgesetzte verkaufsoffene Sonn- und Feiertage ist Art. 6 Abs. 2 Satz 3 bis zum 30. November 2025 nicht anzuwenden.

(3) Die aufgrund des § 20 Abs. 2a des Gesetzes über den Ladenschluss in der am 31. Juli 2025 geltenden Fassung bewilligten Ausnahmen gelten bis zum Fristablauf oder zu ihrem Widerruf, längstens jedoch bis zum 31. Dezember 2025 fort.

(4) Auf Grundlage von § 23 Abs. 1 des Gesetzes über den Ladenschluss vor dem 1. August 2025 bewilligte Ausnahmen im öffentlichen Interesse gelten bis 1. Februar 2026 fort.

(5) Die Auswirkungen des Art. 7 Abs. 3 werden nach Ablauf des 1. August 2027 durch die Staatsregierung unter Mitwirkung der kommunalen Spitzenverbände und weiterer Interessenvertreter überprüft.

Art. 13 Inkrafttreten, Außerkrafttreten

(1) Dieses Gesetz tritt am 1. August 2025 in Kraft.

(2) Mit Ablauf des 31. Juli 2025 treten das Gesetz über den Ladenschluss in der Fassung der Bekanntmachung vom 2. Juni 2003 (BGBl. I S. 744), das zuletzt durch Art. 430 der Verordnung vom 31. August 2015 (BGBl. I S. 1474) geändert worden ist, sowie die Verordnung über den Verkauf bestimmter Waren an Sonn- und Feiertagen in der im Bundesgesetzblatt Teil III, Gliederungsnummer 8050-20-2, veröffentlichten bereinigten Fassung, die durch Art. 3 des Gesetzes vom 30. Juli 1996 (BGBl. I S. 1186) geändert worden ist, für das Gebiet des Freistaates Bayern außer Kraft.

(3) Mit Ablauf des 1. Februar 2026 tritt Art. 12a außer Kraft.

(4) Mit Ablauf des 31. Juli 2025 tritt die Ladenschlussverordnung (LSchlV) vom 21. Mai 2003 (GVBl. S. 340, BayRS 8050-20-1-A), die zuletzt durch Verordnung vom 14. September 2011 (GVBl. S. 442) geändert worden ist, außer Kraft.

Berliner Ladenöffnungsgesetz (BerlLadÖffG)

Vom 14. November 2006 (GVBl. S. 1045)

Zuletzt geändert durch
Zweites Gesetz zur Änderung des Berliner Ladenöffnungsgesetzes
vom 13. Oktober 2010 (GVBl. S. 467)

Das Abgeordnetenhaus hat das folgende Gesetz beschlossen:

§ 1 Geltungsbereich

Dieses Gesetz regelt die Ladenöffnungszeiten von gewerblichen Anbietern sowie damit zusammenhängend die Beschäftigung der Arbeitnehmerinnen und Arbeitnehmer als Verkaufspersonal in Verkaufsstellen des Einzelhandels.

§ 2 Begriffsbestimmungen

(1) Verkaufsstellen sind

1. Ladengeschäfte aller Art, Apotheken, Tankstellen, Verkaufseinrichtungen auf Personenbahnhöfen, auf Flughäfen und in Reisebusterminals,
2. sonstige Verkaufsstände, Kioske und ähnliche Einrichtungen, in denen von einer festen Stelle aus ständig Waren zum Verkauf an jedermann angeboten werden,
3. mobile Verkaufsstände, insbesondere Bauchläden, Kraftfahrzeuge und sonstige mobile Verkaufseinrichtungen, in denen von einer nicht ortsfesten Stelle aus Waren zum Verkauf an jedermann angeboten werden.

(2) Anbieten ist das gewerbliche Anbieten von Waren zum Verkauf. Ihm steht das Zeigen von Mustern, Proben und Ähnlichem gleich, wenn Warenbestellungen am Ort des Anbietens entgegengenommen werden können.

(3) Reisebedarf sind Straßenkarten, Stadtpläne, Zeitungen, Zeitschriften, Reiselektüre, Schreibmaterialien, Andenken, Tabakwaren, Blumen, Reisetoilettenartikel, Bedarf für Reiseapotheken, Verbrauchsmaterial für Film- und Fotozwecke, Tonträger, Spielzeug geringen Wertes, Lebens- und Genussmittel in kleinen Mengen sowie ausländische Geldsorten.

(4) Ein Kunst- und Gebrauchtwarenmarkt ist ein zeitlich begrenzter Markt, auf dem Kunstgegenstände, Kunsthandwerk und Gebrauchtwaren gewerblich von einer Vielzahl von Anbietern an Ständen angeboten werden. Die Öffnungszeiten des Marktes werden abschließend durch dieses Gesetz geregelt. Die Vorschriften der Gewerbeordnung bleiben unberührt.

(5) Feiertage sind die gesetzlichen Feiertage.

(6) Fernbahnhöfe im Sinne dieses Gesetzes sind Hauptbahnhof, Ostbahnhof, Südkreuz, Gesundbrunnen und Spandau und Bahnhöfe mit besonders langlaufenden Regionalzügen wie Zoologischer Garten, Friedrichstraße, Alexanderplatz, Potsdamer Platz, Wannsee, Lichterfelde Ost und Lichtenberg.

§ 3 Allgemeine Ladenöffnungszeiten

(1) Verkaufsstellen dürfen an Werktagen von 0.00 bis 24.00 Uhr geöffnet sein.

(2) Verkaufsstellen müssen, soweit die §§ 4 bis 6 nichts Abweichendes bestimmen, geschlossen sein

1. an Sonn- und Feiertagen,
2. am 24. Dezember, wenn dieser Tag auf einen Werktag fällt, ab 14.00 Uhr.

(3) Die Absätze 1 und 2 gelten auch für Kunst- und Gebrauchtwarenmärkte.

(4) Die bei Ladenschluss anwesenden Kundinnen und Kunden dürfen noch bedient werden.

§ 4 Verkauf bestimmter Waren an Sonn- und Feiertagen

(1) An Sonn- und Feiertagen dürfen öffnen

1. Verkaufsstellen, die für den Bedarf von Touristen ausschließlich Andenken, Straßenkarten, Stadtpläne, Reiseführer, Tabakwaren, Verbrauchsmaterial für Film- und

Fotozwecke, Bedarfsartikel für den alsbaldigen Verbrauch sowie Lebens- und Genussmittel zum sofortigen Verzehr anbieten, von 13.00 bis 20.00 Uhr und am 24. Dezember, wenn dieser Tag auf einen Adventssonntag fällt, von 13.00 bis 17.00 Uhr,

2. Verkaufsstellen zur Versorgung der Besucherinnen und Besucher auf dem Gelände oder im Gebäude einer Veranstaltung oder eines Museums mit themenbezogenen Waren oder mit Lebens- und Genussmitteln zum sofortigen Verzehr während der Veranstaltungs- und Öffnungsdauer,
3. Verkaufsstellen, deren Angebot ausschließlich aus einer oder mehreren der Warengruppen Blumen und Pflanzen, Zeitungen und Zeitschriften, Back- und Konditorwaren, Milch und Milcherzeugnisse besteht, von 7.00 bis 16.00 Uhr und am 24. Dezember, wenn dieser Tag auf einen Adventssonntag fällt, von 7.00 bis 14.00 Uhr,
4. Verkaufsstellen mit überwiegendem Lebens- und Genussmittelangebot am 24. Dezember, wenn dieser Tag auf einen Adventssonntag fällt, von 7.00 bis 14.00 Uhr,
5. Kunst- und Gebrauchtwarenmärkte von 7.00 bis 18.00 Uhr.

(2) In Verkaufsstellen nach § 2 Abs. 1 Nr. 3

1. darf leicht verderbliches Obst und Gemüse vom Erzeuger angeboten werden an Sonn- und Feiertagen und am 24. Dezember, wenn dieser Tag auf einen Adventssonntag fällt, von 7.00 bis 14.00 Uhr,
2. dürfen Weihnachtsbäume angeboten werden an Adventssonntagen von 7.00 bis 20.00 Uhr und am 24. Dezember, wenn dieser Tag auf einen Adventssonntag fällt, von 7.00 bis 14.00 Uhr.

(3) Am Ostermontag, Pfingstmontag und am zweiten Weihnachtsfeiertag dürfen als Waren nach Absatz 1 Nr. 3 nur Zeitungen und Zeitschriften und in Verkaufsstellen nach § 2 Abs. 1 Nr. 3 leicht verderbliches Obst und Gemüse vom Erzeuger angeboten werden. Am Karfreitag, Volkstrauertag und Totensonntag dürfen Kunst- und Gebrauchtwarenmärkte nicht öffnen.

§ 5 Besondere Verkaufsstellen

An Sonn- und Feiertagen und am 24. Dezember dürfen geöffnet sein:

1. Apotheken für die Abgabe von Arzneimitteln und das Anbieten von apothekenüblichen Waren,
2. Tankstellen für das Anbieten von Ersatzteilen für Kraftfahrzeuge, soweit dies für die Erhaltung oder Wiederherstellung der Fahrbereitschaft notwendig ist, sowie für das Anbieten von Betriebsstoffen und von Reisebedarf,
3. Verkaufsstellen auf Personenbahnhöfen, auf Verkehrsflughäfen und in Reisebusterminals für das Anbieten von Reisebedarf. Auf Fernbahnhöfen dürfen darüber hinaus Waren des täglichen Verbrauchs, insbesondere Erzeugnisse für den allgemeinen Lebens- und Haushaltsbedarf und Reisegepäck, Reisetaschen, Fan- und Geschenkartikel sowie Sehhilfen angeboten werden. Auf dem Flughafen Berlin-Tegel dürfen darüber hinaus Waren des täglichen Ge- und Verbrauchs, insbesondere Erzeugnisse für den allgemeinen Lebens- und Haushaltsbedarf, Textilien, Sportartikel, sowie Geschenkartikel angeboten werden.

§ 6 Weitere Ausnahmen

(1) Die für die Ladenöffnungszeiten zuständige Senatsverwaltung legt im öffentlichen Interesse ausnahmsweise die Öffnung von Verkaufsstellen an jährlich acht, nicht unmittelbar aufeinanderfolgenden Sonn- oder Feiertagen in der Zeit von 13.00 bis 20.00 Uhr durch Allgemeinverfügung fest. Bei Vorliegen eines herausragend gewichtigen öffentlichen Interesses können andere Öffnungszeiten festgesetzt und die Öffnung an unmittelbar aufeinanderfolgenden Sonn- und Feiertagen zugelassen werden. Die Allgemeinverfügung soll bis spätestens zum Ende des zweiten Quartals beziehungsweise zum Ende des vierten Vorjahresquartals für das folgende Halbjahr verkündet werden. Die Sätze 1 und 2

gelten nicht für den 1. Januar, den 1. Mai, den Karfreitag, den Ostersonntag, den Pfingstsonntag, den Volkstrauertag, den Totensonntag, den 24. Dezember, wenn er auf einen Adventssonntag fällt, und die Feiertage im Dezember.

(2) Verkaufsstellen dürfen aus Anlass besonderer Ereignisse, insbesondere von Firmenjubiläen und Straßenfesten, an jährlich zwei weiteren Sonn- oder Feiertagen von 13.00 bis 20.00 Uhr öffnen. Die Verkaufsstelle hat dem zuständigen Bezirksamt die Öffnung unter Angabe des Anlasses zwei Wochen vorher in Textform anzuzeigen. Absatz 1 Satz 4 gilt entsprechend.

(3) Verkaufsstellen dürfen auch bei Vorliegen der Voraussetzungen der Absätze 1 oder 2 nicht an zwei aufeinanderfolgenden und nur an insgesamt zwei Sonn- oder Feiertagen pro Monat geöffnet haben, soweit nicht nach Absatz 1 die Öffnung an unmittelbar aufeinanderfolgenden Sonn- und Feiertagen zugelassen ist.

§ 7 Schutz der Arbeitnehmerinnen und Arbeitnehmer

(1) Arbeitnehmerinnen und Arbeitnehmer dürfen in Verkaufsstellen an Sonn- und Feiertagen nur mit Verkaufstätigkeiten während der jeweils zulässigen oder zugelassenen Öffnungszeiten und, soweit dies zur Erledigung von Vorbereitungs- und Abschlussarbeiten unerlässlich ist, während weiterer 30 Minuten beschäftigt werden. Für ihre Beschäftigung gelten die Vorschriften des § 11 des Arbeitszeitgesetzes vom 6. Juni 1994 (BGBl. I S. 1170), das zuletzt durch die Artikel 5 und 6 des Gesetzes vom 14. August 2006 (BGBl. I S. 1962) geändert worden ist, entsprechend.

(2) Die Arbeitnehmerinnen und Arbeitnehmer sind auf deren Verlangen in jedem Kalendermonat mindestens an einem Sonnabend freizustellen. Dieser Tag soll in Verbindung mit einem freien Sonntag gewährt werden.

(3) Beschäftigte, die mit mindestens einem Kind unter zwölf Jahren in einem Haushalt leben oder eine anerkannt pflegebedürftige angehörige Person versorgen, sollen auf Verlangen von einer Beschäftigung nach 20.00 Uhr beziehungsweise an verkaufsoffenen Sonn- und Feiertagen freigestellt werden, soweit die Betreuung durch eine andere im jeweiligen Haushalt lebende Person nicht gewährleistet ist.

(4) Inhaberinnen und Inhaber von Verkaufsstellen müssen ein Verzeichnis über die am Sonn- und Feiertag geleistete Arbeit und den dafür gewährten Freizeitausgleich mit Namen, Tag, Beschäftigungsart und -dauer der beschäftigten Arbeitnehmerinnen und Arbeitnehmer führen. Das Verzeichnis ist mindestens zwei Jahre nach Ablauf des jeweiligen Kalenderjahres aufzubewahren.

§ 8 Aufsicht und Auskunft

(1) Inhaberinnen und Inhaber von Verkaufsstellen haben den zuständigen Behörden auf Verlangen die zur Überwachung der Einhaltung dieses Gesetzes erforderlichen Angaben vollständig zu machen und das Verzeichnis nach § 7 Abs. 4 vorzulegen. Die Auskunftspflicht obliegt auch den beschäftigten Arbeitnehmerinnen und Arbeitnehmern.

(2) Die Beauftragten der zuständigen Behörden sind berechtigt, die Verkaufsstellen während der Öffnungszeiten zu betreten und zu besichtigen. Das Betreten und Besichtigen der Verkaufsstelle ist zu gestatten. Das Grundrecht der Unverletzlichkeit der Wohnung (Artikel 13 des Grundgesetzes, Artikel 28 Abs. 2 Satz 1 der Verfassung von Berlin) wird insoweit eingeschränkt.

(3) Die zuständigen Behörden können die erforderlichen Maßnahmen zur Erfüllung der sich aus diesem Gesetz ergebenden Pflichten anordnen.

§ 9 Ordnungswidrigkeiten

(1) Ordnungswidrig handelt, wer vorsätzlich oder fahrlässig als Inhaberin oder Inhaber einer Verkaufsstelle

1. entgegen § 3 Absatz 2 und 3 eine Verkaufsstelle öffnet oder Waren anbietet,
2. entgegen den §§ 4 und 5 über die zulässigen Öffnungszeiten hinaus Waren oder Waren außerhalb der genannten Warengruppen anbietet,

3. entgegen § 6 über die zulässige Anzahl der Sonn- oder Feiertage oder über die zulässigen Öffnungszeiten hinaus Verkaufsstellen öffnet oder Waren anbietet oder die rechtzeitige Anzeige in Textform unter Angabe des Anlasses bei der zuständigen Behörde unterlässt,
4. entgegen § 7 Abs. 1 Arbeitnehmerinnen und Arbeitnehmer über die zulässigen Zeiten hinaus beschäftigt,
5. entgegen § 7 Abs. 2 nicht in jedem Kalendermonat mindestens an einem Sonnabend Arbeitnehmerinnen und Arbeitnehmer auf deren Verlangen freistellt,
6. entgegen § 7 Abs. 4 kein Verzeichnis führt, es unrichtig oder unvollständig führt oder nicht aufbewahrt,
7. entgegen § 8 Abs. 1 Angaben nicht oder falsch oder unvollständig macht oder Verzeichnisse nicht vorlegt,
8. einer vollziehbaren Anordnung nach § 8 Absatz 3 zuwiderhandelt.

(2) Ordnungswidrig handelt ferner, wer vorsätzlich oder fahrlässig einen Kunst- oder Gebrauchtwarenmarkt entgegen den §§ 3 und 4 betreibt.

(3) Die Ordnungswidrigkeiten können mit einer Geldbuße bis zu 2500 Euro, in den Fällen des Absatzes 1 Nr. 4 und des Absatzes 2 mit einer Geldbuße bis zu 15 000 Euro geahndet werden.

§ 10 Änderung des Allgemeinen Sicherheits- und Ordnungsgesetzes

(hier nicht aufgenommen)

§ 11 Aufhebung bisherigen Rechts

Mit Inkrafttreten dieses Gesetzes treten die folgenden Rechtsvorschriften außer Kraft:

1. Verordnung über die Öffnungszeiten bestimmter Verkaufsstellen an Sonn- und Feiertagen vom 7. Januar 1958 (GVBl. S. 11), zuletzt geändert durch Verordnung vom 31. Oktober 1996 (GVBl. S. 483),
2. Verordnung über den Ladenschluß in Ausflugs- und Erholungsgebieten vom 14. Juni 1983 (GVBl. S. 983), zuletzt geändert durch Verordnung vom 16. Juli 1999 (GVBl. S. 411),
3. Verordnung über den Sonntagsverkauf am 24. Dezember vom 2. Dezember 1967 (GVBl. S. 1679), geändert durch Verordnung vom 7. Dezember 1972 (GVBl. S. 2249),
4. Anordnung über den Ladenschluß der Apotheken vom 13. Januar 1960 (GVBl. S. 230),
5. Verordnung über den Ladenschluß auf dem Fernbahnhof Berlin-Zoologischer Garten und dem Flughafen Berlin-Tegel vom 24. Juli 1987 (GVBl. S. 2029), geändert durch Verordnung vom 13. Dezember 1988 (GVBl. S. 2327),
6. Verordnung über die Übertragung der Ermächtigung zum Erlass von Rechtsverordnungen nach § 14 Abs. 1 Satz 2 des Gesetzes über den Ladenschluss vom Senat auf die zuständige Senatsverwaltung vom 2. März 2004 (GVBl. S. 104).

§ 12 Inkrafttreten

Dieses Gesetz tritt am Tage nach der Verkündung im Gesetz- und Verordnungsblatt für Berlin in Kraft.

Brandenburgisches Ladenöffnungsgesetz (BbgLöG)

Vom 27. November 2006 (GVBl. I S. 158)

Zuletzt geändert durch
Zweites Gesetz zur Änderung des Brandenburgischen Ladenöffnungsgesetzes
vom 25. April 2017 (GVBl. I Nr. 8)

§ 1 Geltungsbereich

Dieses Gesetz regelt die Öffnung von Verkaufsstellen sowie das gewerbliche Anbieten von Waren außerhalb von Verkaufsstellen und die damit in Verbindung stehenden Beschäftigungszeiten des Verkaufspersonals.

§ 2 Begriffsbestimmungen

(1) Verkaufsstellen im Sinne dieses Gesetzes sind

1. Ladengeschäfte aller Art, Apotheken, Tankstellen und
2. sonstige Verkaufsstände, Kioske sowie ähnliche Einrichtungen, falls in ihnen von einer festen Stelle aus ständig Waren zum Verkauf an jedermann gewerblich angeboten werden. Dem gewerblichen Anbieten steht das Zeigen von Mustern, Proben und ähnlichem gleich, wenn Warenbestellungen in der Einrichtung entgegengenommen werden.

(2) Reisebedarf im Sinne dieses Gesetzes sind Zeitungen, Zeitschriften, Straßenkarten, Stadtpläne, Reiselektüre, Schreibmaterialien, Tabakwaren, Blumen, Reisetoilettenartikel, Bild- und Tonträger, Bedarf für Reiseapotheken, Reiseandenken und Spielwaren von geringem Wert, Lebens- und Genussmittel in kleineren Mengen sowie ausländische Geldsorten.

(3) Feiertage im Sinne dieses Gesetzes sind die in § 2 Abs. 1 des Feiertagsgesetzes bestimmten gesetzlichen Feiertage.

§ 3 Allgemeine Ladenöffnungszeiten

(1) Verkaufsstellen dürfen an Werktagen von 0 Uhr bis 24 Uhr geöffnet sein (allgemeine Ladenöffnungszeiten), soweit nachfolgend keine abweichenden Regelungen getroffen werden.

(2) Verkaufsstellen müssen für den geschäftlichen Verkehr mit Kunden geschlossen sein:

1. an Sonn- und Feiertagen und am 24. Dezember, der auf einen Adventssonntag fällt,
2. am 24. Dezember, sofern dieser Tag auf einen Werktag fällt, ab 14 Uhr.

(3) Außerhalb der allgemeinen Ladenöffnungszeiten ist auch das gewerbliche Anbieten von Waren zum Verkauf an jedermann außerhalb von Verkaufsstellen verboten. Soweit für Verkaufsstellen nach diesem Gesetz Abweichungen von den Ladenschlusszeiten des Absatzes 2 zugelassen sind, gelten diese Abweichungen auch für das gewerbliche Anbieten außerhalb von Verkaufsstellen.

(4) Ist eine Verkaufsstelle an Sonn- und Feiertagen geöffnet, so hat der Inhaber in oder an der Verkaufsstelle gut sichtbar auf die Öffnungszeiten an Sonn- und Feiertagen hinzuweisen.

§ 4 Verkauf bestimmter Waren an Sonn- und Feiertagen

(1) Abweichend von § 3 Abs. 2 Nr. 1 dürfen an Sonn- und Feiertagen in der Zeit von 7 Uhr bis 19 Uhr geöffnet sein:

1. Verkaufsstellen, deren Angebot in erheblichem Umfang aus einer oder mehreren der Warengruppen Blumen und Pflanzen, Zeitungen und Zeitschriften, Back- und Konditorwaren, Milch und Milcherzeugnisse besteht, für die Dauer von fünf zusammenhängenden Stunden,
2. Verkaufsstellen für überwiegend selbst erzeugte oder verarbeitete landwirtschaftli-

che Produkte für die Dauer von acht Stunden.

(2) An Sonn- und Feiertagen dürfen leicht verderbliche Waren und Waren zum sofortigen Verzehr außerhalb von Verkaufsstellen in der Zeit von 7 Uhr bis 19 Uhr angeboten werden.

(3) Abweichend von § 3 Abs. 2 Nr. 1 dürfen, sofern der 24. Dezember auf einen Sonntag fällt, in der Zeit von 7 Uhr bis 14 Uhr geöffnet sein:

1. Verkaufsstellen, die überwiegend Lebens- und Genussmittel anbieten,
2. Verkaufsstellen für die Abgabe von Weihnachtsbäumen.

(4) Die Absätze 1 und 2 gelten nicht für die Abgabe der Waren am Ostermontag, Pfingstmontag und am zweiten Weihnachtsfeiertag. Ausgenommen ist der Verkauf tagesaktueller Zeitungen.

§ 5 Weitere Verkaufssonntage

(1) Abweichend von § 3 Absatz 2 Nummer 1 dürfen Verkaufsstellen im Gemeindegebiet aus Anlass von besonderen Ereignissen an höchstens fünf Sonn- oder Feiertagen im Kalenderjahr in der Zeit von 13 bis 20 Uhr geöffnet sein, soweit nicht Lärmschutzgebote entgegenstehen. Diese Tage und die Öffnungszeiten werden durch die örtliche Ordnungsbehörde mittels ordnungsbehördlicher Verordnung festgesetzt. Die Freigabe kann auf bestimmte Teile des Gemeindegebietes beschränkt werden. Wird die Öffnung von Verkaufsstellen derart beschränkt, ist die Möglichkeit der Sonn- oder Feiertagsöffnung für das gesamte Gemeindegebiet verbraucht. Eine Öffnung darf nicht für den Karfreitag, die Oster- und Pfingstsonntage, den Volkstrauertag, den Totensonntag, den ersten und zweiten Weihnachtsfeiertag zugelassen werden. Mehr als zwei Sonn- oder Feiertage innerhalb von vier Wochen dürfen nicht freigegeben werden.

(2) Über Absatz 1 hinaus dürfen Verkaufsstellen aus Anlass regionaler Ereignisse, insbesondere traditioneller Vereins- oder Straßenfeste oder besonderer Jubiläen, an einem weiteren Sonn- oder Feiertag je Kalenderjahr in der Zeit von 13 bis 20 Uhr öffnen, soweit die Verkaufsstellen von dem Ereignis betroffen sind. Diese Tage und die Öffnungszeiten werden durch die örtliche Ordnungsbehörde mittels ordnungsbehördlicher Verordnung, in der das von dem Ereignis betroffene Gemeindegebiet beschrieben ist, festgesetzt. Die Öffnung von Verkaufsstellen nach Satz 1 führt zum Verbrauch der Möglichkeit der Sonn- oder Feiertagsöffnung für das betroffene Gemeindegebiet und ist innerhalb des gesamten Gemeindegebietes an bis zu fünf Sonn- oder Feiertagen je Kalenderjahr zulässig.

(3) Eine Öffnung nach den Absätzen 1 und 2 darf nicht für den Karfreitag, die Oster- und Pfingstsonntage, den Volkstrauertag, den Totensonntag, den ersten und zweiten Weihnachtsfeiertag zugelassen werden. Mehr als zwei Sonn- oder Feiertage innerhalb von vier Wochen dürfen nicht freigegeben werden.

(4) Abweichend von § 3 Abs. 2 Nr. 1 dürfen Verkaufsstellen in einzelnen in der Rechtsverordnung nach Absatz 5 aufzuführenden Kurorten, Ausflugs- und Erholungsorten an jährlich höchstens 40 Sonn- und Feiertagen von 11 Uhr bis 19 Uhr geöffnet sein. Neben Waren, die für diese Orte kennzeichnend sind, dürfen Waren zum sofortigen Verzehr, überwiegend in der Region erzeugte oder verarbeitete landwirtschaftliche und handwerkliche Produkte, Tabakwaren, Blumen, Zeitungen und Sportartikel verkauft werden. Die in Satz 1 genannten Sonn- und Feiertage werden durch die Kreisordnungsbehörden als Sonderordnungsbehörden mittels ordnungsbehördlicher Verordnung festgesetzt.

(5) Die Landesregierung wird ermächtigt, die Orte nach Absatz 4 durch Rechtsverordnung zu bestimmen. Sie kann dabei eine Beschränkung auf bestimmte Ortsteile vorsehen.

§ 6 Apotheken

(1) Abweichend von § 3 Abs. 2 ist Apotheken an Sonn- und Feiertagen sowie am 24. Dezember die Öffnung ihrer Verkaufsstellen zur Abgabe von Arzneimitteln und apothekenüb-

lichen Waren während des ganzen Tages gestattet.

(2) Die Landesapothekerkammer regelt, dass während der Ladenschlusszeiten nach § 3 Abs. 2 abwechselnd ein Teil der Apotheken geschlossen sein muss. An den geschlossenen Apotheken ist an sichtbarer Stelle ein Aushang anzubringen, der die zurzeit offenen Apotheken bekannt gibt. Die Dienstbereitschaft der Apotheken steht der Offenhaltung gleich.

§ 7 Tankstellen

(1) Abweichend von § 3 Abs. 2 dürfen Tankstellen an Sonn- und Feiertagen sowie am 24. Dezember während des ganzen Tages geöffnet sein.

(2) An Sonn- und Feiertagen ist nur die Abgabe von Ersatzteilen für Kraftfahrzeuge, soweit dies für die Erhaltung oder Wiederherstellung der Fahrbereitschaft notwendig ist, sowie die Abgabe von Betriebsstoffen und von Reisebedarf gestattet.

§ 8 Verkaufsstellen in Personenbahnhöfen und auf Flughäfen

(1) Abweichend von § 3 Abs. 2 dürfen Verkaufsstellen auf Personenbahnhöfen und auf Flughäfen an Sonn- und Feiertagen für den Verkauf von Reisebedarf sowie Geschenkartikeln während des ganzen Tages geöffnet sein.

(2) Auf Flughäfen dürfen an Sonn- und Feiertagen auch Waren des täglichen Ge- und Verbrauchs verkauft werden.

§ 9 Ausnahmen im öffentlichen Interesse

In Einzelfällen kann die von der Landesregierung durch Rechtsverordnung bestimmte Behörde befristete Ausnahmen von den §§ 3 bis 8 bewilligen, wenn ein herausragend gewichtiges öffentliches Interesse vorliegt.

§ 10 Beschäftigungszeiten

(1) In Verkaufsstellen dürfen Arbeitnehmerinnen und Arbeitnehmer an Sonn- und Feiertagen nur während der ausnahmsweise zugelassenen Öffnungszeiten und, soweit dies zur Erledigung von Vorbereitungs- und Abschlussarbeiten unerlässlich ist, während weiterer 30 Minuten beschäftigt werden. Die Beschäftigungszeit einer Arbeitnehmerin oder eines Arbeitnehmers an Sonn- und Feiertagen darf acht Stunden nicht überschreiten.

(2) Arbeitnehmerinnen und Arbeitnehmer, die gemäß Absatz 1 an einem Sonn- oder Feiertag beschäftigt werden, sind, wenn die Beschäftigung länger als drei Stunden dauert, an einem Werktag derselben Woche ab 13 Uhr und, wenn die Beschäftigung länger als sechs Stunden dauert, an einem ganzen Werktag derselben Woche von der Arbeit freizustellen; mindestens jeder dritte Sonntag muss beschäftigungsfrei bleiben. Werden sie bis zu drei Stunden beschäftigt, so muss jeder zweite Sonntag oder in jeder zweiten Woche ein Nachmittag ab 13 Uhr beschäftigungsfrei bleiben. Arbeitnehmerinnen und Arbeitnehmer dürfen an höchstens zwei Adventssonntagen im Jahr beschäftigt werden.

(3) Arbeitnehmerinnen und Arbeitnehmer in Verkaufsstellen können verlangen, in jedem Kalendermonat an einem Sonnabend von der Beschäftigung freigestellt zu werden.

(4) Beschäftigte, die mit einem Kind unter zwölf Jahren in einem Haushalt leben oder eine pflegebedürftige angehörige Person im Sinne des § 14 des Elften Buches Sozialgesetzbuch versorgen, sind auf Verlangen von einer Beschäftigung nach 20 Uhr freizustellen. Dieser Anspruch besteht nicht, soweit die Betreuung durch eine andere im Haushalt lebende Person gewährleistet ist.

(5) Die Inhaberin oder der Inhaber einer Verkaufsstelle ist verpflichtet, ein Verzeichnis mit Namen, Tag und Beschäftigungsdauer der an Sonn- und Feiertagen beschäftigten Arbeitnehmerinnen und Arbeitnehmer und über die diesen gemäß Absatz 2 zum Ausgleich für die Beschäftigung gewährte Freistellung zu führen. Die Aufzeichnungen sind mindestens zwei Jahre aufzubewahren.

§ 11 Aufsicht und Auskunft

(1) Die Aufsicht über die Einhaltung dieses Gesetzes obliegt den örtlichen Ordnungsbehörden. Bezüglich der Beschäftigungszeiten

nach § 10 obliegt die Aufsicht der für den Arbeitsschutz zuständigen Landesoberbehörde.

(2) Die Inhaberinnen oder Inhaber von Verkaufsstellen, die Gewerbetreibenden und sonstigen Personen, die Waren in Verkaufsstellen im Sinne von § 2 Abs. 1 gewerblich anbieten, sind verpflichtet, den aufsichtsführenden Behörden gemäß Absatz 1 die für die Durchführung dieses Gesetzes erforderlichen Auskünfte zu geben und das Verzeichnis nach § 10 Abs. 5 auf Verlangen vorzulegen.

§ 12 Ordnungswidrigkeiten

(1) Ordnungswidrig handelt, wer vorsätzlich oder fahrlässig

1. entgegen § 3 Abs. 2 bis 4 Verkaufsstellen öffnet oder Waren gewerblich anbietet oder Öffnungszeiten der Verkaufsstelle nicht von außen deutlich lesbar bekannt gibt,
2. entgegen den §§ 4 bis 9 Waren zum gewerblichen Verkauf oder Waren außerhalb der genannten Warengruppen anbietet,
3. entgegen § 10 Abs. 1 Arbeitnehmerinnen oder Arbeitnehmer beschäftigt,
4. entgegen § 10 Abs. 2 Arbeitnehmerinnen oder Arbeitnehmern die Ausgleichszeiten für Sonn- oder Feiertagsarbeit nicht oder nicht ausreichend gewährt oder an mehr als zwei Adventssonntagen im Jahr beschäftigt,
5. entgegen § 10 Abs. 5 die Beschäftigungszeiten nicht aufzeichnet oder die Aufzeichnungen nicht aufbewahrt,
6. entgegen § 11 Abs. 2 Auskünfte oder Verzeichnisse nicht erteilt oder nicht vorlegt.

(2) Die Ordnungswidrigkeiten nach Absatz 1 Nr. 1 und 2 können mit einer Geldbuße bis zu 5000 Euro, nach Absatz 1 Nr. 3 bis 6 mit einer Geldbuße bis zu 15 000 Euro geahndet werden.

§ 13 Ersetzung von Bundesrecht

Dieses Gesetz ersetzt im Land Brandenburg

1. das Gesetz über den Ladenschluss in der Fassung der Bekanntmachung vom 2. Juni 2003 (BGBl. I S. 744), geändert durch Artikel 2 Abs. 3 des Gesetzes vom 7. Juli 2005 (BGBl. I S. 1954, 1968), und
2. die Verordnung über den Verkauf bestimmter Waren an Sonn- und Feiertagen in der im Bundesgesetzblatt Teil III, Gliederungsnummer 8050-20-2 veröffentlichten bereinigten Fassung, geändert durch Artikel 3 des Gesetzes vom 30. Juli 1996 (BGBl. I S. 1186, 1187).

Bremisches Ladenschlussgesetz

Vom 22. März 2007 (Brem. GBl. S. 221)

Zuletzt geändert durch
Gesetz zur Änderung des Bremischen Ladenschlussgesetzes
vom 2. Mai 2023 (Brem. GBl. S. 410)

Der Senat verkündet das nachstehende von der Bürgerschaft (Landtag) beschlossene Gesetz:

§ 1 Anwendungsbereich

Dieses Gesetz regelt die Ladenschlusszeiten für Verkaufsstellen und das gewerbliche Feilhalten außerhalb von Verkaufsstellen an Sonn- und Feiertagen sowie am 24. und 31. Dezember und die damit in Verbindung stehenden Beschäftigungszeiten der Arbeitnehmerinnen und Arbeitnehmer.

§ 2 Begriffsbestimmungen

(1) Verkaufsstellen im Sinne dieses Gesetzes sind Ladengeschäfte aller Art, Apotheken, Tankstellen und Verkaufseinrichtungen auf Bahnhöfen und Flughäfen, Verkaufseinrichtungen von Genossenschaften und Hofläden sowie sonstige Verkaufsstände und -buden, Kioske, Basare und ähnliche Einrichtungen, falls in ihnen ebenfalls von einer festen Stelle aus ständig Waren zum Verkauf an jedermann feilgehalten werden.

(2) Feilhalten im Sinne dieses Gesetzes ist das gewerbliche Anbieten von Waren zum Verkauf innerhalb und außerhalb von Verkaufsstellen. Dem Feilhalten steht das Zeigen von Mustern, Proben und ähnlichem gleich, wenn dabei Warenbestellungen entgegengenommen werden können.

(3) Reisebedarf im Sinne dieses Gesetzes sind Zeitungen, Zeitschriften, Straßenkarten, Stadtpläne, Reiselektüre, Schreibmaterialien, Tabakwaren, Schnittblumen, Reisetoilettenartikel, Bild- und Tonträger aller Art, Bedarf für Reiseapotheken, Reiseandenken und Spielzeug geringeren Wertes, Lebens- und Genussmittel in kleinen Mengen sowie ausländische Geldsorten.

(4) Waren des täglichen Ge- und Verbrauchs im Sinne dieses Gesetzes sind Lebensmittel, Drogerie- und Bekleidungsartikel.

(5) Feiertage im Sinne dieses Gesetzes sind die staatlich anerkannten Feiertage.

§ 3 Ladenschlusszeiten

(1) Verkaufsstellen müssen zu folgenden Zeiten für den geschäftlichen Verkehr mit Kunden geschlossen sein:

1. an Sonn- und Feiertagen,
2. am 24. Dezember und am 31. Dezember, wenn diese Tage auf einen Werktag fallen, ab 14 Uhr.

(2) Die beim Ladenschluss anwesenden Kunden dürfen noch bedient werden.

§ 4 Apotheken

(1) Apotheken dürfen abweichend von den Vorschriften des § 3 Abs. 1 an Sonn- und Feiertagen sowie am 24. Dezember und am 31. Dezember während des ganzen Tages für die Abgabe von Arznei-, Krankenpflege-, Säuglingspflege- und Säuglingsnährmitteln, hygienischen Artikeln sowie Desinfektionsmitteln geöffnet sein.

(2) Ist durch die Apothekerkammer Bremen eine Dienstbereitschaft eingerichtet, gilt Absatz 1 nur für die zur Dienstbereitschaft bestimmten Apotheken. An den geschlossenen Apotheken ist an sichtbarer Stelle ein Aushang anzubringen, der die zur Zeit offenen Apotheken bekannt gibt. Dienstbereitschaft der Apotheken steht der Offenhaltung gleich.

§ 5 Tankstellen

(1) Tankstellen dürfen abweichend von den Vorschriften des § 3 Abs. 1 an Sonn- und Feiertagen sowie am 24. Dezember und am 31. Dezember während des ganzen Tages geöffnet sein.

(2) Während der Ladenschlusszeiten nach § 3 Abs. 1 ist nur die Abgabe von Betriebsstoffen und Reisebedarf, sowie von Ersatzteilen für Kraftfahrzeuge, soweit dies für die Erhaltung oder Wiederherstellung der Fahrbereitschaft notwendig ist, gestattet.

(3) Der Senat kann durch Rechtsverordnung die Größe der Verkaufsflächen auf das für die Bedürfnisse des Reiseverkehrs erforderliche Maß beschränken.

§ 6 Verkaufsstellen auf Personenbahnhöfen

(1) Verkaufsstellen auf Personenbahnhöfen von Eisenbahnen dürfen abweichend von den Vorschriften des § 3 Abs. 1 an Sonn- und Feiertagen während des ganzen Tages sowie am 24. Dezember und am 31. Dezember bis 17 Uhr geöffnet sein.

(2) Während der Ladenschlusszeiten nach § 3 Abs. 1 ist nur die Abgabe von Reisebedarf gestattet.

(3) Für Apotheken bleibt es bei den Vorschriften des § 4.

§ 7 Verkaufsstellen auf dem Flughafen Bremen

(1) Verkaufsstellen auf dem Flughafen Bremen dürfen abweichend von den Vorschriften des § 3 Abs. 1 an Sonn- und Feiertagen während des ganzen Tages sowie am 24. Dezember und am 31. Dezember bis 17 Uhr geöffnet sein.

(2) Während der Ladenschlusszeiten nach § 3 Abs. 1 ist nur die Abgabe von Reisebedarf, von Waren des täglichen Ge- und Verbrauchs sowie von Geschenkartikeln gestattet.

(3) Der Senat kann durch Rechtsverordnung die Größe der Verkaufsflächen auf das für die Bedürfnisse des Reiseverkehrs erforderliche Maß begrenzen.

(4) Für Apotheken bleibt es bei den Vorschriften des § 4.

§ 8 Sonstiger Verkauf an Sonn- und Feiertagen

(1) An Sonn- und Feiertagen dürfen abweichend von den Vorschriften des § 3 Abs. 1 Nr. 1 im Zeitraum von 8 bis 16 Uhr, jedoch am 24. Dezember und am 31. Dezember, wenn diese Tage auf einen Sonntag fallen, bis längstens 14 Uhr, geöffnet sein:

1. Verkaufsstellen von Betrieben, die Bäcker- oder Konditorwaren herstellen, für die Dauer von drei Stunden zur Abgabe frischer Back- und Konditorwaren,
2. Verkaufsstellen, in denen zum überwiegenden Teil Blumen und Pflanzen oder Weihnachtsbäume feilgehalten werden, für die Dauer von drei Stunden, jedoch am 1. November, am Volkstrauertag, am Totensonntag und am 1. Adventssonntag für die Dauer von sechs Stunden zur Abgabe von Schnittblumen, Topfpflanzen, pflanzlichen Gebinden oder Weihnachtsbäumen,
3. Verkaufsstellen, in denen zum überwiegenden Teil Zeitungen und Zeitschriften feilgehalten werden, für die Dauer von drei Stunden zur Abgabe von Zeitungen und Zeitschriften,
4. Hofläden, die landwirtschaftliche Erzeugnisse feilhalten, für die Dauer von drei Stunden zur Abgabe von diesen Waren.

(2) Absatz 1 Nr. 1, 2 und 4 gilt nicht für die Abgabe am Ostermontag, Pfingstmontag und am 2. Weihnachtstag.

(3) Verkaufsstellen im Gebäude oder auf dem Gelände von Museen, Theatern und Kinos, Musik- und Sportveranstaltungen oder anderen kulturellen Veranstaltungen, sowie von Dienstleistungsbetrieben dürfen abweichend von den Vorschriften des § 3 Abs. 1 in den für die Versorgung der Besucher erforderlichen Zeiten für die Abgabe von Lebensmitteln zum sofortigen Verzehr sowie von Zubehörwaren, die einen Bezug zu der Veranstaltung oder der Einrichtung haben, geöffnet sein.

(4) Ist eine Verkaufsstelle an Sonn- und Feiertagen geöffnet, ist an der Verkaufsstelle gut sichtbar auf die Öffnungszeiten an Sonn- und Feiertagen hinzuweisen.

§ 9 Ausflugsorte

(1) In den Gebieten Schnoorviertel und Böttcherstraße in der Stadtgemeinde Bremen sowie dem Gebiet um den Fischereihafen I und dem Gebiet zwischen Alter Hafen, Museumshafen und Weser in der Stadtgemeinde Bremerhaven dürfen abweichend von den Vorschriften des § 3 an jährlich höchstens 40 Sonn- und Feiertagen bis zur Dauer von acht Stunden Lebensmittel zum sofortigen Verzehr, Tabakwaren, Schnittblumen, Zeitungen sowie Waren, die für diese Orte kennzeichnend sind, verkauft werden.

(2) Die Begrenzung der in Absatz 1 genannten Gebiete legt der Senat durch Rechtsverordnung fest.

(3) Die infrage kommenden Sonn- und Feiertage sowie die Öffnungszeiten werden für den Bereich der Stadtgemeinde Bremen vom Senat und für den Bereich der Stadtgemeinde Bremerhaven vom Magistrat der Stadt Bremerhaven durch Rechtsverordnung bestimmt.

(4) Bei der Festsetzung der Öffnungszeiten soll eine Freigabe nicht vor 11 Uhr erfolgen.

§ 9a Zusätzlicher Verkauf im Gebiet zwischen Alter Hafen, Museumshafen und Weser in der Stadtgemeinde Bremerhaven

(1) In dem Gebiet zwischen Alter Hafen, Museumshafen und Weser in der Stadtgemeinde Bremerhaven dürfen an 20 der 40 in der Rechtsverordnung nach § 9 Absatz 3 bestimmten Sonn- und Feiertage zusätzlich Waren, die für die touristische Nutzung von Bedeutung sind, verkauft werden.

(2) Die nach Absatz 1 infrage kommenden Sonn- und Feiertage, die Öffnungszeiten sowie die zum Verkauf zugelassenen Waren werden vom Magistrat der Stadt Bremerhaven durch Rechtsverordnung bestimmt.

(3) Bei der Festsetzung der Öffnungszeiten soll eine Freigabe nicht vor 11 Uhr erfolgen. Für die 20 nach Absatz 1 bestimmten Sonn- und Feiertage gilt § 10 Absatz 3 entsprechend. Sonn- und Feiertage nach Absatz 1 dürfen nur freigegeben werden, soweit die Zahl dieser Tage zusammen mit den nach § 10 Absatz 1 freigegebenen Sonn- und Feiertagen 20 nicht übersteigt.

---

§ 9a ist ab 1. April 2026 nicht mehr anwendbar.

§ 10 (weggefallen)

§ 11 Marktverkehr und sonstiges gewerbliches Feilhalten

(1) Während der Ladenschlusszeiten nach § 3 Abs. 1 dürfen auf behördlich festgesetzten Großmärkten keine Waren für den Verkauf an Endverbraucherinnen oder Endverbraucher feilgehalten werden. Dies gilt nicht während der auf der Grundlage der §§ 9 und 10 zugelassenen Öffnungszeiten. Im Übrigen finden die Bestimmungen dieses Gesetzes für die nach anderen Rechtsvorschriften festgesetzten Messen, Märkte und Ausstellungen keine Anwendung.

(2) Während der Ladenschlusszeiten nach § 3 Abs. 1 ist auch das gewerbliche Feilhalten von Waren zum Verkauf an jedermann außerhalb von Verkaufsstellen verboten; dies gilt nicht für Volksfeste, die nach anderen Rechtsvorschriften von der zuständigen Behörde genehmigt worden sind, sowie während der auf der Grundlage der §§ 9 und 10 zugelassenen Öffnungszeiten.

(3) Die Senatorin für Gesundheit, Frauen und Verbraucherschutz als Ortspolizeibehörde in der Stadtgemeinde Bremen und der Magistrat in der Stadtgemeinde Bremerhaven können abweichend von den Vorschriften des Absatzes 2 Ausnahmen für das Feilhalten von leicht verderblichen Waren und Waren zum sofortigen Verzehr zulassen, sofern dies zur Befriedigung örtlich auftretender Bedürfnisse notwendig ist.

§ 12 Ausnahmen im öffentlichen Interesse

Die Senatorin für Gesundheit, Frauen und Verbraucherschutz kann in Einzelfällen befristete Ausnahmen von den Vorschriften dieses Gesetzes bewilligen, wenn diese Ausnahmen im öffentlichen Interesse dringend notwendig werden.

§ 13 Schutz der Arbeitnehmerinnen und Arbeitnehmer

(1) Arbeitnehmerinnen und Arbeitnehmer in Verkaufsstellen dürfen nur während der zugelassenen Öffnungszeiten an jährlich höchstens 22 Sonn- und Feiertagen und, falls dies zur Erledigung von Vorbereitungs- und Abschlussarbeiten unerlässlich ist, während insgesamt weiterer 30 Minuten beschäftigt werden.

(2) Die Dauer der Beschäftigungszeit der einzelnen Arbeitnehmerinnen und Arbeitnehmer an Sonn- und Feiertagen darf 8 Stunden einschließlich der zur Erledigung von Vorbereitungs- und Abschlussarbeiten erforderlichen Zeit nicht überschreiten. Bei einer Arbeitszeit

12

von mehr als sechs Stunden ist die Arbeitszeit durch eine Ruhepause von mindestens 30 Minuten zu unterbrechen.

(3) Arbeitnehmerinnen und Arbeitnehmer, die an Sonn- und Feiertagen beschäftigt werden, haben Anspruch auf folgende Ausgleichszeiten:

1. wenn die Beschäftigung bis zu drei Stunden dauert, muss jeder zweite Sonntag oder in jeder zweiten Woche ein Nachmittag ab 13 Uhr beschäftigungsfrei bleiben;
2. wenn die Beschäftigung länger als drei Stunden dauert, muss an einem Werktag derselben Woche ein Nachmittag ab 13 Uhr, wenn die Beschäftigung länger als sechs Stunden dauert, ein ganzer Werktag derselben Woche beschäftigungsfrei bleiben; außerdem muss mindestens jeder dritte Sonntag beschäftigungsfrei bleiben.

Statt an einem Nachmittag darf die Freizeit am Sonnabend- oder Montagvormittag bis 14 Uhr gewährt werden. Während der Zeiten, zu denen die Verkaufsstelle geschlossen sein muss, darf die Freizeit nicht gegeben werden.

(4) Der Arbeitgeber hat Nachtarbeitnehmerinnen und Nachtarbeitnehmer auf deren Verlangen auf einen geeigneten Tagesarbeitsplatz umzusetzen, wenn

1. nach arbeitsmedizinischer Feststellung die weitere Verrichtung von Nachtarbeit die Arbeitnehmerin oder den Arbeitnehmer in seiner Gesundheit gefährdet oder
2. im Haushalt der Arbeitnehmerin oder des Arbeitnehmers ein Kind unter zwölf Jahren lebt, das nicht von einer anderen im Haushalt lebenden Person betreut werden kann, oder
3. die Arbeitnehmerin oder der Arbeitnehmer einen schwerpflegebedürftigen Angehörigen zu versorgen hat, der nicht von einem anderen im Haushalt lebenden Angehörigen versorgt werden kann,

sofern dem nicht dringende betriebliche Erfordernisse entgegenstehen. Stehen der Umsetzung der Nachtarbeitnehmerin oder des Nachtarbeitnehmers auf einen für ihn geeigneten Tagesarbeitsplatz nach Auffassung des Arbeitgebers dringende betriebliche Erfordernisse entgegen, so ist der Betriebs- oder Personalrat zu hören. Der Betriebs- oder Personalrat kann dem Arbeitgeber Vorschläge für eine Umsetzung unterbreiten. Soweit keine tarifvertraglichen Ausgleichsregelungen bestehen, hat der Arbeitgeber der Nachtarbeitnehmerin oder dem Nachtarbeitnehmer für die während der Nachtzeit geleisteten Arbeitsstunden eine angemessene Zahl bezahlter freier Tage oder einen angemessenen Zuschlag auf das ihm hierfür zustehende Bruttoarbeitsentgelt zu gewähren.

(5) Die §§ 2 bis 8 des Arbeitszeitgesetzes finden Anwendung.

(6) Inhaberinnen oder Inhaber einer Verkaufsstelle sind verpflichtet,

1. einen Abdruck dieses Gesetzes und der auf Grund dieses Gesetzes erlassenen Rechtsverordnungen an geeigneter Stelle zur Einsichtnahme in der Verkaufsstelle auszulegen oder auszuhängen,
2. ein Verzeichnis mit Namen, Tag, Beschäftigungsart und Beschäftigungsdauer der an Sonn- und Feiertagen beschäftigten Arbeitnehmerinnen und Arbeitnehmer und über die zum Ausgleich für die Beschäftigung an Sonn- und Feiertagen gewährte Freistellung zu führen. Das Verzeichnis ist zwei Jahre aufzubewahren.

(7) Die Gewerbeaufsicht des Landes Bremen kann in begründeten Einzelfällen Ausnahmen von den Vorschriften der Absätze 1 bis 3 genehmigen. Die Genehmigung kann jederzeit widerrufen werden.

§ 14 Aufsicht und Auskunft

(1) Die Aufsicht über die Einhaltung der Vorschriften dieses Gesetzes und der auf Grund dieses Gesetzes erlassenen Rechtverordnungen übt die Gewerbeaufsicht des Landes Bremen aus.

(2) Die Aufsichtsbehörde kann die erforderlichen Maßnahmen zur Erfüllung der sich aus diesem Gesetz und den auf Grund dieses Gesetzes erlassenen Rechtsverordnungen ergebenden Pflichten anordnen.

(3) Inhaberinnen oder Inhaber von Verkaufsstellen sowie Gewerbetreibende, die Waren

innerhalb und außerhalb von Verkaufsstellen gewerblich feilhalten, sind verpflichtet, den Aufsichtsbehörden auf Verlangen die zur Erfüllung der Aufgaben dieser Behörden erforderlichen Angaben wahrheitsgemäß und vollständig zu machen.

(4) Die Beauftragten der Aufsichtbehörden sind berechtigt, die Verkaufsstellen während der Öffnungszeiten zu betreten und zu besichtigen. Inhaberinnen oder Inhaber von Verkaufsstellen haben das Betreten und Besichtigen der Verkaufsstelle zu gestatten.

§ 15 Ordnungswidrigkeiten

(1) Ordnungswidrig handelt, wer vorsätzlich oder fahrlässig als Inhaberin oder Inhaber einer Verkaufsstelle oder als Gewerbetreibender im Sinne des § 11 Abs. 2

1. a) den Bestimmungen der § 3 Abs. 1, § 4 Abs. 2, § 5 Abs. 2, § 6 Abs. 1 und 2, § 7 Abs. 1 und 2, § 8, § 10 Absatz 4 und § 13 Abs. 1 bis 6 zuwider handelt,
   b) einer Anordnung nach § 4 Abs. 3 zuwider handelt,
   c) einer Anordnung nach § 14 Abs. 2 zuwider handelt,
   d) Angaben nach § 14 Abs. 3 nicht wahrheitsgemäß oder nicht vollständig macht

   oder

   e) entgegen § 14 Abs. 4 Satz 2 eine Maßnahme nicht gestattet,
2. entgegen § 9 Absatz 1 oder § 9a Absatz 1 in Verbindung mit der Rechtsverordnung nach § 9a Absatz 2 andere als die zum Verkauf zugelassenen Waren feilhält.

(2) Die Ordnungswidrigkeit nach Absatz 1 kann mit einer Geldbuße bis zu 15 000 Euro geahndet werden.

(3) Sachlich zuständige Verwaltungsbehörde für die Verfolgung und Ahndung der Ordnungswidrigkeiten nach Absatz 1 ist die Gewerbeaufsicht des Landes Bremen.

§ 16 Vorrang von Landesrecht

Im Geltungsbereich dieses Gesetzes finden das Gesetz über den Ladenschluss in der Fassung vom 2. Juni 2003 (BGBl. I S. 744), geändert durch Artikel 2 des Gesetzes vom 7. Juli 2005 (BGBl. I S. 1954), und die Verordnung über den Verkauf bestimmter Waren an Sonn- und Feiertagen vom 21. Dezember 1957 (BGBl. I S. 1881), geändert durch Gesetz vom 30. Juli 1996 (BGBl. I S. 1186), keine Anwendung.

§ 17 Änderung bisherigen Rechts

§ 26 der Verordnung über die Zuständigkeit für die Verfolgung und Ahndung von Ordnungswidrigkeiten vom 11. März 1975 (Brem. GBl. S. 151 – 45-c-68), zuletzt geändert durch Verordnung vom 2. März 2004 (Brem. GBl. S. 137), wird aufgehoben.

§ 18 In-Kraft-Treten, Außer-Kraft-Treten bisherigen Rechts

(1) Dieses Gesetz tritt am 1. April 2007 in Kraft.

(2) Gleichzeitig treten

1. die Verordnung über die Öffnungszeiten der Verkaufsstellen für den Verkauf bestimmter Waren an Sonn- und Feiertagen vom 27. Dezember 1957 (Brem. GBl. S. 174 – 7102-a-2), zuletzt geändert durch Verordnung vom 7. Januar 1997 (Brem. GBl. S. 118), und
2. die Verordnung über die Zuständigkeit der Verwaltungsbehörden nach dem Gesetz über den Ladenschluss vom 6. April 2004 (Brem. GBl. S. 186 – 8050-a-1) außer Kraft.

(3) Am 1. Juni 2007 treten

1. die Verordnung über den Ladenschluss auf dem Flughafen Bremen vom 19. Juli 1994 (Brem. GBl. S. 211, S. 246 – 8050-a-3),
2. die Verordnung über den Ladenschluss im Schnoorviertel und in der Böttcherstraße vom 17. März 1987 (Brem. GBl. S. 145 – 8050-a-2), zuletzt geändert durch Verordnung vom 25. März 2003 (Brem. GBl. S. 113), und
3. die Verordnung über den Ladenschluss im Fischereihafen von Bremerhaven vom 19. Juli 1994 (Brem. GBl. S. 211), geändert durch Verordnung vom 4. März 2003 (Brem. GBl. S. 81), außer Kraft.

(4) § 9a tritt mit Ablauf des 31. März 2026 außer Kraft.

Hamburgisches Gesetz zur Regelung der Ladenöffnungszeiten (Ladenöffnungsgesetz)

Vom 22. Dezember 2006 (HmbGVBl. S. 611)

Zuletzt geändert durch
Hamburgisches Gesetz zur Umsetzung der Europäischen Dienstleistungsrichtlinie und über weitere Rechtsanpassungen
vom 15. Dezember 2009 (HmbGVBl. S. 444)

Der Senat verkündet das nachstehende von der Bürgerschaft beschlossene Gesetz:

§ 1 Geltungsbereich

Dieses Gesetz gilt für die Öffnung von Verkaufsstellen und das gewerbliche Feilhalten von Waren außerhalb von Verkaufsstellen.

§ 2 Begriffsbestimmungen

(1) Verkaufsstellen im Sinne dieses Gesetzes sind insbesondere

1. Ladengeschäfte aller Art, Apotheken, Tankstellen und Bahnhofsverkaufsstellen,
2. sonstige Verkaufsstände und -buden, Kioske, Basare und ähnliche Einrichtungen gewerblicher Art, falls in ihnen ebenfalls von einer festen Stelle aus ständig Waren zum Verkauf an jedermann feilgehalten werden. Dem Feilhalten steht das Zeigen von Mustern, Proben und ähnlichem gleich, wenn Warenbestellungen in der Einrichtung entgegengenommen werden.

(2) Feiertage im Sinne dieses Gesetzes sind die gesetzlichen Feiertage.

(3) Reisebedarf im Sinne dieses Gesetzes sind die den Bedürfnissen der Reisenden dienenden Waren wie insbesondere Zeitungen, Zeitschriften, Straßenkarten, Stadtpläne, Reiselektüre, Schreibmaterialien, Tabakwaren, Blumen, Reisetoilettenartikel, Bild-, Ton- und Datenträger, Bedarf für Reiseapotheken, Reiseandenken und Spielzeug geringeren Wertes, Lebens- und Genussmittel in kleineren Mengen sowie ausländische Geldsorten.

§ 3 Allgemeine Ladenöffnungszeiten

(1) Verkaufsstellen dürfen an allen Werktagen für den geschäftlichen Verkehr mit Kunden unbeschränkt geöffnet sein, sofern in diesem Gesetz nicht etwas anderes geregelt ist.

(2) Verkaufsstellen müssen vorbehaltlich nachstehender Vorschriften für den geschäftlichen Verkehr mit Kunden geschlossen sein:

1. an Sonn- und Feiertagen,
2. am 24. Dezember, wenn dieser Tag auf einen Werktag fällt, ab 14.00 Uhr.

(3) Während der Ladenschlusszeiten nach Absatz 2 ist auch das gewerbliche Feilhalten von Waren zum Verkauf an Jedermann außerhalb von Verkaufsstellen verboten. Soweit für Verkaufsstellen nach diesem Gesetz Abweichungen von den Ladenschlusszeiten des Absatzes 2 zugelassen sind, gelten diese Voraussetzungen und Bedingungen auch für das gewerbliche Feilhalten außerhalb von Verkaufsstellen.

(4) Ist eine Verkaufsstelle an Sonn- und Feiertagen geöffnet, so hat der Inhaber an der Verkaufsstelle gut sichtbar auf die Öffnungszeiten an Sonn- und Feiertagen hinzuweisen.

(5) Die beim Ladenschluss anwesenden Kunden dürfen noch bedient werden.

§ 4 Verkaufsstellen in oder auf Verkehrsanlagen

(1) Verkaufsstellen dürfen an Sonn- und Feiertagen unbeschränkt, am 24. Dezember nur bis 17.00 Uhr, geöffnet sein für die Abgabe von Reisebedarf

1. auf Flughäfen, auf Personenbahnhöfen des Schienenverkehrs oder zentralen Terminals des überregionalen Busfernverkehrs, oder unmittelbar an Anlegestellen des Schiffsverkehrs sowie
2. innerhalb einer dazu dienenden baulichen Anlage, die Verkehrsanlagen nach Num-

12

mer 1 mit einem Verkehrsknotenpunkt verbindet.

(2) Der Senat wird ermächtigt, durch Rechtsverordnung abweichend von Absatz 1 zu bestimmen, dass Verkaufsstellen auf internationalen Verkehrsflughäfen, unmittelbar an Schiffsanlegestellen der internationalen Fähr- oder Kreuzschifffahrt und auf Personenbahnhöfen des Schienenfernverkehrs von überregionaler Bedeutung Waren des täglichen Ge- und Verbrauchs sowie Geschenkartikel auch zur Versorgung der Berufspendler sowie an andere Personen als an Reisende abgeben dürfen. Dabei ist vorzuschreiben, dass die Größe der Verkaufsstellen nicht über das für diese Zwecke und Bedürfnisse des Reiseverkehrs geforderte Maß hinausgeht.

(3) Für Apotheken in oder auf Verkehrsanlagen gilt § 6 Absatz 1.

§ 5 Verkaufsstellen auf Tankstellen

Verkaufsstellen auf Tankstellen dürfen an Sonn- und Feiertagen sowie am 24. Dezember unbeschränkt geöffnet sein für die Abgabe von Betriebsstoffen, Autozubehör und Ersatzteilen, soweit dies für die Erhaltung oder Wiederherstellung der Funktionsbereitschaft von Fahrzeugen notwendig ist, sowie für die Abgabe von Reisebedarf.

§ 6 Verkauf bestimmter Waren an Sonn- und Feiertagen

(1) Apotheken dürfen an Sonn- und Feiertagen sowie am 24. Dezember unbeschränkt geöffnet sein für die Abgabe von Arznei-, Krankenpflege-, Säuglingspflege- und Säuglingsnährmitteln, hygienischen Artikeln sowie Desinfektionsmitteln; die Regelungen nach Apothekenrecht bleiben unberührt.

(2) Verkaufsstellen dürfen an Sonn- und Feiertagen in der Zeit von 7.00 Uhr bis 16.00 Uhr für höchstens fünf Stunden für die Abgabe von Bäcker- oder Konditorwaren, Milch und Milcherzeugnissen, Blumen und Pflanzen sowie Zeitungen und Zeitschriften geöffnet sein, sofern diese Waren in der Verkaufsstelle das Hauptsortiment darstellen. Eine Ladenöffnung am Oster- oder Pfingstmontag oder Zweiten Weihnachtsfeiertag ist – außer für Zeitungen und Zeitschriften – nicht zugelassen.

(3) Wenn der 24. Dezember auf einen Sonntag fällt, dürfen für höchstens drei Stunden bis längstens 14.00 Uhr geöffnet sein:

1. Verkaufsstellen nach Absatz 2,
2. Verkaufsstellen, die überwiegend Lebens- und Genussmittel feilhalten,
3. Verkaufsstellen für die Abgabe von Weihnachtsbäumen.

(4) Abweichend von § 3 Absatz 2 und den Absätzen 2 und 3 kann der Senat oder die von ihm bestimmte Stelle durch Rechtsverordnung festlegen, dass und wie lange die Offenhaltung von Verkaufsstellen oder das Feilhalten für bestimmte Arten von Waren ausnahmsweise wegen eines spezifischen saisonalen oder traditionellen Bedürfnisses zugelassen wird.

§ 7 Verkaufsstellen in bestimmten Gebieten

(1) Verkaufsstellen in Ausflugs- oder Erholungsgebieten mit besonders starkem Fremdenverkehr dürfen zur Abgabe von Badegegenständen, Süßwaren, frischen Früchten, alkoholfreien Getränken, Tabakwaren, Blumen, Zeitschriften und Zeitungen sowie Waren, die für diese Orte kennzeichnend sind, geöffnet sein an jährlich höchstens 40 Sonn- und Feiertagen bis zur Dauer von acht Stunden. Der Senat oder die von ihm bestimmte Stelle legt die Gebiete durch Rechtsverordnung fest. Bei den Öffnungszeiten der Verkaufsstellen ist Rücksicht auf die Zeit des Hauptgottesdienstes zu nehmen. Der Inhaber der Verkaufsstelle ist verpflichtet, Aufzeichnungen über die Anzahl der genutzten Sonn- und Feiertage zu führen und bei Verlangen der zuständigen Behörde bereitzustellen.

(2) Der Senat oder die von ihm bestimmte Stelle kann durch Rechtsverordnung abweichend von Absatz 1 die Anzahl der Sonn- und Feiertage und die Lage der Öffnungszeiten zur Wahrung gewichtiger Bedürfnisse des Besucher- und Fremdenverkehrs ausnahmsweise festlegen. Dabei können zu dem zu diesem Zweck erforderlichen Maß der Umfang der Verkaufsfläche beschränkt oder be-

stimmte Waren nach Absatz 1 näher bestimmt werden. Sind die zugelassenen Verkaufszeiten auf Grund einer Rechtsverordnung näher geregelt, sind sie an der Verkaufsstelle durch einen deutlich sichtbaren Aushang bekannt zu geben. Eine Offenhaltung am Oster- oder Pfingstmontag oder Zweiten Weihnachtsfeiertag soll nicht zugelassen werden.

§ 8 Ausnahmen aus besonderem Grund

(1) Verkaufsstellen dürfen aus Anlass von besonderen Ereignissen an jährlich höchstens vier Sonntagen geöffnet sein. Diese Tage werden vom Senat oder den von ihm bestimmten Stellen durch Rechtsverordnung freigegeben. Bei der Freigabe kann die Offenhaltung auf bestimmte Gebietsteile und Handelszweige beschränkt werden. Der Zeitraum, während dessen die Verkaufsstellen geöffnet sein dürfen, ist anzugeben. Er darf fünf zusammenhängende Stunden nicht überschreiten, muss spätestens um 18.00 Uhr enden und soll außerhalb der Zeit des Hauptgottesdienstes liegen. Sonntage im Dezember, Adventssonntage, Ostersonntag, Pfingstsonntag, Volkstrauertag, Totensonntag sowie Feiertage im Sinne des § 2 Absatz 2 dürfen nicht freigegeben werden. In Gebieten, für die eine Regelung nach § 7 getroffen ist, dürfen Sonntage durch den Inhaber der Verkaufsstelle nur genutzt werden, soweit die Zahl dieser Tage zusammen mit den nach § 7 Absatz 1 freigegebenen Sonn- und Feiertagen insgesamt 40 Tage nicht überschreitet.

(2) Die zuständige Behörde kann in Einzelfällen aus wichtigem Grund im öffentlichen Interesse befristete Ausnahmen von den Vorschriften der §§ 3 bis 7 bewilligen. Die Bewilligung kann jederzeit widerrufen werden.

§ 9 Arbeitszeiten an Sonn- und Feiertagen; Beschäftigtenschutzregelungen

(1) In Verkaufsstellen dürfen Beschäftigte an Sonn- und Feiertagen nur während der ausnahmsweise zugelassenen Öffnungszeiten (§§ 4 bis 8 und der hierauf gestützten Vorschriften) beschäftigt werden. Zur Erledigung von unerlässlichen Vorbereitungs- und Abschlussarbeiten dürfen sie während insgesamt weiterer 30 Minuten beschäftigt werden.

(2) Die Dauer der Beschäftigungszeit des einzelnen Beschäftigten an Sonn- und Feiertagen darf acht Stunden nicht überschreiten.

(3) In Verkaufsstellen, die nach § 7 oder den hierauf gestützten Vorschriften an Sonn- und Feiertagen geöffnet sein dürfen, dürfen Beschäftigte an jährlich 22 Sonn- und Feiertagen eingesetzt werden, wobei ihre Arbeitszeit an Sonn- und Feiertagen vier Stunden nicht überschreiten darf.

(4) Die zuständige Behörde kann in begründeten Einzelfällen Ausnahmen von den Vorschriften der Absätze 1 bis 3 bewilligen, wobei mindestens 15 freie Sonntage für die Beschäftigten erhalten bleiben müssen. Die Bewilligung kann jederzeit widerrufen werden.

(5) Werden Beschäftigte an einem Sonntag eingesetzt, müssen sie einen Ersatzruhetag erhalten, der innerhalb eines den Beschäftigungstag einschließenden Zeitraums von zwei Wochen zu gewähren ist. Werden Beschäftigte an einem Feiertag beschäftigt, der auf einen Werktag fällt, müssen sie einen Ersatzruhetag erhalten, der innerhalb eines den Beschäftigungstag einschließenden Zeitraumes von acht Wochen zu gewähren ist.

(6) Beschäftigte in Verkaufsstellen können verlangen, in jedem Kalendermonat an einem Samstag von der Beschäftigung freigestellt zu werden. Bei der Häufigkeit der Arbeitseinsätze an den Werktagen ab 20.00 Uhr und an den Sonn- und Feiertagen soll auf die sozialen Belange der Beschäftigten Rücksicht genommen werden.

(7) Die Vorschriften der Absätze 1 bis 6 finden auf pharmazeutisch vorgebildete Beschäftigte in Apotheken keine Anwendung.

§ 10 Aufsicht und Auskunft

(1) Die Inhaber von Verkaufsstellen sowie Gewerbetreibende und sonstige Personen, die Waren im Sinne von § 3 Absatz 3 feilhalten, sind verpflichtet, den zuständigen Behörden auf Verlangen die zur Erfüllung der

Aufgaben erforderlichen Angaben vollständig und unentgeltlich zugänglich zu machen.

(2) Die Auskunftspflicht nach Absatz 1 obliegt auch den in Verkaufsstellen oder beim Feilhalten gemäß § 3 Absatz 3 beschäftigten Arbeitnehmern.

§ 10a Verfahren über eine Einheitliche Stelle; Genehmigungsfiktion

Verwaltungsverfahren nach § 8 Absatz 2 und § 9 Absatz 4 können über den Einheitlichen Ansprechpartner Hamburg abgewickelt werden. Es gelten die Bestimmungen zum Verfahren über die einheitliche Stelle nach §§ 71a bis 71e des Hamburgischen Verwaltungsverfahrensgesetzes (HmbVwVfG) vom 9. November 1977 (HmbGVBl. S. 333, 402), zuletzt geändert am 15. Dezember 2009 (HmbGVBl. S. 444, 449), in der jeweils geltenden Fassung, sowie über die Genehmigungsfiktion nach § 42a HmbVwVfG.

§ 11 Ordnungswidrigkeiten

(1) Ordnungswidrig handelt, wer vorsätzlich oder fahrlässig als Inhaber einer Verkaufsstelle oder als Gewerbetreibender im Sinne des § 3 Absatz 3

1. entgegen § 3 Absatz 2 Verkaufsstellen offen hält oder Waren feilhält,
2. entgegen § 3 Absatz 4 nicht auf die jeweiligen Öffnungszeiten hinweist,
3. entgegen §§ 4 bis 8 und der darauf gestützten Rechtsverordnungen außerhalb der zugelassenen Öffnungszeiten Waren abgibt oder feilhält,
4. entgegen § 7 Absatz 1 Aufzeichnungen nicht führt oder nicht bereitstellt,
5. entgegen § 9 Beschäftigte an Sonn- und Feiertagen einsetzt oder den Pflichten nach § 9 Absätze 1, 2, 3, 5 oder 6 Satz 1 nicht nachkommt oder
6. entgegen § 10 die Auskünfte nicht erteilt.

(2) Die Ordnungswidrigkeit kann mit einer Geldbuße bis zu 5.000 Euro geahndet werden.

§ 12 Inkrafttreten; Schlussbestimmungen

(1) Dieses Gesetz tritt am 1. Januar 2007 in Kraft.

(2) Die Verordnung zur Durchführung des Gesetzes über den Ladenschluss vom 12. Mai 1998 (HmbGVBl. S. 68), zuletzt geändert am 19. Oktober 2004 (HmbGVBl. S. 386), gilt als auf Grund der §§ 4, 6 und 7 dieses Gesetzes erlassen.

(3) Die Verordnung zur Weiterübertragung der Ermächtigung zum Erlass von Rechtsverordnungen über die Erweiterung der Verkaufszeiten aus Anlass von Märkten, Messen und ähnlichen Veranstaltungen (Weiterübertragungsverordnung-Verkaufszeiten) vom 11. Juni 2002 (HmbGVBl. S. 92), geändert am 23. September 2003 (HmbGVBl. S. 477), gilt als auf Grund von § 8 dieses Gesetzes erlassen.

(4) Dieses Gesetz ersetzt gemäß Artikel 125a Absatz 1 des Grundgesetzes in seinem Geltungsbereich das Gesetz über den Ladenschluss in der Fassung vom 2. Juni 2003 (BGBl. I S. 745) in der geltenden Fassung.

Hessisches Ladenöffnungsgesetz (HLöG)

Vom 23. November 2006 (GVBl. I S. 606)

Zuletzt geändert durch
Drittes Gesetz zur Änderung des Hessischen Ladenöffnungsgesetzes
vom 10. Juli 2024 (GVBl. Nr. 33)

Der Landtag hat das folgende Gesetz beschlossen:

§ 1 Zweck des Gesetzes

Zweck des Gesetzes ist es,

1. die Rahmenbedingungen für flexible Öffnungs- und Verkaufszeiten zu verbessern,
2. den Sonntag und die staatlich anerkannten Feiertage als Tage der Arbeitsruhe und der seelischen Erhebung zu schützen sowie
3. die Rahmenbedingungen für eine gute Lebensqualität und attraktive Lebensräume zu verbessern.

§ 2 Begriffsbestimmungen, Anwendungsbereich

(1) Im Sinne dieses Gesetzes bezeichnet der Begriff

1. „Verkaufsstellen" Ladengeschäfte aller Art, insbesondere Apotheken, Tankstellen, Verkaufseinrichtungen auf Bahnhöfen und Flughäfen, Ladengeschäfte von Genossenschaften, von landwirtschaftlichen Betrieben und Hofläden sowie Verkaufsstände und -buden, Kioske, Basare und ähnliche Einrichtungen, falls in ihnen von einer festen Stelle aus ständig Waren zum Verkauf an jedermann feilgehalten werden;
2. „digitale Kleinstsupermärkte" vollautomatisierte Verkaufsstellen mit einer Verkaufsfläche von bis zu 120 Quadratmetern, die ausschließlich Waren des täglichen Ge- und Verbrauchs feilhalten und durch digitale Lösungen ohne Verkaufspersonal betrieben werden;
3. „Feilhalten" das gewerbliche Anbieten von Waren zum Verkauf innerhalb und außerhalb von Verkaufsstellen; dem Feilhalten steht das Zeigen von Mustern, Proben und Ähnlichem gleich, wenn Warenbestellungen entgegengenommen werden können;
4. „Reisebedarf" insbesondere Presseerzeugnisse, Bücher, Straßenkarten, Stadtpläne, Schreibmaterialien, Bild- und Tonträger aller Art, Reiseandenken, Spielzeug, Bedarf für die Reiseapotheke und Reisetoilette, Tabakwaren, Blumen, Lebens- und Genussmittel in kleinen Mengen sowie ausländische Geldsorten und Zubehörartikel, sofern diese eine Nebenleistung der aufgeführten Waren darstellen;
5. „Waren des täglichen Ge- und Verbrauchs" Lebens- und Genussmittel, Erzeugnisse für den Haushaltsbedarf und Hygieneartikel;
6. „Zubehörartikel" Erzeugnisse und Waren, die üblicherweise im Zusammenhang mit einem nach den Bestimmungen dieses Gesetzes zulässigen Feilhalten stehen und dieses ergänzen;
7. „Feiertage" die gesetzlichen Feiertage.

(2) Für das Feilhalten von Waren innerhalb und außerhalb von Verkaufsstellen gelten die Bestimmungen dieses Gesetzes, soweit in den einzelnen Vorschriften keine anderen Regelungen getroffen sind.

(3) Dieses Gesetz findet keine Anwendung

1. auf gewerberechtlich festgesetzte Messen, Märkte und Ausstellungen oder für gewerberechtlich zugelassene Großmärkte, wenn keine Waren für den Verkauf an den Endverbraucher feilgehalten werden,
2. auf den Verkauf von Zubehörartikeln, der in einem engen Zusammenhang mit einer nach anderen Rechtsvorschriften erlaubten nicht gewerblichen oder gewerblichen Tätigkeit oder Veranstaltung steht, insbeson-

dere bei Kultur- und Sportveranstaltungen, in Freizeit-, Erholungs- und Vergnügungseinrichtungen, in Bewirtungs- und Beherbergungseinrichtungen sowie in Museen.

§ 3 Öffnungszeiten

(1) Verkaufsstellen dürfen an Werktagen für den geschäftlichen Verkehr mit Kundinnen und Kunden von 0 bis 24 Uhr geöffnet sein.

(2) Verkaufsstellen müssen zu folgenden Zeiten für den geschäftlichen Verkehr mit Kundinnen und Kunden geschlossen sein:

1. an Sonn- und Feiertagen,
2. am Gründonnerstag ab 20 Uhr,
3. am 24. Dezember, wenn dieser Tag auf einen Werktag fällt, ab 14 Uhr und
4. am 31. Dezember, wenn dieser Tag auf einen Werktag fällt, ab 14 Uhr.

Während dieser Zeiten ist auch das Feilhalten von Waren zum Verkauf an jedermann außerhalb von Verkaufsstellen verboten.

(3) Abs. 2 Nr. 1 gilt nicht für das Feilhalten von Waren außerhalb von Verkaufsstellen auf Volksfesten, die von der zuständigen Behörde genehmigt worden sind.

(4) Die Gemeinden können

1. abweichend von Abs. 2 Nr. 1 Ausnahmen für das Feilhalten von leicht verderblichen Waren und Waren zum sofortigen Verzehr, Gebrauch oder Verbrauch zulassen, sofern dies zur Befriedigung örtlich auftretender Bedürfnisse notwendig ist,
2. in den Grenzen des § 4 Abs. 1 Nr. 5 bis 7, des § 5 und des § 6 einen geschäftlichen Verkehr auf Großmärkten zum Verkauf an den Endverbraucher zulassen.

(5) Ist eine Verkaufsstelle an Sonn- und Feiertagen geöffnet, hat die Inhaberin oder der Inhaber an der Verkaufsstelle gut sichtbar auf die Öffnungszeiten an Sonn- und Feiertagen hinzuweisen. Bei den jeweiligen Öffnungszeiten sind die Zeiten des Hauptgottesdienstes zu berücksichtigen.

§ 4 Sonderöffnungszeiten

(1) Abweichend von § 3 Abs. 2 dürfen

1. Tankstellen in der Zeit von 0 bis 24 Uhr für die Abgabe von Betriebsstoffen, Ersatzteilen für die Erhaltung oder Wiederherstellung der Fahrbereitschaft von Kraftfahrzeugen sowie für die Abgabe von Reisebedarf,
2. Verkaufsstellen auf internationalen Verkehrsflughäfen, Flughäfen und Personenbahnhöfen in der Zeit von 0 bis 24 Uhr, auf Flughäfen und Personenbahnhöfen jedoch nur für die Abgabe von Reisebedarf,
3. digitale Kleinstsupermärkte in der Zeit von 0 bis 24 Uhr,
4. Kioske für die Dauer von sechs Stunden zur Abgabe von Zeitungen, Zeitschriften, Tabakwaren, Lebens- und Genussmitteln in kleineren Mengen,
5. Verkaufsstellen, die überwiegend Bäcker- oder Konditorwaren feilhalten, für die Dauer von sechs Stunden zur Abgabe frischer Back- und Konditorwaren,
6. Verkaufsstellen, in denen Blumen in erheblichem Umfang feilgehalten werden, für die Dauer von sechs Stunden für die Abgabe von Blumen und
7. Verkaufsstellen landwirtschaftlicher Betriebe, Hofläden sowie genossenschaftliche Verkaufsstellen für die Dauer von sechs Stunden zur Abgabe selbst erzeugter landwirtschaftlicher Produkte

geöffnet sein.

(2) Abweichend von § 3 Abs. 2 ist die Öffnung von Apotheken zur Abgabe von Arznei-, Krankenpflege-, Säuglingspflege- und Säuglingsnährmitteln, Medizinprodukten, hygienischen Artikeln sowie Desinfektionsmitteln gestattet. Die Landesapothekerkammer Hessen hat für Gemeinden oder für benachbarte Gemeinden mit mehreren Apotheken anzuordnen, dass während der Ladenschlusszeiten nach § 3 Abs. 2 abwechselnd ein Teil der Apotheken geschlossen sein muss. An den geschlossenen Apotheken ist an sichtbarer Stelle ein Aushang anzubringen, der die zurzeit offenen Apotheken bekannt gibt. Dienstbereitschaft der Apotheken steht der Offenhaltung gleich.

(3) Verkaufsstellen nach Abs. 1 Nr. 3 und 5 bis 7 sollen am 1. Weihnachts-, Oster- und Pfingstfeiertag, Karfreitag und Fronleichnam geschlossen bleiben.

§ 5 Kur-, Ausflugs- und Wallfahrtsorte

(1) Abweichend von § 3 Abs. 2 dürfen Verkaufsstellen

1. in den durch Bekanntmachung im Staatsanzeiger für das Land Hessen als Kurorte bezeichneten und anerkannten Orten sowie
2. in einzeln zu bestimmenden Ausflugs-, Erholungs- und Wallfahrtsorten mit besonderem Besucheraufkommen

an jährlich bis zu 40 Sonn- oder Feiertagen für die Abgabe von Reisebedarf, Sportartikeln, Devotionalien, Waren, die für diese Orte kennzeichnend sind, und von Gegenständen des touristischen Bedarfs geöffnet sein. Die Dauer der Öffnungszeit darf an diesen Tagen acht Stunden nicht überschreiten.

(2) Die Bestimmung von Ausflugs-, Erholungs- und Wallfahrtsorten nach Abs. 1 Nr. 2 wird in den kreisfreien Städten vom Magistrat, in den Landkreisen vom Kreisausschuss wahrgenommen und ist öffentlich bekannt zu machen.

(3) Die Offenhaltung ist auf die Bereiche zu beschränken, in denen der Kurbetrieb nach Abs. 1 Nr. 1 stattfindet oder ein besonderes Besucheraufkommen nach Abs. 1 Nr. 2 anzutreffen ist. Die Grenzen dieser Bereiche werden in den kreisfreien Städten vom Magistrat, in den Landkreisen vom Kreisausschuss bestimmt und öffentlich bekannt gemacht. Mit der Bekanntgabe sind die Sonn- und Feiertage, an denen eine Öffnung zulässig ist, und die Öffnungszeiten festzusetzen. Bei der Festsetzung der Öffnungszeiten ist die Zeit des Hauptgottesdienstes zu berücksichtigen.

§ 6 Freigabe zur Öffnung an weiteren Sonn- und Feiertagen

(1) Die Gemeinden sind aus Anlass von Märkten, Messen oder besonderen örtlichen Ereignissen (Anlassereignisse) berechtigt, abweichend von § 3 Abs. 2 Nr. 1 die Öffnung von Verkaufsstellen an jährlich bis zu vier Sonn- und Feiertagen freizugeben, wenn die öffentliche Wirkung des Anlassereignisses gegenüber der typisch werktäglichen Geschäftigkeit der Ladenöffnung im Vordergrund steht. Dies ist insbesondere der Fall, wenn

1. die Öffnung in einem engen zeitlichen und räumlichen Bezug zum Anlassereignis steht und
2. erwartet werden kann, dass das Anlassereignis einen Besucherstrom anzieht, der die bei einer alleinigen Öffnung der Verkaufsstellen zu erwartende Zahl der Ladenbesucher übersteigt; dies kann in der Regel bei Anlassereignissen mit einem voraussichtlich beträchtlichen Besucherstrom vermutet werden.

Die Adventssonntage, der 1. und 2. Weihnachtstag, Karfreitag, die Osterfeiertage, die Pfingstfeiertage, Fronleichnam, der Volkstrauertag und der Totensonntag dürfen nicht freigegeben werden. Bei der Freigabe kann die Offenhaltung von Verkaufsstellen auf bestimmte Bezirke und Handelszweige beschränkt werden. Der Zeitraum, währenddessen die Verkaufsstellen geöffnet sein dürfen, darf sechs zusammenhängende Stunden nicht überschreiten, muss spätestens um 20 Uhr enden und soll außerhalb der Zeit des Hauptgottesdienstes liegen. In der Freigabeentscheidung ist die Öffnungszeit zu bestimmen.

(2) Die Freigabeentscheidung ist durch Allgemeinverfügung zu treffen. Das Vorliegen der Voraussetzungen nach Abs. 1 Satz 1 ist in der Begründung der Allgemeinverfügung darzulegen. Die Freigabeentscheidung ist einschließlich ihrer Begründung spätestens drei Monate vor der beabsichtigten Verkaufsstellenöffnung öffentlich bekannt zu machen.

(3) Widerspruch und Anfechtungsklage gegen die Freigabeentscheidung haben keine aufschiebende Wirkung.

§ 7 Ausnahmen im öffentlichen Interesse

(1) Das für die Ausführung dieses Gesetzes zuständige Ministerium oder die von ihm bestimmten Stellen können im Einzelfall über die in diesem Gesetz vorgesehenen Ausnahmen weitere befristete Ausnahmen zulassen, soweit diese im öffentlichen Interesse dringend erforderlich werden.

(2) Wird über die beantragte Ausnahme nach Abs. 1 nicht innerhalb einer Frist von drei Monaten entschieden, gilt sie als erteilt. Im Übrigen gilt § 42a des Hessischen Verwaltungsverfahrensgesetzes.

(3) Das Verfahren nach Abs. 1 kann über eine einheitliche Stelle nach Teil V Abschnitt 1a des Hessischen Verwaltungsverfahrensgesetzes abgewickelt werden.

§ 8 Verordnungsermächtigung

(1) Die Landesregierung kann durch Rechtsverordnung

1. abweichend von § 3 Abs. 2 Nr. 1 über die Ausnahmen nach § 4 hinaus weitere Ausnahmen zulassen, wenn dies zur Befriedigung an Sonn- und Feiertagen besonders hervortretender Bedürfnisse in der Bevölkerung erforderlich ist,
2. die Offenhaltung von Verkaufsstellen nach § 4 Abs. 1 Nr. 2 und 4 auf bestimmte Sonn- und Feiertage, Zeiten und Waren beschränken,
3. die Größe von Verkaufsflächen auf internationalen Verkehrsflughäfen, Flughäfen und Personenbahnhöfen nach § 4 Abs. 1 Nr. 2 und von Verkaufsflächen für Kioske nach § 4 Abs. 1 Nr. 4 auf das für diese Zwecke erforderliche Maß begrenzen,
4. die Zuständigkeit für den Erlass von Rechtsverordnungen nach Nr. 2 und 3 auf andere Stellen übertragen.

(2) In Rechtsverordnungen nach Abs. 1 Nr. 1 können Ausnahmen auf bestimmte Sonn- und Feiertage oder Jahreszeiten sowie auf bestimmte Arten von Verkaufsstellen beschränkt werden. Eine Offenhaltung am 1. Weihnachts-, Oster- und Pfingstfeiertag, Karfreitag und Fronleichnam soll nicht zugelassen werden. Die Lage der zugelassenen Öffnungszeiten wird unter Berücksichtigung der Zeit des Hauptgottesdienstes festgesetzt.

§ 9 Sonn- und Feiertagsbeschäftigung

(1) Arbeitnehmerinnen und Arbeitnehmer dürfen an Sonn- und Feiertagen während der nach diesem Gesetz, den aufgrund dieses Gesetzes erlassenen Rechtsverordnungen und aufgrund der in § 3 Abs. 4, §§ 5, 6 und 7 ausnahmsweise zugelassenen Öffnungszeiten für einen geschäftlichen Verkehr mit Kundinnen und Kunden einschließlich der notwendigen Vorbereitungs- und Abschlussarbeiten beschäftigt werden.

(2) Mindestens 15 Sonntage im Jahr müssen beschäftigungsfrei bleiben.

(3) Für die Beschäftigung an Sonn- und Feiertagen gelten die §§ 3 bis 8 des Arbeitszeitgesetzes vom 6. Juni 1994 (BGBl. I S. 1170), zuletzt geändert durch Gesetz vom 22. Dezember 2020 (BGBl. I S. 3334), entsprechend. Werden Arbeitnehmerinnen und Arbeitnehmer an Sonn- und Feiertagen beschäftigt, ist ihnen innerhalb eines den Beschäftigungstag einschließenden Zeitraumes von zwei Wochen ein Ersatzruhetag unmittelbar in Verbindung mit einer ununterbrochenen Ruhezeit von elf Stunden zu gewähren.

§ 10 Überwachung und Auskunft

(1) Die Überwachung der Ladenöffnung nach diesem Gesetz ist staatliche Aufgabe. Die zuständige Behörde hat die Einhaltung dieses Gesetzes und der aufgrund dieses Gesetzes erlassenen Rechtsverordnungen und Allgemeinverfügungen zu überwachen und Inhaberinnen und Inhaber von Verkaufsstellen oder Gewerbetreibende nach § 2 Abs. 1 Nr. 1 bis 3 bei der Erfüllung ihrer Pflichten zu beraten.

(2) Die Aufgaben nach Abs. 1 werden in Gemeinden mit mehr als 7500 Einwohnern dem Gemeindevorstand zur Erfüllung nach Weisung, im Übrigen dem Kreisausschuss zur Erfüllung nach Weisung übertragen.

(3) Die zuständige Behörde kann die erforderlichen Maßnahmen zur Erfüllung der sich aus diesem Gesetz und den aufgrund dieses Gesetzes erlassenen Rechtsverordnungen und Allgemeinverfügungen ergebenden Pflichten anordnen.

(4) Inhaberinnen und Inhaber von Verkaufsstellen oder Gewerbetreibende nach § 2 Abs. 1 Nr. 1 bis 3 sind verpflichtet, den zuständigen Behörden auf Verlangen die zur Erfüllung der Aufgaben dieser Behörden erforderlichen Angaben wahrheitsgemäß und vollständig zu machen.

(5) Die Auskunftspflicht nach Abs. 4 obliegt auch den in Verkaufsstellen oder beim Feilhalten nach § 2 Abs. 1 Nr. 1 und 3 Beschäftigten.

§ 11 Fachaufsicht

(1) Der Fachaufsicht des Landes unterliegen die Landkreise und Gemeinden, soweit sie Aufgaben nach § 3 Abs. 4, § 5 Abs. 2 und 3 und den §§ 6 und 10 oder damit im Zusammenhang stehende Aufgaben der Verfolgung und Ahndung von Ordnungswidrigkeiten erfüllen.

(2) Aufsichtsbehörde der Landkreise, kreisfreien Städte und kreisangehörigen Gemeinden mit mehr als 50 000 Einwohnern ist das Regierungspräsidium, obere Aufsichtsbehörde das für die Ladenöffnung zuständige Ministerium.

(3) Aufsichtsbehörde der übrigen Gemeinden ist der Landrat, obere Aufsichtsbehörde das Regierungspräsidium und oberste Aufsichtsbehörde das für die Ladenöffnung zuständige Ministerium.

(4) Im Rahmen der Fachaufsicht nach Abs. 1 erteilte Weisungen sollen sich auf allgemeine Anordnungen beschränken. Weisungen im Einzelfall können erteilt werden, wenn Aufgaben nicht im Einklang mit den Gesetzen wahrgenommen oder die erteilten allgemeinen Weisungen nicht befolgt werden.

§ 12 Ordnungswidrigkeiten

(1) Ordnungswidrig handelt, wer vorsätzlich oder fahrlässig

1. als Inhaberin oder Inhaber einer Verkaufsstelle oder Gewerbetreibender nach § 2 Abs. 1 Nr. 1 bis 3
   a) den Bestimmungen des § 3 Abs. 2, § 4 Abs. 1 und 2 Satz 2, § 5 Abs. 1, § 9,
   b) einer Rechtsverordnung nach § 8, die für einen bestimmten Tatbestand auf diese Bußgeldvorschrift verweist,
   c) einer vollziehbaren Anordnung nach § 10 Abs. 3 zuwiderhandelt oder
   d) Angaben nach § 10 Abs. 4 nicht wahrheitsgemäß oder nicht vollständig macht,
2. als Beschäftigte oder Beschäftigter der Auskunftsverpflichtung nach § 10 Abs. 5 nicht nachkommt.

(2) Eine Ordnungswidrigkeit nach Abs. 1 Nr. 1 Buchst. a und c kann mit einer Geldbuße bis zu 5000 Euro, eine Ordnungswidrigkeit nach Abs. 1 Nr. 1 Buchst. b und d oder Nr. 2 kann mit einer Geldbuße bis zu 1000 Euro geahndet werden.

(3) Sachlich zuständige Verwaltungsbehörde für die Verfolgung und Ahndung von Ordnungswidrigkeiten nach Abs. 1 ist in Gemeinden mit mehr als 7500 Einwohnern der Gemeindevorstand, im Übrigen der Kreisausschuss.

§ 13 Vorrang von Landesrecht

Im Geltungsbereich dieses Gesetzes finden das Gesetz über den Ladenschluss in der Fassung der Bekanntmachung vom 2. Juni 2003 (BGBl. I S. 744), zuletzt geändert durch Verordnung vom 31. August 2015 (BGBl. I S. 1474), und die Verordnung über den Verkauf bestimmter Waren an Sonn- und Feiertagen in der im Bundesgesetzblatt Teil III, Gliederungsnummer 8050-20-2, veröffentlichten bereinigten Fassung, geändert durch Gesetz vom 30. Juli 1996 (BGBl. I S. 1186), keine Anwendung.

§ 14 Inkrafttreten, Außerkrafttreten

Dieses Gesetz tritt am Tage nach der Verkündung in Kraft. Es tritt mit Ablauf des 31. Dezember 2030 außer Kraft.

Gesetz über die Öffnungszeiten von Verkaufsstellen für das Land Mecklenburg-Vorpommern (Öffnungszeitengesetz – ÖffZG M-V)

Vom 10. Januar 2024 (GVOBl. M-V S. 4)

§ 1 Anwendungsbereich

(1) Dieses Gesetz bestimmt inhaltliche Voraussetzungen für zulässige Zeiträume des Feilhaltens innerhalb und außerhalb von Verkaufsstellen aller Art, insbesondere auch sonstigen Verkaufsständen, sofern von einer festen Stelle aus ständig Waren zum Verkauf an jedermann feilgehalten werden (Öffnungszeiten).

(2) Erfasst wird auch die Entgegennahme von Warenbestellungen und die fachliche Beratung vor Ort.

(3) Vom Anwendungsbereich ausgenommen ist das Feilhalten

1. über elektronische Medien,
2. in Kleinstverkaufsstellen ohne persönlichen Kundenkontakt, die insbesondere geprägt sind von digitalem Zutritt und digitaler Bezahlung, sowie
3. auf gewerberechtlich festgesetzten Messen, Ausstellungen und Volksfesten sowie Märkten mit Ausnahme der Wochenmärkte.

(4) Kundinnen und Kunden, die zum Ende der zulässigen Öffnungszeit anwesend sind, dürfen noch bedient werden.

(5) Auf zulässige Öffnungszeiten an Sonn- und Feiertagen soll an der Verkaufsstelle gut sichtbar hingewiesen werden.

§ 2 Begriffsbestimmungen

(1) Reisebedarf im Sinne dieses Gesetzes sind Presseerzeugnisse, Bücher, Straßenkarten, Stadtpläne, Reiselektüre, Schreibmaterialien, Tabakwaren, Blumen, Reisetoilettenartikel, Filme, Tonträger, Bedarf für Reiseapotheken, Reiseandenken, Spielzeug geringeren Wertes und Lebens- und Genussmittel in kleinen Mengen und ausländische Geldsorten.

(2) Feiertage im Sinne dieses Gesetzes sind die gesetzlichen Feiertage nach § 2 Absatz 1 des Feiertagsgesetzes Mecklenburg-Vorpommern.

(3) Feilhalten ist das gewerbliche Anbieten von Waren aller Art zum Verkauf an jedermann.

(4) Wirtschaftlich Verantwortliche im Sinne dieses Gesetzes sind Inhaberinnen und Inhaber von Verkaufsstellen nach § 1 Absatz 1.

(5) Spätdienst im Sinne des Gesetzes sind Arbeits- und Beschäftigungszeiten nach 20:00 Uhr.

§ 3 Allgemein zulässige Öffnungszeiten

(1) Allgemein zulässige Öffnungszeiten sind

1. Werktage montags bis freitags ohne zeitliche Begrenzung, samstags von 00:00 Uhr bis 22:00 Uhr,
2. der 24. Dezember an einem Sonntag bis längstens 14:00 Uhr für höchstens drei Stunden, sofern überwiegend Lebens- und Genussmittel oder Weihnachtsbäume feilgehalten und die Hauptzeiten der Gottesdienste nicht gestört werden.

(2) Nicht zugelassene Öffnungszeiten sind

1. Sonn- und Feiertage,
2. der 24. Dezember, wenn dieser Tag auf einen Werktag fällt, ab 14:00 Uhr,

sofern nicht ausnahmsweise Sonderöffnungszeiten entweder nach § 4 zugelassen oder nach §§ 5 und 6 freigegeben sind.

§ 4 Sonderöffnungszeiten für bestimmte Verkaufsstellen

(1) Verkaufsstellen im Sinne des § 1 Absatz 1 dürfen für die Abgabe von Bäcker- oder Konditorwaren, Milch und Milcherzeugnissen, Erzeugnissen aus landwirtschaftlicher Urproduktion in Direktvermarktung durch den Erzeuger sowie Reisebedarf abweichend von § 3 Absatz 2 Nummer 1 für höchstens fünf Stunden geöffnet sein, sofern die vorgenannten Waren in der Verkaufsstelle das Hauptsortiment darstellen. Im Nebensortiment dürfen auch Lebens- und Genussmittel

in Mengen abgegeben werden, die zweckgerichtet dem Hauptsortiment entsprechen.

(2) Am 1. Mai ist das Feilhalten nach Absatz 1 nur dann erlaubt, wenn die wirtschaftlich Verantwortlichen oder deren Familienangehörige unter Freistellung aller Arbeitnehmerinnen und Arbeitnehmer die Waren persönlich feilhalten.

(3) Tankstellen dürfen abweichend von § 3 Absatz 2 während des ganzen Tages geöffnet sein. Dabei ist nur die Abgabe von Ersatzteilen für Kraftfahrzeuge, soweit dies für die Erhaltung oder Wiederherstellung der Fahrbereitschaft notwendig ist, sowie die Abgabe von Betriebsstoffen und Reisebedarf gestattet.

(4) Verkaufsstellen auf Personenbahnhöfen des Schienenverkehrs sowie auf Flug- und in Fährhäfen dürfen abweichend von § 3 Absatz 2 Nummer 1 ohne zeitliche Begrenzung und abweichend von § 3 Absatz 2 Nummer 2 bis 17:00 Uhr geöffnet sein. Dabei ist nur die Abgabe von Reisebedarf gestattet.

(5) Apotheken dürfen abweichend von § 3 Absatz 2 während des ganzen Tages geöffnet haben. Dabei ist nur die Abgabe von Arznei-, Krankenpflege-, Säuglingspflege- und Säuglingsnährmitteln, hygienischen Artikeln sowie Desinfektionsmitteln gestattet. Die Regelungen über die Dienstbereitschaft von Apotheken bleiben unberührt.

§ 5 Sonderöffnungszeiten in bestimmten Gemeinden, Gemeindeteilen oder Tourismusregionen, Verordnungsermächtigung

(1) Das für Gewerberecht zuständige Ministerium wird ermächtigt, im Einvernehmen mit dem Ministerium für Justiz, Gleichstellung und Verbraucherschutz durch Rechtsverordnung weitere Öffnungszeiten abweichend von § 3 Absatz 2 Nummer 1 in Welterbestädten, die ein besonders hohes Tourismusaufkommen verzeichnen, und in Gemeinden, Gemeindeteilen oder -zusammenschlüssen (Tourismusregionen), die nach dem Kurortgesetz anerkannt sind und ein besonders hohes Tourismusaufkommen verzeichnen, für die dort gelegenen Verkaufsstellen freizugeben. In der Rechtsverordnung werden das Verfahren und die Voraussetzungen zur Bestimmung dieser Gemeinden, Gemeindeteile und Tourismusregionen sowie der Umfang von dort freigegebenen Sonderöffnungszeiten geregelt.

(2) Diese weiteren Sonderöffnungszeiten von Verkaufsstellen sind ausnahmsweise abweichend von § 3 Absatz 2 Nummer 1 an Sonntagen zulässig, die auch Feiertage sein können, sofern die Hauptzeiten der Gottesdienste nicht gestört werden.

(3) Die zuständige Behörde oder die durch Rechtsverordnung nach § 9 Absatz 1 Satz 2 festgelegten Behörden können unter Berücksichtigung der Rechtsverordnung die Sonderöffnungszeiten nach Absatz 1 auf bestimmte Arten von Verkaufsstellen beschränken.

§ 6 Sonderöffnungszeiten an Samstagen und Sonntagen aus besonderem Anlass oder im öffentlichen Interesse

(1) Für nicht nach § 5 Absatz 1 bestimmte Gemeinden oder Gemeindeteile dürfen aus besonderem Anlass abweichend von § 3 Absatz 2 Nummer 1 an jährlich höchstens vier Sonntagen, die keine Feiertage sind, weitere Öffnungszeiten festgesetzt werden. Die Festsetzung erfolgt durch die zuständige Behörde oder die durch Rechtsverordnung nach § 9 Absatz 1 Satz 2 festgelegten Behörden. Die freigegebene Öffnungszeit muss außerhalb der Hauptzeiten der Gottesdienste liegen.

(2) Absatz 1 gilt nicht am Ostersonntag, am Pfingstsonntag sowie an Sonntagen des Monats Dezember, mit Ausnahme des ersten Advents.

(3) In allen Gemeinden oder Gemeindeteilen sind Öffnungszeiten an vier Samstagen im Jahr abweichend von § 3 Absatz 1 Nummer 1 bis 24:00 Uhr zulässig. Diese sind der zuständigen Behörde oder der durch Rechtsverordnung nach § 9 Absatz 1 Satz 2 festgelegten Behörde zwei Wochen im Voraus unter Angabe des konkreten Zeitraumes durch den wirtschaftlich Verantwortlichen oder einen Zusammenschluss von wirtschaftlich Verantwortlichen schriftlich anzuzeigen.

(4) Die zuständige Behörde oder die durch Rechtsverordnung nach § 9 Absatz 1 Satz 2 festgelegten Behörden können in Einzelfällen befristete Ausnahmen von den Vorschriften der §§ 3 bis 5 und 6 Absatz 1 bis 3 bewilligen, wenn die Ausnahmen im öffentlichen Interesse dringend notwendig sind. Die Bewilligung kann jederzeit widerrufen werden.

§ 7 Arbeitnehmerschutz in Verkaufsstellen nach § 1 Absatz 1, Ausgleichszeiten, Arbeitsverbot

(1) Arbeitnehmerinnen und Arbeitnehmer dürfen an jährlich höchstens 22 Sonn- und Feiertagen innerhalb der gesetzlich zulässigen Öffnungszeiten arbeiten, jeweils zuzüglich erforderlicher Vor- und Nachbereitungszeiten von täglich 30 Minuten. Die tägliche Arbeitszeit darf dabei acht Stunden nicht überschreiten. Mindestens ein Wochenende im Kalendermonat muss arbeitsfrei sein.

(2) Auf die sozialen Belange der Arbeitnehmerinnen und Arbeitnehmer soll Rücksicht genommen werden.

(3) Arbeitnehmerinnen und Arbeitnehmer dürfen pro Doppelwoche nur bis zur Hälfte der Werktage im Spätdienst beschäftigt werden.

(4) Arbeitsfreistellungen dürfen nicht außerhalb der Öffnungszeiten gewährt werden.

(5) Arbeitnehmerinnen und Arbeitnehmer, die an Sonn- und Feiertagen arbeiten, haben Anspruch auf folgende ausgleichende Arbeitsfreistellungen:

1. bei bis zu drei Stunden Arbeitszeit ist die Arbeitnehmerin oder der Arbeitnehmer an jedem zweiten Sonntag ganztägig oder in jeder zweiten Woche an einem Arbeitstag ab 13:00 Uhr von der Arbeit freizustellen,
2. bei mehr als drei Stunden Arbeitszeit ist die Arbeitnehmerin oder der Arbeitnehmer an einem Werktag derselben Woche in der Zeit ab 13:00 Uhr von der Arbeit freizustellen,
3. bei mehr als sechs Stunden Arbeitszeit ist die Arbeitnehmerin oder der Arbeitnehmer einen ganzen Werktag derselben Woche von der Arbeit freizustellen,
4. anstelle einer Freistellung ab 13:00 Uhr nach den Nummern 1 und 2 darf an einem Samstag oder ein Montagvormittag bis 14:00 Uhr von der Arbeit freigestellt werden.

(6) Arbeitnehmerinnen und Arbeitnehmer, die im Spätdienst an Werktagen und an Sonn- und Feiertagen arbeiten, sind binnen acht Wochen nach Entstehen der Ausgleichsansprüche von der Arbeit freizustellen. Soweit keine tarifvertraglichen Ausgleichsregelungen bestehen, ist ein angemessener Entgeltzuschlag zu zahlen.

(7) Arbeitnehmerinnen und Arbeitnehmer sind auf Verlangen von einer Arbeit im Spätdienst freizustellen, wenn sie mit einem Kind unter zwölf Jahren oder einer Person, die nach § 10 Absatz 4 des Fünften Buches Sozialgesetzbuch als Kind gilt, in einem Haushalt leben oder eine pflegebedürftige, angehörige Person im Sinne des § 14 des Elften Buches Sozialgesetzbuch versorgen. Der Anspruch besteht nicht, soweit die Betreuung durch eine andere im Haushalt lebende Person gewährleistet ist.

(8)Wirtschaftlich Verantwortliche sind verpflichtet, ein Verzeichnis nach § 16 Absatz 2 des Arbeitszeitgesetzes zu führen und entsprechende Aufzeichnungs- und Aufbewahrungspflichten zu berücksichtigen.

(9) Die zuständige Behörde kann in begründeten Einzelfällen Ausnahmen von den Vorschriften des Absatzes 1 Satz 1 und 2 bewilligen. Dabei müssen mindestens 15 freie Sonntage für die Arbeitnehmerinnen und Arbeitnehmer erhalten bleiben. Die Bewilligung kann jederzeit widerrufen werden.

(10) Die Vorschriften der Absätze 1 bis 9 finden auf pharmazeutisch vorgebildete Arbeitnehmerinnen und Arbeitnehmer in Apotheken keine Anwendung.

§ 8 Aufsicht und Auskunft

(1) Die zuständigen Behörden nach § 9 überwachen die Ausführungen der Vorschriften dieses Gesetzes (Aufsicht) und der aufgrund dieses Gesetzes erlassenen Rechtsverordnungen. Sie können Maßnahmen anordnen,

die erforderlich sind, um die Einhaltung der Vorschriften dieses Gesetzes sicherzustellen.

(2) Die Beauftragten der zuständigen Behörde sind berechtigt, die Verkaufsstellen nach § 1 Absatz 1 während der Geschäftszeiten zu betreten und zu besichtigen. Die wirtschaftlich Verantwortlichen haben das Betreten und Besichtigen zu gestatten; das Grundrecht der Unverletzlichkeit der Wohnung (Artikel 13 des Grundgesetzes) wird insoweit eingeschränkt.

(3) Wirtschaftlich Verantwortliche sowie Arbeitnehmerinnen und Arbeitnehmer sind verpflichtet, der zuständigen Behörde auf deren Verlangen Auskünfte zu erteilen und Unterlagen vorzulegen, soweit dies zur Wahrnehmung von Aufgaben der Behörde nach diesem Gesetz erforderlich ist.

§ 9 Bestimmung der zuständigen Behörde, Verordnungsermächtigung

(1) Zuständige Behörde für die Aufsicht und Überwachung der Einhaltung der Regelungen dieses Gesetzes sowie für die Verfolgung und Ahndung von Ordnungswidrigkeiten nach § 10 Absatz 1 Nummer 1 bis 10 ist das für Gewerberecht zuständige Ministerium. Dieses wird ermächtigt, durch Rechtsverordnung die Zuständigkeit auf andere Behörden zu übertragen.

(2) Soweit Belange des gesetzlichen Arbeitsschutzes betroffen sind, obliegt abweichend von Absatz 1 die Aufsicht und Überwachung der Einhaltung von § 4 Absatz 2 sowie der §§ 7 und 8 Absatz 2 und 3 sowie die Verfolgung und Ahndung von Ordnungswidrigkeiten nach § 10 Absatz 1 Nummer 11 bis 22 und Absatz 2 dem für Arbeitsschutz zuständigen Ministerium. Dieses wird ermächtigt, durch Rechtsverordnung die Zuständigkeit auf andere Behörden zu übertragen.

§ 10 Ordnungswidrigkeiten

(1) Ordnungswidrig handelt, wer als wirtschaftlich Verantwortlicher vorsätzlich oder fahrlässig

1. entgegen § 3 Absatz 1 Nummer 1 an einem Samstag nach 22:00 Uhr Waren feilhält oder das Feilhalten zulässt, ohne der zuständigen Behörde zwei Wochen im Voraus eine Öffnungszeit bis 24:00 Uhr gemäß § 6 Absatz 3 Satz 2 schriftlich angezeigt zu haben,
2. entgegen § 3 Absatz 1 Nummer 2 am 24. Dezember, wenn dieser Tag auf einen Sonntag fällt, nach 14:00 Uhr oder länger als drei Stunden oder Waren, die weder Lebens- und Genussmittel oder Weihnachtsbäume sind, feilhält oder das Feilhalten zulässt und dadurch die Hauptzeiten der Gottesdienste stört,
3. entgegen § 3 Absatz 2 Nummer 1 an Sonn- und Feiertagen Waren feilhält oder das Feilhalten zulässt,
4. entgegen § 3 Absatz 2 Nummer 2 am 24. Dezember nach 14:00 Uhr Waren feilhält oder das Feilhalten zulässt, wenn dieser Tag auf einen Werktag fällt,
5. entgegen § 4 Absatz 1 Satz 1 an Sonn- und Feiertagen für über fünf Stunden feilhält oder dieses zulässt, andere Waren als Bäcker- oder Konditorwaren, Milch und Milcherzeugnisse und Reisebedarf feilhält oder die vorgenannten Waren nicht das Hauptsortiment der Verkaufsstelle darstellen,
6. entgegen § 4 Absatz 1 Satz 2 Lebens- und Genussmittel in Mengen feilhält, die dem Zweck des Hauptsortiments nicht entsprechen,
7. entgegen § 4 Absatz 3 Satz 2 Waren feilhält, die nicht als Ersatzteile für Kraftfahrzeuge für die Erhaltung oder Wiederherstellung der Fahrbereitschaft notwendig sind oder nicht Betriebsstoffe oder Reisebedarf sind,
8. entgegen § 4 Absatz 4 Satz 1 am 24. Dezember nach 17:00 Uhr Waren einschließlich Reisebedarf feilhält oder dieses zulässt,
9. entgegen § 4 Absatz 4 Satz 2 an Sonn- und Feiertagen Waren feilhält oder das Feilhalten zulässt, die nicht Reisebedarf sind,
10. entgegen § 4 Absatz 5 Satz 2 an Sonn- und Feiertagen andere Waren als Arznei-, Krankenpflege-, Säuglingspflege- und

Säuglingsnährmittel, hygienische Artikel sowie Desinfektionsmittel feilhält oder das Feilhalten zulässt,

11. entgegen § 7 Absatz 1 Satz 1 Arbeitnehmerinnen und Arbeitnehmer an Sonn- und Feiertagen über die jeweils zugelassenen Öffnungszeiten nach §§ 3 bis 6 hinaus beschäftigt oder an mehr als jährlich 22 Sonn- und Feiertagen einsetzt,
12. entgegen § 7 Absatz 1 Satz 2 die Arbeitszeit an Sonn- und Feiertagen für Arbeitnehmerinnen oder Arbeitnehmer für mehr als acht Stunden zulässt,
13. entgegen § 7 Absatz 1 Satz 3 Arbeitnehmerinnen und Arbeitnehmer nicht mindestens ein Wochenende im Kalendermonat von der Arbeit freistellt,
14. entgegen § 7 Absatz 3 Arbeitnehmerinnen und Arbeitnehmer pro Doppelwoche öfter als gesetzlich zugelassen im Spätdienst beschäftigt,
15. entgegen § 7 Absatz 4 Arbeitsfreistellungen in Zeiten gewährt, in denen die Verkaufsstelle geschlossen sein muss,
16. entgegen § 7 Absatz 5 Satz 1 Nummer 1 Arbeitnehmerinnen und Arbeitnehmer, die an einem Sonn- oder Feiertag bis zu drei Stunden beschäftigt wurden, nicht an jedem zweiten Sonntag ganztägig oder in jeder zweiten Woche an einem Arbeitstag ab 13:00 Uhr oder entsprechend § 7 Absatz 5 Satz 1 Nummer 4 von der Arbeit freistellt,
17. entgegen § 7 Absatz 5 Satz 1 Nummer 2 Arbeitnehmerinnen und Arbeitnehmer, die an einem Sonn- oder Feiertag für länger als drei Stunden eingesetzt wurden, nicht an einem Werktag derselben Woche ab 13:00 Uhr oder entsprechend § 7 Absatz 5 Satz 1 Nummer 4 von der Arbeit freistellt,
18. entgegen § 7 Absatz 5 Satz 1 Nummer 3 Arbeitnehmerinnen und Arbeitnehmer, die an einem Sonn- oder Feiertag für länger als sechs Stunden eingesetzt wurden, nicht an einem ganzen Werktag derselben Woche von der Arbeit freistellt,
19. entgegen § 7 Absatz 6 Satz 1 den Arbeitnehmerinnen und Arbeitnehmern für die geleisteten Arbeitsstunden im Spätdienst keine angemessene Freistellung von der Arbeit binnen acht Wochen nach Entstehen der Ausgleichsansprüche oder entgegen § 7 Absatz 6 Satz 2, sofern keine tarifvertraglichen Ausgleichsregelungen bestehen, keinen angemessenen Entgeltzuschlag gewährt,
20. entgegen § 7 Absatz 7 Satz 1 Arbeitnehmerinnen und Arbeitnehmer, die mit einem Kind unter zwölf Jahren oder einer Person, die nach § 10 Absatz 4 des Fünften Buches Sozialgesetzbuch als Kind gilt, in einem Haushalt leben oder eine pflegebedürftige, angehörige Person im Sinne des § 14 des Elften Buches Sozialgesetzbuch versorgen, nicht auf Verlangen vom Spätdienst unter Berücksichtigung des § 7 Absatz 7 Satz 2 freistellt,
21. entgegen § 7 Absatz 8 kein Verzeichnis nach § 16 Absatz 2 des Arbeitszeitgesetzes führt oder den entsprechenden Aufzeichnungs- und Aufbewahrungspflichten nicht nachkommt,
22. entgegen § 8 Absatz 3 gegenüber der nach § 9 Absatz 2 Satz 1 zuständigen Aufsichtsbehörde auf deren Verlangen keine Auskünfte erteilt oder Unterlagen nicht vorlegt, die zur Wahrnehmung von Aufgaben der Behörde nach diesem Gesetz erforderlich sind.

(2) Ordnungswidrig handelt, wer als Arbeitnehmerin oder Arbeitnehmer vorsätzlich oder fahrlässig entgegen § 8 Absatz 3 gegenüber der nach § 9 Absatz 2 Satz 1 zuständigen Aufsichtsbehörde keine Auskünfte erteilt oder Unterlagen nicht vorlegt, die zur Wahrnehmung von Aufgaben der Behörde nach diesem Gesetz erforderlich sind.

(3) Ordnungswidrigkeiten nach Absatz 1 können mit einer Geldbuße bis zu 15 000 Euro geahndet werden. In den Fällen vorsätzlichen Handelns nach Absatz 1 Nummer 11 bis 21, wodurch vorsätzlich oder fahrlässig Arbeitnehmerinnen und Arbeitnehmer in ihrer Arbeitskraft oder Gesundheit gefährdet werden, können wirtschaftlich Verantwortliche mit ei-

ner Geldbuße bis zu 50 000 Euro bestraft werden.

(4) Ordnungswidrigkeiten nach Absatz 2 können mit einer Geldbuße bis zu 2000 Euro geahndet werden.

§ 11 Übergangsvorschriften

Bis eine Bestimmung von Gemeinden, Gemeindeteilen oder Tourismusregionen nach § 5 Absatz 1 erfolgt ist, sind die Orte und Ortsteile, die in den Anlagen 1 und 2 der Bäderverkaufsverordnung vom 22. März 2019 (GVOBl. M-V S. 130) benannt sind, als nach § 5 Absatz 1 bestimmte Gemeinden, Gemeindeteile oder Tourismusregion anzusehen. Dies gilt jedoch längstens bis zum Ablauf von zwölf Monaten nach Inkrafttreten der Verordnung nach § 5 Absatz 1.

§ 12 Inkrafttreten, Außerkrafttreten

Dieses Gesetz tritt am 1. Februar 2024 in Kraft. Gleichzeitig tritt das Ladenöffnungsgesetz vom 18. Juni 2007 (GVOBl. M-V S. 226) außer Kraft.

Niedersächsisches Gesetz über Ladenöffnungs- und Verkaufszeiten (NLöffVZG)

Vom 8. März 2007 (Nds. GVBl. S. 111)

Zuletzt geändert durch
Gesetz zur Änderung des Niedersächsischen Gesetzes über Ladenöffnungs- und Verkaufszeiten
vom 15. Mai 2019 (Nds. GVBl. S. 80)

§ 1 Geltungsbereich

(1) Dieses Gesetz gilt für Verkaufsstellen, in denen an jedermann Waren verkauft werden, und für das gewerbliche Verkaufen von Waren an jedermann im unmittelbaren persönlichen Kontakt mit der Kundin oder dem Kunden.

(2) Es findet keine Anwendung auf

1. Zubehörverkauf, wenn er am Ort der Hauptleistung erbracht wird und diese Hauptleistung nicht den Vorschriften dieses Gesetzes unterliegt, sowie
2. den Verkauf von Waren auf Volksfesten sowie auf festgesetzten Messen, Märkten und Ausstellungen.

(3) Die bundesrechtlichen Regelungen des Gesetzes über den Ladenschluss und die darauf gestützten bundesrechtlichen Rechtsverordnungen sind im Geltungsbereich dieses Gesetzes nicht anzuwenden.

§ 2 Begriffsbestimmungen

(1) $_1$Verkaufsstellen sind Einrichtungen, in denen von einer festen Stelle aus ständig Waren verkauft werden. $_2$Dazu gehören außer Ladengeschäften aller Art auch Kioske.

(2) Waren des täglichen Kleinbedarfs sind

1. Bäckerei- und Konditorwaren,
2. Zeitungen, Zeitschriften, Straßenkarten, Stadtpläne, Reiselektüre, Schreibmaterialien und Tabakwaren,
3. Schnitt- und Topfblumen, Pflanzengestecke, Kränze und Weihnachtsbäume,
4. Toiletten- und Hygieneartikel,
5. Verbrauchsmaterial für Film- und Fotozwecke sowie Tonträger,
6. Andenken, Geschenkartikel und Spielzeug, wenn es sich jeweils um Gegenstände geringeren Werts handelt,
7. Lebens- und Genussmittel in kleinen Mengen und
8. ausländische Geldsorten.

(3) Ausflugsorte sind Orte oder Ortsbereiche mit besonderer Bedeutung für den Fremdenverkehr, die über herausgehobene Sehenswürdigkeiten oder über besondere Sport- oder Freizeitangebote verfügen sowie entsprechende, den Fremdenverkehr fördernde Einrichtungen vorhalten und ein hohes Aufkommen an Tages- oder Übernachtungsgästen aufweisen.

§ 3 Allgemein zulässige Verkaufszeiten

(1) An Werktagen dürfen Waren ohne zeitliche Beschränkung verkauft werden.

(2) An Sonntagen und staatlich anerkannten Feiertagen dürfen Verkaufsstellen nur in den Ausnahmefällen der §§ 4 bis 5a geöffnet werden.

(3) $_1$Am 24. und 31. Dezember ist die Öffnung ab 14 Uhr ausschließlich für Verkaufsstellen im Sinne des § 4 Abs. 1 Satz 1 Nr. 1 Buchst. a bis c und ausschließlich zu den dort genannten Zwecken der Verkaufsstelle zulässig. $_2$Dies gilt, abweichend von § 4 Abs. 1, § 5 Abs. 1 und 4, auch, wenn diese Tage auf einen Sonntag fallen.

(4) Die bei Ende der zulässigen Öffnungszeit anwesenden Kundinnen und Kunden dürfen noch bedient werden.

§ 4 Sonn- und Feiertagsregelung

(1) 1An Sonntagen und staatlich anerkannten Feiertagen dürfen geöffnet werden

1. in der Zeit von 0 bis 24 Uhr
   a) Apotheken,
   b) Tankstellen für den Verkauf von Betriebsstoffen, Ersatzteilen für die Erhaltung oder Wiederherstellung der Fahrbereitschaft und Waren des täglichen Kleinbedarfs,
   c) Verkaufsstellen auf Bahnhöfen für den Personenverkehr, auf Flughäfen und in Fährhäfen für den Verkauf von Waren des täglichen Kleinbedarfs sowie von Bekleidungsartikeln und Schmuck,
   d) andere Verkaufsstellen für den Verkauf von Waren zum sofortigen Verzehr zwecks Deckung örtlich auftretender Bedürfnisse,
2. andere als die in Nummer 1 genannten Verkaufsstellen in der Zeit vom 15. Dezember bis 31. Oktober, mit Ausnahme des Karfreitags und des ersten Weihnachtsfeiertags, für die Dauer von täglich acht Stunden für den Verkauf von Waren des täglichen Kleinbedarfs, Bekleidungsartikel und Schmuck, von Devotionalien sowie von Waren, die für den Ort kennzeichnend sind, sofern sich diese Verkaufsstellen befinden in
   a) Kur- und Erholungsorten,
   b) den Wallfahrtsorten
   Bethen (Stadt Cloppenburg),
   Germershausen (Rollshausen, Landkreis Göttingen),
   Ottbergen (Schellerten, Landkreis Hildesheim),
   Rulle (Wallenhorst, Landkreis Osnabrück),
   Ortsteil Wietmarschen (Wietmarschen, Landkreis Grafschaft Bentheim),
   Höherberg (Wollbrandshausen, Landkreis Göttingen),
3. für die Dauer von täglich drei Stunden, die außerhalb der ortsüblichen Gottesdienstzeiten liegen sollten,
   a) Verkaufsstellen, die nach ihrer Größe und ihrem Sortiment auf den Verkauf von täglichem Kleinbedarf (§ 2 Abs. 2) ausgerichtet sind,
   b) Hofläden,
4. Verkaufsstellen, die nach ihrem Sortiment auf den Verkauf von Blumen und Pflanzen ausgerichtet sind, sofern sich die Verkaufsstellen auf den Verkauf von Blumen und Pflanzen, einschließlich eines deren Dekoration dienenden Ergänzungsangebots wie Bänder, Zierrat, Kerzen, Übertöpfe, in kleinen Mengen beschränken,
   a) für die Dauer von täglich drei Stunden, die außerhalb der ortsüblichen Gottesdienstzeiten liegen sollten,
   b) in anerkannten Ausflugsorten (Satz 2) und in Kur-, Erholungs- und Wallfahrtsorten (Nummer 2) für die Dauer von täglich acht Stunden in der Zeit vom 15. Dezember bis zum 31. Oktober, mit Ausnahme des Karfreitags und des ersten Weihnachtsfeiertags,
5. Verkaufsstellen, die nach ihrer Größe und ihrem Sortiment auf den Verkauf von Bäckerei- und Konditorwaren in kleinen Mengen ausgerichtet sind, für die Dauer von täglich fünf Stunden.

2In Ausflugsorten, die von dem für Tourismus zuständigen Ministerium anerkannt worden sind, gilt Satz 1 Nr. 2 für andere als die in Satz 1 Nr. 1 genannten Verkaufsstellen mit der Maßgabe entsprechend, dass an Sonntagen und staatlich anerkannten Feiertagen Schmuck und Bekleidungsartikel nicht verkauft werden dürfen.

(2) Der Verkauf zu den gemäß Absatz 1 Satz 1 Nrn. 2 bis 5 oder Satz 2 bestimmten Öffnungszeiten darf nur stattfinden, wenn die Öffnungszeiten im Eingangsbereich der Verkaufsstelle so angebracht worden sind, dass sie außerhalb der Verkaufsstelle lesbar sind.

§ 5 Ausnahmen von der Sonntagsregelung auf Antrag

(1) 1Die zuständige Behörde kann auf Antrag zulassen, dass die Verkaufsstellen in der Gemeinde oder in Ortsbereichen über § 4 Abs. 1 hinaus an Sonntagen geöffnet werden dürfen, wenn dafür

1. ein besonderer Anlass vorliegt, der den zeitlichen und örtlichen Umfang der Sonntagsöffnung rechtfertigt,
2. ein öffentliches Interesse an der Belebung der Gemeinde oder eines Ortsbereichs oder an der überörtlichen Sichtbarkeit der Gemeinde besteht, welches das Interesse am Schutz des Sonntags überwiegt, oder
3. ein sonstiger rechtfertigender Sachgrund vorliegt.

$_2$Nicht zugelassen werden dürfen Öffnungen für Palmsonntag, Ostersonntag, Pfingstsonntag, Volkstrauertag, Totensonntag und die Adventssonntage sowie für die staatlich anerkannten Feiertage und den 27. Dezember, wenn er auf einen Sonntag fällt. $_3$In einer Gemeinde darf die Öffnung gemeindeweit für höchstens sechs Sonntage je Kalenderjahr zugelassen werden; dabei darf die Höchstzahl der Öffnungen in jedem Ortsbereich vier Sonntage nicht überschreiten. $_4$Ist eine Gemeinde als Ausflugsort anerkannt, so erhöht sich die Höchstzahl nach Satz 3 Halbsatz 1 auf acht Sonntage. $_5$Ist nur ein Ortsbereich als Ausflugsort anerkannt, so gilt diese höhere Höchstzahl nur für diesen Ortsbereich. $_6$Die Öffnung darf für höchstens fünf Stunden täglich zugelassen werden, die außerhalb der ortsüblichen Gottesdienstzeiten liegen sollten.

(2) Anträge nach Absatz 1 Satz 1 können gestellt werden von der überwiegenden Anzahl der Verkaufsstellen in dem Gebiet, für das die Öffnung beantragt wird, und von einer sie vertretenden Personenvereinigung.

(3) $_1$Die zuständige Behörde kann für Zulassungen nach Absatz 1 auf eine Jahresplanung hinwirken und Termine ortsüblich bekannt machen, bis zu denen Anträge gestellt sein sollten. $_2$Sie macht die nach Absatz 1 erteilten Zulassungen unter Angabe der betroffenen Sonntage, der Gründe und der betroffenen Gebiete ortsüblich bekannt. $_3$§ 28 des Verwaltungsverfahrensgesetzes ist anzuwenden.

(4) $_1$Die zuständige Behörde kann, wenn dafür ein herausragender Anlass besteht, auf Antrag einer Verkaufsstelle zulassen, dass diese an einem Sonntag im Kalenderjahr geöffnet werden darf, ohne dass die Sonntagsöffnung auf die Höchstzahlen nach Absatz 1 angerechnet wird. $_2$Absatz 1 Sätze 2 und 6 gilt entsprechend.

§ 5a Ausnahmen von der Sonn- und Feiertagsregelung von Amts wegen

$_1$Die zuständige Behörde kann zulassen, dass Verkaufsstellen in der Gemeinde oder in Ortsbereichen an Sonn- und Feiertagen geöffnet werden dürfen, wenn dies im dringenden öffentlichen Interesse erforderlich ist. $_2$Die Zulassung kann jederzeit widerrufen werden.

§ 6 Verkauf außerhalb von Verkaufsstellen

$_1$Das gewerbliche Verkaufen von Waren an jedermann im unmittelbaren persönlichen Kontakt mit der Kundin oder dem Kunden ist auch außerhalb von Verkaufsstellen nur innerhalb der allgemein zulässigen Ladenöffnungszeiten nach § 3 Abs. 1 und 3 gestattet. $_2$Soweit für die in § 4 Abs. 1 genannten Verkaufsstellen Abweichungen von den allgemein zulässigen Ladenöffnungszeiten möglich sind, gelten diese Abweichungen für Tätigkeiten nach Satz 1 unter denselben Voraussetzungen und Bedingungen entsprechend.

§ 7 Arbeitsschutz

(1) $_1$An Sonntagen und staatlich anerkannten Feiertagen ist die Beschäftigung von Verkaufspersonal innerhalb der anerkannten Öffnungszeiten, sowie für Vor- und Nachbereitungszeiten von täglich 30 Minuten, an jährlich höchstens 22 dieser Tage zulässig. $_2$Dabei darf die Dauer der täglichen Arbeitszeit acht Stunden nicht überschreiten.

(2) $_1$Verkaufspersonal, das an Sonn- und Feiertagen beschäftigt wird, hat Anspruch auf folgende Ausgleichszeiten:

1. Wenn die Beschäftigung länger als drei Stunden dauert, muss der Nachmittag eines Werktags derselben Woche in der Zeit ab 13 Uhr arbeitsfrei bleiben.
2. Wenn die Beschäftigung länger als sechs Stunden dauert oder die regelmäßige Arbeitszeit in den Fällen der Nummer 1 spätestens um 13 Uhr endet, muss ein ganzer Werktag derselben Woche arbeitsfrei bleiben.

3. Wenn die Beschäftigung weniger als drei Stunden dauert, muss an jedem zweiten Sonntag oder in jeder zweiten Woche ein Nachmittag ab 13 Uhr arbeitsfrei bleiben; anstelle des Nachmittags darf ein Vormittag eines Sonnabends oder eines Montags in der Zeit bis 14 Uhr arbeitsfrei gegeben werden.

2In den Fällen des Satzes 1 Nrn. 1 und 2 muss mindestens jeder dritte Sonntag arbeitsfrei bleiben.

(3) 1Verkaufsstelleninhaber sind verpflichtet, ein Verzeichnis über Name, Tag, Beschäftigungszeit und -art des Verkaufspersonals zu führen, das an Sonn- und Feiertagen beschäftigt wird. 2Das Verzeichnis ist zwei Jahre aufzubewahren.

(4) 1Die zuständige Behörde kann in begründeten Einzelfällen Ausnahmen von den Vorschriften der Absätze 1 und 2 genehmigen. 2Die Genehmigung kann jederzeit widerrufen werden.

§ 8 Ordnungswidrigkeiten, Mitwirkungspflichten, Zuständigkeitsregelung

(1) 1Ordnungswidrig handelt, wer vorsätzlich oder fahrlässig als Inhaberin oder Inhaber einer Verkaufsstelle oder in den Fällen des § 6 als Gewerbetreibende oder Gewerbetreibender

1. entgegen § 3 Abs. 2 an Sonntagen oder staatlich anerkannten Feiertagen verkauft, ohne dass einer der in den §§ 4 und 5 genannten Ausnahmefälle vorliegt,
2. entgegen § 3 Abs. 3 am 24. Dezember in der Zeit ab 14 Uhr verkauft, ohne dass ein Ausnahmefall nach § 4 Abs. 1 Satz 1 Nr. 1 Buchst. a bis c vorliegt,
3. an Sonn- oder Feiertagen gemäß § 4 Abs. 1 öffnet, ohne seine Öffnungszeiten gemäß § 4 Abs. 2 lesbar angebracht zu haben,
4. entgegen § 7 Abs. 1 Satz 1 an Sonntagen oder staatlich anerkannten Feiertagen Verkaufspersonal außerhalb der zulässigen Betriebszeiten beschäftigt,
5. entgegen § 7 Abs. 1 Satz 2 Verkaufspersonal an Sonntagen oder staatlich anerkannten Feiertagen länger als acht Stunden täglich beschäftigt,
6. entgegen § 7 Abs. 3 das dort genannte Verzeichnis nicht oder nicht richtig führt oder dieses Verzeichnis weniger als zwei Jahre aufbewahrt,
7. entgegen Absatz 2 Satz 1 den zuständigen Behörden die verlangten Auskünfte verweigert oder die angeforderten Unterlagen nicht vorlegt.

2Die Ordnungswidrigkeit kann mit einer Geldbuße bis zur Höhe von 15 000 Euro geahndet werden.

(2) 1Verkaufsstelleninhaber und Verkaufspersonal sind verpflichtet, den zuständigen Behörden auf deren Verlangen Auskünfte zu erteilen und Unterlagen vorzulegen, soweit dies zur Wahrnehmung von Aufgaben nach diesem Gesetz erforderlich ist. 2Die Behörden können Maßnahmen anordnen, die erforderlich sind, um die Einhaltung der Vorschriften dieses Gesetzes sicherzustellen. 3Die Beauftragten der Behörden sind berechtigt, die Verkaufsstelle während des Betriebs zu betreten und zu besichtigen. 4Das Grundrecht auf Unverletzlichkeit der Wohnung (Artikel 13 des Grundgesetzes) wird insoweit eingeschränkt.

(3) 1Die Landesregierung wird ermächtigt, die Zuständigkeiten zur Durchführung dieses Gesetzes durch Verordnung zu regeln. 2Dabei können einzelne Aufgaben auf die Gemeinden übertragen werden.

§ 9 Übergangsvorschriften

1Zulassungen, die nach § 5 Abs. 1 in der bis zum 30. Juni 2019 geltenden Fassung erteilt worden sind, sind unwirksam, soweit sie sich auf Sonn- und Feiertage nach dem 31. Dezember 2019 beziehen. 2Für die Bestimmung von verkaufsoffenen Sonn- und Feiertagen im Jahr 2019 ist § 5 in der bis zum 30. Juni 2019 geltenden Fassung weiter anzuwenden.

Gesetz zur Regelung der Ladenöffnungszeiten (Ladenöffnungsgesetz – LÖG NRW)

Vom 16. November 2006 (GV. NRW. S. 516)

Zuletzt geändert durch
Entfesselungspaket I
vom 22. März 2018 (GV. NRW. S. 172)

§ 1 Ziel des Gesetzes

Das Gesetz dient der Schaffung und Sicherung einer allgemeinen Ladenöffnungszeit für Verkaufsstellen sowie dem Schutz der Sonn- und Feiertagsruhe. Die Regelungen des Gesetzes über die Sonn- und Feiertage (Feiertagsgesetz NW) vom 23. April 1989 (GV. NRW. S. 222), zuletzt geändert durch Gesetz vom 20. Dezember 1994 (GV. NRW. S. 1114), bleiben unberührt, soweit nachfolgend nichts Abweichendes bestimmt wird.

§ 2 Geltungsbereich

Dieses Gesetz gilt für die Öffnung von Verkaufsstellen und das gewerbliche Anbieten von Waren außerhalb von Verkaufsstellen.

§ 3 Begriffsbestimmung

(1) Verkaufsstellen im Sinne dieses Gesetzes sind

1. Ladengeschäfte aller Art, Apotheken und Tankstellen,
2. sonstige Verkaufsstände, falls in ihnen ebenfalls von einer festen Stelle aus ständig Waren zum Verkauf an jedermann gewerblich angeboten werden. Dem gewerblichen Anbieten steht das Zeigen von Mustern, Proben und Ähnlichem gleich, wenn Warenbestellungen in der Einrichtung entgegengenommen werden.

(2) Feiertage im Sinne dieses Gesetzes sind die gesetzlichen Feiertage.

(3) Reisebedarf im Sinne dieses Gesetzes sind Zeitungen, Zeitschriften, Straßenkarten, Stadtpläne, Reiselektüre, Schreibmaterialien, Tabakwaren, Schnittblumen, Reisetoilettenartikel, Filme, Tonträger, Bedarf für Reiseapotheken, Reiseandenken und Spielzeug geringen Wertes, Lebens- und Genussmittel in kleinen Mengen sowie ausländische Geldsorten.

§ 4 Ladenöffnungszeit

(1) Verkaufsstellen dürfen

1. an Werktagen ohne zeitliche Begrenzung geöffnet sein (allgemeine Ladenöffnungszeit) und
2. am 24. Dezember an Werktagen bis 14 Uhr geöffnet sein, wenn in den nachfolgenden Bestimmungen keine abweichenden Regelungen getroffen werden.

(2) Außerhalb der allgemeinen Ladenöffnungszeit nach Absatz 1 ist auch das gewerbliche Anbieten von Waren zum Verkauf an jedermann außerhalb von Verkaufsstellen verboten. Soweit für Verkaufsstellen nach diesem Gesetz Ausnahmen von der allgemeinen Ladenöffnungszeit des Absatzes 1 zugelassen sind, gelten diese Ausnahmen unter denselben Voraussetzungen und Bedingungen auch für das gewerbliche Anbieten außerhalb von Verkaufsstellen.

(3) Ausnahmen auf Grund der Vorschriften der Titel III und IV der Gewerbeordnung bezüglich Volksfesten, Messen, Märkte und Ausstellungen bleiben unberührt.

§ 5 Verkauf an Sonn- und Feiertagen

(1) An Sonn- und Feiertagen dürfen geöffnet sein:

1. Verkaufsstellen, deren Kernsortiment aus einer oder mehrerer der Warengruppen Blumen und Pflanzen, Zeitungen und Zeitschriften oder Back- und Konditorwaren besteht, für die Abgabe dieser Waren und eines begrenzten Randsortiments für die Dauer von fünf Stunden. Die für Wirtschaft zuständige oberste Landesbehörde kann zur näheren Bestimmung der Begriffe Kern- und Randsortiment im Einvernehmen mit dem für Wirtschaft zuständigen Landtagsausschuss eine Rechtsverordnung erlassen,

12

2. Verkaufsstellen von themenbezogenen Waren oder Waren zum sofortigen Verzehr auf dem Gelände oder im Gebäude einer Kultur- oder Sport-Veranstaltung oder in einem Museum während der Veranstaltungs- und Öffnungsdauer, sofern sie der Versorgung der Besucherinnen und Besucher dienen,
3. Verkaufsstellen landwirtschaftlicher Betriebe, deren Kernsortiment aus selbst erzeugten landwirtschaftlichen Produkten besteht, für die Abgabe dieser Waren und eines begrenzten Randsortiments für die Dauer von fünf Stunden. Die für Wirtschaft zuständige oberste Landesbehörde kann zur näheren Bestimmung der Begriffe Kern- und Randsortiment im Einvernehmen mit dem für Wirtschaft zuständigen Landtagsausschuss eine Rechtsverordnung erlassen.

(2) An Sonn- und Feiertagen dürfen leichtverderbliche Waren und Waren zum sofortigen Verzehr außerhalb von Verkaufsstellen angeboten werden.

(3) Fällt der 24. Dezember auf einen Sonntag, dürfen Verkaufsstellen für die Abgabe von Weihnachtsbäumen in der Zeit von 10 bis 14 Uhr geöffnet sein. Auch Verkaufsstellen nach Absatz 1 dürfen an diesem Tag nicht länger als bis 14 Uhr geöffnet sein.

(4) Absatz 1 Nummer 1 gilt nicht für die Abgabe von Waren am Ostermontag, am Pfingstmontag und 2. Weihnachtstag.

(5) Ist eine Verkaufsstelle an Sonn- und Feiertagen geöffnet, so hat der Inhaber oder die Inhaberin an der Verkaufsstelle gut sichtbar auf die Öffnungszeiten an Sonn- und Feiertagen hinzuweisen. Die bei Ladenschluss anwesenden Kunden dürfen noch bedient werden.

§ 6 Weitere Verkaufssonntage und -feiertage

(1) An jährlich höchstens acht, nicht unmittelbar aufeinanderfolgenden Sonn- oder Feiertagen dürfen Verkaufsstellen im öffentlichen Interesse ab 13 Uhr bis zur Dauer von fünf Stunden geöffnet sein.

Ein öffentliches Interesse liegt insbesondere vor, wenn die Öffnung

1. im Zusammenhang mit örtlichen Festen, Märkten, Messen oder ähnlichen Veranstaltungen erfolgt,
2. dem Erhalt, der Stärkung oder der Entwicklung eines vielfältigen stationären Einzelhandelsangebots dient,
3. dem Erhalt, der Stärkung oder der Entwicklung zentraler Versorgungsbereiche dient,
4. der Belebung der Innenstädte, Ortskerne, Stadt- oder Ortsteilzentren dient oder
5. die überörtliche Sichtbarkeit der jeweiligen Kommune als attraktiver und lebenswerter Standort insbesondere für den Tourismus und die Freizeitgestaltung, als Wohn- und Gewerbestandort sowie Standort von kulturellen und sportlichen Einrichtungen steigert.

Das Vorliegen eines Zusammenhangs im Sinne des Satzes 2 Nummer 1 wird vermutet, wenn die Ladenöffnung in räumlicher Nähe zur örtlichen Veranstaltung sowie am selben Tag erfolgt. Bei Werbemaßnahmen des Veranstalters müssen die jeweiligen Veranstaltungen gemäß Satz 2 Nr. 1 für die Öffnung der Verkaufsstellen im Vordergrund stehen.

(2) Verkaufsstellen in Kurorten, Ausflugs-, Erholungs- und Wallfahrtsorten mit besonders starkem Tourismus dürfen an jährlich höchstens 40 Sonn- oder Feiertagen bis zur Dauer von acht Stunden geöffnet sein. Neben den Waren, die für diese Orte kennzeichnend sind, dürfen Waren zum sofortigen Verzehr, frische Früchte, Tabakwaren, Blumen und Zeitungen verkauft werden.

(3) Die zuständige oberste Landesbehörde wird ermächtigt, die Orte nach Absatz 2 durch Rechtsverordnung zu bestimmen. Die Freigabe kann auf bestimmte Ortsteile beschränkt werden.

(4) Die zuständige örtliche Ordnungsbehörde wird ermächtigt, die Tage nach Absatz 1 und 2 durch Verordnungen freizugeben. Die Freigabe kann sich auf bestimmte Bezirke, Ortsteile und Handelszweige beschränken. Innerhalb einer Gemeinde dürfen nach Absatz 1 insgesamt nicht mehr als 16 Sonn- und Feiertage je Kalenderjahr freigegeben werden. Erfolgt eine Freigabe nach Absatz 1 für

das gesamte Gemeindegebiet, darf dabei nur ein Adventssonntag freigegeben werden. Erfolgt die Freigabe nach Absatz 1 beschränkt auf bestimmte Bezirke, Ortsteile und Handelszweige, darf nur ein Adventssonntag je Bezirk, Ortsteil und Handelszweig freigegeben werden, insgesamt dürfen jedoch nicht mehr als zwei Adventssonntage je Gemeinde freigegeben werden. Bei der Festsetzung der Öffnungszeiten ist auf die Zeit des Hauptgottesdienstes Rücksicht zu nehmen. Vor Erlass der Rechtsverordnung zur Freigabe der Tage nach Absatz 1 sind die zuständigen Gewerkschaften, Arbeitgeber- und Wirtschaftsverbände und Kirchen, die jeweilige Industrie- und Handelskammer und die Handwerkskammer anzuhören.

(5) Von der Freigabe der Tage nach Absatz 1 und 4 sind ausgenommen:

1. die stillen Feiertage im Sinne des Feiertagsgesetzes NW,
2. Ostersonntag,
3. Pfingstsonntag,
4. der 1. und 2. Weihnachtstag und
5. der 1. Mai, der 3. Oktober und der 24. Dezember, wenn dieser Tag auf einen Sonntag fällt.

§ 7 Apotheken

(1) Apotheken ist an Sonn- und Feiertagen die Öffnung ihrer Verkaufsstellen zur Abgabe von Arznei-, Krankenpflege-, Säuglingspflege- und Säuglingsnährmitteln, hygienischen Artikeln sowie Desinfektionsmitteln gestattet.

(2) Die zuständige Apothekerkammer regelt, dass an Sonn- und Feiertagen abwechselnd ein Teil der Apotheken geschlossen sein muss. An den geschlossenen Apotheken ist an sichtbarer Stelle ein Aushang anzubringen, der die zur Zeit offenen Apotheken bekannt gibt. Dienstbereitschaft der Apotheken steht der Offenhaltung gleich.

§ 8 Tankstellen

Tankstellen dürfen auch an Sonn- und Feiertagen und am 24. Dezember, wenn dieser auf einen Werktag fällt, ganztägig geöffnet sein. An Sonn- und Feiertagen ist nur die Abgabe von Ersatzteilen für Kraftfahrzeuge, soweit dies für die Erhaltung oder Wiederherstellung der Fahrbereitschaft notwendig ist, sowie die Abgabe von Betriebsstoffen und von Reisebedarf gestattet.

§ 9 Verkaufsstellen auf Flughäfen und auf Personenbahnhöfen

(1) Verkaufsstellen auf Flughäfen und auf Personenbahnhöfen des Schienenverkehrs dürfen an Sonn- und Feiertagen für den Verkauf von Reisebedarf während des ganzen Tages geöffnet sein, am 24. Dezember jedoch nur bis 17 Uhr.

(2) Auf internationalen Verkehrsflughäfen dürfen an Sonn- und Feiertagen neben Waren des Reisebedarfs auch Waren des täglichen Ge- und Verbrauchs sowie Geschenkartikel verkauft werden.

(3) Die zuständige oberste Landesbehörde wird ermächtigt, durch Rechtsverordnung die internationalen Verkehrsflughäfen nach Absatz 2 und die Größe ihrer Verkaufsflächen zu bestimmen. Die Größe der Verkaufsflächen ist dabei auf das erforderliche Maß zu begrenzen.

§ 10 Arbeitszeit an Sonn- und Feiertagen

(1) Soweit Verkaufsstellen an Sonn- und Feiertagen nach diesem Gesetz für den geschäftlichen Verkehr geöffnet sein dürfen, gelten für die Beschäftigung von Arbeitnehmern die Vorschriften des § 11 des Arbeitszeitgesetzes vom 6. Juni 1994 (BGBl. I S. 1170) in der jeweils geltenden Fassung entsprechend.

(2) Während insgesamt 30 weiterer Minuten dürfen Arbeitnehmerinnen und Arbeitnehmer über die Arbeitszeiten nach Absatz 1 hinaus unter Anrechnung auf die Ausgleichszeiten mit unerlässlich erforderlichen Vorbereitungs- und Abschlussarbeiten beschäftigt werden. Die höchstzulässige Arbeitszeit nach § 3 Satz 2 des Arbeitszeitgesetzes darf dabei nicht überschritten werden.

§ 11 Aufsicht und Auskunft

(1) Die Aufsicht über die Einhaltung der Vorschriften dieses Gesetzes obliegt den örtlichen Ordnungsbehörden. Die Aufsicht über die Einhaltung der Arbeitszeitvorschriften für Arbeitnehmerinnen und Arbeitnehmer ob-

liegt der Aufsichtsbehörde nach § 17 des Arbeitszeitgesetzes.

(2) Die am Sonn- und Feiertag geleistete Arbeit und der dafür gewährte Freizeitausgleich ist mit Namen, Tag, Beschäftigungsart und -dauer der beschäftigten Arbeitnehmerinnen und Arbeitnehmer aufzuzeichnen. Die Aufzeichnungen sind mindestens zwei Jahre aufzubewahren.

(3) Die Inhaberinnen und Inhaber von Verkaufsstellen sowie Gewerbetreibende und sonstige Personen im Sinne von § 3 Abs. 1, die Waren anbieten, sind verpflichtet, den aufsichtsführenden Behörden im Sinne von Absatz 1 auf Verlangen die erforderlichen Angaben zu machen.

§ 12 Bußgeldvorschriften

(1) Ordnungswidrig handelt, wer vorsätzlich oder fahrlässig

1. entgegen § 4 Abs. 2, § 5, § 6 Abs. 1 oder 2, § 7 Abs. 1, § 8, § 9 Abs. 1 letzter Halbsatz oder Abs. 2 Verkaufsstellen öffnet bzw. Waren zum gewerblichen Verkauf oder Waren außerhalb der genannten Warengruppen anbietet,
2. entgegen § 10 Absatz 1 in Verbindung mit § 11 Abs. 2 des Arbeitszeitgesetzes
   a) gemäß §§ 3 oder 6 Abs. 2 des Arbeitszeitgesetzes einen Arbeitnehmer über die Grenzen der Arbeitszeit hinaus beschäftigt,
   b) gemäß § 4 des Arbeitszeitgesetzes Ruhepausen nicht, nicht mit der vorgeschriebenen Mindestdauer oder nicht rechtzeitig gewährt,
   c) gemäß § 5 des Arbeitszeitgesetzes die Mindestruhezeit nicht gewährt oder gemäß § 5 Abs. 2 des Arbeitszeitgesetzes die Verkürzung der Ruhezeit durch Verlängerung einer anderen Ruhezeit nicht oder nicht rechtzeitig ausgleicht,
   d) gemäß § 9 Abs. 1 des Arbeitszeitgesetzes einen Arbeitnehmer an Sonn- und Feiertagen beschäftigt,
   e) gemäß § 11 Abs. 1 des Arbeitszeitgesetzes einen Arbeitnehmer an Sonntagen beschäftigt oder gemäß § 11 Abs. 3 des Arbeitszeitgesetzes einen Ersatzruhetag nicht oder nicht rechtzeitig gewährt,
3. entgegen § 11 Absatz 2 Aufzeichnungen nicht fertigt oder aufbewahrt und entgegen § 11 Absatz 3 Auskünfte nicht erteilt.

(2) Die Ordnungswidrigkeit nach Absatz 1 Nr. 1 oder 3 kann mit einer Geldbuße bis zu 5000 Euro, in den Fällen des Absatzes 1 Nr. 2 mit einer Geldbuße bis zu 15 000 Euro geahndet werden.

§ 13 Inkrafttreten; Übergangsregelung

(1) Dieses Gesetz tritt am Tage nach seiner Verkündung in Kraft.

(2) Auf Verordnungen der örtlichen Ordnungsbehörden zur Freigabe von verkaufsoffenen Sonn- und Feiertagen für das Jahr 2018 im Sinne von § 6, die bis zum Inkrafttreten des Gesetzes vom 22. März 2018 (GV. NRW. S. 172) beschlossen sind, sind § 6 Absätze 1 und 4 in ihrer bis dahin geltenden Fassung anzuwenden.

(3) Auf Verordnungen im Sinne von Absatz 2, die nach Inkrafttreten des Gesetzes vom 22. März 2018 beschlossen werden, findet § 6 dieses Gesetzes Anwendung.

Ladenöffnungsgesetz Rheinland-Pfalz (LadöffnG)

Vom 21. November 2006 (GVBl. S. 351)

Zuletzt geändert durch
Zwölftes Rechtsbereinigungsgesetz
vom 22. Dezember 2015 (GVBl. S. 461)

Der Landtag Rheinland-Pfalz hat das folgende Gesetz beschlossen:

§ 1 Zweck des Gesetzes

Zweck dieses Gesetzes ist die Gewährleistung der Arbeitsruhe des Verkaufspersonals, der Schutz der Sonn- und Feiertage und die Festlegung flexibler Rahmenbedingungen für die zulässigen Verkaufszeiten an Werktagen. Es ersetzt das Gesetz über den Ladenschluss in der Fassung vom 2. Juni 2003 (BGBl. I S. 744), zuletzt geändert durch Artikel 228 der Verordnung vom 31. Oktober 2006 (BGBl. I S. 2407). Die Bestimmungen des Feiertagsgesetzes vom 15. Juli 1970 (GVBl. S. 225, BS 113-10) in der jeweils geltenden Fassung bleiben unberührt.

§ 2 Begriffsbestimmungen

(1) Verkaufsstellen im Sinne dieses Gesetzes sind Einrichtungen, bei denen von einer festen Stelle aus ständig Waren zum Verkauf an jedermann vorgehalten werden; dem Vorhalten von Waren steht das Anbieten der Entgegennahme von Warenbestellungen in der Einrichtung gleich.

(2) Reisebedarf im Sinne dieses Gesetzes sind Zeitungen, Zeitschriften, Straßenkarten, Stadtpläne, Reiselektüre, Schreibmaterialien, Tabakwaren, Blumen, Reisetoilettenartikel, Bild- und Tonträger, Bedarf für Reiseapotheken, Reiseandenken und Spielzeug von geringerem Wert, Lebens- und Genussmittel in kleineren Mengen und ausländische Geldsorten sowie vergleichbare den Bedürfnissen von Reisenden entsprechende Waren.

(3) Feiertage im Sinne dieses Gesetzes sind Feiertage gemäß § 2 des Feiertagsgesetzes.

§ 3 Allgemeine Ladenschlusszeiten

Verkaufsstellen müssen zu folgenden Zeiten für den geschäftlichen Verkehr mit Kundinnen und Kunden geschlossen sein:

1. an Sonn- und Feiertagen,
2. montags bis samstags bis 6 Uhr und ab 22 Uhr und
3. am 24. Dezember, wenn dieser auf einen Werktag fällt, bis 6 Uhr und ab 14 Uhr,

soweit in den nachfolgenden Bestimmungen keine abweichenden Regelungen getroffen werden. Verkaufsstellen für Bäcker- und Konditorwaren dürfen abweichend von Satz 1 den Beginn der Ladenöffnungszeit an Werktagen auf 5.30 Uhr vorverlegen. Die zu Beginn der Ladenschlusszeit anwesenden Kundinnen und Kunden dürfen noch bedient werden.

§ 4 Erweiterung der zulässigen Ladenöffnungszeiten an Werktagen

Verbandsfreie Gemeinden, Verbandsgemeinden und kreisfreie und große kreisangehörige Städte können unter Berücksichtigung insbesondere besonderer Einkaufsbedürfnisse der Bevölkerung, des Fremdenverkehrs oder besonderer örtlicher oder regionaler Gegebenheiten durch Rechtsverordnung bestimmen, dass Verkaufsstellen abweichend von § 3 Satz 1 Nr. 2 an bis zu acht Werktagen im Kalenderjahr bis spätestens 6 Uhr des folgenden Tages geöffnet sein dürfen, an Samstagen und an Werktagen vor Feiertagen jedoch nur bis spätestens 24 Uhr; die jeweiligen Tage und der Beginn der Ladenschlusszeit sind in der Rechtsverordnung festzulegen. Eine Erweiterung der zulässigen Ladenöffnungszeiten darf nicht am Tag vor Karfreitag, Ostersonntag, Pfingstsonntag und dem Neujahrstag erfolgen. Vor Erlass der Rechtsverordnung sind die zuständigen Gewerkschaften, Arbeitgeber- und Wirtschaftsverbände und kirchlichen Stellen, die jeweilige Industrie- und Handelskammer und Handwerkskammer sowie, wenn die Rechtsverordnung von einer Verbandsgemeinde erlassen wird, die von ihr betroffenen Ortsgemeinden anzuhören.

§ 5 Apotheken

Apotheken dürfen abweichend von den Bestimmungen der §§ 3 und 4 an allen Tagen ohne zeitliche Begrenzung geöffnet sein. Die Landesapothekerkammer Rheinland-Pfalz kann für eine Gemeinde oder für benachbarte Gemeinden mit mehreren Apotheken unter Berücksichtigung der apothekenrechtlichen Bestimmungen über die Dienstbereitschaft regeln, dass während der allgemeinen Ladenschlusszeiten (§ 3) und außerhalb von nach § 4 festgelegten erweiterten Ladenöffnungszeiten abwechselnd ein Teil der Apotheken geschlossen sein muss. An den geschlossenen Apotheken ist an nach außen sichtbarer Stelle auf die zurzeit geöffneten Apotheken hinzuweisen. Dienstbereitschaft der Apotheken steht der Offenhaltung gleich.

§ 6 Tankstellen

Tankstellen dürfen abweichend von den Bestimmungen der §§ 3 und 4 an allen Tagen ohne zeitliche Begrenzung geöffnet sein. Während der allgemeinen Ladenschlusszeiten (§ 3) und außerhalb von nach § 4 festgelegten erweiterten Ladenöffnungszeiten ist nur die Abgabe von Ersatzteilen für Kraftfahrzeuge, soweit dies für die Erhaltung oder Wiederherstellung der Fahrbereitschaft notwendig ist, sowie die Abgabe von Betriebsstoffen und von Reisebedarf zulässig.

§ 7 Personenbahnhöfe, Flugplätze und Schiffsanlegestellen

(1) Verkaufsstellen auf Personenbahnhöfen von Eisenbahnen, den Flugplätzen Frankfurt-Hahn und Zweibrücken und an Schiffsanlegestellen dürfen abweichend von den Bestimmungen der §§ 3 und 4 an allen Tagen ohne zeitliche Begrenzung geöffnet sein, am 24. Dezember jedoch nur bis 17 Uhr. Während der allgemeinen Ladenschlusszeiten (§ 3) und außerhalb von nach § 4 festgelegten erweiterten Ladenöffnungszeiten ist nur die Abgabe von Reisebedarf, auf Personenbahnhöfen des Schienenfernverkehrs und den in Satz 1 genannten Flugplätzen auch von Waren des täglichen Ge- und Verbrauchs und von Geschenkartikeln zulässig. Die Landesregierung oder die von ihr durch Rechtsverordnung bestimmte Stelle kann durch Rechtsverordnung die Größe der Verkaufsfläche, auf der eine Abgabe im Sinne des Satzes 2 zulässig ist, auf das für diesen Zweck erforderliche Maß begrenzen sowie weitere in diesem Zusammenhang erforderliche Regelungen treffen.

(2) Die Landesregierung kann durch Rechtsverordnung für Verkaufsstellen, die im näheren Einzugsgebiet eines Personenbahnhofs des Schienenfernverkehrs oder der in Absatz 1 Satz 1 genannten Flugplätze liegen, bestimmen, dass diese auch während der allgemeinen Ladenschlusszeiten (§ 3) und außerhalb von nach § 4 festgelegten erweiterten Ladenöffnungszeiten geöffnet sein dürfen; in der Rechtsverordnung können die erweiterten Öffnungsmöglichkeiten auf bestimmte Tage und Zeiträume begrenzt sowie weitere in diesem Zusammenhang erforderliche Regelungen getroffen werden.

(3) Für Apotheken bleibt es bei den Bestimmungen des § 5.

§ 8 Sonstige besondere Verkaufsstellen

(1) Verkaufsstellen für überwiegend selbst erzeugte und verarbeitete land-, wein- und forstwirtschaftliche Produkte dürfen abweichend von den Bestimmungen der §§ 3 und 4 an allen Tagen ohne zeitliche Begrenzung geöffnet sein. Die Landesregierung oder die von ihr durch Rechtsverordnung bestimmte Stelle kann durch Rechtsverordnung insbesondere Regelungen über die Begrenzung der Größe der Verkaufsfläche und des Umfangs des zulässigen Angebots an nicht selbst erzeugten und verarbeiteten land-, wein- und forstwirtschaftlichen Produkten während der allgemeinen Ladenschlusszeiten (§ 3) und außerhalb von nach § 4 festgelegten erweiterten Ladenöffnungszeiten treffen.

(2) Verkaufsstellen im Gebäude oder auf dem Gelände von Museen, sonstigen kulturellen Ausstellungen, Theatern, Kinos, Sportanlagen und vergleichbaren Einrichtungen dürfen in den für die Versorgung der Besucherinnen und Besucher erforderlichen Zeiten während der allgemeinen Ladenschlusszeiten (§ 3) und außerhalb von nach § 4 festgelegten erweiterten Ladenöffnungszeiten für die Abgabe von Lebensmitteln einschließlich Getränken zum sofortigen Verzehr sowie von Waren, die einen Bezug zu der Einrichtung oder der dort stattfindenden Veranstaltung haben, geöffnet sein.

§ 9 Verkauf bestimmter Waren an Sonn- und Feiertagen

(1) Die Landesregierung oder die von ihr durch Rechtsverordnung bestimmte Stelle kann durch Rechtsverordnung bestimmen, dass und wie lange abweichend von § 3 Satz 1 Nr. 1 an Sonn- und Feiertagen Verkaufsstellen für die Abgabe von Zeitungen, Zeitschriften, Milch und Milcherzeugnissen, Bäcker- und Konditorwaren, landwirtschaftlichen Produkten, Blumen, Pflanzen und pflanzlichen Gebinden einschließlich Zubehörartikeln geöffnet sein dürfen. Die Öffnungsmöglichkeit kann auf bestimmte Sonn- und Feiertage oder Jahreszeiten, auf bestimmte Arten von Verkaufsstellen und auf Verkaufsstellen bis zu einer bestimmten Größe beschränkt werden. Eine Öffnung am Ostermontag, Pfingstmontag oder 2. Weihnachtstag soll nicht zugelassen werden; dies gilt nicht für die Abgabe von Zeitungen und Zeitschriften. Die Landesregierung oder die von ihr durch Rechtsverordnung bestimmte Stelle kann durch Rechtsverordnung die Lage der zugelassenen Ladenöffnungszeiten unter Berücksichtigung der Zeit des Hauptgottesdienstes festsetzen.

(2) Die Landesregierung oder die von ihr durch Rechtsverordnung bestimmte Stelle kann durch Rechtsverordnung bestimmen, dass und unter welchen Voraussetzungen und Bedingungen in Kurorten sowie in einzeln aufzuführenden Ausflugs-, Erholungs- und Wallfahrtsorten mit besonders starkem Fremdenverkehr Verkaufsstellen für die Abgabe von Badegegenständen, Devotionalien, Getränken, Milch und Milcherzeugnissen, frischen Früchten, Süßwaren, Tabakwaren, Blumen, Bild- und Tonträgern, Zeitungen, Zeitschriften sowie Waren, die für diese Orte kennzeichnend sind, abweichend von § 3 Satz 1 Nr. 1 an höchstens 40 Sonn- und Feiertagen in einem Kalenderjahr bis zur Dauer von acht Stunden geöffnet sein dürfen und diese Tage sowie die Lage der zugelassenen Ladenöffnungszeiten unter Berücksichtigung der Zeit des Hauptgottesdienstes festsetzen. Die Öffnungsmöglichkeit kann auf bestimmte Teile des Gemeindegebiets beschränkt werden.

(3) Die Rechtsverordnung nach Absatz 1 Satz 1 ersetzt die Verordnung über den Verkauf bestimmter Waren an Sonn- und Feiertagen vom 21. Dezember 1957 (BGBl. I S. 1881), geändert durch Artikel 3 des Gesetzes vom 30. Juli 1996 (BGBl. I S. 1186). Der Tag des Inkrafttretens der Rechtsverordnung wird vom fachlich zuständigen Ministerium im Gesetz- und Verordnungsblatt bekannt gemacht.

§ 10 Verkaufsoffene Sonntage

Verbandsfreie Gemeinden, Verbandsgemeinden und kreisfreie und große kreisangehörige Städte können durch Rechtsverordnung bestimmen, dass Verkaufsstellen abweichend von § 3 Satz 1 Nr. 1 allgemein oder in bestimmten Teilen des Gemeindegebiets an höchstens vier Sonntagen pro Gemeinde in einem Kalenderjahr geöffnet sein dürfen und diese Tage sowie die Lage der zugelassenen Ladenöffnungszeiten festsetzen. Am Ostersonntag, Pfingstsonntag, Volkstrauertag, Totensonntag, an Adventssonntagen im Dezember sowie an Sonntagen, auf die ein Feiertag fällt, darf eine Öffnung nicht zugelassen werden. Die zugelassene Ladenöffnungszeit darf fünf Stunden nicht überschreiten; sie darf nicht in der Zeit zwischen 6 Uhr und 11 Uhr liegen. § 4 Satz 3 findet entsprechende Anwendung.

§ 11 Märkte, sonstiges gewerbliches Anbieten von Waren

(1) Während der allgemeinen Ladenschlusszeiten (§ 3) und außerhalb von nach § 4 festgelegten erweiterten Ladenöffnungszeiten dürfen auf behördlich festgesetzten Groß- oder Wochenmärkten keine Waren zum Ver-

kauf an Endverbraucherinnen und Endverbraucher angeboten werden; dies gilt nicht während der auf der Grundlage der §§ 8 bis 10 zugelassenen Ladenöffnungszeiten, soweit die Zulassung einen geschäftlichen Verkehr auf Groß- oder Wochenmärkten ermöglicht. Am 24. Dezember dürfen nach 14 Uhr auch im sonstigen Marktverkehr keine Waren angeboten werden. Im Übrigen finden die Bestimmungen dieses Gesetzes für Märkte sowie für Messen und Ausstellungen keine Anwendung.

(2) Während der allgemeinen Ladenschlusszeiten (§ 3) und außerhalb von nach § 4 festgelegten erweiterten Ladenöffnungszeiten ist auch das gewerbliche Anbieten von Waren zum Verkauf an jedermann außerhalb von Verkaufsstellen verboten; dies gilt nicht für behördlich genehmigte, den Bestimmungen des Titels III der Gewerbeordnung unterliegende Volksbelustigungen, für das Anbieten von Tageszeitungen an Werktagen sowie während der auf der Grundlage der §§ 8 bis 10 zugelassenen Ladenöffnungszeiten unter Berücksichtigung der dort festgesetzten Voraussetzungen und Bedingungen. Dem Anbieten von Waren zum Verkauf steht das Zeigen von Mustern, Proben und ähnlichen Ansichtsexemplaren gleich, wenn dazu Räume benutzt werden, die für diesen Zweck besonders bereitgestellt sind, und dabei Warenbestellungen entgegengenommen werden. Die zuständige Behörde kann für das Anbieten von leicht verderblichen Waren und von Waren zum sofortigen Verzehr, Gebrauch oder Verbrauch Ausnahmen von den Bestimmungen der Sätze 1 und 2 zulassen, soweit dies zur Befriedigung örtlich auftretender Bedürfnisse erforderlich und im Hinblick auf den Schutz der Arbeitnehmerinnen und Arbeitnehmer unbedenklich ist. § 13 Abs. 1 bis 5 und § 14 Abs. 2 Satz 2 und 3 und Abs. 3 finden entsprechende Anwendung.

§ 12 Zulassung von Ausnahmen

Die zuständige Behörde kann in Einzelfällen befristete Ausnahmen von den Bestimmungen der §§ 3 bis 11 und den aufgrund dieser Bestimmungen erlassenen Rechtsverordnungen zulassen, wenn diese im öffentlichen Interesse dringend notwendig sind. Die Zulassung kann jederzeit widerrufen werden.

§ 13 Schutz der Arbeitnehmerinnen und Arbeitnehmer

(1) Arbeitnehmerinnen und Arbeitnehmer dürfen an Sonn- und Feiertagen in Verkaufsstellen nur während der jeweils zugelassenen Ladenöffnungszeiten und, soweit dies zur Erledigung von Vorbereitungs- und Abschlussarbeiten zwingend erforderlich ist, bis zu insgesamt weiteren 30 Minuten beschäftigt werden; an einem Sonn- oder Feiertag darf die Beschäftigungszeit einer Arbeitnehmerin oder eines Arbeitnehmers acht Stunden nicht überschreiten.

(2) Arbeitnehmerinnen und Arbeitnehmer, die gemäß Absatz 1 an einem Sonn- oder Feiertag beschäftigt werden, sind bei einer Beschäftigung von

1. bis zu drei Stunden an jedem zweiten Sonntag ganz oder an einem Werktag in jeder zweiten Woche bis oder ab 13 Uhr,
2. mehr als drei bis sechs Stunden an einem Werktag derselben Woche bis oder ab 13 Uhr oder
3. mehr als sechs Stunden an einem ganzen Werktag derselben Woche

von der Arbeit freizustellen; in den Fällen der Nummern 2 und 3 muss darüber hinaus mindestens jeder dritte Sonntag beschäftigungsfrei bleiben.

(3) Arbeitnehmerinnen und Arbeitnehmer in Verkaufsstellen können verlangen, dass sie in jedem Kalendermonat an einem Samstag von der Arbeit freigestellt werden.

(4) Die zuständige Behörde kann in begründeten Einzelfällen Ausnahmen von den Bestimmungen der Absätze 1 bis 3 zulassen. Die Zulassung kann jederzeit widerrufen werden.

(5) Die Inhaberin oder der Inhaber einer Verkaufsstelle ist verpflichtet, ein Verzeichnis mit Namen, Tag, Beschäftigungsart und Beschäftigungsdauer der an Sonn- oder Feiertagen beschäftigten Arbeitnehmerinnen und Arbeitnehmer und über die diesen gemäß Absatz 2 zum Ausgleich für die Beschäftigung an diesen Tagen gewährte Freistellung zu führen.

(6) Die Absätze 1 bis 5 finden auf pharmazeutisch vorgebildete Arbeitnehmerinnen und Arbeitnehmer in Apotheken keine Anwendung.

§ 14 Zuständige Behörden, Aufsicht

(1) Die Landesregierung oder die von ihr durch Rechtsverordnung bestimmte Stelle bestimmt durch Rechtsverordnung die für die Durchführung dieses Gesetzes und der aufgrund dieses Gesetzes erlassenen Rechtsverordnungen zuständigen Behörden.

(2) Die zuständigen Behörden überwachen die Einhaltung dieses Gesetzes und der aufgrund dieses Gesetzes erlassenen Rechtsverordnungen; sie können die in diesem Zusammenhang erforderlichen Maßnahmen anordnen. Sie können von der Inhaberin oder dem Inhaber der Verkaufsstelle und von den in der Verkaufsstelle beschäftigten Arbeitnehmerinnen und Arbeitnehmern die für die Durchführung dieses Gesetzes und der aufgrund dieses Gesetzes erlassenen Rechtsverordnungen erforderlichen Auskünfte sowie von der Inhaberin oder dem Inhaber der Verkaufsstelle die Vorlage oder Zusendung des in § 13 Abs. 5 genannten Verzeichnisses sowie weiterer für die Erfüllung ihrer Aufgaben erforderlicher, die Verkaufsstelle oder die dort beschäftigten Arbeitnehmerinnen und Arbeitnehmer betreffenden Unterlagen verlangen. Die zur Auskunft verpflichtete Person kann die Auskunft auf solche Fragen verweigern, deren Beantwortung sie selbst oder in § 383 Abs. 1 Nr. 1 bis 3 der Zivilprozessordnung bezeichnete Angehörige der Gefahr strafgerichtlicher Verfolgung oder eines Verfahrens nach dem Gesetz über Ordnungswidrigkeiten aussetzen würde.

(3) Die Beauftragten der zuständigen Behörden sind berechtigt, die Verkaufsstellen während der Öffnungszeiten zu betreten und zu besichtigen. Die Inhaberin oder der Inhaber der Verkaufsstelle hat das Betreten und Besichtigen der Verkaufsstelle zu gestatten; das Grundrecht der Unverletzlichkeit der Wohnung (Artikel 13 des Grundgesetzes) wird insoweit eingeschränkt.

§ 15 Ordnungswidrigkeiten

(1) Ordnungswidrig handelt, wer vorsätzlich oder fahrlässig

1. als Inhaberin oder Inhaber einer Verkaufsstelle oder als Gewerbetreibende oder Gewerbetreibender im Sinne des § 11 Abs. 2 einer Bestimmung
   a) des § 13 Abs. 1 oder Abs. 2, jeweils auch in Verbindung mit § 11 Abs. 2 Satz 4, über die Beschäftigung von Arbeitnehmerinnen und Arbeitnehmern an Sonn- und Feiertagen oder die zum Ausgleich für die Beschäftigung zu gewährende Freistellung von der Arbeit,
   b) des § 13 Abs. 5, auch in Verbindung mit § 11 Abs. 2 Satz 4, über das Führen der Verzeichnisse oder
   c) des § 14 Abs. 2 Satz 2, auch in Verbindung mit § 11 Abs. 2 Satz 4, über die Vorlage oder Zusendung der Verzeichnisse oder weiteren Unterlagen,
2. als Inhaberin oder Inhaber einer Verkaufsstelle
   a) einer Bestimmung des § 3 oder des § 7 Abs. 1 Satz 1, einer aufgrund des § 4, des § 7 Abs. 2, des § 9 Abs. 1 oder Abs. 2 oder des § 10 erlassenen Rechtsverordnung, der in § 9 Abs. 3 genannten Rechtsverordnung oder einer Regelung der Landesapothekerkammer Rheinland-Pfalz nach § 5 Satz 2 über die Ladenschlusszeiten oder die zulässigen Öffnungszeiten,
   b) einer sonstigen Bestimmung einer aufgrund des § 4, des § 7 Abs. 1 Satz 3 oder Abs. 2, des § 8 Abs. 1 Satz 2, des § 9 Abs. 1 oder Abs. 2 oder des § 10 erlassenen Rechtsverordnung, soweit die Rechtsverordnung für einen bestimmten Tatbestand auf diese Bußgeldbestimmung verweist, oder
   c) einer Bestimmung des § 6 Satz 2, des § 7 Abs. 1 Satz 2 oder des § 8 Abs. 2 über die Beschränkung der Abgabe auf bestimmte Waren,
3. als Gewerbetreibende oder Gewerbetreibender einer Bestimmung

12

a) des § 11 Abs. 1 Satz 1 oder Satz 2 über das Anbieten von Waren im Marktverkehr oder
b) des § 11 Abs. 2 Satz 1 oder Satz 2 über das Anbieten von Waren oder das Zeigen von Mustern, Proben oder ähnlichen Ansichtsexemplaren außerhalb von Verkaufsstellen oder
4. einer Bestimmung des § 14 Abs. 2 Satz 2, auch in Verbindung mit § 11 Abs. 2 Satz 4, über Auskünfte

zuwiderhandelt.

(2) Die Ordnungswidrigkeit kann mit einer Geldbuße bis zu zweitausend Euro, in den Fällen des Absatzes 1 Nr. 1 Buchst. a bis zu fünftausend Euro geahndet werden.

§ 16 Übergangsbestimmungen

(1) Bis zum Inkrafttreten der Rechtsverordnung nach § 7 Abs. 1 Satz 3 gelten für den Flughafen Frankfurt-Hahn die folgenden Regelungen:
Eine Abgabe im Sinne des § 7 Abs. 1 Satz 2 ist in Verkaufsstellen in den Personenabfertigungsanlagen sowie in einem Umkreis bis 300 m um die Personenabfertigungsanlagen zulässig. Die Verkaufsfläche darf insgesamt 3500 m^2 nicht übersteigen; sofern nicht bedarfsbedingte Besonderheiten Abweichungen erfordern, soll die Verkaufsfläche einer einzelnen Verkaufsstelle in der Regel nicht mehr als 100 m^2 betragen.

(2) Die aufgrund der Ermächtigung des § 11 des Gesetzes über den Ladenschluss erlassenen Rechtsverordnungen können durch die jeweilige Kreisverwaltung durch Rechtsverordnung aufgehoben werden; sie gelten bis zu ihrer Aufhebung weiter.

(3) Die aufgrund der Ermächtigung des § 14 Abs. 1 Satz 2 des Gesetzes über den Ladenschluss erlassenen Rechtsverordnungen können durch Rechtsverordnungen nach § 10 Satz 1 für den örtlichen Geltungsbereich der jeweiligen Rechtsverordnung aufgehoben werden; sie gelten bis zu ihrer Aufhebung weiter.

(4) Die aufgrund des § 17 Abs. 8 Satz 1, des § 20 Abs. 2a oder des § 23 Abs. 1 Satz 1 des Gesetzes über den Ladenschluss bewilligten Ausnahmen gelten bis zum Fristablauf oder zu ihrem Widerruf weiter.

§ 17 Änderung der Landesverordnung über Zuständigkeiten auf dem Gebiet des Arbeits- und des technischen Gefahrenschutzes

(hier nicht aufgenommen)

§ 18 Aufhebungsbestimmungen

(1) Die Landesverordnung zur Durchführung des § 10 des Gesetzes über den Ladenschluss vom 6. Januar 1998 (GVBl. S. 6), zuletzt geändert durch Artikel 2 der Verordnung vom 30. September 2003 (GVBl. S. 306), BS 8050-1, tritt am Tage des Inkrafttretens der Rechtsverordnung nach § 9 Abs. 2 Satz 1 außer Kraft. Dieser Tag wird vom fachlich zuständigen Ministerium im Gesetz- und Verordnungsblatt bekannt gemacht.

(2) Die Landesverordnung über den Ladenschluss auf dem Flughafen Frankfurt-Hahn vom 28. November 2000 (GVBl. S. 499), zuletzt geändert durch Verordnung vom 25. Januar 2006 (GVBl. S. 38), BS 8050-3, tritt am 29. November 2006 außer Kraft.

§ 19 Inkrafttreten

Dieses Gesetz tritt am Tage nach der Verkündung in Kraft.

Gesetz zur Regelung der Ladenöffnungszeiten (Ladenöffnungsgesetz – LÖG Saarland)

Vom 15. November 2006 (Amtsbl. S. 1974)

Zuletzt geändert durch
Gesetz zur organisationsrechtlichen Anpassung und Entfristung der Geltungsdauer von Vorschriften des Landesrechts
vom 11. November 2020 (Amtsbl. I S. 1262)

Der Landtag des Saarlandes hat folgendes Gesetz beschlossen, das hiermit verkündet wird:

§ 1 Geltungsbereich

Dieses Gesetz gilt für die Öffnung von Verkaufsstellen und das gewerbliche Anbieten von Waren außerhalb von Verkaufsstellen.

§ 2 Begriffsbestimmungen

(1) Verkaufsstellen im Sinne dieses Gesetzes sind

1. Ladengeschäfte aller Art, Apotheken, Tankstellen, Verkaufsstellen auf Bahnhöfen und dem Flughafen,
2. sonstige Verkaufsstände, falls in ihnen ebenfalls von einer festen Stelle aus ständig Waren zum Verkauf an jedermann gewerblich angeboten werden. Dem gewerblichen Anbieten steht das Zeigen von Mustern, Proben und Ähnlichem gleich, wenn Warenbestellungen in der Einrichtung entgegengenommen werden.

(2) Feiertage im Sinne dieses Gesetzes sind die gesetzlichen Feiertage.

(3) Reisebedarf im Sinne dieses Gesetzes sind Zeitungen, Zeitschriften, Straßenkarten, Stadtpläne, Reiselektüre, Schreibmaterialien, Tabakwaren, Schnittblumen, Reisetoilettenartikel, Verbrauchsmaterial für Film- und Fotozwecke, Tonträger, Bedarf für Reiseapotheken, Reiseandenken und Spielzeug geringen Wertes, Lebens- und Genussmittel in kleinen Mengen sowie ausländische Geldsorten.

§ 3 Allgemeine Ladenöffnungszeiten

Verkaufsstellen dürfen zu folgenden Zeiten für den geschäftlichen Verkehr mit den Kunden geöffnet sein:

1. montags bis samstags von 6 Uhr bis 20 Uhr,
2. abweichend von der Vorschrift der Nr. 1 darf die Ortspolizeibehörde die Öffnung von Verkaufsstellen aus Anlass von besonderen Ereignissen an jährlich höchstens einem Werktag von 6 bis 24 Uhr zulassen,
3. am 24. Dezember, wenn dieser Tag auf einen Werktag fällt, von 6 Uhr bis 14 Uhr.

Verkaufsstellen für Bäckerwaren dürfen abweichend von Satz 1 den Beginn der Ladenöffnungszeit an Werktagen auf 5.30 Uhr vorverlegen.

§ 4 Apotheken

(1) Abweichend von den Vorschriften des § 3 dürfen Apotheken an allen Tagen während des ganzen Tages geöffnet sein. An Werktagen außerhalb der allgemeinen Ladenöffnungszeiten (§ 3) und an Sonn- und Feiertagen ist nur die Abgabe von Arznei-, Krankenpflege-, Säuglingspflege- und Säuglingsnährmitteln, hygienischen Artikeln sowie Desinfektionsmitteln gestattet.

(2) Die zuständige Verwaltungsbehörde hat für eine Gemeinde oder für benachbarte Gemeinden mit mehreren Apotheken anzuordnen, dass außerhalb der allgemeinen Ladenöffnungszeiten (§ 3) abwechselnd ein Teil der Apotheken geschlossen sein muss. An den geschlossenen Apotheken ist an sichtbarer Stelle ein Aushang anzubringen, der die zurzeit offenen Apotheken bekannt gibt. Dienstbereitschaft der Apotheken steht der Offenhaltung gleich.

§ 5 Tankstellen

(1) Abweichend von den Vorschriften des § 3 dürfen Tankstellen an allen Tagen während des ganzen Tages geöffnet sein.

(2) An Werktagen außerhalb der allgemeinen Ladenöffnungszeiten (§ 3) und an Sonn- und Feiertagen ist nur die Abgabe von Ersatzteilen für Kraftfahrzeuge, soweit dies für die Erhaltung oder Wiederherstellung der Fahrbereitschaft notwendig ist, sowie die Abgabe von Betriebsstoffen und von Reisebedarf gestattet.

§ 6 Verkaufsstellen auf Personenbahnhöfen und dem Flughafen

Abweichend von den Vorschriften des § 3 dürfen Verkaufsstellen auf Personenbahnhöfen des Schienenverkehrs und auf dem Flughafen an allen Tagen während des ganzen Tages geöffnet sein, am 24. Dezember jedoch nur bis 17 Uhr. Außerhalb der allgemeinen Ladenöffnungszeiten ist der Verkauf von Reisebedarf zulässig.

§ 7 Verkauf bestimmter Waren an Sonn- und Feiertagen

(1) An Sonn- und Feiertagen dürfen geöffnet sein:

1. Verkaufsstellen, deren Angebot in erheblichem Umfang aus einer oder mehreren der Warengruppen Blumen und Pflanzen, Zeitungen und Zeitschriften, Back- und Konditorwaren, Waren zum sofortigen Verzehr oder Waren zum sofortigen Gebrauch und Verbrauch besteht, für die Dauer von fünf Stunden,
2. Verkaufsstellen von themenbezogenen Waren oder Waren zum sofortigen Verzehr auf dem Gelände oder im Gebäude einer Veranstaltung oder an einem festen Ausstellungsort während der Veranstaltungs- bzw. Öffnungsdauer, sofern die Waren einen engen Bezug zur Veranstaltung oder zum Veranstaltungsort aufweisen oder der Versorgung der Besucher dienen.

(2) An Sonn- und Feiertagen dürfen leicht verderbliche Waren und Waren zum sofortigen Verzehr auch außerhalb von Verkaufsstellen angeboten werden.

(3) In Kur-, Ausflugs-, Erholungs- und Wallfahrtsorten dürfen Devotionalien, Waren, die für diese Orte kennzeichnend sind, Reisebedarf, Sportartikel und -zubehör sowie Badegegenstände an Sonn- und Feiertagen verkauft werden.

§ 8 Weitere Verkaufssonntage und -feiertage

(1) Abweichend von der Vorschrift des § 3 Nr. 1 dürfen Verkaufstellen an jährlich höchstens vier Sonn- und Feiertagen geöffnet sein. Der Zeitraum, während dessen die Verkaufsstellen geöffnet sein dürfen, darf fünf zusammenhängende Stunden nicht überschreiten, muss spätestens um 18 Uhr enden und soll außerhalb der Zeit des Hauptgottesdienstes liegen. Die Tage und der Zeitraum werden von den Verkaufsstelleninhabern festgelegt und spätestens 14 Tage vorher bei der zuständigen Ortspolizeibehörde angezeigt.

(2) Der 1. Januar, der 1. Mai, der Oster- und Pfingstsonntag, der Volkstrauertag, der Totensonntag, der Karfreitag sowie Sonn- und Feiertage im Dezember dürfen nicht in Anspruch genommen werden. Fällt der erste Adventssonntag in den Dezember, gelten die Vorschriften des Absatzes 1.

(3) Abweichend von Absatz 1 Satz 1, Absatz 2 Satz 1 und den Vorschriften des § 3 dürfen Verkaufsstellen für die Abgabe von Weihnachtsbäumen an allen Adventssonntagen geöffnet sein. Absatz 1 Satz 2 und 3 gilt entsprechend.

§ 9 Ausnahmen im öffentlichen Interesse

Die oberste Landesbehörde kann in Einzelfällen befristete Ausnahmen von den Vorschriften dieses Gesetzes bewilligen, wenn die Ausnahmen im öffentlichen Interesse zwingend erforderlich sind. Die Bewilligung kann jederzeit widerrufen werden.

§ 10 Arbeitszeit an Sonn- und Feiertagen

(1) Soweit Verkaufsstellen an Sonn- und Feiertagen nach diesem Gesetz für den geschäftlichen Verkehr geöffnet sein dürfen, gelten für die Beschäftigung von Arbeitnehmerinnen und Arbeitnehmern die Vorschriften des § 11 des Arbeitszeitgesetzes vom 6. Juni 1994 (BGBl. I S. 1170) in der jeweils geltenden Fassung entsprechend.

(2) Während insgesamt 30 weiterer Minuten dürfen Arbeitnehmerinnen und Arbeitnehmer über die Arbeitszeiten nach Absatz 1 hinaus unter Anrechnung auf die Ausgleichszeiten mit unerlässlich erforderlichen Vorbereitungs- und Abschlussarbeiten beschäftigt werden. Die höchstzulässige Arbeitszeit nach § 3 Satz 2 des Arbeitszeitgesetzes darf dabei nicht überschritten werden.

§ 11 Aufsicht und Auskunft

(1) Oberste Landesbehörde im Sinne dieses Gesetzes ist das Ministerium für Umwelt und Verbraucherschutz.

(2) Die Aufsicht über die Einhaltung der Vorschriften dieses Gesetzes obliegt den Ortspolizeibehörden. Die Aufsicht über die Einhaltung der Arbeitszeitvorschriften für Arbeitnehmerinnen und Arbeitnehmer obliegt der Aufsichtsbehörde nach § 17 des Arbeitszeitgesetzes.

(3) Zuständige Verwaltungsbehörde im Sinne des § 4 Abs. 2 ist die Apothekerkammer des Saarlandes.

(4) Die am Sonn- und Feiertag geleistete Arbeit und der dafür gewährte Freizeitausgleich ist mit Namen, Tag, Beschäftigungsart und -dauer der beschäftigten Arbeitnehmerinnen und Arbeitnehmer aufzuzeichnen. Die Aufzeichnungen sind mindestens zwei Jahre aufzubewahren.

(5) Die Inhaberinnen und Inhaber von Verkaufsstellen sowie Gewerbetreibende und sonstige Personen im Sinne von § 2 Abs. 1, die Waren anbieten, sind verpflichtet, den Aufsicht führenden Behörden auf Verlangen die erforderlichen Angaben zu machen.

§ 12 Ordnungswidrigkeiten

(1) Ordnungswidrig handelt, wer vorsätzlich oder fahrlässig

1. entgegen § 3, § 4 Abs. 1, §§ 5 bis 8 Verkaufsstellen öffnet bzw. Waren zum gewerblichen Verkauf oder Waren außerhalb der genannten Warengruppen anbietet,
2. entgegen § 10 Abs. 1 in Verbindung mit § 11 Abs. 2 des Arbeitszeitgesetzes
   a) gemäß §§ 3 oder 6 Abs. 2 des Arbeitszeitgesetzes einen Arbeitnehmer über die Grenzen der Arbeitszeit hinaus beschäftigt,
   b) gemäß § 4 des Arbeitszeitgesetzes Ruhepausen nicht, nicht mit der vorgeschriebenen Mindestdauer oder nicht rechtzeitig gewährt,
   c) gemäß § 5 Abs. 1 des Arbeitszeitgesetzes die Mindestruhezeit nicht gewährt oder gemäß § 5 Abs. 2 des Arbeitszeitgesetzes die Verkürzung der Ruhezeit durch Verlängerung einer anderen Ruhezeit nicht oder nicht rechtzeitig ausgleicht,
   d) gemäß § 9 Abs. 1 des Arbeitszeitgesetzes einen Arbeitnehmer an Sonn- und Feiertagen beschäftigt,
   e) gemäß § 11 Abs. 1 des Arbeitszeitgesetzes einen Arbeitnehmer an Sonntagen beschäftigt oder gemäß § 11 Abs. 4 des Arbeitszeitgesetzes einen Ersatzruhetag nicht oder nicht rechtzeitig gewährt,
3. entgegen § 11 Abs. 4 Aufzeichnungen nicht fertigt oder aufbewahrt und entgegen § 11 Abs. 5 Auskünfte nicht erteilt.

(2) Die Ordnungswidrigkeit nach Absatz 1 Nr. 1 oder 3 kann mit einer Geldbuße bis zu 500 Euro, in den Fällen des Absatz 1 Nr. 2 mit einer Geldbuße bis zu 15 000 Euro geahndet werden.

(3) Verwaltungsbehörde im Sinne des § 36 des Gesetzes über Ordnungswidrigkeiten in der Fassung der Bekanntmachung vom 19. Februar 1987 (BGBl. I S. 602), zuletzt geänder durch Artikel 2 des Gesetzes vom 7. August 2007 (BGBl. I S. 1786), in der jeweils geltenden Fassung ist das Landesamt für Umwelt- und Arbeitsschutz.

§ 13 Inkrafttreten

(1) Dieses Gesetz tritt am Tag nach seiner Verkündung im Amtsblatt des Saarlandes in Kraft.

(2) Gleichzeitig treten folgendes Gesetz und folgende Verordnungen außer Kraft:

1. Gesetz Nr. 795 über Zuständigkeiten nach dem Gesetz über den Ladenschluss vom 22. April 1964 (Amtsbl. S. 366), geändert

12

durch das Gesetz vom 15. Februar 2006 (Amtsbl. S. 474, 530),

2. Verordnung über Zuständigkeiten nach dem Gesetz über den Ladenschluss (Erste Ladenschlussverordnung – 1. LSchlV) vom 27. November 1963 (Amtsbl. S. 713),
3. Verordnung über die Festsetzung der Öffnungszeiten für den Sonntagsverkauf am 24. Dezember (Vierte Ladenschlussverordnung – 4. LSchlV) vom 2. November 1967 (Amtsbl. S. 922),
4. Verordnung über den Verkauf bestimmter Waren an Sonn- und Feiertagen sowie an Samstagen in Kur-, Ausflugs-, Erholungs- und Wallfahrtsorten (Fünfte Ladenschlussverordnung – 5. LSchlVO) vom 21. August 1978 (Amtsbl. S. 778), zuletzt geändert durch Verordnung vom 13. Dezember 2001 (Amtsbl. 2002 S. 150),
5. Verordnung über die Festsetzung der Verkaufszeiten für den Verkauf bestimmter Waren an Sonn- und Feiertagen (Sechste Ladenschlussverordnung – 6. LSchlVO) vom 2. Oktober 1997 (Amtsbl. S. 998).

Gesetz über die Ladenöffnungszeiten im Freistaat Sachsen (Sächsisches Ladenöffnungsgesetz – SächsLadÖffG)

Vom 1. Dezember 2010 (SächsGVBl. S. 338)

Zuletzt geändert durch
Gesetz zur Änderung des Sächsischen Ladenöffnungsgesetzes
vom 5. November 2020 (SächsGVBl. S. 589)

§ 1 Geltungsbereich

(1) Dieses Gesetz regelt die Öffnungszeiten von Verkaufsstellen und die Zeiten des gewerblichen Anbietens von Waren außerhalb von Verkaufsstellen.

(2) Dieses Gesetz findet keine Anwendung auf den Verkauf von Zubehörartikeln, der in engem Zusammenhang mit einer nach anderen Rechtsvorschriften erlaubten nichtgewerblichen oder gewerblichen Tätigkeit oder Veranstaltung steht, insbesondere bei Kultur- und Sportveranstaltungen, in Freizeit-, Erholungs- und Vergnügungseinrichtungen, in Bewirtungs- und Beherbergungseinrichtungen sowie in Museen.

§ 2 Begriffsbestimmungen

(1) Verkaufsstellen im Sinne dieses Gesetzes sind Einrichtungen, bei denen von einer festen Stelle aus regelmäßig Waren zum Verkauf an jedermann gewerblich angeboten werden.

(2) Dem gewerblichen Anbieten steht das Zeigen von Mustern, Proben und Ähnlichem gleich, wenn Warenbestellungen in diesen Einrichtungen oder in eigens für diesen Zweck bereitgestellten Räumen entgegengenommen werden.

(3) Feiertage im Sinne dieses Gesetzes sind die gesetzlichen Feiertage.

(4) Reisebedarf im Sinne dieses Gesetzes sind Zeitungen, Zeitschriften, Straßenkarten, Stadtpläne, Reiselektüre, Schreibmaterialien, Tabakwaren, Blumen, Reisetoilettenartikel, Bild- und Tonträger aller Art, Bedarf für Reiseapotheken, Reiseandenken, Geschenkartikel und Spielzeug geringeren Wertes, Lebens- und Genussmittel in kleineren Mengen sowie ausländische Geldsorten.

§ 3 Öffnungszeiten

(1) Montags bis sonnabends dürfen Verkaufsstellen von 6 bis 22 Uhr öffnen. Am 24. Dezember und 31. Dezember dürfen Verkaufsstellen, sofern diese Tage auf einen Werktag fallen, von 6 bis 14 Uhr öffnen.

(2) Außerhalb der in Absatz 1 genannten Zeiten und an Sonn- und Feiertagen sind die Öffnung von Verkaufsstellen und das gewerbliche Anbieten von Waren außerhalb von Verkaufsstellen zum Verkauf an jedermann verboten, soweit nicht durch dieses Gesetz oder aufgrund dieses Gesetzes etwas anderes bestimmt wird (allgemeine Ladenschlusszeiten).

(3) Abweichend von Absatz 2 darf der Verkauf von Backwaren an Werktagen ab 5 Uhr beginnen, Tageszeitungen dürfen außerhalb von Verkaufsstellen während des ganzen Tages angeboten werden.

(4) Abweichend von Absatz 2 können Verkaufsstellen zur Durchführung von Einkaufsveranstaltungen an bis zu fünf Werktagen im Jahr bis spätestens 6 Uhr des folgenden Tages geöffnet sein, an Sonnabenden und an Werktagen vor Feiertagen jedoch nur bis spätestens 24 Uhr. Die Tage und der Zeitraum werden von den Verkaufsstelleninhabern festgelegt und sind der Gemeinde spätestens vier Wochen im Voraus anzuzeigen. Widerspricht die Gemeinde nicht spätestens zwei Wochen nach dem Eingang der Anzeige, so darf die Veranstaltung durchgeführt werden. Satz 1 findet keine Anwendung auf Gründonnerstag, Ostersonnabend, den Tag vor Christi Himmelfahrt, Pfingstsonnabend, den 30. Oktober, den Tag vor Buß- und Bettag sowie auf Silvester.

(5) Die bei Ladenschluss anwesenden Kunden dürfen noch bedient werden.

§ 4 Apotheken

Apotheken dürfen abweichend von § 3 Abs. 2 an allen Tagen ganztägig geöffnet sein. Die Apothekerkammer hat für Gemeinden oder für benachbarte Gemeinden mit mehreren Apotheken unter Berücksichtigung der apothekenrechtlichen Bestimmungen über die Dienstbereitschaft zu regeln, dass abwechselnd ein Teil der Apotheken geschlossen sein muss. Dienstbereitschaft der Apotheken steht der Offenhaltung gleich.

§ 5 Tankstellen

(1) Tankstellen dürfen abweichend von § 3 Abs. 2 an allen Tagen ganztägig geöffnet sein.

(2) Tankstellen ist während der allgemeinen Ladenschlusszeiten nur die Abgabe von Ersatzteilen für Kraftfahrzeuge, soweit dies für die Erhaltung oder Wiederherstellung der Fahrbereitschaft notwendig ist, sowie die Abgabe von Betriebsstoffen und von Reisebedarf gestattet.

§ 6 Verkaufsstellen an Personenbahnhöfen und Flughäfen

(1) Verkaufsstellen auf Verkehrsflughäfen, Verkehrslandeplätzen und Personenbahnhöfen des Schienenverkehrs dürfen für den Verkauf von Reisebedarf abweichend von § 3 Abs. 2 an allen Tagen ganztägig geöffnet sein, am 24. Dezember und 31. Dezember jedoch nur bis 17 Uhr.

(2) Verkaufsstellen auf den internationalen Flughäfen „Flughafen Dresden" und „Flughafen Leipzig/Halle" dürfen für den Verkauf von Waren des täglichen Ge- und Verbrauchs abweichend von § 3 Abs. 2 an allen Tagen ganztägig geöffnet sein.

§ 7 Verkauf bestimmter Waren an Sonn- und Feiertagen

(1) An Sonn- und Feiertagen dürfen Verkaufsstellen, die eine oder mehrere der nachfolgend genannten Waren ausschließlich oder in erheblichem Umfang führen, abweichend von § 3 Abs. 2 zum Verkauf von Zeitungen und Zeitschriften, Blumen, Bäcker- und Konditoreiwaren, frischer Milch und Milcherzeugnissen in der Zeit von 7 bis 18 Uhr für die Dauer von insgesamt sechs, auch aufteilbaren Stunden geöffnet sein. Dabei sollen die Hauptgottesdienstzeiten berücksichtigt werden. Am Karfreitag, Ostermontag, Pfingstmontag, Reformationsfest sowie am 1. und 2. Weihnachtstag müssen die Verkaufsstellen geschlossen bleiben.

(2) An Sonn- und Feiertagen dürfen Verkaufsstellen

1. in staatlich anerkannten Kur- und Erholungsorten,
2. in kirchlich anerkannten Wallfahrtsorten,
3. in einzeln zu bestimmenden Ausflugsorten,

die eine oder mehrere der nachfolgend genannten Waren ausschließlich oder in erheblichem Umfang führen, abweichend von § 3 Abs. 2 zum Verkauf von Reisebedarf, Sportartikeln, Badegegenständen, Devotionalien sowie Waren, die für diese Orte kennzeichnend sind, in der Zeit von 11 bis 20 Uhr für die Dauer von acht Stunden geöffnet sein.

(3) Auf Antrag der Gemeinde wird diese als Ausflugsort nach Absatz 2 Nr. 3 anerkannt, wenn insbesondere das Kriterium des besonderen Besucheraufkommens erfüllt ist. Über die Anerkennung entscheidet die Landesdirektion Sachsen. Jeweils nach Ablauf von zehn Jahren oder wenn Umstände auf das Fehlen einer Anerkennungsvoraussetzung hindeuten, kann die Landesdirektion Sachsen die Anerkennung überprüfen. Die Anerkennung als Ausflugsort sowie die Aberkennung werden im Sächsischen Amtsblatt bekannt gemacht. Die bis zum Inkrafttreten dieses Gesetzes anerkannten Ausflugsorte werden im Sächsischen Amtsblatt veröffentlicht.

(4) Fällt der 24. Dezember auf einen Sonntag, dürfen

1. alle Verkaufsstellen für die Abgabe von Weihnachtsbäumen,
2. Verkaufsstellen, die überwiegend Lebens- und Genussmittel anbieten,
3. Verkaufsstellen nach Absatz 1

während höchstens drei Stunden von 7 Uhr bis 14 Uhr geöffnet sein. Satz 1 Nummer 2 und 3 gilt entsprechend, falls der 31. Dezember auf einen Sonntag fällt.

(5) Der Inhaber hat an der Verkaufsstelle gut sichtbar auf die Öffnungszeiten an Sonn- und Feiertagen hinzuweisen.

§ 8 Verkaufsoffene Sonntage

(1) Die Gemeinden werden ermächtigt, abweichend von § 3 Abs. 2, die Öffnung von Verkaufsstellen im Gemeindegebiet aus besonderem Anlass an jährlich bis zu vier Sonntagen zwischen 12 und 18 Uhr durch Rechtsverordnung zu gestatten. Einem verkaufsoffenen Sonntag nach Satz 1 kann maximal ein weiterer verkaufsoffener Sonntag unmittelbar folgen. Werden zwei aufeinanderfolgende Sonntage für die Öffnung von Verkaufsstellen freigegeben, ist die Öffnung von Verkaufsstellen an den diesen Sonntagen vorangehenden und nachfolgenden zwei aufeinanderfolgenden Sonntagen unzulässig. Die Freigabe kann auf bestimmte Ortsteile und Handelszweige beschränkt werden. Wird die Öffnung von Verkaufsstellen derart beschränkt, ist diese Möglichkeit der Sonntagsöffnung für das gesamte Gemeindegebiet verbraucht.

(2) Über Absatz 1 hinaus werden die Gemeinden ermächtigt, die Öffnung von Verkaufsstellen abweichend von § 3 Abs. 2 aus Anlass besonderer regionaler Ereignisse, insbesondere von traditionellen Straßenfesten, Weihnachtsmärkten und örtlich bedeutenden Jubiläen, an einem weiteren Sonntag je Kalenderjahr zwischen 12 und 18 Uhr zu gestatten, soweit die Verkaufsstellen von dem Ereignis betroffen sind. Die Gestattung erfolgt durch Rechtsverordnung, in der das von dem Ereignis betroffene Gebiet zu bezeichnen ist; damit ist die Möglichkeit dieser Sonntagsöffnung für das betroffene Gebiet verbraucht. Die Öffnung von Verkaufsstellen aus Anlass besonderer regionaler Ereignisse ist innerhalb einer Gemeinde nur an bis zu acht Sonntagen je Kalenderjahr zulässig.

(3) Der Ostersonntag, der Pfingstsonntag, der Volkstrauertag und der Totensonntag sind von der Freigabe nach den Absätzen 1 und 2 ausgeschlossen. Gleiches gilt für Sonntage, auf die der 24. Dezember, der 31. Dezember oder ein gesetzlicher Feiertag nach dem Gesetz über Sonn- und Feiertage im Freistaat Sachsen vom 10. November 1992 (SächsGVBl. S. 536), das zuletzt durch das Gesetz vom 30. Januar 2013 (SächsGVBl. S. 2) geändert worden ist, in der jeweils geltenden Fassung, fällt.

Entscheidung des Verfassungsgerichtshofes des Freistaates Sachsen

vom 21. Juni 2012 (SächsGVBl. S. 450)

Gemäß § 14 Abs. 3 des Gesetzes über den Verfassungsgerichtshof des Freistaates Sachsen (Sächsisches Verfassungsgerichtshofgesetz – SächsVerfGHG) vom 18. Februar 1993 (SächsGVBl. S. 177, 495), das durch Gesetz vom 27. September 1995 geändert worden ist, wird aus dem Urteil des Verfassungsgerichtshofes des Freistaates Sachsen vom **21. Juni 2012** im Normenkontrollverfahren Vf. 77-II-11 folgende Entscheidungsformel veröffentlicht:

1. § 8 Abs. 1 Satz 1, § 10 Abs. 1 des Sächsischen Ladenöffnungsgesetzes (Sächsisches Ladenöffnungsgesetz – SächsLadÖffG) vom 1. Dezember 2010 (SächsGVBl. S. 338), das durch Art. 39 des Gesetzes vom 27. Januar 2012 (SächsGVBl. S. 130) geändert worden ist, sowie § 4 Abs. 3 Satz 1 Nummer 4 des Gesetzes über Sonn- und Feiertage im Freistaat Sachsen (SächsSFG) in der Fassung des Gesetzes über die Ladenöffnungszeiten im Freistaat Sachsen und zur Änderung des Gesetzes über Sonn- und Feiertage im Freistaat Sachsen vom 1. Dezember 2010 (SächsGVBl. S. 338) sind mit der Sächsischen Verfassung vereinbar.
2. . . .

§ 9 Aufsicht und Auskunft

(1) Die Aufsicht über die Einhaltung der Bestimmungen dieses Gesetzes und der aufgrund dieses Gesetzes erlassenen Vorschriften, mit Ausnahme des § 10, obliegt den Gemeinden.

(2) Die Gemeinde kann die erforderlichen Maßnahmen anordnen, die Inhaber von Verkaufsstellen sowie Gewerbetreibende und verantwortliche Personen, die Waren innerhalb oder außerhalb von Verkaufsstellen gewerblich anbieten, zur Erfüllung der sich aus diesem Gesetz ergebenden Pflichten zu treffen haben.

(3) Die Inhaber von Verkaufsstellen sowie Gewerbetreibende und verantwortliche Personen, die Waren innerhalb oder außerhalb von Verkaufsstellen gewerblich anbieten, sind verpflichtet, den Aufsichtsbehörden auf

Verlangen die zur Erfüllung der Aufgaben dieser Behörden erforderlichen Angaben wahrheitsgemäß und vollständig zu machen.

(4) Die Beauftragten der Aufsichtsbehörden sind berechtigt, die Verkaufsstellen während der Öffnungszeiten zu betreten, soweit es für die Überwachung der Einhaltung der Bestimmungen dieses Gesetzes oder der aufgrund dieses Gesetzes erlassenen Vorschriften erforderlich ist. Das Grundrecht auf Unverletzlichkeit der Wohnung (Artikel 13 des Grundgesetzes für die Bundesrepublik Deutschland, Artikel 30 der Verfassung des Freistaates Sachsen) wird insoweit eingeschränkt. Inhaber von Verkaufsstellen sowie Gewerbetreibende haben das Betreten der Verkaufsstellen zu gestatten.

§ 10 Besonderer Arbeitnehmerschutz und Aufsicht

(1) In Verkaufsstellen dürfen Arbeitnehmer an Sonn- und Feiertagen nur während der ausnahmsweise zugelassenen Öffnungszeiten und, falls dies zur Erledigung von Vorbereitungs- und Abschlussarbeiten unerlässlich ist, während insgesamt weiterer 30 Minuten beschäftigt werden.

(2) Im Übrigen gelten für die Beschäftigung von Arbeitnehmern in Verkaufsstellen die Vorschriften des § 17 Absatz 2 bis 5 und 9 des Gesetzes über den Ladenschluss in der Fassung der Bekanntmachung vom 2. Juni 2003 (BGBl. I S. 744), das zuletzt durch Artikel 430 der Verordnung vom 31. August 2015 (BGBl. I S. 1474) geändert worden ist, in der jeweils geltenden Fassung.

(3) Die Aufsicht über die Ausführung der Vorschriften im Sinne der Absätze 1 und 2 übt die Landesdirektion Sachsen aus. Diese nimmt auch die Befugnisse gemäß § 17 Absatz 8 des Gesetzes über den Ladenschluss wahr.

Entscheidung des Verfassungsgerichtshofes des Freistaates Sachsen

vom 21. Juni 2012 (SächsGVBl. S. 450)

Gemäß § 14 Abs. 3 des Gesetzes über den Verfassungsgerichtshof des Freistaates Sachsen (Sächsisches Verfassungsgerichtshofgesetz – SächsVerfGHG) vom 18. Februar 1993 (SächsGVBl. S. 177, 495), das durch Gesetz vom 27. September 1995 geändert worden ist, wird aus dem Urteil des Verfassungsgerichtshofes des Freistaates Sachsen vom **21. Juni 2012** im Normenkontrollverfahren Vf. 77-II-11 folgende Entscheidungsformel veröffentlicht:

1. § 8 Abs. 1 Satz 1, § 10 Abs. 1 des Sächsischen Ladenöffnungsgesetzes (Sächsisches Ladenöffnungsgesetz – SächsLadÖffG) vom 1. Dezember 2010 (SächsGVBl. S. 338), das durch Art. 39 des Gesetzes vom 27. Januar 2012 (SächsGVBl. S. 130) geändert worden ist, sowie § 4 Abs. 3 Satz 1 Nummer 4 des Gesetzes über Sonn- und Feiertage im Freistaat Sachsen (SächsSFG) in der Fassung des Gesetzes über die Ladenöffnungszeiten im Freistaat Sachsen und zur Änderung des Gesetzes über Sonn- und Feiertage im Freistaat Sachsen vom 1. Dezember 2010 (SächsGVBl. S. 338) sind mit der Sächsischen Verfassung vereinbar.
2. . . .

§ 11 Ordnungswidrigkeiten

(1) Ordnungswidrig handelt, wer als Inhaber einer Verkaufsstelle, als Gewerbetreibender oder als verantwortliche Person im Sinne dieses Gesetzes vorsätzlich oder fahrlässig

1. entgegen einer Bestimmung der §§ 3 bis 8 Verkaufsstellen öffnet, Waren gewerblich anbietet oder Waren außerhalb der genannten Warengruppen anbietet,
2. entgegen § 3 Abs. 4 die rechtzeitige Anzeige bei der zuständigen Behörde unterlässt oder entgegen der Anzeige die Verkaufsstelle öffnet,
3. entgegen § 7 Abs. 5 nicht auf die jeweiligen Öffnungszeiten hinweist,
4. einer vollziehbaren Anordnung nach § 9 Abs. 2 zuwiderhandelt,
5. entgegen § 9 Abs. 3 Angaben nicht, nicht wahrheitsgemäß oder nicht vollständig macht,
6. entgegen § 9 Abs. 4 den Beauftragten der Aufsichtsbehörden das Betreten der Verkaufsstellen nicht gestattet,
7. den Bestimmungen des § 10 Abs. 1 über die Arbeitszeit an Sonn- und Feiertagen zuwiderhandelt.

(2) Die Ordnungswidrigkeiten nach Absatz 1 Nr. 1 bis 6 können mit einer Geldbuße bis zu fünftausend Euro, die Ordnungswidrigkeiten

12

nach Absatz 1 Nr. 7 können mit einer Geldbuße bis zu fünfzehntausend Euro geahndet werden.

(3) Verwaltungsbehörden im Sinne von § 36 Abs. 1 Nr. 1 des Gesetzes über Ordnungswidrigkeiten in der Fassung der Bekanntmachung vom 19. Februar 1987 (BGBl. I S. 602), das zuletzt durch Artikel 5 des Gesetzes vom 27. August 2017 (BGBl. I S. 3295) geändert worden ist, in der jeweils geltenden Fassung, sind die Gemeinden, soweit nichts anderes bestimmt ist. Für Ordnungswidrigkeiten nach Absatz 1 Nr. 7 ist die Landesdirektion Sachsen zuständig.

Gesetz über die Ladenöffnungszeiten im Land Sachsen-Anhalt (Ladenöffnungszeitengesetz Sachsen-Anhalt – LÖffZeitG LSA)

Vom 22. November 2006 (GVBl. LSA S. 528)

Zuletzt geändert durch
Gesetz zur Änderung des Ladenöffnungszeitengesetzes Sachsen-Anhalt
vom 15. Dezember 2022 (GVBl. LSA S. 385)

Der Landtag von Sachsen-Anhalt hat das folgende Gesetz beschlossen, das hiermit nach Gegenzeichnung ausgefertigt wird und zu verkünden ist:

§ 1 Zweck des Gesetzes

Dieses Gesetz regelt die Öffnungszeiten der Verkaufsstellen in Sachsen-Anhalt, insbesondere an den Sonn- und Feiertagen und am Heiligabend. Es dient weiterhin dem Schutz der Arbeitnehmer sowie kleinerer Betriebe mit dem Grundsatz der Wettbewerbsneutralität.

§ 2 Begriffsbestimmungen

(1) Verkaufsstellen sind Ladengeschäfte aller Art, Kioske, sonstige Verkaufsstände und ähnliche Einrichtungen, in denen regelmäßig Waren an jedermann verkauft werden können. Dem Verkauf steht das Zeigen von Mustern, Proben und Ähnlichem gleich, wenn Warenbestellungen in der Einrichtung entgegengenommen werden.

(2) Feiertage im Sinne dieses Gesetzes sind die durch § 2 des Gesetzes über die Sonn- und Feiertage in der Fassung der Bekanntmachung vom 25. August 2004 (GVBl. LSA S. 538) in seiner jeweiligen Fassung staatlich anerkannten Tage.

(3) Reisebedarf sind Zeitungen, Zeitschriften, Straßenkarten, Stadtpläne, Reiselektüre, Schreibmaterialien, Tabakwaren, Schnittblumen, Reisetoilettenartikel, Verbrauchsmaterial für Film- und Fotozwecke, Tonträger, Bedarf für Reiseapotheken, Reiseandenken, Spielzeug geringeren Wertes, Lebens- und Genussmittel in kleineren Mengen sowie ausländische Geldsorten.

§ 3 Öffnungszeiten

An Werktagen dürfen Verkaufsstellen von Montag bis Freitag von 0 bis 24 Uhr und am Samstag von 0 bis 20 Uhr geöffnet sein. Verkaufsstellen dürfen an Sonn- und Feiertagen für den geschäftlichen Verkehr mit Kunden nicht geöffnet sein, soweit im Folgenden nichts Abweichendes bestimmt ist. Satz 2 gilt entsprechend am Heiligabend ab 14 Uhr, wenn dieser Tag auf einen Werktag fällt.

§ 4 Öffnung bestimmter Verkaufsstellen

(1) Apotheken dürfen abweichend von § 3 auch für Zeiten geöffnet sein, für die eine Dienstbereitschaft eingerichtet ist.

(2) An Sonn- und Feiertagen sowie an Samstagen zwischen 20 und 24 Uhr dürfen geöffnet sein:

1. Tankstellen für den Verkauf von Betriebsstoffen, notwendigen Ersatzteilen für Kraftfahrzeuge und von Reisebedarf,
2. Verkaufsstellen auf Bahnhöfen, Flughäfen und Schiffsanlegestellen für den Verkauf von Reisebedarf, am Heiligabend jedoch nur bis 17 Uhr.

§ 5 Öffnung zum Verkauf bestimmter Waren

(1) An Sonn- und Feiertagen dürfen zum Verkauf angeboten werden

1. Bäcker- oder Konditorwaren von Bäckereien und Konditoreien,
2. Blumen vom Blumengeschäft,
3. Zeitungen und Zeitschriften sowie
4. überwiegend selbst erzeugte oder verarbeitete land-, wein-, fisch- und forstwirtschaftliche Produkte

jeweils für die Dauer von fünf zusammenhängenden Stunden nach der Entscheidung der Handeltreibenden, am Heiligabend längstens bis 14 Uhr.

(2) Fällt der Heiligabend auf einen Sonntag, dürfen Verkaufsstellen nach Absatz 1 und

Verkaufsstellen für den Verkauf von Weihnachtsbäumen während höchstens drei Stunden und längstens bis 14 Uhr geöffnet sein.

§ 6 Öffnung in Kur- und Erholungsorten sowie in Ausflugsorten

(1) An Sonn- und Feiertagen dürfen Verkaufsstellen in anerkannten Kur- und Erholungsorten sowie in Ausflugsorten mit besonders starkem Fremdenverkehr für den Verkauf von Reisebedarf sowie der Waren, die den Charakter des Ortes kennzeichnen, geöffnet sein. Die Handeltreibenden entscheiden, ob sie

1. an 40 Sonn- und Feiertagen im Jahr jeweils acht Stunden oder
2. an allen Sonn- und Feiertagen im Jahr für jeweils sechs Stunden

in der Zeit von 11 bis 20 Uhr ihre Verkaufsstellen öffnen. Dabei ist auf die Zeit des Hauptgottesdienstes Rücksicht zu nehmen.

(2) Von einer Öffnung ausgenommen sind der Karfreitag, der Ostersonntag, der Volkstrauertag und der Totensonntag. Fällt der Heiligabend auf einen Sonntag, dürfen Verkaufsstellen nur bis 14 Uhr geöffnet sein.

(3) Das für Wirtschafts- und Gewerberecht zuständige Ministerium wird ermächtigt, die Ausflugsorte mit besonders starkem Fremdenverkehr durch Verordnung festzulegen.

§ 7 Öffnung an Sonn- und Feiertagen sowie an Samstagen

(1) Die Gemeinde kann erlauben, dass Verkaufsstellen an höchstens vier Sonn- und Feiertagen im Jahr geöffnet werden, wenn

1. ein besonderer Anlass vorliegt, der den zeitlichen, räumlichen und gegenständlichen Umfang der Öffnung der Verkaufsstellen rechtfertigt, oder
2. in den zum Schutz der Arbeitsruhe und der seelischen Erhebung vorgegebenen Grenzen im Einzelfall ein öffentliches Interesse an der Belebung der Gemeinde oder eines Ortsteils oder an der überörtlichen Sichtbarkeit der Gemeinde besteht.

Von der Öffnung ausgenommen sind der Neujahrstag, der Karfreitag, der Ostersonntag, der Ostermontag, der Volkstrauertag, der Totensonntag, der 1. und 2. Weihnachtsfeiertag sowie der Heiligabend, soweit dieser auf einen Sonntag fällt.

(2) Ein besonderer Anlass nach Absatz 1 Satz 1 Nr. 1 liegt vor, wenn die Öffnung im Zusammenhang mit örtlichen Märkten, Messen, Volksfesten, großen sportlichen oder kulturellen Veranstaltungen oder ähnlichen Veranstaltungen, die eine erhebliche Zahl von Besuchern anziehen, erfolgt. Das Vorliegen eines Zusammenhangs wird vermutet, wenn die Öffnung der Verkaufsstellen in unmittelbarer räumlicher Nähe zur örtlichen Veranstaltung sowie zeitgleich erfolgt und die Verkaufsstellen von der Veranstaltung betroffen sind. Die Veranstaltung muss im Hinblick auf die die Gemeinde kennzeichnende oder prägende soziale und kulturelle Lebensweise und hinsichtlich der Besucherzahl eine besondere Bedeutung für die Gemeinde haben sowie im Vordergrund stehen. Die Öffnung der Verkaufsstellen darf lediglich eine begleitende Maßnahme zu dieser Veranstaltung darstellen. Das wirtschaftliche Umsatzinteresse von Verkaufsstelleninhabern und das Einkaufsinteresse der Besucher reichen für sich genommen als Sachgrund für die Annahme eines besonderen Anlasses nicht aus.

(3) Ein öffentliches Interesse nach Absatz 1 Satz 1 Nr. 2 erfordert zum einen eine belegbare besondere örtliche Problemlage, insbesondere regional begrenzte Fehlentwicklungen oder standortbedingte außergewöhnlich ungünstige Wettbewerbsbedingungen, die eine Durchbrechung der Arbeitsruhe und der seelischen Erhebung sowie eine Begünstigung bestimmter Verkaufsstellen auch unter dem Gesichtspunkt der gebotenen Wettbewerbsneutralität rechtfertigen kann. Zum anderen bedarf es hierzu eines Gemeindeentwicklungskonzeptes oder Einzelhandelskonzeptes der Gemeinde, im Rahmen dessen verkaufsoffene Sonn- und Feiertage geeignet erscheinen, den damit verfolgten Zielen jenseits des Umsatzinteresses des Handels zu dienen. Von der Eignung der durch die jeweilige Gemeinde verfolgten städtebaulichen und gesellschaftspolitischen Ziele im Zusam-

menhang mit der Förderung der Einzelhandelsentwicklung ist insbesondere dann auszugehen, wenn es sich um eine Maßnahme handelt, die in einem Gemeindeentwicklungskonzept oder in einem Einzelhandelskonzept vorgesehen ist, das unter Berücksichtigung planungsrechtlicher Vorgaben aufgestellt wurde und in der Lage ist, die Einzelhandelsentwicklung im gesamten Gemeindegebiet nachvollziehbar und widerspruchsfrei zu ordnen. Das Bestehen eines öffentlichen Interesses nach Absatz 1 Satz 1 Nr. 2 setzt zudem voraus, dass aus anderen Gründen ohnehin mit einem erheblichen Besucherinteresse in der Gemeinde zu rechnen ist und über den davon betroffenen Bereich hinaus der für die Öffnung der Verkaufsstellen vorgesehene Bereich zum Ausgleich besonderer örtlicher Problemlagen auf hiervon örtlich betroffene Bereiche erweitert werden soll.

(4) Die Erlaubnis kann auf bestimmte Ortsteile oder Handelszweige beschränkt werden. Eine solche Erlaubnis gilt hinsichtlich der in Absatz 1 Satz 1 genannten Höchstzahl von Tagen, an denen eine Öffnung von Verkaufsstellen an Sonn- und Feiertagen möglich ist, als für die gesamte Gemeinde erteilt. Die Öffnung darf fünf zusammenhängende Stunden in der Zeit von 11 bis 20 Uhr nicht überschreiten. Dabei ist auf die Zeit des Hauptgottesdienstes Rücksicht zu nehmen.

(5) Die Erlaubnis kann auf den unmittelbar vorhergehenden Samstag von 0 bis 24 Uhr erstreckt werden.

§ 8 Öffnung in besonderen Notlagen

Das Landesverwaltungsamt kann mit Zustimmung des für Wirtschafts- und Gewerberecht zuständigen Ministeriums in besonderen Notlagen, insbesondere in Hungersnöten, Epidemien, Pandemien, Umweltkatastrophen, Überschwemmungen oder Kriegen, erlauben, dass Verkaufsstellen an Sonn- und Feiertagen geöffnet werden, wenn dies im öffentlichen Interesse notwendig ist. Die Erlaubnis ist zu befristen und spätestens mit Wegfall des öffentlichen Interesses zu widerrufen. Die Geltungsdauer von erteilten Erlaubnissen darf mit Zustimmung des für Wirtschafts- und Gewerberecht zuständigen Ministeriums verlängert werden. Satz 2 gilt im Fall der Verlängerung von Erlaubnissen entsprechend.

§ 9 Arbeitszeit

(1) Für die Arbeitnehmer in Verkaufsstellen gelten die Vorschriften des Arbeitszeitgesetzes, soweit Absatz 2 keine abweichenden Regelungen trifft.

(2) Arbeitnehmer in Verkaufsstellen dürfen an Sonn- und Feiertagen während der zugelassenen Öffnungszeit und höchstens 30 Minuten zur Vor- und Nachbereitung beschäftigt werden. Es müssen mindestens 20 Sonntage im Jahr beschäftigungsfrei bleiben. Die Dauer der Beschäftigungszeit des einzelnen Arbeitnehmers an Sonn- und Feiertagen darf acht Stunden nicht überschreiten.

§ 10 Vollzugsbestimmungen

(1) Der Arbeitgeber ist verpflichtet, einen Abdruck dieses Gesetzes sowie der dazu erlassenen Verordnung an geeigneter Stelle in der Verkaufsstelle auszulegen, auszuhängen oder anderweitig den Beschäftigten bekannt zu geben.

(2) Die Entscheidung über die Öffnungszeiten nach § 5 Abs. 1 und über die Öffnungszeiten und -tage nach § 6 Abs. 1 ist durch den Handeltreibenden der Gemeinde mitzuteilen. Die Öffnungszeiten sind deutlich sichtbar an der Eingangstür der Verkaufsstelle bekannt zu machen.

§ 11 Aufsicht

Die Gemeinden nehmen die Aufgaben dieses Gesetzes als Aufgaben des übertragenen Wirkungskreises wahr. Das Landesamt für Verbraucherschutz übt die Aufsicht zur Einhaltung der §§ 9 und 10 aus.

§ 12 Ordnungswidrigkeiten

(1) Ordnungswidrig handelt, wer vorsätzlich oder fahrlässig

1. entgegen den §§ 3 bis 5 und entgegen § 6 Abs. 1 und 2 Verkaufsstellen öffnet oder Waren zum gewerblichen Verkauf anbietet,
2. entgegen § 9 Abs. 2 einen Arbeitnehmer an Sonn- oder Feiertagen beschäftigt und

3. entgegen § 10 Abs. 2 seine Entscheidung über die Öffnungszeiten nicht mitteilt oder die Öffnungszeiten an seiner Eingangstür nicht oder nicht ordnungsgemäß bekannt macht.

(2) Die Ordnungswidrigkeit nach Absatz 1 kann mit einer Geldbuße bis zu fünfzehntausend Euro geahndet werden.

§ 13 Sprachliche Gleichstellung

Personen- und Funktionsbezeichnungen in diesem Gesetz gelten jeweils in weiblicher und männlicher Form.

§ 14 Sonderregelung für die Jahre 2023 und 2024

Abweichend von § 7 Abs. 1 Satz 1 dürfen in den Jahren 2023 und 2024 Verkaufsstellen aus besonderem Anlass oder im Fall des Bestehens eines öffentlichen Interesses an der Belebung der Gemeinde oder eines Ortsteils oder an der überörtlichen Sichtbarkeit der Gemeinde an jeweils höchstens sechs Sonn- und Feiertagen geöffnet werden.

§ 15 In-Kraft-Treten

Dieses Gesetz tritt am 30. November 2006 in Kraft.

Gesetz über die Ladenöffnungszeiten (Ladenöffnungszeitengesetz - LÖffZG)

Vom 29. November 2006 (GVOBl. Schl.-H. S. 243)

Der Landtag hat das folgende Gesetz beschlossen:

§ 1 Geltungsbereich

Dieses Gesetz gilt für die Öffnung von Verkaufsstellen und das gewerbliche Feilhalten von Waren außerhalb von Verkaufsstellen.

§ 2 Begriffsbestimmungen

(1) Verkaufsstellen im Sinne dieses Gesetzes sind

1. Ladengeschäfte aller Art,
2. Verkaufsstände, falls in ihnen von einer festen Stelle aus ständig Waren zum Verkauf an jedermann feilgehalten werden; dem Feilhalten steht das Zeigen von Mustern, Proben und ähnlichem gleich, wenn Warenbestellungen in der Einrichtung entgegengenommen werden.

(2) Feiertage im Sinne dieses Gesetzes sind die gesetzlichen Feiertage.

(3) Reisebedarf im Sinne dieses Gesetzes sind insbesondere Zeitungen, Zeitschriften, Straßenkarten, Stadtpläne, Reiselektüre, Schreibmaterialien, Tabakwaren, Schnittblumen, Reisetoilettenartikel, Funktionsmaterialien für Film- und Fotozwecke, Tonträger, Bedarf für Reiseapotheken, Reiseandenken und Spielzeug geringeren Wertes sowie Lebens- und Genussmittel.

§ 3 Allgemeine Ladenöffnungs- und Ladenschlusszeiten

(1) Verkaufsstellen dürfen vorbehaltlich des Absatzes 2 an Werktagen ohne zeitliche Begrenzung geöffnet sein.

(2) Verkaufsstellen müssen für den geschäftlichen Verkehr mit Kunden geschlossen sein:

1. an Sonn- und Feiertagen,
2. am 24. Dezember, wenn dieser Tag auf einen Werktag fällt, ab 14.00 Uhr.

(3) Fällt der 24. Dezember auf einen Sonntag, dürfen abweichend von Absatz 2 Nr. 1 Verkaufsstellen bis 14.00 Uhr geöffnet sein, die

1. gemäß § 9 an Sonn- und Feiertagen geöffnet sein dürfen,
2. überwiegend Lebens- und Genussmittel feilhalten,
3. Weihnachtsbäume feilhalten.

(4) Für das gewerbliche Feilhalten von Waren an jedermann außerhalb von Verkaufsstellen gelten die nach diesem Gesetz zulässigen Öffnungen von Verkaufsstellen entsprechend.

§ 4 Verkauf bestimmter Waren an Sonn- und Feiertagen

(1) Abweichend von § 3 Abs. 2 Nr. 1 dürfen Verkaufsstellen, deren Angebot hauptsächlich aus Blumen und Pflanzen, Zeitungen und Zeitschriften oder Back- und Konditorwaren besteht, an Sonn- und Feiertagen, allerdings nicht am Karfreitag, für fünf Stunden geöffnet sein. Die zuständige Behörde kann den genauen Zeitraum der Öffnungszeiten durch Rechtsverordnung festlegen.

(2) Verkaufsstellen von Zubehör, Andenken und zum sofortigen Verzehr bestimmten Lebensmitteln dürfen im unmittelbaren räumlichen und zeitlichen Zusammenhang mit Veranstaltungen an Sonn- und Feiertagen, allerdings nicht am Karfreitag, Ostersonntag, Pfingstsonntag, Volkstrauertag, Totensonntag und ersten Weihnachtstag, geöffnet sein.

(3) Ist eine Verkaufsstelle an Sonn- und Feiertagen geöffnet, hat die Inhaberin oder der Inhaber an der Verkaufsstelle gut sichtbar auf die Öffnungszeiten an Sonn- und Feiertagen hinzuweisen.

§ 5 Weitere Verkaufssonn- und Feiertage

(1) Abweichend von § 3 Abs. 2 Nr. 1 dürfen Verkaufsstellen aus besonderem Anlass an jährlich höchstens vier Sonn- und Feiertagen

geöffnet sein. Die Tage werden von der zuständigen Behörde durch Rechtsverordnung bestimmt. Der Zeitraum der Öffnungszeiten ist anzugeben; er darf fünf zusammenhängende Stunden nicht überschreiten und muss spätestens um 18.00 Uhr enden. Die Zeit des Hauptgottesdienstes ist dabei zu berücksichtigen.

(2) Bei der Freigabe können die Öffnungszeiten nach Absatz 1 auf bestimmte Bezirke und Handelszweige beschränkt werden.

(3) Der Karfreitag, der 1. Mai, der Oster- und Pfingstsonntag, der Volkstrauertag und der Totensonntag, die Adventssonntage, die Sonn- und Feiertage im Dezember sowie der 24. Dezember dürfen nicht zur Öffnung von Verkaufsstellen nach dieser Vorschrift freigegeben werden.

§ 6 Apotheken

(1) Abweichend von § 3 Abs. 2 dürfen Apotheken auch während der Ladenschlusszeiten geöffnet sein. In dieser Zeit ist nur die Abgabe von Arznei-, Krankenpflege-, Säuglingspflege- und Säuglingsnährmitteln, hygienischen Artikeln sowie Desinfektionsmitteln gestattet.

(2) Die zuständige Behörde hat für eine Gemeinde oder für benachbarte Gemeinden mit mehreren Apotheken anzuordnen, dass während der Ladenschlusszeiten nach § 3 abwechselnd ein Teil der Apotheken geschlossen sein muss. An den geschlossenen Apotheken ist an sichtbarer Stelle ein Aushang anzubringen, der die zurzeit offenen Apotheken bekannt gibt. Dienstbereitschaft der Apotheken steht der Offenhaltung gleich.

§ 7 Tankstellen

(1) Abweichend von § 3 Abs. 2 dürfen Tankstellen auch während der Ladenschlusszeiten geöffnet sein.

(2) Während der Ladenschlusszeiten nach § 3 Abs. 2 ist nur die Abgabe von Ersatzteilen für Kraftfahrzeuge, soweit dies für die Erhaltung oder Wiederherstellung der Fahrbereitschaft notwendig ist, sowie die Abgabe von Betriebsstoffen und von Reisebedarf gestattet.

§ 8 Verkaufsstellen auf Personenbahnhöfen, Flug- und Fährhäfen; Gemeinden im Grenzgebiet

(1) Abweichend von § 3 Abs. 2 dürfen Verkaufsstellen für den Verkauf von Reisebedarf auf Personenbahnhöfen des Schienenverkehrs, auf Flug- und Fährhäfen während der Ladenschlusszeiten geöffnet sein.

(2) Abweichend von § 3 Abs. 2 Nr. 1 dürfen Verkaufsstellen für den Verkauf von Reisebedarf an Sonn- und Feiertagen innerhalb eines Zeitraums von 11.00 Uhr bis 23.00 Uhr in Gemeinden geöffnet sein, deren Gebiet unmittelbar an die Grenze zum Königreich Dänemark anschließt und in deren Gebiet eine Grenzübergangsstelle gelegen ist. Die zuständige Behörde wird ermächtigt, durch Rechtsverordnung die Dauer der Öffnungszeiten festzulegen und den Geltungsbereich auf Teile des Gemeindegebiets zu beschränken. Die Belange des Nachbarschutzes sind zu berücksichtigen.

§ 9 Kur- und Erholungsorte, Tourismusorte

(1) Die zuständige oberste Landesbehörde wird ermächtigt, im Einvernehmen mit der für das Sonn- und Feiertagsrecht zuständigen obersten Landesbehörde durch Verordnung zu bestimmen, dass und unter welchen Voraussetzungen Verkaufsstellen in

1. Kur- und Erholungsorten im Sinne der Landesverordnung über die Anerkennung als Kur- oder Erholungsort vom 7. Dezember 1990 (GVOBl. Schl.-H. S. 654), zuletzt geändert durch Verordnung vom 16. September 2003 (GVOBl. Schl.-H. S. 503) und
2. einzeln zu benennenden Gemeinden und Gemeindeteilen, die von besonders starkem Urlaubstourismus geprägt sind,

abweichend von § 3 Abs. 2 Nr. 1 an Sonn- und Feiertagen in der Zeit vom 15. Dezember bis 31. Oktober geöffnet sein dürfen. Hiervon auszunehmen sind jeweils der Karfreitag und der erste Weihnachtstag. Am 1. Mai darf der Verkauf nur dann erlaubt werden, wenn die Ladeninhaberin oder der Ladeninhaber unter Freistellung aller Arbeitnehmerinnen und Ar-

12

beitnehmer den Verkauf persönlich durchführt.

(2) In der nach Absatz 1 erlassenen Rechtsverordnung kann die Erlaubnis zur Ladenöffnung an einzelnen Feiertagen zeitlich begrenzt werden. Die Ladenöffnung kann an Bedingungen geknüpft werden.

§ 10 Marktverkehr, Volksbelustigungen

(1) Während der Ladenschlusszeiten nach § 3 Abs. 2 Nr. 1 dürfen auf genehmigten Groß- und Wochenmärkten Waren zum Verkauf an die letzte Verbraucherin oder den letzten Verbraucher nicht feilgehalten werden; jedoch kann die zuständige Behörde nach den Vorschriften dieses Gesetzes oder nach aufgrund dieses Gesetzes erlassenen Vorschriften die Öffnung der Verkaufsstellen für einen geschäftlichen Verkehr auf Groß- und Wochenmärkten zulassen.

(2) Am 24. Dezember dürfen nach 14.00 Uhr Waren auch im sonstigen Marktverkehr nicht feilgehalten werden.

(3) § 3 Abs. 2 gilt nicht für Volksbelustigungen, die den Vorschriften des Titels III der Gewerbeordnung unterliegen und von der zuständigen Behörde genehmigt worden sind.

§ 11 Ausnahmen im öffentlichen Interesse

Die zuständige Behörde kann in Einzelfällen befristete Ausnahmen von den Vorschriften der §§ 3 bis 9 dieses Gesetzes bewilligen, wenn die Ausnahmen im öffentlichen Interesse erforderlich werden. Die Bewilligung kann jederzeit widerrufen werden.

§ 12 Aufsicht und Auskunft, Zuständigkeiten

(1) Die Aufsicht über die Ausführung der Vorschriften dieses Gesetzes und der aufgrund dieses Gesetzes erlassenen Vorschriften obliegt der zuständigen Behörde.

(2) Die Inhaberin oder der Inhaber von Verkaufsstellen und die in § 10 genannten Gewerbetreibenden sind verpflichtet, den Behörden auf Verlangen die zur Erfüllung der Aufgaben dieser Behörden erforderlichen Angaben wahrheitsgemäß und vollständig zu machen. Diese Auskunftspflicht obliegt auch den in Verkaufsstellen oder beim Feilhalten gemäß § 10 beschäftigten Arbeitnehmerinnen und Arbeitnehmern.

(3) Die am Sonn- und Feiertag geleistete Arbeit und der dafür nach den Vorschriften des Arbeitszeitgesetzes vom 6. Juni 1994 (BGBl. I S. 1170), zuletzt geändert durch Artikel 5 des Gesetzes vom 14. August 2006 (BGBl. I S. 1962), gewährte Freizeitausgleich ist mit Namen, Tag, Beschäftigungsart und -dauer der beschäftigten Arbeitnehmerinnen und Arbeitnehmer aufzuzeichnen. Die Aufzeichnungen sind mindestens ein Jahr aufzubewahren.

(4) Die zuständige oberste Landesbehörde wird ermächtigt, durch Rechtsverordnung die nach diesem Gesetz zuständigen Behörden zu bestimmen.

§ 13 Beschäftigung von Arbeitnehmerinnen und Arbeitnehmern

(1) Für die Beschäftigung von Arbeitnehmerinnen und Arbeitnehmern in Verkaufsstellen finden die §§ 3 bis 7 und 11 des Arbeitszeitgesetzes Anwendung.

(2) In Verkaufsstellen dürfen Arbeitnehmerinnen und Arbeitnehmer an Sonn- und Feiertagen nur während der zugelassenen Öffnungszeiten (§§ 3 bis 11 und die hierauf gestützten Vorschriften) und, falls dies zur Erledigung von Vorbereitungs- und Abschlussarbeiten unerlässlich ist, während insgesamt weiterer dreißig Minuten beschäftigt werden.

(3) Die Arbeitsschutzbehörde kann in begründeten Einzelfällen Ausnahmen von den Vorschriften der Absätze 1 und 2 bewilligen. Die Bewilligung kann jederzeit widerrufen werden.

(4) Arbeitnehmerinnen und Arbeitnehmer können verlangen, an einem Sonnabend im Monat von der Arbeit freigestellt zu werden.

§ 14 Ordnungswidrigkeiten

(1) Ordnungswidrig handelt, wer vorsätzlich oder fahrlässig

1. als Inhaberin oder Inhaber einer Verkaufsstelle oder als Gewerbetreibende oder

Gewerbetreibender im Sinne des § 10 einer Vorschrift der §§ 3, 4, 5 Abs. 1, einer nach § 5 Abs. 1 erlassenen Rechtsverordnung, § 6 Abs. 1, § 7 Abs. 2, § 8 oder einer nach § 9 erlassenen Rechtsvorschrift,

2. als Gewerbetreibende oder Gewerbetreibender im Sinne des § 10 einer Vorschrift des § 10 Abs. 1 und 2 über das Feilhalten von Waren im Marktverkehr oder außerhalb einer Verkaufsstelle,
3. Inhaberin oder Inhaber einer Verkaufsstelle einer Vorschrift des § 12 über die Auskunft oder
4. als Inhaberin oder Inhaber einer Verkaufsstelle oder als Gewerbetreibende oder Gewerbetreibender im Sinne des § 10 einer Vorschrift des § 13 zuwiderhandelt.

(2) Die Ordnungswidrigkeit nach Absatz 1 Nr. 1 und 4 kann mit einer Geldbuße bis zu fünfzehntausend Euro, die Ordnungswidrigkeit nach Absatz 1 Nr. 2 und 3 mit einer Geldbuße bis zu zweitausendfünfhundert Euro geahndet werden.

§ 15 Inkrafttreten; Übergangsregelungen

(1) Dieses Gesetz tritt am Tag seiner Verkündung in Kraft.

(2) Regelungen, die aufgrund bisher geltenden Rechts erlassen worden sind, behalten ihre Gültigkeit und können im Rahmen der Bestimmungen dieses Gesetzes geändert werden.

Thüringer Ladenöffnungsgesetz (ThürLadÖffG)

Vom 24. November 2006 (GVBl. S. 541)

Zuletzt geändert durch
Zweites Gesetz zur Änderung des Thüringer Ladenöffnungsgesetzes
vom 17. Februar 2022 (GVBl. S. 91)

Der Landtag hat das folgende Gesetz beschlossen:

§ 1 Zweck des Gesetzes

Dieses Gesetz regelt die Öffnungszeiten für Verkaufsstellen und das gewerbliche Anbieten von Waren außerhalb von Verkaufsstellen und dient dem Schutz der Sonn- und Feiertage sowie dem Arbeitnehmerschutz.

§ 2 Begriffsbestimmungen

(1) Verkaufsstellen im Sinne dieses Gesetzes sind

1. Ladengeschäfte aller Art, Apotheken, Tankstellen und Verkaufsstellen auf Bahnhöfen, Flughäfen und an Schiffsanlegestellen,
2. sonstige Verkaufsstände, Kioske, Basare und ähnliche Einrichtungen, falls in ihnen ebenfalls von einer festen Stelle aus ständig Waren zum Verkauf an jedermann gewerblich angeboten werden. Diesem gewerblichen Anbieten steht das Zeigen von Mustern, Proben und Ähnlichem gleich, wenn Warenbestellungen in der Einrichtung entgegengenommen werden.

(2) Feiertage im Sinne dieses Gesetzes sind die nach dem Thüringer Feiertagsgesetz vom 21. Dezember 1994 (GVBl. S. 1221) in der jeweils geltenden Fassung festgelegten gesetzlichen Feiertage.

(3) Reisebedarf im Sinne dieses Gesetzes sind Zeitungen, Zeitschriften, Straßenkarten, Stadtpläne, Reiselektüre, Schreibmaterialien, Tabakwaren, Schnittblumen, Reisetoilettenartikel, Träger für Bild- und Tonaufnahmen, Bedarf für Reiseapotheken, Reiseandenken und Spielzeug geringeren Wertes, Lebens- und Genussmittel in kleineren Mengen sowie ausländische Geldsorten.

§ 3 Allgemeine Ladenöffnungszeit

Verkaufsstellen dürfen von Montag 00.00 Uhr bis Sonnabend 20.00 Uhr geöffnet sein, sofern nicht andere Regelungen dieses Gesetzes dem entgegenstehen (allgemeine Ladenöffnungszeit). Die am Ende der Ladenöffnungszeit anwesenden Kunden dürfen noch bedient werden.

§ 4 Schutz von Sonn- und Feiertagen

(1) Verkaufsstellen sind für den geschäftlichen Verkehr mit Kunden

1. an Sonn- und Feiertagen,
2. an Sonnabenden nach 20.00 bis 24.00 Uhr und
3. am 24. Dezember und 31. Dezember, wenn diese Tage auf einen Werktag fallen, ab 14.00 Uhr

geschlossen (Schutzzeit) zu halten, sofern durch dieses Gesetz nichts anderes bestimmt ist.

(2) Während dieser Schutzzeiten nach Absatz 1 ist auch das gewerbliche Anbieten von Waren an jedermann außerhalb von Verkaufsstellen verboten; dies gilt nicht für Volksbelustigungen, die dem Titel III der Gewerbeordnung unterliegen und von der nach Landesrecht zuständigen Behörde genehmigt worden sind.

(3) Soweit für Verkaufsstellen nach diesem Gesetz Abweichungen von den Schutzzeiten des Absatzes 1 zugelassen sind, gelten diese Abweichungen unter denselben Voraussetzungen und Bedingungen auch für das gewerbliche Anbieten außerhalb von Verkaufsstellen.

§ 5 Apotheken

Apotheken dürfen an Sonn- und Feiertagen, an Sonnabenden sowie am 24. Dezember und

31. Dezember ganztägig für die Abgabe von Arzneimitteln und apothekenüblichen Waren geöffnet sein. Ist durch die Landesapothekerkammer eine Dienstbereitschaft eingerichtet, gilt Satz 1 nur für die bestimmten Apotheken. An den geschlossenen Apotheken ist an sichtbarer Stelle ein Aushang anzubringen, der die zurzeit offenen Apotheken anzeigt.

§ 6 Tankstellen

Tankstellen dürfen an Sonn- und Feiertagen, an Sonnabenden sowie am 24. Dezember und 31. Dezember ganztägig für den Verkauf von Betriebsstoffen, Ersatzteilen für Kraftfahrzeuge und von Reisebedarf geöffnet sein.

§ 7 Flughäfen, Bahnhöfe und Schiffsanlegestellen

Verkaufsstellen auf Flughäfen, Bahnhöfen und an Schiffsanlegestellen dürfen für den Verkauf von Reisebedarf an Sonn- und Feiertagen sowie an Sonnabenden ganztägig und am 24. Dezember und 31. Dezember bis 17.00 Uhr geöffnet sein.

§ 8 Kur-, Erholungs-, Ausflugs- und Wallfahrtsorte

(1) In anerkannten Kur- und Erholungsorten sowie in einzeln aufzuführenden Wallfahrtsorten und Ausflugsorten mit besonders starkem Fremdenverkehr dürfen Verkaufsstellen für den Verkauf von Reisebedarf, Devotionalien sowie Waren, die für diese Orte kennzeichnend sind, an Sonn- und Feiertagen bis zur Dauer von sechs zusammenhängenden Stunden im Zeitraum zwischen 11.00 und 20.00 Uhr öffnen.

(2) Die Landkreise und kreisfreien Städte bestimmen im übertragenen Wirkungskreis durch Rechtsverordnung, unter welchen Voraussetzungen und Bedingungen Verkaufsstellen an Sonn- und Feiertagen geöffnet sein dürfen und welche Orte Wallfahrts- oder Ausflugsorte im Sinne des Absatzes 1 sind. Die Bestimmung von Wallfahrtsorten erfolgt im Einvernehmen mit den öffentlich-rechtlichen Religionsgemeinschaften.

(3) Von einer Öffnung ausgenommen sind der Karfreitag, der Volkstrauertag und der Totensonntag. Fallen der 24. und der 31. Dezember auf einen Sonntag, dürfen Verkaufsstellen nur bis 14.00 Uhr geöffnet sein.

§ 9 Verkauf bestimmter Waren an Sonn- und Feiertagen

(1) Für den Verkauf von Bäcker- oder Konditorwaren, Schnitt- und Topfblumen sowie pflanzlichen Gebinden, soweit Blumen in erheblichem Umfang zum Verkaufssortiment gehören, Zeitungen und Zeitschriften sowie selbst erzeugten landwirtschaftlichen Produkten dürfen entsprechende Verkaufsstellen an Sonn- und Feiertagen im Zeitraum von 7.00 bis 17.00 Uhr für die Dauer von fünf zusammenhängenden Stunden geöffnet sein. Die §§ 6 bis 8 bleiben unberührt.

(2) Absatz 1 Satz 1 gilt nicht für den Verkauf am Karfreitag, Ostersonntag, Pfingstsonntag und ersten Weihnachtsfeiertag.

(3) Wenn der 24. Dezember auf einen Sonntag fällt, dürfen

1. Verkaufsstellen, die nach Absatz 1 geöffnet sein dürfen,
2. alle Verkaufsstellen für die Abgabe von Weihnachtsbäumen

während höchstens drei Stunden bis längstens 14.00 Uhr geöffnet sein.

(4) Ist eine Verkaufsstelle an Sonn- und Feiertagen nach den Absätzen 1 oder 3 geöffnet, so hat der Inhaber an der Verkaufsstelle gut sichtbar auf die Öffnungszeiten an Sonn- und Feiertagen hinzuweisen.

§ 10 Weitere Öffnungszeiten

(1) An jährlich höchstens vier Sonn- und Feiertagen dürfen Verkaufsstellen aus besonderem Anlass für die Dauer von bis zu sechs zusammenhängenden Stunden in der Zeit von 11 bis 20 Uhr geöffnet sein. Ein besonderer Anlass liegt grundsätzlich vor, wenn dieser bereits in den zusammenhängenden drei Vorjahren zur Öffnung im Sinne des Satzes 1 führte und unverändert besteht.

(2) Der Karfreitag, die Adventsonntage und die übrigen Sonn- und Feiertage im Dezember dürfen mit Ausnahme wahlweise des ersten

oder zweiten Adventsonntags nicht freigegeben werden.

(3) Diese Öffnungstage werden durch die Landkreise und die kreisfreien Städte im übertragenen Wirkungskreis durch Rechtsverordnung freigegeben.

(4) Unter Berücksichtigung der Ziele des § 1 können die Öffnungstage für die kreisangehörigen Gemeinden sowie die Ortsteile der kreisfreien Städte unterschiedlich sein. Für Ortsteile kreisangehöriger Gemeinden kann aus besonderem Anlass die Freigabe unterschiedlicher Öffnungstage erfolgen. Ortsteile werden nach § 4 Abs. 2 der Thüringer Kommunalordnung bestimmt.

§ 11 Ausnahmen im öffentlichen Interesse

(1) Die Landkreise und die kreisfreien Städte können im übertragenen Wirkungskreis in Einzelfällen befristete Ausnahmen von den Bestimmungen der §§ 4 bis 10 bewilligen, wenn diese im öffentlichen Interesse notwendig sind. Diese Bewilligung kann jederzeit widerrufen werden.

(2) Für den Fall, dass eine Ausnahme im Sinne des Absatzes 1 erforderlich wird, die die Zuständigkeit von mehr als einem Landkreis oder einer kreisfreien Stadt berührt, ist für die Bewilligung das Thüringer Landesverwaltungsamt zuständig.

(3) Widerspruchsbehörde bei Genehmigungsverfahren im Sinne des Absatzes 1 ist das Thüringer Landesverwaltungsamt.

§ 12 Besonderer Arbeitnehmerschutz

(1) In Verkaufsstellen dürfen Arbeitnehmer an Sonn- und Feiertagen nur während der ausnahmsweise zugelassenen Öffnungszeiten und, falls dies zur Erledigung von Vorbereitungs- und Abschlussarbeiten unerlässlich ist, während insgesamt weiterer 30 Minuten beschäftigt werden. Die Dauer der Arbeitszeit des einzelnen Arbeitnehmers darf acht Stunden nicht überschreiten.

(2) Für die Beschäftigung von Arbeitnehmern an Sonn- und Feiertagen finden die Vorschriften des Arbeitszeitgesetzes vom 6. Juni 1994 (BGBl. I S. 1170) in der jeweils geltenden Fassung entsprechend Anwendung. Eine Beschäftigung des einzelnen Arbeitnehmers ist jährlich an höchstens 22 Sonn- und gesetzlichen Feiertagen erlaubt.

(3) Arbeitnehmer in Verkaufsstellen dürfen mindestens an zwei Samstagen in jedem Monat nicht beschäftigt werden. Das für das Ladenöffnungsrecht zuständige Ministerium kann im Einvernehmen mit dem zuständigen Ausschuss des Landtags für bestimmte Personengruppen sowie in Einzelfällen Ausnahmen von Satz 1 durch Rechtsverordnung regeln. Bei der Häufigkeit der Arbeitseinsätze an Werktagen ab 20.00 Uhr sowie der Beschäftigung an Sonn- und Feiertagen hat der Arbeitgeber die sozialen Belange der Beschäftigten, insbesondere die Vereinbarkeit von Familie und Beruf, zu berücksichtigen.

§ 13 Aufsicht und Auskunft

(1) Die Aufsicht über die Einhaltung der Bestimmungen dieses Gesetzes und der auf Grund dieses Gesetzes erlassenen Vorschriften üben die durch Rechtsverordnung der Landesregierung bestimmten Behörden aus.

(2) Die Aufsichtsbehörde kann die erforderlichen Maßnahmen anordnen, die Inhaber von Verkaufsstellen sowie Gewerbetreibende und verantwortliche Personen, die Waren innerhalb oder außerhalb von Verkaufsstellen gewerblich anbieten, zur Erfüllung der sich aus diesem Gesetz ergebenden Pflichten zu treffen haben.

(3) Die Inhaber von Verkaufsstellen sowie Gewerbetreibende und verantwortliche Personen, die Waren innerhalb oder außerhalb von Verkaufsstellen gewerblich anbieten, sind verpflichtet, den Aufsichtsbehörden auf Verlangen die zur Erfüllung der Aufgaben dieser Behörden erforderlichen Angaben wahrheitsgemäß und vollständig zu machen.

(4) Die Beauftragten der Aufsichtsbehörden sind berechtigt, die Verkaufsstellen während der Öffnungszeiten zu betreten, soweit es für die Überwachung der Einhaltung der Bestimmungen dieses Gesetzes oder der aufgrund dieses Gesetzes erlassenen Vorschriften erforderlich ist. Das Grundrecht auf Unverletzlichkeit der Wohnung (Artikel 13 des Grund-

gesetzes, Artikel 8 der Verfassung des Freistaats Thüringen) wird insoweit eingeschränkt. Inhaber von Verkaufsstellen sowie Gewerbetreibende haben das Betreten der Verkaufsstellen zu gestatten.

§ 14 Ordnungswidrigkeiten

(1) Ordnungswidrig handelt, wer als Inhaber einer Verkaufsstelle, als Gewerbetreibender oder als verantwortliche Person im Sinne des § 13 Abs. 3 vorsätzlich oder fahrlässig

1. entgegen einer Bestimmung der §§ 4 bis 8 Abs. 1, auch in Verbindung mit Absatz 3, oder § 9 Abs. 1 bis 3 Verkaufsstellen öffnet, Waren gewerblicher Art anbietet oder Waren außerhalb der genannten Warengruppen oder außerhalb des genannten Umfangs anbietet,
2. einer aufgrund des § 8 Abs. 2 oder des § 10 Abs. 3 erlassenen Rechtsverordnung zuwiderhandelt, soweit sie für einen bestimmten Tatbestand auf diese Bußgeldbestimmung verweist,
3. den Bestimmungen des § 12 Abs. 1 über die Arbeitszeit an Sonn- und Feiertagen zuwiderhandelt,
4. einer vollziehbaren Anordnung nach § 13 Abs. 2 zuwiderhandelt,
5. entgegen § 13 Abs. 3 Angaben nicht, nicht wahrheitsgemäß oder nicht vollständig macht oder
6. entgegen § 13 Abs. 4 den Beauftragten der Aufsichtsbehörden das Betreten der Verkaufsstellen nicht gestattet.

(2) Die Ordnungswidrigkeit nach Absatz 1 Nr. 1, 2 und 4 bis 6 kann mit einer Geldbuße bis zu fünftausend Euro, die Ordnungswidrigkeit nach Absatz 1 Nr. 3 mit einer Geldbuße bis zu fünfzehntausend Euro geahndet werden.

§ 15 Übergangsbestimmungen

(1) Solange die Landkreise und kreisfreien Städte noch nicht aufgrund der Ermächtigung des § 8 Abs. 2 Regelungen getroffen haben, ist in ihrem Bereich die Anlage der Thüringer Verordnung über den Ladenschluss in Kur-, Ausflugs-, Erholungs- und Wallfahrtsorten vom 22. Oktober 1998 (GVBl. S. 322) in der bis zum Inkrafttreten dieses Gesetzes geltenden Fassung weiter anzuwenden.

(2) Abweichend von § 10 Abs. 1 und 3 dürfen Verkaufsstellen am Sonntag, dem 3. Dezember 2006 aus Anlass von Weihnachtsmärkten in der Zeit von 12.00 bis 18.00 Uhr geöffnet sein.

(3) Für Verfahren zur Bewilligung verkaufsoffener Sonntage bleiben abweichend von § 10 Abs. 1 Satz 2 die Jahre 2020 und 2021 unberücksichtigt.

§ 16 Unterrichtung des Landtags

Die Landesregierung unterrichtet den Landtag bis zum 31. Dezember 2015 und dann alle fünf Jahre über die Auswirkungen des Thüringer Ladenöffnungsgesetzes.

§ 17 Gleichstellungsbestimmung

Status- und Funktionsbezeichnungen in diesem Gesetz gelten jeweils in männlicher und weiblicher Form.

§ 18 Inkrafttreten, Außerkrafttreten

(1) Dieses Gesetz tritt am Tage nach seiner Verkündung in Kraft.

(2) Gleichzeitig mit dem Inkrafttreten dieses Gesetzes tritt die Thüringer Verordnung über den Ladenschluss in Kur-, Ausflugs-, Erholungs- und Wallfahrtsorten vom 22. Oktober 1998 (GVBl. S. 322), geändert durch Verordnung vom 27. April 2001 (GVBl. S. 49), außer Kraft.

13

Verordnung über Sicherheit und Gesundheitsschutz bei der manuellen Handhabung von Lasten bei der Arbeit (Lastenhandhabungsverordnung – LasthandhabV)

Vom 4. Dezember 1996 (BGBl. I S. 1841)

Zuletzt geändert durch
Elfte Zuständigkeitsanpassungsverordnung
vom 19. Juni 2020 (BGBl. I S. 1328)

§ 1 Anwendungsbereich

(1) Diese Verordnung gilt für die manuelle Handhabung von Lasten, die aufgrund ihrer Merkmale oder ungünstiger ergonomischer Bedingungen für die Beschäftigten eine Gefährdung für Sicherheit und Gesundheit, insbesondere der Lendenwirbelsäule, mit sich bringt.

(2) Manuelle Handhabung im Sinne dieser Verordnung ist jedes Befördern oder Abstützen einer Last durch menschliche Kraft, unter anderem das Heben, Absetzen, Schieben, Ziehen, Tragen oder Bewegen einer Last.

(3) Das Bundeskanzleramt, das Bundesministerium des Innern, für Bau und Heimat, das Bundesministerium für Verkehr und digitale Infrastruktur, das Bundesministerium der Verteidigung oder das Bundesministerium der Finanzen können, soweit sie hierfür jeweils zuständig sind, im Einvernehmen mit dem Bundesministerium für Arbeit und Soziales und, soweit nicht das Bundesministerium des Innern, für Bau und Heimat selbst zuständig ist, im Einvernehmen mit dem Bundesministerium des Innern, für Bau und Heimat bestimmen, daß für bestimmte Tätigkeiten im öffentlichen Dienst des Bundes, insbesondere bei der Bundeswehr, der Polizei, den Zivil- und Katastrophenschutzdiensten, dem Zoll oder den Nachrichtendiensten, Vorschriften dieser Verordnung ganz oder zum Teil nicht anzuwenden sind, soweit öffentliche Belange dies zwingend erfordern, insbesondere zur Aufrechterhaltung oder Wiederherstellung der öffentlichen Sicherheit. In diesem Fall ist gleichzeitig festzulegen, wie die Sicherheit und der Gesundheitsschutz der Beschäftigten nach dieser Verordnung auf andere Weise gewährleistet werden.

§ 2 Maßnahmen

(1) Der Arbeitgeber hat unter Zugrundelegung des Anhangs geeignete organisatorische Maßnahmen zu treffen oder geeignete Arbeitsmittel, insbesondere mechanische Ausrüstungen, einzusetzen, um manuelle Handhabungen von Lasten, die für die Beschäftigten eine Gefährdung für Sicherheit und Gesundheit, insbesondere der Lendenwirbelsäule mit sich bringen, zu vermeiden.

(2) Können diese manuellen Handhabungen von Lasten nicht vermieden werden, hat der Arbeitgeber bei der Beurteilung der Arbeitsbedingungen nach § 5 des Arbeitsschutzgesetzes die Arbeitsbedingungen insbesondere unter Zugrundelegung des Anhangs zu beurteilen. Aufgrund der Beurteilung hat der Arbeitgeber geeignete Maßnahmen zu treffen, damit eine Gefährdung von Sicherheit und Gesundheit der Beschäftigten möglichst gering gehalten wird.

§ 3 Übertragung von Aufgaben

Bei der Übertragung von Aufgaben der manuellen Handhabung von Lasten, die für die Beschäftigten zu einer Gefährdung für Sicherheit und Gesundheit führen, hat der Arbeitgeber die körperliche Eignung der Beschäftigten zur Ausführung der Aufgaben zu berücksichtigen.

§ 4 Unterweisung

Bei der Unterweisung nach § 12 des Arbeitsschutzgesetzes hat der Arbeitgeber insbesondere den Anhang und die körperliche Eignung der Beschäftigten zu berücksichtigen. Er hat den Beschäftigten, soweit dies möglich ist, genaue Angaben zu machen über die sachgemäße manuelle Handhabung von Lasten und über die Gefahren, denen die Beschäftigten insbesondere bei unsachgemäßer Ausführung der Tätigkeit ausgesetzt sind.

Anhang

Merkmale, aus denen sich eine Gefährdung von Sicherheit und Gesundheit, insbesondere der Lendenwirbelsäule, der Beschäftigten ergeben kann:

(1) Im Hinblick auf die zu handhabende Last insbesondere

1. ihr Gewicht, ihre Form und Größe,
2. die Lage der Zugriffsstellen,
3. die Schwerpunktlage und
4. die Möglichkeit einer unvorhergesehenen Bewegung.

(2) Im Hinblick auf die von den Beschäftigten zu erfüllende Arbeitsaufgabe insbesondere

1. die erforderliche Körperhaltung oder Körperbewegung, insbesondere Drehbewegung,
2. die Entfernung der Last vom Körper,
3. die durch das Heben, Senken oder Tragen der Last zu überbrückende Entfernung,
4. das Ausmaß, die Häufigkeit und die Dauer des erforderlichen Kraftaufwandes,
5. die erforderliche persönliche Schutzausrüstung,
6. das Arbeitstempo infolge eines nicht durch die Beschäftigten zu ändernden Arbeitsablaufs und
7. die zur Verfügung stehende Erholungs- oder Ruhezeit.

(3) Im Hinblick auf die Beschaffenheit des Arbeitsplatzes und der Arbeitsumgebung insbesondere

1. der in vertikaler Richtung zur Verfügung stehende Platz und Raum,
2. der Höhenunterschied über verschiedene Ebenen,
3. die Temperatur, Luftfeuchtigkeit und Luftgeschwindigkeit,
4. die Beleuchtung,
5. die Ebenheit, Rutschfestigkeit oder Stabilität der Standfläche und
6. die Bekleidung, insbesondere das Schuhwerk.

14

Gesetz zur Regelung eines allgemeinen Mindestlohns (Mindestlohngesetz – MiLoG)*)

Vom 11. August 2014 (BGBl. I S. 1348)

Zuletzt geändert durch
Bekanntmachung zur Umsetzung der Richtlinie (EU) 2022/2041 des Europäischen Parlaments und des Rates vom 19. Oktober 2022 über angemessene Mindestlöhne in der Europäischen Union
vom 17. Oktober 2024 (BGBl. I Nr. 313)

Abschnitt 1 Festsetzung des allgemeinen Mindestlohns

Unterabschnitt 1 Inhalt des Mindestlohns

§ 1 Mindestlohn

(1) Jede Arbeitnehmerin und jeder Arbeitnehmer hat Anspruch auf Zahlung eines Arbeitsentgelts mindestens in Höhe des Mindestlohns durch den Arbeitgeber.

(2) Die Höhe des Mindestlohns beträgt ab dem 1. Oktober 2022 brutto 12 Euro je Zeitstunde. Die Höhe des Mindestlohns kann auf Vorschlag einer ständigen Kommission der Tarifpartner (Mindestlohnkommission) durch Rechtsverordnung der Bundesregierung geändert werden.

(3) Die Regelungen des Arbeitnehmer-Entsendegesetzes, des Arbeitnehmerüberlassungsgesetzes und der auf ihrer Grundlage erlassenen Rechtsverordnungen gehen den Regelungen dieses Gesetzes vor, soweit die Höhe der auf ihrer Grundlage festgesetzten Branchenmindestlöhne die Höhe des Mindestlohns nicht unterschreitet.

Der gesetzliche Mindestlohn steigt zum 1. Januar 2026 auf 13,90 Euro und zum 1. Januar 2027 auf 14,60 Euro (jeweils brutto je Zeitstunde). Dies beschloss die Mindestlohnkommission (vgl. § 9 MiLoG).

§ 2 Fälligkeit des Mindestlohns

(1) Der Arbeitgeber ist verpflichtet, der Arbeitnehmerin oder dem Arbeitnehmer den Mindestlohn

1. zum Zeitpunkt der vereinbarten Fälligkeit,
2. spätestens am letzten Bankarbeitstag (Frankfurt am Main) des Monats, der auf den Monat folgt, in dem die Arbeitsleistung erbracht wurde,

zu zahlen. Für den Fall, dass keine Vereinbarung über die Fälligkeit getroffen worden ist, bleibt § 614 des Bürgerlichen Gesetzbuchs unberührt.

(2) Abweichend von Absatz 1 Satz 1 sind bei Arbeitnehmerinnen und Arbeitnehmern die über die vertraglich vereinbarte Arbeitszeit hinausgehenden und auf einem schriftlich vereinbarten Arbeitszeitkonto eingestellten Arbeitsstunden spätestens innerhalb von zwölf Kalendermonaten nach ihrer monatlichen Erfassung durch bezahlte Freizeitgewährung oder Zahlung des Mindestlohns auszugleichen, soweit der Anspruch auf den Mindestlohn für die geleisteten Arbeitsstunden nach § 1 Absatz 1 nicht bereits durch Zahlung des verstetigten Arbeitsentgelts erfüllt ist. Im Falle der Beendigung des Arbeitsverhältnisses hat der Arbeitgeber nicht ausgeglichene Arbeitsstunden spätestens in dem auf die Beendigung des Arbeitsverhältnisses folgenden Kalendermonat auszugleichen. Die auf das Arbeitszeitkonto eingestellten Arbeitsstunden dürfen monatlich jeweils 50 Prozent der vertraglich vereinbarten Arbeitszeit nicht übersteigen.

*) Durch dieses Gesetz wird die Richtlinie (EU) 2022/2041 des Europäischen Parlaments und des Rates vom 19. Oktober 2022 über angemessene Mindestlöhne in der Europäischen Union (ABl. L 275 vom 25. 10. 2022, S. 33) umgesetzt.

(3) Die Absätze 1 und 2 gelten nicht für Wertguthabenvereinbarungen im Sinne des Vierten Buches Sozialgesetzbuch. Satz 1 gilt entsprechend für eine im Hinblick auf den Schutz der Arbeitnehmerinnen und Arbeitnehmer vergleichbare ausländische Regelung.

§ 3 Unabdingbarkeit des Mindestlohns

Vereinbarungen, die den Anspruch auf Mindestlohn unterschreiten oder seine Geltendmachung beschränken oder ausschließen, sind insoweit unwirksam. Die Arbeitnehmerin oder der Arbeitnehmer kann auf den entstandenen Anspruch nach § 1 Absatz 1 nur durch gerichtlichen Vergleich verzichten; im Übrigen ist ein Verzicht ausgeschlossen. Die Verwirkung des Anspruchs ist ausgeschlossen.

Unterabschnitt 2
Mindestlohnkommission

§ 4 Aufgabe und Zusammensetzung

(1) Die Bundesregierung errichtet eine ständige Mindestlohnkommission, die über die Anpassung der Höhe des Mindestlohns befindet.

(2) Die Mindestlohnkommission wird alle fünf Jahre neu berufen. Sie besteht aus einer oder einem Vorsitzenden, sechs weiteren stimmberechtigten ständigen Mitgliedern und zwei Mitgliedern aus Kreisen der Wissenschaft ohne Stimmrecht (beratende Mitglieder).

§ 5 Stimmberechtigte Mitglieder

(1) Die Bundesregierung beruft je drei stimmberechtigte Mitglieder auf Vorschlag der Spitzenorganisationen der Arbeitgeber und der Arbeitnehmer aus Kreisen der Vereinigungen von Arbeitgebern und Gewerkschaften. Die Spitzenorganisationen der Arbeitgeber und Arbeitnehmer sollen jeweils mindestens eine Frau und einen Mann als stimmberechtigte Mitglieder vorschlagen. Werden auf Arbeitgeber- oder auf Arbeitnehmerseite von den Spitzenorganisationen mehr als drei Personen vorgeschlagen, erfolgt die Auswahl zwischen den Vorschlägen im Verhältnis zur Bedeutung der jeweiligen Spitzenorganisationen für die Vertretung der Arbeitgeber- oder Arbeitnehmerinteressen im Arbeitsleben des Bundesgebietes. Übt eine Seite ihr Vorschlagsrecht nicht aus, werden die Mitglieder dieser Seite durch die Bundesregierung aus Kreisen der Vereinigungen von Arbeitgebern oder Gewerkschaften berufen.

(2) Scheidet ein Mitglied aus, wird nach Maßgabe des Absatzes 1 Satz 1 und 4 ein neues Mitglied berufen.

§ 6 Vorsitz

(1) Die Bundesregierung beruft die Vorsitzende oder den Vorsitzenden auf gemeinsamen Vorschlag der Spitzenorganisationen der Arbeitgeber und der Arbeitnehmer.

(2) Wird von den Spitzenorganisationen kein gemeinsamer Vorschlag unterbreitet, beruft die Bundesregierung jeweils eine Vorsitzende oder einen Vorsitzenden auf Vorschlag der Spitzenorganisationen der Arbeitgeber und der Arbeitnehmer. Der Vorsitz wechselt zwischen den Vorsitzenden nach jeder Beschlussfassung nach § 9. Über den erstmaligen Vorsitz entscheidet das Los. § 5 Absatz 1 Satz 3 und 4 gilt entsprechend.

(3) Scheidet die Vorsitzende oder der Vorsitzende aus, wird nach Maßgabe der Absätze 1 und 2 eine neue Vorsitzende oder ein neuer Vorsitzender berufen.

§ 7 Beratende Mitglieder

(1) Die Bundesregierung beruft auf Vorschlag der Spitzenorganisationen der Arbeitgeber und Arbeitnehmer zusätzlich je ein beratendes Mitglied aus Kreisen der Wissenschaft. Die Bundesregierung soll darauf hinwirken, dass die Spitzenorganisationen der Arbeitgeber und Arbeitnehmer eine Frau und einen Mann als beratendes Mitglied vorschlagen. Das beratende Mitglied soll in keinem Beschäftigungsverhältnis stehen zu

1. einer Spitzenorganisation der Arbeitgeber oder Arbeitnehmer,
2. einer Vereinigung der Arbeitgeber oder einer Gewerkschaft oder
3. einer Einrichtung, die von den in der Nummer 1 oder Nummer 2 genannten Vereinigungen getragen wird.

14

§ 5 Absatz 1 Satz 3 und 4 und Absatz 2 gilt entsprechend.

(2) Die beratenden Mitglieder unterstützen die Mindestlohnkommission insbesondere bei der Prüfung nach § 9 Absatz 2 durch die Einbringung wissenschaftlichen Sachverstands. Sie haben das Recht, an den Beratungen der Mindestlohnkommission teilzunehmen.

§ 8 Rechtsstellung der Mitglieder

(1) Die Mitglieder der Mindestlohnkommission unterliegen bei der Wahrnehmung ihrer Tätigkeit keinen Weisungen.

(2) Die Tätigkeit der Mitglieder der Mindestlohnkommission ist ehrenamtlich.

(3) Die Mitglieder der Mindestlohnkommission erhalten eine angemessene Entschädigung für den ihnen bei der Wahrnehmung ihrer Tätigkeit erwachsenden Verdienstausfall und Aufwand sowie Ersatz der Fahrtkosten entsprechend den für ehrenamtliche Richterinnen und Richter der Arbeitsgerichte geltenden Vorschriften. Die Entschädigung und die erstattungsfähigen Fahrtkosten setzt im Einzelfall die oder der Vorsitzende der Mindestlohnkommission fest.

§ 9 Beschluss der Mindestlohnkommission

(1) Die Mindestlohnkommission hat über eine Anpassung der Höhe des Mindestlohns bis zum 30. Juni 2023 mit Wirkung zum 1. Januar 2024 zu beschließen. Danach hat die Mindestlohnkommission alle zwei Jahre über Anpassungen der Höhe des Mindestlohns zu beschließen.

(2) Die Mindestlohnkommission prüft im Rahmen einer Gesamtabwägung, welche Höhe des Mindestlohns geeignet ist, zu einem angemessenen Mindestschutz der Arbeitnehmerinnen und Arbeitnehmer beizutragen, faire und funktionierende Wettbewerbsbedingungen zu ermöglichen sowie Beschäftigung nicht zu gefährden. Die Mindestlohnkommission orientiert sich bei der Festsetzung des Mindestlohns nachlaufend an der Tarifentwicklung.

(3) Die Mindestlohnkommission hat ihren Beschluss schriftlich zu begründen.

(4) Die Mindestlohnkommission evaluiert laufend die Auswirkungen des Mindestlohns auf den Schutz der Arbeitnehmerinnen und Arbeitnehmer, die Wettbewerbsbedingungen und die Beschäftigung in Bezug auf bestimmte Branchen und Regionen sowie die Produktivität und stellt ihre Erkenntnisse der Bundesregierung in einem Bericht alle zwei Jahre gemeinsam mit ihrem Beschluss zur Verfügung.

§ 10 Verfahren der Mindestlohnkommission

(1) Die Mindestlohnkommission ist beschlussfähig, wenn mindestens die Hälfte ihrer stimmberechtigten Mitglieder anwesend ist.

(2) Die Beschlüsse der Mindestlohnkommission werden mit einfacher Mehrheit der Stimmen der anwesenden Mitglieder gefasst. Bei der Beschlussfassung hat sich die oder der Vorsitzende zunächst der Stimme zu enthalten. Kommt eine Stimmenmehrheit nicht zustande, macht die oder der Vorsitzende einen Vermittlungsvorschlag. Kommt nach Beratung über den Vermittlungsvorschlag keine Stimmenmehrheit zustande, übt die oder der Vorsitzende ihr oder sein Stimmrecht aus.

(3) Die Mindestlohnkommission kann Spitzenorganisationen der Arbeitgeber und Arbeitnehmer, Vereinigungen von Arbeitgebern und Gewerkschaften, öffentlichrechtliche Religionsgesellschaften, Wohlfahrtsverbände, Verbände, die wirtschaftliche und soziale Interessen organisieren, sowie sonstige von der Anpassung des Mindestlohns Betroffene vor Beschlussfassung anhören. Sie kann Informationen und fachliche Einschätzungen von externen Stellen einholen.

(4) Die Sitzungen der Mindestlohnkommission sind nicht öffentlich; der Inhalt ihrer Beratungen ist vertraulich. Die Teilnahme an Sitzungen der Mindestlohnkommission sowie die Beschlussfassung können in begründeten Ausnahmefällen auf Vorschlag der oder des Vorsitzenden mittels einer Videokonferenz erfolgen, wenn

1. kein Mitglied diesem Verfahren unverzüglich widerspricht und

2. sichergestellt ist, dass Dritte vom Inhalt der Sitzung keine Kenntnis nehmen können.

Die übrigen Verfahrensregelungen trifft die Mindestlohnkommission in einer Geschäftsordnung.

§ 11 Rechtsverordnung

(1) Die Bundesregierung kann die von der Mindestlohnkommission vorgeschlagene Anpassung des Mindestlohns durch Rechtsverordnung ohne Zustimmung des Bundesrates für alle Arbeitgeber sowie Arbeitnehmerinnen und Arbeitnehmer verbindlich machen. Die Rechtsverordnung tritt am im Beschluss der Mindestlohnkommission bezeichneten Tag, frühestens aber am Tag nach Verkündung in Kraft. Die Rechtsverordnung gilt, bis sie durch eine neue Rechtsverordnung abgelöst wird.

(2) Vor Erlass der Rechtsverordnung erhalten die Spitzenorganisationen der Arbeitgeber und Arbeitnehmer, die Vereinigungen von Arbeitgebern und Gewerkschaften, die öffentlich-rechtlichen Religionsgesellschaften, die Wohlfahrtsverbände sowie die Verbände, die wirtschaftliche und soziale Interessen organisieren, Gelegenheit zur schriftlichen Stellungnahme. Die Frist zur Stellungnahme beträgt drei Wochen; sie beginnt mit der Bekanntmachung des Verordnungsentwurfs.

§ 12 Geschäfts- und Informationsstelle für den Mindestlohn; Kostenträgerschaft

(1) Die Mindestlohnkommission wird bei der Durchführung ihrer Aufgaben von einer Geschäftsstelle unterstützt. Die Geschäftsstelle untersteht insoweit fachlich der oder dem Vorsitzenden der Mindestlohnkommission.

(2) Die Geschäftsstelle wird bei der Bundesanstalt für Arbeitsschutz und Arbeitsmedizin als selbständige Organisationeinheit eingerichtet.

(3) Die Geschäftsstelle informiert und berät als Informationsstelle für den Mindestlohn Arbeitnehmerinnen und Arbeitnehmer sowie Unternehmen zum Thema Mindestlohn.

(4) Die durch die Tätigkeit der Mindestlohnkommission und der Geschäftsstelle anfallenden Kosten trägt der Bund.

Abschnitt 2
Zivilrechtliche Durchsetzung

§ 13 Haftung des Auftraggebers

§ 14 des Arbeitnehmer-Entsendegesetzes findet entsprechende Anwendung.

Abschnitt 3
Kontrolle und Durchsetzung durch staatliche Behörden

§ 14 Zuständigkeit

Für die Prüfung der Einhaltung der Pflichten eines Arbeitgebers nach § 20 sind die Behörden der Zollverwaltung zuständig.

§ 15 Befugnisse der Behörden der Zollverwaltung und anderer Behörden; Mitwirkungspflichten des Arbeitgebers

Die §§ 2 bis 6, 14, 15, 20, 22 und 23 des Schwarzarbeitsbekämpfungsgesetzes sind entsprechend anzuwenden mit der Maßgabe, dass

1. die dort genannten Behörden auch Einsicht in Arbeitsverträge, Niederschriften nach § 2 des Nachweisgesetzes und andere Geschäftsunterlagen nehmen können, die mittelbar oder unmittelbar Auskunft über die Einhaltung des Mindestlohns nach § 20 geben, und
2. die nach § 5 Absatz 1 des Schwarzarbeitsbekämpfungsgesetzes zur Mitwirkung Verpflichteten diese Unterlagen vorzulegen haben.

§ 6 Absatz 3 sowie die §§ 16 bis 19 des Schwarzarbeitsbekämpfungsgesetzes finden entsprechende Anwendung.

§ 16 Meldepflicht

(1) Ein Arbeitgeber mit Sitz im Ausland, der eine Arbeitnehmerin oder einen Arbeitnehmer oder mehrere Arbeitnehmerinnen oder Arbeitnehmer in den in § 2a des Schwarzarbeitsbekämpfungsgesetzes genannten Wirtschaftsbereichen oder Wirtschaftszweigen im Anwendungsbereich dieses Gesetzes beschäftigt, ist verpflichtet, vor Beginn jeder Werk- oder Dienstleistung eine schriftliche

14

Anmeldung in deutscher Sprache bei der zuständigen Behörde der Zollverwaltung nach Absatz 6 vorzulegen, die die für die Prüfung wesentlichen Angaben enthält. Wesentlich sind die Angaben über

1. den Familiennamen, den Vornamen und das Geburtsdatum der von ihm im Geltungsbereich dieses Gesetzes beschäftigten Arbeitnehmerinnen und Arbeitnehmer,
2. den Beginn und die voraussichtliche Dauer der Beschäftigung,
3. den Ort der Beschäftigung,
4. den Ort im Inland, an dem die nach § 17 erforderlichen Unterlagen bereitgehalten werden,
5. den Familiennamen, den Vornamen, das Geburtsdatum und die Anschrift in Deutschland der oder des verantwortlich Handelnden,
6. die Branche, in die die Arbeitnehmerinnen und Arbeitnehmer entsandt werden sollen, und
7. den Familiennamen, den Vornamen und die Anschrift in Deutschland einer oder eines Zustellungsbevollmächtigten, soweit diese oder dieser nicht mit der oder dem in Nummer 5 genannten verantwortlich Handelnden identisch ist.

Änderungen bezüglich dieser Angaben hat der Arbeitgeber im Sinne des Satzes 1 unverzüglich zu melden.

(2) Abweichend von Absatz 1 ist ein Arbeitgeber mit Sitz in einem anderen Mitgliedstaat der Europäischen Union oder des Europäischen Wirtschaftsraums verpflichtet, der zuständigen Behörde der Zollverwaltung vor Beginn der Beschäftigung einer Kraftfahrerin oder eines Kraftfahrers für die Durchführung von Güter- oder Personenbeförderungen im Inland nach § 36 Absatz 1 des Arbeitnehmer-Entsendegesetzes eine Anmeldung mit folgenden Angaben elektronisch zuzuleiten:

1. die Identität des Unternehmens, sofern diese verfügbar ist in Form der Nummer der Gemeinschaftslizenz,
2. den Familiennamen und den Vornamen sowie die Anschrift im Niederlassungsstaat eines oder einer Zustellungsbevollmächtigten,
3. den Familiennamen, den Vornamen, das Geburtsdatum, die Anschrift und die Führerscheinnummer der Kraftfahrerin oder des Kraftfahrers,
4. den Beginn des Arbeitsvertrags der Kraftfahrerin oder des Kraftfahrers und das auf diesen Vertrag anwendbare Recht,
5. den voraussichtlichen Beginn und das voraussichtliche Ende der Beschäftigung der Kraftfahrerin oder des Kraftfahrers im Inland,
6. die amtlichen Kennzeichen der für die Beschäftigung im Inland einzusetzenden Kraftfahrzeuge,
7. ob es sich bei den von der Kraftfahrerin oder dem Kraftfahrer zu erbringenden Verkehrsdienstleistungen um Güterbeförderung oder Personenbeförderung und grenzüberschreitende Beförderung oder Kabotage handelt;

die Anmeldung ist mittels der elektronischen Schnittstelle des Binnenmarkt-Informationssystems nach Artikel 1 in Verbindung mit Artikel 5 Buchstabe a der Verordnung (EU) Nr. 1024/2012 des Europäischen Parlaments und des Rates vom 25. Oktober 2012 über die Verwaltungszusammenarbeit mit Hilfe des Binnenmarkt-Informationssystems und zur Aufhebung der Entscheidung 2008/49/EG der Kommission („IMI-Verordnung") (ABl. L 316 vom 14. 11. 2012, S. 1), die zuletzt durch die Verordnung (EU) 2020/1055 (ABl. L 249 vom 31. 7. 2020, S. 17) geändert worden ist, zuzuleiten. Absatz 1 Satz 3 gilt entsprechend.

(3) Überlässt ein Verleiher mit Sitz im Ausland eine Arbeitnehmerin oder einen Arbeitnehmer oder mehrere Arbeitnehmerinnen oder Arbeitnehmer zur Arbeitsleistung einem Entleiher, hat der Verleiher in den in § 2a des Schwarzarbeitsbekämpfungsgesetzes genannten Wirtschaftsbereichen oder Wirtschaftszweigen unter den Voraussetzungen des Absatzes 1 Satz 1 vor Beginn jeder Werk- oder Dienstleistung der zuständigen Behörde der Zollverwaltung eine schriftliche Anmeldung in deutscher Sprache mit folgenden Angaben zuzuleiten:

1. den Familiennamen, den Vornamen und das Geburtsdatum der überlassenen Arbeitnehmerinnen und Arbeitnehmer,
2. den Beginn und die Dauer der Überlassung,
3. den Ort der Beschäftigung,
4. den Ort im Inland, an dem die nach § 17 erforderlichen Unterlagen bereitgehalten werden,
5. den Familiennamen, den Vornamen und die Anschrift in Deutschland einer oder eines Zustellungsbevollmächtigten des Verleihers,
6. die Branche, in die die Arbeitnehmerinnen und Arbeitnehmer entsandt werden sollen,
7. den Familiennamen, den Vornamen oder die Firma sowie die Anschrift des Entleihers.

Absatz 1 Satz 3 gilt entsprechend.

(4) Das Bundesministerium der Finanzen kann durch Rechtsverordnung im Einvernehmen mit dem Bundesministerium für Arbeit und Soziales ohne Zustimmung des Bundesrates bestimmen,

1. dass, auf welche Weise und unter welchen technischen und organisatorischen Voraussetzungen eine Anmeldung, eine Änderungsmeldung und die Versicherung abweichend von Absatz 1 Satz 1 und 3, Absatz 2 und 3 Satz 1 und 2 und Absatz 4 elektronisch übermittelt werden kann,
2. unter welchen Voraussetzungen eine Änderungsmeldung ausnahmsweise entfallen kann, und
3. wie das Meldeverfahren vereinfacht oder abgewandelt werden kann, sofern die entsandten Arbeitnehmerinnen und Arbeitnehmer im Rahmen einer regelmäßig wiederkehrenden Werk- oder Dienstleistung eingesetzt werden oder sonstige Besonderheiten der zu erbringenden Werk- oder Dienstleistungen dies erfordern.

(5) Das Bundesministerium der Finanzen kann durch Rechtsverordnung ohne Zustimmung des Bundesrates die zuständige Behörde nach Absatz 1 Satz 1 und Absatz 3 Satz 1 bestimmen.

§ 17 Erstellen und Bereithalten von Dokumenten

(1) Ein Arbeitgeber, der Arbeitnehmerinnen und Arbeitnehmer nach § 8 Absatz 1 des Vierten Buches Sozialgesetzbuch oder in den in § 2a des Schwarzarbeitsbekämpfungsgesetzes genannten Wirtschaftsbereichen oder Wirtschaftszweigen beschäftigt, ist verpflichtet, Beginn, Ende und Dauer der täglichen Arbeitszeit dieser Arbeitnehmerinnen und Arbeitnehmer spätestens bis zum Ablauf des siebten auf den Tag der Arbeitsleistung folgenden Kalendertages aufzuzeichnen und diese Aufzeichnungen mindestens zwei Jahre beginnend ab dem für die Aufzeichnung maßgeblichen Zeitpunkt aufzubewahren. Satz 1 gilt entsprechend für einen Entleiher, dem ein Verleiher eine Arbeitnehmerin oder einen Arbeitnehmer oder mehrere Arbeitnehmerinnen oder Arbeitnehmer zur Arbeitsleistung in einem der in § 2a des Schwarzarbeitsbekämpfungsgesetzes genannten Wirtschaftszweige überlässt. Satz 1 gilt nicht für Beschäftigungsverhältnisse nach § 8a des Vierten Buches Sozialgesetzbuch.

(2) Arbeitgeber im Sinne des Absatzes 1 haben die für die Kontrolle der Einhaltung der Verpflichtungen nach § 20 in Verbindung mit § 2 erforderlichen Unterlagen im Inland in deutscher Sprache für die gesamte Dauer der tatsächlichen Beschäftigung der Arbeitnehmerinnen und Arbeitnehmer im Geltungsbereich dieses Gesetzes, mindestens für die Dauer der gesamten Werk- oder Dienstleistung, insgesamt jedoch nicht länger als zwei Jahre, bereitzuhalten. Auf Verlangen der Prüfbehörde sind die Unterlagen auch am Ort der Beschäftigung bereitzuhalten.

(2a) Abweichend von Absatz 2 hat der Arbeitgeber mit Sitz in einem anderen Mitgliedstaat der Europäischen Union oder des Europäischen Wirtschaftsraums sicherzustellen, dass der Kraftfahrerin oder dem Kraftfahrer, die oder der von ihm für die Durchführung von Güter- oder Personenbeförderungen im Inland nach § 36 Absatz 1 des Arbeitnehmer-Entsendegesetzes beschäftigt wird, die folgenden Unterlagen als Schriftstück oder in einem elektronischen Format zur Verfügung stehen:

1. eine Kopie der nach § 16 Absatz 2 zugeleiteten Anmeldung,
2. die Nachweise über die Beförderungen, insbesondere elektronische Frachtbriefe

oder die in Artikel 8 Absatz 3 der Verordnung (EG) Nr. 1072/2009 des Europäischen Parlaments und des Rates vom 21. Oktober 2009 über gemeinsame Regeln für den Zugang zum Markt des grenzüberschreitenden Güterkraftverkehrs (ABl. L 300 vom 14. 11. 2009, S. 72), die zuletzt durch die Verordnung (EU) 2020/1055 (ABl. L 249 vom 31. 7. 2020, S. 17) geändert worden ist, genannten Belege und

3. alle Aufzeichnungen des Fahrtenschreibers, insbesondere die in Artikel 34 Absatz 6 Buchstabe f und Absatz 7 der Verordnung (EU) Nr. 165/2014 des Europäischen Parlaments und des Rates vom 4. Februar 2014 über Fahrtenschreiber im Straßenverkehr, zur Aufhebung der Verordnung (EWG) Nr. 3821/85 des Rates über das Kontrollgerät im Straßenverkehr und zur Änderung der Verordnung (EG) Nr. 561/2006 des Europäischen Parlaments und des Rates zur Harmonisierung bestimmter Sozialvorschriften im Straßenverkehr (ABl. L 60 vom 28. 2. 2014, S. 1; L 93 vom 9. 4. 2015, S. 103; L 246 vom 23. 9. 2015, S. 11), die zuletzt durch die Verordnung (EU) 2020/1054 (ABl. L 249 vom 31. 7. 2020, S. 1) geändert worden ist, genannten Ländersymbole der Mitgliedstaaten, in denen sich der Kraftfahrer oder die Kraftfahrerin bei grenzüberschreitenden Beförderungen und Kabotagebeförderungen aufgehalten hat, oder die Aufzeichnungen nach § 1 Absatz 6 Satz 1 und 2 der Fahrpersonalverordnung vom 27. Juni 2005 (BGBl. I S. 1882), die zuletzt durch Artikel 1 der Verordnung vom 8. August 2017 (BGBl. I S. 3158) geändert worden ist.

Die Kraftfahrerin oder der Kraftfahrer hat im Falle einer Beschäftigung im Inland nach § 36 Absatz 1 des Arbeitnehmer-Entsendegesetzes die ihm oder ihr nach Satz 1 zur Verfügung gestellten Unterlagen mit sich zu führen und den Behörden der Zollverwaltung auf Verlangen als Schriftstück oder in einem elektronischen Format vorzulegen; liegt keine Beschäftigung im Inland nach § 36 Absatz 1 des Arbeitnehmer-Entsendegesetzes vor, gilt die Pflicht nach dem ersten Halbsatz nur im Rahmen einer auf der Straße vorgenommenen Kontrolle für die Unterlagen nach Satz 1 Nummer 2 und 3.

(2b) Nach Beendigung der Beschäftigung der Kraftfahrerin oder des Kraftfahrers im Inland nach § 36 Absatz 1 des Arbeitnehmer-Entsendegesetzes hat der Arbeitgeber mit Sitz in einem anderen Mitgliedstaat der Europäischen Union oder des Europäischen Wirtschaftsraums den Behörden der Zollverwaltung auf Verlangen über die mit dem Binnenmarkt-Informationssystem verbundene elektronische Schnittstelle folgende Unterlagen innerhalb von acht Wochen ab dem Tag des Verlangens zu übermitteln:

1. Kopien der Unterlagen nach Absatz 2a Satz 1 Nummer 2 und 3,
2. Unterlagen über die Entlohnung der Kraftfahrerin oder des Kraftfahrers einschließlich der Zahlungsbelege,
3. den Arbeitsvertrag oder gleichwertige Unterlagen im Sinne des Artikels 3 Absatz 1 der Richtlinie 91/533/EWG des Rates vom 14. Oktober 1991 über die Pflicht des Arbeitgebers zur Unterrichtung des Arbeitnehmers über die für seinen Arbeitsvertrag oder sein Arbeitsverhältnis geltenden Bedingungen (ABl. L 288 vom 18. 10. 1991, S. 32) und
4. Unterlagen über die Zeiterfassung, die sich auf die Arbeit der Kraftfahrerin oder des Kraftfahrers beziehen, insbesondere die Aufzeichnungen des Fahrtenschreibers.

Die Behörden der Zollverwaltung dürfen die Unterlagen nach Satz 1 nur für den Zeitraum der Beschäftigung nach § 36 Absatz 1 des Arbeitnehmer-Entsendegesetzes verlangen, der zum Zeitpunkt des Verlangens beendet ist.

Soweit eine Anmeldung nach § 16 Absatz 2 nicht zugeleitet wurde, obwohl eine Beschäftigung im Inland nach § 36 Absatz 1 des Arbeitnehmer-Entsendegesetzes vorliegt, hat der Arbeitgeber mit Sitz in einem anderen Mitgliedstaat der Europäischen Union oder des Europäischen Wirtschaftsraums den Behörden der Zollverwaltung auf Verlangen die

Unterlagen nach Satz 1 außerhalb der mit dem Binnenmarkt-Informationssystem verbundenen elektronischen Schnittstelle als Schriftstück oder in einem elektronischen Format zu übermitteln.

(3) Das Bundesministerium für Arbeit und Soziales kann durch Rechtsverordnung ohne Zustimmung des Bundesrates die Verpflichtungen des Arbeitgebers, des Verleihers oder eines Entleihers nach § 16 und den Absätzen 1 und 2 hinsichtlich bestimmter Gruppen von Arbeitnehmerinnen und Arbeitnehmern oder der Wirtschaftsbereiche oder den Wirtschaftszweigen einschränken oder erweitern.

(4) Das Bundesministerium der Finanzen kann durch Rechtsverordnung im Einvernehmen mit dem Bundesministerium für Arbeit und Soziales ohne Zustimmung des Bundesrates bestimmen, wie die Verpflichtung des Arbeitgebers, die tägliche Arbeitszeit bei ihm beschäftigter Arbeitnehmerinnen und Arbeitnehmer aufzuzeichnen und diese Aufzeichnungen aufzubewahren, vereinfacht oder abgewandelt werden kann, sofern Besonderheiten der zu erbringenden Werk- oder Dienstleistungen oder Besonderheiten des jeweiligen Wirtschaftsbereiches oder Wirtschaftszweiges dies erfordern.

§ 18 Zusammenarbeit der in- und ausländischen Behörden

(1) Die Behörden der Zollverwaltung unterrichten die zuständigen örtlichen Landesfinanzbehörden über Meldungen nach § 16 Absatz 1 und 3. Auf die Informationen zu den Meldungen nach § 16 Absatz 2 können die Landesfinanzbehörden über das Binnenmarkt-Informationssystem zugreifen.

(2) Die Behörden der Zollverwaltung und die übrigen in § 2 des Schwarzarbeitsbekämpfungsgesetzes genannten Behörden dürfen nach Maßgabe der datenschutzrechtlichen Vorschriften auch mit Behörden anderer Vertragsstaaten des Abkommens über den Europäischen Wirtschaftsraum zusammenarbeiten, die diesem Gesetz entsprechende Aufgaben durchführen oder für die Bekämpfung illegaler Beschäftigung zuständig sind oder Auskünfte geben können, ob ein Arbeitgeber seine Verpflichtungen nach § 20 erfüllt. Die Regelungen über die internationale Rechtshilfe in Strafsachen bleiben hiervon unberührt.

(3) Die Behörden der Zollverwaltung unterrichten das Gewerbezentralregister über rechtskräftige Bußgeldentscheidungen nach § 21 Absatz 1 bis 3, sofern die Geldbuße mehr als zweihundert Euro beträgt.

§ 19 Ausschluss von der Vergabe öffentlicher Aufträge

(1) Von der Teilnahme an einem Wettbewerb um einen Liefer-, Bau- oder Dienstleistungsauftrag der in den §§ 99 und 100 des Gesetzes gegen Wettbewerbsbeschränkungen genannten Auftraggeber sollen Bewerberinnen oder Bewerber für eine angemessene Zeit bis zur nachgewiesenen Wiederherstellung ihrer Zuverlässigkeit ausgeschlossen werden, die wegen eines Verstoßes nach § 21 Absatz 1 Nummer 1 bis 8, 10 und 11 oder Absatz 2 mit einer Geldbuße von wenigstens zweitausendfünfhundert Euro belegt worden sind.

(2) Die für die Verfolgung oder Ahndung der Ordnungswidrigkeiten nach § 21 Absatz 1 Nummer 1 bis 8, 10 und 11 oder Absatz 2 zuständigen Behörden dürfen öffentlichen Auftraggebern nach § 99 des Gesetzes gegen Wettbewerbsbeschränkungen und solchen Stellen, die von öffentlichen Auftraggebern zugelassene Präqualifikationsverzeichnisse oder Unternehmer- und Lieferantenverzeichnisse führen, auf Verlangen die erforderlichen Auskünfte geben.

(3) Öffentliche Auftraggeber nach Absatz 2 fordern im Rahmen ihrer Tätigkeit beim Wettbewerbsregister Auskünfte über rechtskräftige Bußgeldentscheidungen wegen einer Ordnungswidrigkeit nach § 21 Absatz 1 Nummer 1 bis 8, 10 und 11 oder Absatz 2 an oder verlangen von Bewerberinnen oder Bewerbern eine Erklärung, dass die Voraussetzungen für einen Ausschluss nach Absatz 1 nicht vorliegen. Im Falle einer Erklärung der Bewerberin oder des Bewerbers können öffentliche Auftraggeber nach Absatz 2 jederzeit zusätzlich Auskünfte des Wettbewerbsregisters anfordern.

(4) Bei Aufträgen ab einer Höhe von 30 000 Euro fordert der öffentliche Auftraggeber nach Absatz 2 für die Bewerberin oder den Bewerber, die oder der den Zuschlag erhalten soll, vor der Zuschlagserteilung eine Auskunft aus dem Wettbewerbsregister an.

(5) Vor der Entscheidung über den Ausschluss ist die Bewerberin oder der Bewerber zu hören.

§ 20 Pflichten des Arbeitgebers zur Zahlung des Mindestlohns

Arbeitgeber mit Sitz im In- oder Ausland sind verpflichtet, ihren im Inland beschäftigten Arbeitnehmerinnen und Arbeitnehmern ein Arbeitsentgelt mindestens in Höhe des Mindestlohns nach § 1 Absatz 2 spätestens zu dem in § 2 Absatz 1 Satz 1 Nummer 2 genannten Zeitpunkt zu zahlen.

§ 21 Bußgeldvorschriften

(1) Ordnungswidrig handelt, wer vorsätzlich oder fahrlässig

1. entgegen § 15 Satz 1 in Verbindung mit § 5 Absatz 1 Satz 1 Nummer 1 oder 3 des Schwarzarbeitsbekämpfungsgesetzes eine Prüfung nicht duldet oder bei einer Prüfung nicht mitwirkt,
2. entgegen § 15 Satz 1 in Verbindung mit § 5 Absatz 1 Satz 1 Nummer 2 des Schwarzarbeitsbekämpfungsgesetzes das Betreten eines Grundstücks oder Geschäftsraums nicht duldet,
3. entgegen § 15 Satz 1 in Verbindung mit § 5 Absatz 5 Satz 1 des Schwarzarbeitsbekämpfungsgesetzes Daten nicht, nicht richtig, nicht vollständig, nicht in der vorgeschriebenen Weise oder nicht rechtzeitig übermittelt,
4. entgegen § 16 Absatz 1 Satz 1, Absatz 2 Satz 1 oder Absatz 3 Satz 1 eine Anmeldung nicht, nicht richtig, nicht vollständig, nicht in der vorgeschriebenen Weise oder nicht rechtzeitig vorlegt oder nicht, nicht richtig, nicht vollständig, nicht in der vorgeschriebenen Weise oder nicht rechtzeitig zuleitet,
5. entgegen § 16 Absatz 1 Satz 3, auch in Verbindung mit Absatz 2 Satz 2 oder Absatz 3 Satz 2, eine Änderungsmeldung nicht, nicht richtig, nicht vollständig, nicht in der vorgeschriebenen Weise oder nicht rechtzeitig macht,
6. entgegen § 17 Absatz 1 Satz 1, auch in Verbindung mit Satz 2, eine Aufzeichnung nicht, nicht richtig, nicht vollständig oder nicht rechtzeitig erstellt oder nicht oder nicht mindestens zwei Jahre aufbewahrt,
7. entgegen § 17 Absatz 2 eine Unterlage nicht, nicht richtig, nicht vollständig oder nicht in der vorgeschriebenen Weise bereithält,
8. entgegen § 17 Absatz 2a Satz 1 nicht sicherstellt, dass die dort genannten Unterlagen zur Verfügung stehen,
9. entgegen § 17 Absatz 2a Satz 2 eine Unterlage nicht, nicht richtig, nicht vollständig, nicht in der vorgeschriebenen Weise oder nicht rechtzeitig vorlegt,
10. entgegen § 17 Absatz 2b Satz 1 oder 3 eine Unterlage nicht, nicht richtig, nicht vollständig, nicht in der vorgeschriebenen Weise oder nicht rechtzeitig übermittelt oder
11. entgegen § 20 das dort genannte Arbeitsentgelt nicht oder nicht rechtzeitig zahlt.

(2) Ordnungswidrig handelt, wer Werk- oder Dienstleistungen in erheblichem Umfang ausführen lässt, indem er als Unternehmer einen anderen Unternehmer beauftragt, von dem er weiß oder fahrlässig nicht weiß, dass dieser bei der Erfüllung dieses Auftrags

1. entgegen § 20 das dort genannte Arbeitsentgelt nicht oder nicht rechtzeitig zahlt oder
2. einen Nachunternehmer einsetzt oder zulässt, dass ein Nachunternehmer tätig wird, der entgegen § 20 das dort genannte Arbeitsentgelt nicht oder nicht rechtzeitig zahlt.

(3) Die Ordnungswidrigkeit kann in den Fällen des Absatzes 1 Nummer 11 und des Absatzes 2 mit einer Geldbuße bis zu fünfhunderttausend Euro, in den übrigen Fällen mit einer Geldbuße bis zu dreißigtausend Euro geahndet werden.

(4) Verwaltungsbehörden im Sinne des § 36 Absatz 1 Nummer 1 des Gesetzes über Ordnungswidrigkeiten sind die in § 14 genannten Behörden jeweils für ihren Geschäftsbereich.

(5) Für die Vollstreckung zugunsten der Behörden des Bundes und der bundesunmittelbaren juristischen Personen des öffentlichen Rechts sowie für die Vollziehung des Vermögensarrestes nach § 111e der Strafprozessordnung in Verbindung mit § 46 des Gesetzes über Ordnungswidrigkeiten durch die in § 14 genannten Behörden gilt das Verwaltungs-Vollstreckungsgesetz des Bundes.

Abschnitt 4 Schlussvorschriften

§ 22 Persönlicher Anwendungsbereich

(1) Dieses Gesetz gilt für Arbeitnehmerinnen und Arbeitnehmer. Praktikantinnen und Praktikanten im Sinne des § 26 des Berufsbildungsgesetzes gelten als Arbeitnehmerinnen und Arbeitnehmer im Sinne dieses Gesetzes, es sei denn, dass sie

1. ein Praktikum verpflichtend auf Grund einer schulrechtlichen Bestimmung, einer Ausbildungsordnung, einer hochschulrechtlichen Bestimmung oder im Rahmen einer Ausbildung an einer gesetzlich geregelten Berufsakademie leisten,
2. ein Praktikum von bis zu drei Monaten zur Orientierung für eine Berufsausbildung oder für die Aufnahme eines Studiums leisten,
3. ein Praktikum von bis zu drei Monaten begleitend zu einer Berufs- oder Hochschulausbildung leisten, wenn nicht zuvor ein solches Praktikumsverhältnis mit demselben Ausbildenden bestanden hat, oder
4. an einer Einstiegsqualifizierung nach § 54a des Dritten Buches Sozialgesetzbuch oder an einer Berufsausbildungsvorbereitung nach §§ 68 bis 70 des Berufsbildungsgesetzes teilnehmen.

Praktikantin oder Praktikant ist unabhängig von der Bezeichnung des Rechtsverhältnisses, wer sich nach der tatsächlichen Ausgestaltung und Durchführung des Vertragsverhältnisses für eine begrenzte Dauer zum Erwerb praktischer Kenntnisse und Erfahrungen einer bestimmten betrieblichen Tätigkeit zur Vorbereitung auf eine berufliche Tätigkeit unterzieht, ohne dass es sich dabei um eine Berufsausbildung im Sinne des Berufsbildungsgesetzes oder um eine damit vergleichbare praktische Ausbildung handelt.

(2) Personen im Sinne von § 2 Absatz 1 und 2 des Jugendarbeitsschutzgesetzes ohne abgeschlossene Berufsausbildung gelten nicht als Arbeitnehmerinnen und Arbeitnehmer im Sinne dieses Gesetzes.

(3) Von diesem Gesetz nicht geregelt wird die Vergütung von zu ihrer Berufsausbildung Beschäftigten sowie ehrenamtlich Tätigen.

(4) Für Arbeitsverhältnisse von Arbeitnehmerinnen und Arbeitnehmern, die unmittelbar vor Beginn der Beschäftigung langzeitarbeitslos im Sinne des § 18 Absatz 1 des Dritten Buches Sozialgesetzbuch waren, gilt der Mindestlohn in den ersten sechs Monaten der Beschäftigung nicht. Die Bundesregierung hat den gesetzgebenden Körperschaften zum 1. Juni 2016 darüber zu berichten, inwieweit die Regelung nach Satz 1 die Wiedereingliederung von Langzeitarbeitslosen in den Arbeitsmarkt gefördert hat, und eine Einschätzung darüber abzugeben, ob diese Regelung fortbestehen soll.

§ 23 Evaluation

Dieses Gesetz ist im Jahr 2020 zu evaluieren.

Gesetz zum Schutz von Müttern bei der Arbeit, in der Ausbildung und im Studium (Mutterschutzgesetz – MuSchG)

Vom 23. Mai 2017 (BGBl. I S. 1228)

Zuletzt geändert durch
Mutterschutzanpassungsgesetz
vom 24. Februar 2025 (BGBl. I Nr. 59)

Abschnitt 1 Allgemeine Vorschriften

§ 1 Anwendungsbereich, Ziel des Mutterschutzes

(1) Dieses Gesetz schützt die Gesundheit der Frau und ihres Kindes am Arbeits-, Ausbildungs- und Studienplatz während der Schwangerschaft, nach der Entbindung und in der Stillzeit. Das Gesetz ermöglicht es der Frau, ihre Beschäftigung oder sonstige Tätigkeit in dieser Zeit ohne Gefährdung ihrer Gesundheit oder der ihres Kindes fortzusetzen und wirkt Benachteiligungen während der Schwangerschaft, nach der Entbindung und in der Stillzeit entgegen. Regelungen in anderen Arbeitsschutzgesetzen bleiben unberührt.

(2) Dieses Gesetz gilt für Frauen in einer Beschäftigung im Sinne von § 7 Absatz 1 des Vierten Buches Sozialgesetzbuch. Unabhängig davon, ob ein solches Beschäftigungsverhältnis vorliegt, gilt dieses Gesetz auch für

1. Frauen in betrieblicher Berufsbildung und Praktikantinnen im Sinne von § 26 des Berufsbildungsgesetzes,
2. Frauen mit Behinderung, die in einer Werkstatt für behinderte Menschen beschäftigt sind,
3. Frauen, die als Entwicklungshelferinnen im Sinne des Entwicklungshelfer-Gesetzes tätig sind, jedoch mit der Maßgabe, dass die §§ 18 bis 22 auf sie nicht anzuwenden sind,
4. Frauen, die als Freiwillige im Sinne des Jugendfreiwilligendienstegesetzes oder des Bundesfreiwilligendienstgesetzes tätig sind,
5. Frauen, die als Mitglieder einer geistlichen Genossenschaft, Diakonissen oder Angehörige einer ähnlichen Gemeinschaft auf einer Planstelle oder aufgrund eines Gestellungsvertrages für diese tätig werden, auch während der Zeit ihrer dortigen außerschulischen Ausbildung,
6. Frauen, die in Heimarbeit beschäftigt sind, und ihnen Gleichgestellte im Sinne von § 1 Absatz 1 und 2 des Heimarbeitsgesetzes, soweit sie am Stück mitarbeiten, jedoch mit der Maßgabe, dass die §§ 10 und 14 auf sie nicht anzuwenden sind und § 9 Absatz 1 bis 5 auf sie entsprechend anzuwenden ist,
7. Frauen, die wegen ihrer wirtschaftlichen Unselbstständigkeit als arbeitnehmerähnliche Person anzusehen sind, jedoch mit der Maßgabe, dass die §§ 18, 19 Absatz 2 und § 20 auf sie nicht anzuwenden sind, und
8. Schülerinnen und Studentinnen, soweit die Ausbildungsstelle Ort, Zeit und Ablauf der Ausbildungsveranstaltung verpflichtend vorgibt oder die ein im Rahmen der schulischen oder hochschulischen Ausbildung verpflichtend vorgegebenes Praktikum ableisten, jedoch mit der Maßgabe, dass die §§ 17 bis 24 auf sie nicht anzuwenden sind.

(3) Das Gesetz gilt nicht für Beamtinnen und Richterinnen. Das Gesetz gilt ebenso nicht für Soldatinnen, auch soweit die Voraussetzungen des Absatzes 2 erfüllt sind, es sei denn, sie werden aufgrund dienstlicher Anordnung oder Gestattung außerhalb des Geschäftsbereiches des Bundesministeriums der Verteidigung tätig.

(4) Dieses Gesetz gilt für jede Person, die schwanger ist, ein Kind geboren hat oder stillt. Die Absätze 2 und 3 gelten entsprechend.

§ 2 Begriffsbestimmungen

(1) Arbeitgeber im Sinne dieses Gesetzes ist die natürliche oder juristische Person oder die rechtsfähige Personengesellschaft, die Personen nach § 1 Absatz 2 Satz 1 beschäftigt. Dem Arbeitgeber stehen gleich:

1. die natürliche oder juristische Person oder die rechtsfähige Personengesellschaft, die Frauen im Fall von § 1 Absatz 2 Satz 2 Nummer 1 ausbildet oder für die Praktikantinnen im Fall von § 1 Absatz 2 Satz 2 Nummer 1 tätig sind,
2. der Träger der Werkstatt für behinderte Menschen im Fall von § 1 Absatz 2 Satz 2 Nummer 2,
3. der Träger des Entwicklungsdienstes im Fall von § 1 Absatz 2 Satz 2 Nummer 3,
4. die Einrichtung, in der der Freiwilligendienst nach dem Jugendfreiwilligendienstegesetz oder nach dem Bundesfreiwilligendienstgesetz im Fall von § 1 Absatz 2 Satz 2 Nummer 4 geleistet wird,
5. die geistliche Genossenschaft und ähnliche Gemeinschaft im Fall von § 1 Absatz 2 Satz 2 Nummer 5,
6. der Auftraggeber und der Zwischenmeister von Frauen im Fall von § 1 Absatz 2 Satz 2 Nummer 6,
7. die natürliche oder juristische Person oder die rechtsfähige Personengesellschaft, für die Frauen im Sinne von § 1 Absatz 2 Satz 2 Nummer 7 tätig sind, und
8. die natürliche oder juristische Person oder die rechtsfähige Personengesellschaft, mit der das Ausbildungs- oder Praktikumsverhältnis im Fall von § 1 Absatz 2 Satz 2 Nummer 8 besteht (Ausbildungsstelle).

(2) Eine Beschäftigung im Sinne der nachfolgenden Vorschriften erfasst jede Form der Betätigung, die eine Frau im Rahmen eines Beschäftigungsverhältnisses nach § 1 Absatz 2 Satz 1 oder die eine Frau im Sinne von § 1 Absatz 2 Satz 2 im Rahmen ihres Rechtsverhältnisses zu ihrem Arbeitgeber nach § 2 Absatz 1 Satz 2 ausübt.

(3) Ein Beschäftigungsverbot im Sinne dieses Gesetzes ist nur ein Beschäftigungsverbot nach den §§ 3 bis 6, 10 Absatz 3, § 13 Absatz 1 Nummer 3 und § 16. Für eine in Heimarbeit beschäftigte Frau und eine ihr Gleichgestellte tritt an die Stelle des Beschäftigungsverbots das Verbot der Ausgabe von Heimarbeit nach den §§ 3, 8, 13 Absatz 2 und § 16. Für eine Frau, die wegen ihrer wirtschaftlichen Unselbstständigkeit als arbeitnehmerähnliche Person anzusehen ist, tritt an die Stelle des Beschäftigungsverbots nach Satz 1 die Befreiung von der vertraglich vereinbarten Leistungspflicht; die Frau kann sich jedoch gegenüber der dem Arbeitgeber gleichgestellten Person oder Gesellschaft im Sinne von Absatz 1 Satz 2 Nummer 7 dazu bereit erklären, die vertraglich vereinbarte Leistung zu erbringen.

(4) Alleinarbeit im Sinne dieses Gesetzes liegt vor, wenn der Arbeitgeber eine Frau an einem Arbeitsplatz in seinem räumlichen Verantwortungsbereich beschäftigt, ohne dass gewährleistet ist, dass sie jederzeit den Arbeitsplatz verlassen oder Hilfe erreichen kann.

(5) Arbeitsentgelt im Sinne dieses Gesetzes ist das Arbeitsentgelt, das nach § 14 des Vierten Buches Sozialgesetzbuch in Verbindung mit einer aufgrund des § 17 des Vierten Buches Sozialgesetzbuch erlassenen Verordnung bestimmt wird. Für Frauen im Sinne von § 1 Absatz 2 Satz 2 gilt als Arbeitsentgelt ihre jeweilige Vergütung.

(6) Eine Entbindung ist eine Lebend- oder eine Totgeburt. Die Regelungen zur Entbindung finden im Falle einer Fehlgeburt ab der 13. Schwangerschaftswoche entsprechende Anwendung, soweit nicht in diesem oder einem anderen Gesetz Abweichendes geregelt ist.

Abschnitt 2
Gesundheitsschutz

Unterabschnitt 1
Arbeitszeitlicher Gesundheitsschutz

§ 3 Schutzfristen vor und nach der Entbindung

(1) Der Arbeitgeber darf eine schwangere Frau in den letzten sechs Wochen vor der Entbindung nicht beschäftigen (Schutzfrist vor der Entbindung), soweit sie sich nicht zur

Arbeitsleistung ausdrücklich bereit erklärt. Sie kann die Erklärung nach Satz 1 jederzeit mit Wirkung für die Zukunft widerrufen. Für die Berechnung der Schutzfrist vor der Entbindung ist der voraussichtliche Tag der Entbindung maßgeblich, wie er sich aus dem ärztlichen Zeugnis oder dem Zeugnis einer Hebamme oder eines Entbindungspflegers ergibt. Entbindet eine Frau nicht am voraussichtlichen Tag, verkürzt oder verlängert sich die Schutzfrist vor der Entbindung entsprechend.

(2) Der Arbeitgeber darf eine Frau bis zum Ablauf von acht Wochen nach der Entbindung nicht beschäftigen (Schutzfrist nach der Entbindung). Die Schutzfrist nach der Entbindung verlängert sich auf zwölf Wochen

1. bei Frühgeburten,
2. bei Mehrlingsgeburten und,
3. wenn vor Ablauf von acht Wochen nach der Entbindung bei dem Kind eine Behinderung im Sinne von § 2 Absatz 1 Satz 1 des Neunten Buches Sozialgesetzbuch ärztlich festgestellt wird.

Bei vorzeitiger Entbindung verlängert sich die Schutzfrist nach der Entbindung nach Satz 1 oder nach Satz 2 um den Zeitraum der Verkürzung der Schutzfrist vor der Entbindung nach Absatz 1 Satz 4. Nach Satz 2 Nummer 3 verlängert sich die Schutzfrist nach der Entbindung nur, wenn die Frau dies beantragt. Satz 2 gilt nicht bei einer Totgeburt.

(3) Die Ausbildungsstelle darf eine Frau im Sinne von § 1 Absatz 2 Satz 2 Nummer 8 bereits in der Schutzfrist nach der Entbindung im Rahmen der schulischen oder hochschulischen Ausbildung tätig werden lassen, wenn die Frau dies ausdrücklich gegenüber ihrer Ausbildungsstelle verlangt. Die Frau kann ihre Erklärung jederzeit mit Wirkung für die Zukunft widerrufen.

(4) Der Arbeitgeber darf eine Frau nach dem Tod ihres Kindes bereits nach Ablauf der ersten zwei Wochen nach der Entbindung beschäftigen, wenn

1. die Frau dies ausdrücklich verlangt und
2. nach ärztlichem Zeugnis nichts dagegen spricht.

Sie kann ihre Erklärung nach Satz 1 Nummer 1 jederzeit mit Wirkung für die Zukunft widerrufen.

(5) Bei einer Fehlgeburt darf der Arbeitgeber eine Frau nicht beschäftigen, soweit sie sich nicht zur Arbeitsleistung ausdrücklich bereit erklärt,

1. bis zum Ablauf von zwei Wochen bei einer Fehlgeburt ab der 13. Schwangerschaftswoche oder
2. bis zum Ablauf von sechs Wochen bei einer Fehlgeburt ab der 17. Schwangerschaftswoche oder
3. bis zum Ablauf von acht Wochen bei einer Fehlgeburt ab der 20. Schwangerschaftswoche.

Sie kann ihre Erklärung nach Satz 1 jederzeit mit Wirkung für die Zukunft widerrufen. Die Absätze 1 bis 3 gelten nicht.

§ 4 Verbot der Mehrarbeit; Ruhezeit

(1) Der Arbeitgeber darf eine schwangere oder stillende Frau, die 18 Jahre oder älter ist, nicht mit einer Arbeit beschäftigen, die die Frau über achteinhalb Stunden täglich oder über 90 Stunden in der Doppelwoche hinaus zu leisten hat. Eine schwangere oder stillende Frau unter 18 Jahren darf der Arbeitgeber nicht mit einer Arbeit beschäftigen, die die Frau über acht Stunden täglich oder über 80 Stunden in der Doppelwoche hinaus zu leisten hat. In die Doppelwoche werden die Sonntage eingerechnet. Der Arbeitgeber darf eine schwangere oder stillende Frau nicht in einem Umfang beschäftigen, der die vertraglich vereinbarte wöchentliche Arbeitszeit im Durchschnitt des Monats übersteigt. Bei mehreren Arbeitgebern sind die Arbeitszeiten zusammenzurechnen.

(2) Der Arbeitgeber muss der schwangeren oder stillenden Frau nach Beendigung der täglichen Arbeitszeit eine ununterbrochene Ruhezeit von mindestens elf Stunden gewähren.

§ 5 Verbot der Nachtarbeit

(1) Der Arbeitgeber darf eine schwangere oder stillende Frau nicht zwischen 20 Uhr und 6 Uhr beschäftigen. Er darf sie bis 22 Uhr

beschäftigen, wenn die Voraussetzungen des § 28 erfüllt sind.

(2) Die Ausbildungsstelle darf eine schwangere oder stillende Frau im Sinne von § 1 Absatz 2 Satz 2 Nummer 8 nicht zwischen 20 Uhr und 6 Uhr im Rahmen der schulischen oder hochschulischen Ausbildung tätig werden lassen. Die Ausbildungsstelle darf sie an Ausbildungsveranstaltungen bis 22 Uhr teilnehmen lassen, wenn

1. sich die Frau dazu ausdrücklich bereit erklärt,
2. die Teilnahme zu Ausbildungszwecken zu dieser Zeit erforderlich ist und
3. insbesondere eine unverantwortbare Gefährdung für die schwangere Frau oder ihr Kind durch Alleinarbeit ausgeschlossen ist.

Die schwangere oder stillende Frau kann ihre Erklärung nach Satz 2 Nummer 1 jederzeit mit Wirkung für die Zukunft widerrufen.

§ 6 Verbot der Sonn- und Feiertagsarbeit

(1) Der Arbeitgeber darf eine schwangere oder stillende Frau nicht an Sonn- und Feiertagen beschäftigen. Er darf sie an Sonn- und Feiertagen nur dann beschäftigen, wenn

1. sich die Frau dazu ausdrücklich bereit erklärt,
2. eine Ausnahme vom allgemeinen Verbot der Arbeit an Sonn- und Feiertagen nach § 10 des Arbeitszeitgesetzes zugelassen ist,
3. der Frau in jeder Woche im Anschluss an eine ununterbrochene Nachtruhezeit von mindestens elf Stunden ein Ersatzruhetag gewährt wird und
4. insbesondere eine unverantwortbare Gefährdung für die schwangere Frau oder ihr Kind durch Alleinarbeit ausgeschlossen ist.

Die schwangere oder stillende Frau kann ihre Erklärung nach Satz 2 Nummer 1 jederzeit mit Wirkung für die Zukunft widerrufen.

(2) Die Ausbildungsstelle darf eine schwangere oder stillende Frau im Sinne von § 1 Absatz 2 Satz 2 Nummer 8 nicht an Sonn- und Feiertagen im Rahmen der schulischen oder hochschulischen Ausbildung tätig werden lassen. Die Ausbildungsstelle darf sie an Ausbildungsveranstaltungen an Sonn- und Feiertagen teilnehmen lassen, wenn

1. sich die Frau dazu ausdrücklich bereit erklärt,
2. die Teilnahme zu Ausbildungszwecken zu dieser Zeit erforderlich ist,
3. der Frau in jeder Woche im Anschluss an eine ununterbrochene Nachtruhezeit von mindestens elf Stunden ein Ersatzruhetag gewährt wird und
4. insbesondere eine unverantwortbare Gefährdung für die schwangere Frau oder ihr Kind durch Alleinarbeit ausgeschlossen ist.

Die schwangere oder stillende Frau kann ihre Erklärung nach Satz 2 Nummer 1 jederzeit mit Wirkung für die Zukunft widerrufen.

§ 7 Freistellung für Untersuchungen und zum Stillen

(1) Der Arbeitgeber hat eine Frau für die Zeit freizustellen, die zur Durchführung der Untersuchungen im Rahmen der Leistungen der gesetzlichen Krankenversicherung bei Schwangerschaft und Mutterschaft erforderlich sind. Entsprechendes gilt zugunsten einer Frau, die nicht in der gesetzlichen Krankenversicherung versichert ist.

(2) Der Arbeitgeber hat eine stillende Frau auf ihr Verlangen während der ersten zwölf Monate nach der Entbindung für die zum Stillen erforderliche Zeit freizustellen, mindestens aber zweimal täglich für eine halbe Stunde oder einmal täglich für eine Stunde. Bei einer zusammenhängenden Arbeitszeit von mehr als acht Stunden soll auf Verlangen der Frau zweimal eine Stillzeit von mindestens 45 Minuten oder, wenn in der Nähe der Arbeitsstätte keine Stillgelegenheit vorhanden ist, einmal eine Stillzeit von mindestens 90 Minuten gewährt werden. Die Arbeitszeit gilt als zusammenhängend, wenn sie nicht durch eine Ruhepause von mehr als zwei Stunden unterbrochen wird.

§ 8 Beschränkung von Heimarbeit

(1) Der Auftraggeber oder Zwischenmeister darf Heimarbeit an eine schwangere in Heimarbeit beschäftigte Frau oder an eine ihr Gleichgestellte nur in solchem Umfang und mit

solchen Fertigungsfristen ausgeben, dass die Arbeit werktags während einer achtstündigen Tagesarbeitszeit ausgeführt werden kann.

(2) Der Auftraggeber oder Zwischenmeister darf Heimarbeit an eine stillende in Heimarbeit beschäftigte Frau oder an eine ihr Gleichgestellte nur in solchem Umfang und mit solchen Fertigungsfristen ausgeben, dass die Arbeit werktags während einer siebenstündigen Tagesarbeitszeit ausgeführt werden kann.

Unterabschnitt 2
Betrieblicher Gesundheitsschutz

§ 9 Gestaltung der Arbeitsbedingungen; unverantwortbare Gefährdung

(1) Der Arbeitgeber hat bei der Gestaltung der Arbeitsbedingungen einer schwangeren oder stillenden Frau alle aufgrund der Gefährdungsbeurteilung nach § 10 erforderlichen Maßnahmen für den Schutz ihrer physischen und psychischen Gesundheit sowie der ihres Kindes zu treffen. Er hat die Maßnahmen auf ihre Wirksamkeit zu überprüfen und erforderlichenfalls den sich ändernden Gegebenheiten anzupassen. Soweit es nach den Vorschriften dieses Gesetzes verantwortbar ist, ist der Frau auch während der Schwangerschaft, nach der Entbindung und in der Stillzeit die Fortführung ihrer Tätigkeiten zu ermöglichen. Nachteile aufgrund der Schwangerschaft, der Entbindung oder der Stillzeit sollen vermieden oder ausgeglichen werden.

(2) Der Arbeitgeber hat die Arbeitsbedingungen so zu gestalten, dass Gefährdungen einer schwangeren oder stillenden Frau oder ihres Kindes möglichst vermieden werden und eine unverantwortbare Gefährdung ausgeschlossen wird. Eine Gefährdung ist unverantwortbar, wenn die Eintrittswahrscheinlichkeit einer Gesundheitsbeeinträchtigung angesichts der zu erwartenden Schwere des möglichen Gesundheitsschadens nicht hinnehmbar ist. Eine unverantwortbare Gefährdung gilt als ausgeschlossen, wenn der Arbeitgeber alle Vorgaben einhält, die aller Wahrscheinlichkeit nach dazu führen, dass die Gesundheit einer schwangeren oder stillenden Frau oder ihres Kindes nicht beeinträchtigt wird.

(3) Der Arbeitgeber hat sicherzustellen, dass die schwangere oder stillende Frau ihre Tätigkeit am Arbeitsplatz, soweit es für sie erforderlich ist, kurz unterbrechen kann. Er hat darüber hinaus sicherzustellen, dass sich die schwangere oder stillende Frau während der Pausen und Arbeitsunterbrechungen unter geeigneten Bedingungen hinlegen, hinsetzen und ausruhen kann.

(4) Alle Maßnahmen des Arbeitgebers nach diesem Unterabschnitt sowie die Beurteilung der Arbeitsbedingungen nach § 10 müssen dem Stand der Technik, der Arbeitsmedizin und der Hygiene sowie den sonstigen gesicherten wissenschaftlichen Erkenntnissen entsprechen. Der Arbeitgeber hat bei seinen Maßnahmen die vom Ausschuss für Mutterschutz ermittelten und nach § 30 Absatz 4 im Gemeinsamen Ministerialblatt veröffentlichten Regeln und Erkenntnisse zu berücksichtigen; bei Einhaltung dieser Regeln und bei Beachtung dieser Erkenntnisse ist davon auszugehen, dass die in diesem Gesetz gestellten Anforderungen erfüllt sind.

(5) Der Arbeitgeber kann zuverlässige und fachkundige Personen schriftlich damit beauftragen, ihm obliegende Aufgaben nach diesem Unterabschnitt in eigener Verantwortung wahrzunehmen.

(6) Kosten für Maßnahmen nach diesem Gesetz darf der Arbeitgeber nicht den Personen auferlegen, die bei ihm beschäftigt sind. Die Kosten für Zeugnisse und Bescheinigungen, die die schwangere Frau, die Frau nach der Entbindung oder die stillende Frau auf Verlangen des Arbeitgebers vorzulegen hat, trägt der Arbeitgeber.

§ 10 Beurteilung der Arbeitsbedingungen; Schutzmaßnahmen

(1) Im Rahmen der Beurteilung der Arbeitsbedingungen nach § 5 des Arbeitsschutzgesetzes hat der Arbeitgeber für jede Tätigkeit

1. die Gefährdungen nach Art, Ausmaß und Dauer zu beurteilen, denen eine schwangere oder stillende Frau oder ihr Kind ausgesetzt ist oder sein kann, und

2. unter Berücksichtigung des Ergebnisses der Beurteilung der Gefährdung nach Nummer 1 zu ermitteln, ob für eine schwangere oder stillende Frau oder ihr Kind voraussichtlich
   a) keine Schutzmaßnahmen erforderlich sein werden,
   b) eine Umgestaltung der Arbeitsbedingungen nach § 13 Absatz 1 Nummer 1 erforderlich sein wird oder
   c) eine Fortführung der Tätigkeit der Frau an diesem Arbeitsplatz nicht möglich sein wird.

Bei gleichartigen Arbeitsbedingungen ist die Beurteilung eines Arbeitsplatzes oder einer Tätigkeit ausreichend. Die Verpflichtung des Arbeitgebers nach Satz 1 entfällt,wenn gemäß einer zu diesem Zweck nach § 30 Absatz 4 veröffentlichten Regel oder Erkenntnis des Ausschusses für Mutterschutz eine schwangere oder stillende Frau die Tätigkeit nicht ausüben oder einer Arbeitsbedingung nicht ausgesetzt sein darf.

(2) Sobald eine Frau dem Arbeitgeber mitgeteilt hat, dass sie schwanger ist oder stillt, hat der Arbeitgeber unverzüglich die nach Maßgabe der Gefährdungsbeurteilung nach Absatz 1 oder nach Maßgabe des § 13 erforderlichen Schutzmaßnahmen festzulegen. Zusätzlich hat der Arbeitgeber der Frau ein Gespräch über weitere Anpassungen ihrer Arbeitsbedingungen anzubieten.

(3) Der Arbeitgeber darf eine schwangere oder stillende Frau nur diejenigen Tätigkeiten ausüben lassen, für die er die erforderlichen Schutzmaßnahmen nach Absatz 2 Satz 1 getroffen hat.

§ 11 Unzulässige Tätigkeiten und Arbeitsbedingungen für schwangere Frauen

(1) Der Arbeitgeber darf eine schwangere Frau keine Tätigkeiten ausüben lassen und sie keinen Arbeitsbedingungen aussetzen, bei denen sie in einem Maß Gefahrstoffen ausgesetzt ist oder sein kann, dass dies für sie oder für ihr Kind eine unverantwortbare Gefährdung darstellt. Eine unverantwortbare Gefährdung im Sinne von Satz 1 liegt insbesondere vor, wenn die schwangere Frau Tätigkeiten ausübt oder Arbeitsbedingungen ausgesetzt ist, bei denen sie folgenden Gefahrstoffen ausgesetzt ist oder sein kann:

1. Gefahrstoffen, die nach den Kriterien des Anhangs I zur Verordnung (EG) Nr. 1272/2008 des Europäischen Parlaments und des Rates vom 16. Dezember 2008 über die Einstufung, Kennzeichnung und Verpackung von Stoffen und Gemischen, zur Änderung und Aufhebung der Richtlinien 67/548/EWG und 1999/45/EG und zur Änderung der Verordnung (EG) Nr. 1907/2006 (ABl. L 353 vom 31. 12. 2008, S. 1) zu bewerten sind
   a) als reproduktionstoxisch nach der Kategorie 1A, 1B oder 2 oder nach der Zusatzkategorie für Wirkungen auf oder über die Laktation,
   b) als keimzellmutagen nach der Kategorie 1A oder 1B,
   c) als karzinogen nach der Kategorie 1A oder 1B,
   d) als spezifisch zielorgantoxisch nach einmaliger Exposition nach der Kategorie 1 oder
   e) als akut toxisch nach der Kategorie 1, 2 oder 3,
2. Blei und Bleiderivaten, soweit die Gefahr besteht, dass diese Stoffe vom menschlichen Körper aufgenommen werden, oder
3. Gefahrstoffen, die als Stoffe ausgewiesen sind, die auch bei Einhaltung der arbeitsplatzbezogenen Vorgaben möglicherweise zu einer Fruchtschädigung führen können.

Eine unverantwortbare Gefährdung im Sinne von Satz 1 oder 2 gilt insbesondere als ausgeschlossen,

1. wenn
   a) für den jeweiligen Gefahrstoff die arbeitsplatzbezogenen Vorgaben eingehalten werden und es sich um einen Gefahrstoff handelt, der als Stoff ausgewiesen ist, der bei Einhaltung der arbeitsplatzbezogenen Vorgaben hinsichtlich einer Fruchtschädigung als sicher bewertet wird, oder

15

   b) der Gefahrstoff nicht in der Lage ist, die Plazentaschranke zu überwinden, oder aus anderen Gründen ausgeschlossen ist, dass eine Fruchtschädigung eintritt, und
2. wenn der Gefahrstoff nach den Kriterien des Anhangs I zur Verordnung (EG) Nr. 1272/2008 nicht als reproduktionstoxisch nach der Zusatzkategorie für Wirkungen auf oder über die Laktation zu bewerten ist.

Die vom Ausschuss für Mutterschutz ermittelten wissenschaftlichen Erkenntnisse sind zu beachten.

(2) Der Arbeitgeber darf eine schwangere Frau keine Tätigkeiten ausüben lassen und sie keinen Arbeitsbedingungen aussetzen, bei denen sie in einem Maß mit Biostoffen der Risikogruppe 2, 3 oder 4 im Sinne von § 3 Absatz 1 der Biostoffverordnung in Kontakt kommt oder kommen kann, dass dies für sie oder für ihr Kind eine unverantwortbare Gefährdung darstellt. Eine unverantwortbare Gefährdung im Sinne von Satz 1 liegt insbesondere vor, wenn die schwangere Frau Tätigkeiten ausübt oder Arbeitsbedingungen ausgesetzt ist, bei denen sie mit folgenden Biostoffen in Kontakt kommt oder kommen kann:

1. mit Biostoffen, die in die Risikogruppe 4 im Sinne von § 3 Absatz 1 der Biostoffverordnung einzustufen sind, oder
2. mit Rötelnvirus oder mit Toxoplasma.

Die Sätze 1 und 2 gelten auch, wenn der Kontakt mit Biostoffen im Sinne von Satz 1 oder 2 therapeutische Maßnahmen erforderlich macht oder machen kann, die selbst eine unverantwortbare Gefährdung darstellen. Eine unverantwortbare Gefährdung im Sinne von Satz 1 oder 2 gilt insbesondere als ausgeschlossen, wenn die schwangere Frau über einen ausreichenden Immunschutz verfügt.

(3) Der Arbeitgeber darf eine schwangere Frau keine Tätigkeiten ausüben lassen und sie keinen Arbeitsbedingungen aussetzen, bei denen sie physikalischen Einwirkungen in einem Maß ausgesetzt ist oder sein kann, dass dies für sie oder für ihr Kind eine unverantwortbare Gefährdung darstellt. Als physikalische Einwirkungen im Sinne von Satz 1 sind insbesondere zu berücksichtigen:

1. ionisierende und nicht ionisierende Strahlungen,
2. Erschütterungen, Vibrationen und Lärm sowie
3. Hitze, Kälte und Nässe.

(4) Der Arbeitgeber darf eine schwangere Frau keine Tätigkeiten ausüben lassen und sie keinen Arbeitsbedingungen aussetzen, bei denen sie einer belastenden Arbeitsumgebung in einem Maß ausgesetzt ist oder sein kann, dass dies für sie oder für ihr Kind eine unverantwortbare Gefährdung darstellt. Der Arbeitgeber darf eine schwangere Frau insbesondere keine Tätigkeiten ausüben lassen

1. in Räumen mit einem Überdruck im Sinne von § 2 der Druckluftverordnung,
2. in Räumen mit sauerstoffreduzierter Atmosphäre oder
3. im Bergbau unter Tage.

(5) Der Arbeitgeber darf eine schwangere Frau keine Tätigkeiten ausüben lassen und sie keinen Arbeitsbedingungen aussetzen, bei denen sie körperlichen Belastungen oder mechanischen Einwirkungen in einem Maß ausgesetzt ist oder sein kann, dass dies für sie oder für ihr Kind eine unverantwortbare Gefährdung darstellt. Der Arbeitgeber darf eine schwangere Frau insbesondere keine Tätigkeiten ausüben lassen, bei denen

1. sie ohne mechanische Hilfsmittel regelmäßig Lasten von mehr als 5 Kilogramm Gewicht oder gelegentlich Lasten von mehr als 10 Kilogramm Gewicht von Hand heben, halten, bewegen oder befördern muss,
2. sie mit mechanischen Hilfsmitteln Lasten von Hand heben, halten, bewegen oder befördern muss und dabei ihre körperliche Beanspruchung der von Arbeiten nach Nummer 1 entspricht,
3. sie nach Ablauf des fünften Monats der Schwangerschaft überwiegend bewegungsarm ständig stehen muss und wenn diese Tätigkeit täglich vier Stunden überschreitet,

4. sie sich häufig erheblich strecken, beugen, dauernd hocken, sich gebückt halten oder sonstige Zwangshaltungen einnehmen muss,
5. sie auf Beförderungsmitteln eingesetzt wird, wenn dies für sie oder für ihr Kind eine unverantwortbare Gefährdung darstellt,
6. Unfälle, insbesondere durch Ausgleiten, Fallen oder Stürzen, oder Tätlichkeiten zu befürchten sind, die für sie oder für ihr Kind eine unverantwortbare Gefährdung darstellen,
7. sie eine Schutzausrüstung tragen muss und das Tragen eine Belastung darstellt oder
8. eine Erhöhung des Drucks im Bauchraum zu befürchten ist, insbesondere bei Tätigkeiten mit besonderer Fußbeanspruchung.

(6) Der Arbeitgeber darf eine schwangere Frau folgende Arbeiten nicht ausüben lassen:

1. Akkordarbeit oder sonstige Arbeiten, bei denen durch ein gesteigertes Arbeitstempo ein höheres Entgelt erzielt werden kann,
2. Fließarbeit oder
3. getaktete Arbeit mit vorgeschriebenem Arbeitstempo, wenn die Art der Arbeit oder das Arbeitstempo für die schwangere Frau oder für ihr Kind eine unverantwortbare Gefährdung darstellt.

§ 12 Unzulässige Tätigkeiten und Arbeitsbedingungen für stillende Frauen

(1) Der Arbeitgeber darf eine stillende Frau keine Tätigkeiten ausüben lassen und sie keinen Arbeitsbedingungen aussetzen, bei denen sie in einem Maß Gefahrstoffen ausgesetzt ist oder sein kann, dass dies für sie oder für ihr Kind eine unverantwortbare Gefährdung darstellt. Eine unverantwortbare Gefährdung im Sinne von Satz 1 liegt insbesondere vor, wenn die stillende Frau Tätigkeiten ausübt oder Arbeitsbedingungen ausgesetzt ist, bei denen sie folgenden Gefahrstoffen ausgesetzt ist oder sein kann:

1. Gefahrstoffen, die nach den Kriterien des Anhangs I zur Verordnung (EG) Nr. 1272/2008 als reproduktionstoxisch nach der Zusatzkategorie für Wirkungen auf oder über die Laktation zu bewerten sind oder
2. Blei und Bleiderivaten, soweit die Gefahr besteht, dass diese Stoffe vom menschlichen Körper aufgenommen werden.

(2) Der Arbeitgeber darf eine stillende Frau keine Tätigkeiten ausüben lassen und sie keinen Arbeitsbedingungen aussetzen, bei denen sie in einem Maß mit Biostoffen der Risikogruppe 2, 3 oder 4 im Sinne von § 3 Absatz 1 der Biostoffverordnung in Kontakt kommt oder kommen kann, dass dies für sie oder für ihr Kind eine unverantwortbare Gefährdung darstellt. Eine unverantwortbare Gefährdung im Sinne von Satz 1 liegt insbesondere vor, wenn die stillende Frau Tätigkeiten ausübt oder Arbeitsbedingungen ausgesetzt ist, bei denen sie mit Biostoffen in Kontakt kommt oder kommen kann, die in die Risikogruppe 4 im Sinne von § 3 Absatz 1 der Biostoffverordnung einzustufen sind. Die Sätze 1 und 2 gelten auch, wenn der Kontakt mit Biostoffen im Sinne von Satz 1 oder 2 therapeutische Maßnahmen erforderlich macht oder machen kann, die selbst eine unverantwortbare Gefährdung darstellen. Eine unverantwortbare Gefährdung im Sinne von Satz 1 oder 2 gilt als ausgeschlossen, wenn die stillende Frau über einen ausreichenden Immunschutz verfügt.

(3) Der Arbeitgeber darf eine stillende Frau keine Tätigkeiten ausüben lassen und sie keinen Arbeitsbedingungen aussetzen, bei denen sie physikalischen Einwirkungen in einem Maß ausgesetzt ist oder sein kann, dass dies für sie oder für ihr Kind eine unverantwortbare Gefährdung darstellt. Als physikalische Einwirkungen im Sinne von Satz 1 sind insbesondere ionisierende und nicht ionisierende Strahlungen zu berücksichtigen.

(4) Der Arbeitgeber darf eine stillende Frau keine Tätigkeiten ausüben lassen und sie keinen Arbeitsbedingungen aussetzen, bei denen sie einer belastenden Arbeitsumgebung in einem Maß ausgesetzt ist oder sein kann, dass dies für sie oder für ihr Kind eine unverantwortbare Gefährdung darstellt. Der

Arbeitgeber darf eine stillende Frau insbesondere keine Tätigkeiten ausüben lassen

1. in Räumen mit einem Überdruck im Sinne von § 2 der Druckluftverordnung oder
2. im Bergbau unter Tage.

(5) Der Arbeitgeber darf eine stillende Frau folgende Arbeiten nicht ausüben lassen:

1. Akkordarbeit oder sonstige Arbeiten, bei denen durch ein gesteigertes Arbeitstempo ein höheres Entgelt erzielt werden kann,
2. Fließarbeit oder
3. getaktete Arbeit mit vorgeschriebenem Arbeitstempo, wenn die Art der Arbeit oder das Arbeitstempo für die stillende Frau oder für ihr Kind eine unverantwortbare Gefährdung darstellt.

§ 13 Rangfolge der Schutzmaßnahmen: Umgestaltung der Arbeitsbedingungen, Arbeitsplatzwechsel und betriebliches Beschäftigungsverbot

(1) Werden unverantwortbare Gefährdungen im Sinne von § 9, § 11 oder § 12 festgestellt, hat der Arbeitgeber für jede Tätigkeit einer schwangeren oder stillenden Frau Schutzmaßnahmen in folgender Rangfolge zu treffen:

1. Der Arbeitgeber hat die Arbeitsbedingungen für die schwangere oder stillende Frau durch Schutzmaßnahmen nach Maßgabe des § 9 Absatz 2 umzugestalten.
2. Kann der Arbeitgeber unverantwortbare Gefährdungen für die schwangere oder stillende Frau nicht durch die Umgestaltung der Arbeitsbedingungen nach Nummer 1 ausschließen oder ist eine Umgestaltung wegen des nachweislich unverhältnismäßigen Aufwandes nicht zumutbar, hat der Arbeitgeber die Frau an einem anderen geeigneten Arbeitsplatz einzusetzen, wenn er einen solchen Arbeitsplatz zur Verfügung stellen kann und dieser Arbeitsplatz der schwangeren oder stillenden Frau zumutbar ist.
3. Kann der Arbeitgeber unverantwortbare Gefährdungen für die schwangere oder stillende Frau weder durch Schutzmaßnahmen nach Nummer 1 noch durch einen Arbeitsplatzwechsel nach Nummer 2 ausschließen, darf er die schwangere oder stillende Frau nicht weiter beschäftigen.

(2) Der Auftraggeber oder Zwischenmeister darf keine Heimarbeit an schwangere oder stillende Frauen ausgeben, wenn unverantwortbare Gefährdungen nicht durch Schutzmaßnahmen nach Absatz 1 Nummer 1 ausgeschlossen werden können.

§ 14 Dokumentation und Information durch den Arbeitgeber

(1) Der Arbeitgeber hat die Beurteilung der Arbeitsbedingungen nach § 10 durch Unterlagen zu dokumentieren, aus denen Folgendes ersichtlich ist:

1. das Ergebnis der Gefährdungsbeurteilung nach § 10 Absatz 1 Satz 1 Nummer 1 und der Bedarf an Schutzmaßnahmen nach § 10 Absatz 1 Satz 1 Nummer 2,
2. die Festlegung der erforderlichen Schutzmaßnahmen nach § 10 Absatz 2 Satz 1 sowie das Ergebnis ihrer Überprüfung nach § 9 Absatz 1 Satz 2 und
3. das Angebot eines Gesprächs mit der Frau über weitere Anpassungen ihrer Arbeitsbedingungen nach § 10 Absatz 2 Satz 2 oder der Zeitpunkt eines solchen Gesprächs.

Wenn die Beurteilung nach § 10 Absatz 1 ergibt, dass die schwangere oder stillende Frau oder ihr Kind keiner Gefährdung im Sinne von § 9 Absatz 2 ausgesetzt ist oder sein kann, reicht es aus, diese Feststellung in einer für den Arbeitsplatz der Frau oder für die Tätigkeit der Frau bereits erstellten Dokumentation der Beurteilung der Arbeitsbedingungen nach § 5 des Arbeitsschutzgesetzes zu vermerken.

(2) Der Arbeitgeber hat alle Personen, die bei ihm beschäftigt sind, über das Ergebnis der Gefährdungsbeurteilung nach § 10 Absatz 1 Satz 1 Nummer 1 und über den Bedarf an Schutzmaßnahmen nach § 10 Absatz 1 Satz 1 Nummer 2 zu informieren.

(3) Der Arbeitgeber hat eine schwangere oder stillende Frau über die Gefährdungsbeurteilung nach § 10 Absatz 1 Satz 1 Nummer 1 und über die damit verbundenen für sie erforderlichen Schutzmaßnahmen nach § 10 Absatz 2 Satz 1 in Verbindung mit § 13 zu informieren.

§ 15 Mitteilungen und Nachweise der schwangeren und stillenden Frauen

(1) Eine schwangere Frau soll ihrem Arbeitgeber ihre Schwangerschaft und den voraussichtlichen Tag der Entbindung mitteilen, sobald sie weiß, dass sie schwanger ist. Eine stillende Frau soll ihrem Arbeitgeber so früh wie möglich mitteilen, dass sie stillt.

(2) Auf Verlangen des Arbeitgebers soll eine schwangere Frau als Nachweis über ihre Schwangerschaft ein ärztliches Zeugnis oder das Zeugnis einer Hebamme oder eines Entbindungspflegers vorlegen. Das Zeugnis über die Schwangerschaft soll den voraussichtlichen Tag der Entbindung enthalten.

Unterabschnitt 3
Ärztlicher Gesundheitsschutz

§ 16 Ärztliches Beschäftigungsverbot

(1) Der Arbeitgeber darf eine schwangere Frau nicht beschäftigen, soweit nach einem ärztlichen Zeugnis ihre Gesundheit oder die ihres Kindes bei Fortdauer der Beschäftigung gefährdet ist.

(2) Der Arbeitgeber darf eine Frau, die nach einem ärztlichen Zeugnis in den ersten Monaten nach der Entbindung nicht voll leistungsfähig ist, nicht mit Arbeiten beschäftigen, die ihre Leistungsfähigkeit übersteigen.

Abschnitt 3
Kündigungsschutz

§ 17 Kündigungsverbot

(1) Die Kündigung gegenüber einer Frau ist unzulässig

1. während ihrer Schwangerschaft,
2. bis zum Ablauf von vier Monaten nach einer Fehlgeburt nach der zwölften Schwangerschaftswoche und
3. bis zum Ende ihrer Schutzfrist nach der Entbindung, mindestens jedoch bis zum Ablauf von vier Monaten nach der Entbindung,

wenn dem Arbeitgeber zum Zeitpunkt der Kündigung die Schwangerschaft, die Fehlgeburt nach der zwölften Schwangerschaftswoche oder die Entbindung bekannt ist oder wenn sie ihm innerhalb von zwei Wochen nach Zugang der Kündigung mitgeteilt wird. Das Überschreiten dieser Frist ist unschädlich, wenn die Überschreitung auf einem von der Frau nicht zu vertretenden Grund beruht und die Mitteilung unverzüglich nachgeholt wird. Die Sätze 1 und 2 gelten entsprechend für Vorbereitungsmaßnahmen des Arbeitgebers, die er im Hinblick auf eine Kündigung der Frau trifft.

(2) Die für den Arbeitsschutz zuständige oberste Landesbehörde oder die von ihr bestimmte Stelle kann in besonderen Fällen, die nicht mit dem Zustand der Frau in der Schwangerschaft, nach einer Fehlgeburt nach der zwölften Schwangerschaftswoche oder nach der Entbindung in Zusammenhang stehen, ausnahmsweise die Kündigung für zulässig erklären. Die Kündigung bedarf der Schriftform und muss den Kündigungsgrund angeben.

(3) Der Auftraggeber oder Zwischenmeister darf eine in Heimarbeit beschäftigte Frau in den Fristen nach Absatz 1 Satz 1 nicht gegen ihren Willen bei der Ausgabe von Heimarbeit ausschließen; die §§ 3, 8, 11, 12, 13 Absatz 2 und § 16 bleiben unberührt. Absatz 1 gilt auch für eine Frau, die der in Heimarbeit beschäftigten Frau gleichgestellt ist und deren Gleichstellung sich auch auf § 29 des Heimarbeitsgesetzes erstreckt. Absatz 2 gilt für eine in Heimarbeit beschäftigte Frau und eine ihr Gleichgestellte entsprechend.

Abschnitt 4
Leistungen

§ 18 Mutterschutzlohn

Eine Frau, die wegen eines Beschäftigungsverbots außerhalb der Schutzfristen vor oder nach der Entbindung teilweise oder gar nicht beschäftigt werden darf, erhält von ihrem Arbeitgeber Mutterschutzlohn. Als Mutterschutzlohn wird das durchschnittliche Arbeitsentgelt der letzten drei abgerechneten Kalendermonate vor dem Eintritt der Schwangerschaft gezahlt. Dies gilt auch, wenn wegen dieses Verbots die Beschäftigung oder die Entlohnungsart wechselt. Beginnt das Beschäftigungsverhältnis erst nach Eintritt der Schwangerschaft, ist das durchschnittliche Arbeitsentgelt aus dem Arbeitsentgelt der ersten drei Monate der Beschäftigung zu berechnen.

§ 19 Mutterschaftsgeld

(1) Eine Frau, die Mitglied einer gesetzlichen Krankenkasse ist, erhält für die Zeit der Schutzfristen vor und nach der Entbindung sowie für den Entbindungstag Mutterschaftsgeld nach den Vorschriften des Fünften Buches Sozialgesetzbuch oder nach den Vorschriften des Zweiten Gesetzes über die Krankenversicherung der Landwirte.

(2) Eine Frau, die nicht Mitglied einer gesetzlichen Krankenkasse ist, erhält für die Zeit der Schutzfristen vor und nach der Entbindung sowie für den Entbindungstag Mutterschaftsgeld zu Lasten des Bundes in entsprechender Anwendung der Vorschriften des Fünften Buches Sozialgesetzbuch über das Mutterschaftsgeld, jedoch insgesamt höchstens 210 Euro. Das Mutterschaftsgeld wird dieser Frau auf Antrag vom Bundesamt für Soziale Sicherung gezahlt. Endet das Beschäftigungsverhältnis nach Maßgabe von § 17 Absatz 2 durch eine Kündigung, erhält die Frau Mutterschaftsgeld in entsprechender Anwendung der Sätze 1 und 2 für die Zeit nach dem Ende des Beschäftigungsverhältnisses.

§ 20 Zuschuss zum Mutterschaftsgeld

(1) Eine Frau erhält während ihres bestehenden Beschäftigungsverhältnisses für die Zeit der Schutzfristen vor und nach der Entbindung sowie für den Entbindungstag von ihrem Arbeitgeber einen Zuschuss zum Mutterschaftsgeld. Als Zuschuss zum Mutterschaftsgeld wird der Unterschiedsbetrag zwischen 13 Euro und dem um die gesetzlichen Abzüge verminderten durchschnittlichen kalendertäglichen Arbeitsentgelt der letzten drei abgerechneten Kalendermonate vor Beginn der Schutzfrist vor der Entbindung gezahlt. Einer Frau, deren Beschäftigungsverhältnis während der Schutzfristen vor oder nach der Entbindung beginnt, wird der Zuschuss zum Mutterschaftsgeld von Beginn des Beschäftigungsverhältnisses an gezahlt.

(2) Ist eine Frau für mehrere Arbeitgeber tätig, sind für die Berechnung des Arbeitgeberzuschusses nach Absatz 1 die durchschnittlichen kalendertäglichen Arbeitsentgelte aus diesen Beschäftigungsverhältnissen zusammenzurechnen. Den sich daraus ergebenden Betrag zahlen die Arbeitgeber anteilig im Verhältnis der von ihnen gezahlten durchschnittlichen kalendertäglichen Arbeitsentgelte.

(3) Endet das Beschäftigungsverhältnis nach Maßgabe von § 17 Absatz 2 durch eine Kündigung, erhält die Frau für die Zeit nach dem Ende des Beschäftigungsverhältnisses den Zuschuss zum Mutterschaftsgeld nach Absatz 1 von der für die Zahlung des Mutterschaftsgeldes zuständigen Stelle. Satz 1 gilt entsprechend, wenn der Arbeitgeber wegen eines Insolvenzereignisses im Sinne von § 165 Absatz 1 Satz 2 des Dritten Buches Sozialgesetzbuch den Zuschuss nach Absatz 1 nicht zahlen kann.

§ 21 Ermittlung des durchschnittlichen Arbeitsentgelts

(1) Bei der Bestimmung des Berechnungszeitraumes für die Ermittlung des durchschnittlichen Arbeitsentgelts für die Leistungen nach den §§ 18 bis 20 bleiben Zeiten unberücksichtigt, in denen die Frau infolge unverschuldeter Fehlzeiten kein Arbeitsentgelt erzielt hat. War das Beschäftigungsverhältnis kürzer als drei Monate, ist der Berechnung der tatsächliche Zeitraum des Beschäftigungsverhältnisses zugrunde zu legen.

(2) Für die Ermittlung des durchschnittlichen Arbeitsentgelts für die Leistungen nach den §§ 18 bis 20 bleiben unberücksichtigt:

1. einmalig gezahltes Arbeitsentgelt im Sinne von § 23a des Vierten Buches Sozialgesetzbuch,

2. Kürzungen des Arbeitsentgelts, die im Berechnungszeitraum infolge von Kurzarbeit, Arbeitsausfällen oder unverschuldetem Arbeitsversäumnis eintreten, und
3. im Fall der Beendigung der Elternzeit nach dem Bundeselterngeld- und Elternzeitgesetz das Arbeitsentgelt aus Teilzeitbeschäftigung, das vor der Beendigung der Elternzeit während der Elternzeit erzielt wurde, soweit das durchschnittliche Arbeitsentgelt ohne die Berücksichtigung der Zeiten, in denen dieses Arbeitsentgelt erzielt wurde, höher ist.

(3) Ist die Ermittlung des durchschnittlichen Arbeitsentgelts entsprechend den Absätzen 1 und 2 nicht möglich, ist das durchschnittliche kalendertägliche Arbeitsentgelt einer vergleichbar beschäftigten Person zugrunde zu legen.

(4) Bei einer dauerhaften Änderung der Arbeitsentgelthöhe ist die geänderte Arbeitsentgelthöhe bei der Ermittlung des durchschnittlichen Arbeitsentgelts für die Leistungen nach den §§ 18 bis 20 zugrunde zu legen, und zwar

1. für den gesamten Berechnungszeitraum, wenn die Änderung während des Berechnungszeitraums wirksam wird,
2. ab Wirksamkeit der Änderung der Arbeitsentgelthöhe, wenn die Änderung der Arbeitsentgelthöhe nach dem Berechnungszeitraum wirksam wird.

§ 22 Leistungen während der Elternzeit

Während der Elternzeit sind Ansprüche auf Leistungen nach den §§ 18 und 20 aus dem wegen der Elternzeit ruhenden Arbeitsverhältnis ausgeschlossen. Übt die Frau während der Elternzeit eine Teilzeitarbeit aus, ist für die Ermittlung des durchschnittlichen Arbeitsentgelts nur das Arbeitsentgelt aus dieser Teilzeitarbeit zugrunde zu legen.

§ 23 Entgelt bei Freistellung für Untersuchungen und zum Stillen

(1) Durch die Gewährung der Freistellung nach § 7 darf bei der schwangeren oder stillenden Frau kein Entgeltausfall eintreten. Freistellungszeiten sind weder vor- noch nachzuarbeiten. Sie werden nicht auf Ruhepausen angerechnet, die im Arbeitszeitgesetz oder in anderen Vorschriften festgelegt sind.

(2) Der Auftraggeber oder Zwischenmeister hat einer in Heimarbeit beschäftigten Frau und der ihr Gleichgestellten für die Stillzeit ein Entgelt zu zahlen, das nach der Höhe des durchschnittlichen Stundenentgelts für jeden Werktag zu berechnen ist. Ist eine Frau für mehrere Auftraggeber oder Zwischenmeister tätig, haben diese das Entgelt für die Stillzeit zu gleichen Teilen zu zahlen. Auf das Entgelt finden die Vorschriften der §§ 23 bis 25 des Heimarbeitsgesetzes über den Entgeltschutz Anwendung.

§ 24 Fortbestehen des Erholungsurlaubs bei Beschäftigungsverboten

Für die Berechnung des Anspruchs auf bezahlten Erholungsurlaub gelten die Ausfallzeiten wegen eines Beschäftigungsverbots als Beschäftigungszeiten. Hat eine Frau ihren Urlaub vor Beginn eines Beschäftigungsverbots nicht oder nicht vollständig erhalten, kann sie nach dem Ende des Beschäftigungsverbots den Resturlaub im laufenden oder im nächsten Urlaubsjahr beanspruchen.

§ 25 Beschäftigung nach dem Ende des Beschäftigungsverbots

Mit dem Ende eines Beschäftigungsverbots im Sinne von § 2 Absatz 3 hat eine Frau das Recht, entsprechend den vertraglich vereinbarten Bedingungen beschäftigt zu werden.

Abschnitt 5
Durchführung des Gesetzes

§ 26 Aushang des Gesetzes

(1) In Betrieben und Verwaltungen, in denen regelmäßig mehr als drei Frauen beschäftigt werden, hat der Arbeitgeber eine Kopie dieses Gesetzes an geeigneter Stelle zur Einsicht auszulegen oder auszuhängen. Dies gilt nicht, wenn er das Gesetz für die Personen, die bei ihm beschäftigt sind, in einem elektronischen Verzeichnis jederzeit zugänglich gemacht hat.

(2) Für eine in Heimarbeit beschäftigte Frau oder eine ihr Gleichgestellte muss der Auftraggeber oder Zwischenmeister in den Räumen der Ausgabe oder Abnahme von Heimarbeit eine Kopie dieses Gesetzes an geeigneter Stelle zur Einsicht auslegen oder aushängen. Absatz 1 Satz 2 gilt entsprechend.

15

§ 27 Mitteilungs- und Aufbewahrungspflichten des Arbeitgebers, Offenbarungsverbot der mit der Überwachung beauftragten Personen

(1) Der Arbeitgeber hat die Aufsichtsbehörde unverzüglich zu benachrichtigen,

1. wenn eine Frau ihm mitgeteilt hat,
   a) dass sie schwanger ist oder
   b) dass sie stillt, es sei denn, er hat die Aufsichtsbehörde bereits über die Schwangerschaft dieser Frau benachrichtigt, oder
2. wenn er beabsichtigt, eine schwangere oder stillende Frau zu beschäftigen
   a) bis 22 Uhr nach den Vorgaben des § 5 Absatz 2 Satz 2 und 3,
   b) an Sonn- und Feiertagen nach den Vorgaben des § 6 Absatz 1 Satz 2 und 3 oder Absatz 2 Satz 2 und 3 oder
   c) mit getakteter Arbeit im Sinne von § 11 Absatz 6 Nummer 3 oder § 12 Absatz 5 Nummer 3.

Er darf diese Informationen nicht unbefugt an Dritte weitergeben.

(2) Der Arbeitgeber hat der Aufsichtsbehörde auf Verlangen die Angaben zu machen, die zur Erfüllung der Aufgaben dieser Behörde erforderlich sind. Er hat die Angaben wahrheitsgemäß, vollständig und rechtzeitig zu machen.

(3) Der Arbeitgeber hat der Aufsichtsbehörde auf Verlangen die Unterlagen zur Einsicht vorzulegen oder einzusenden, aus denen Folgendes ersichtlich ist:

1. die Namen der schwangeren oder stillenden Frauen, die bei ihm beschäftigt sind,
2. die Art und der zeitliche Umfang ihrer Beschäftigung,
3. die Entgelte, die an sie gezahlt worden sind,
4. die Ergebnisse der Beurteilung der Arbeitsbedingungen nach § 10 und
5. alle sonstigen nach Absatz 2 erforderlichen Angaben.

(4) Die auskunftspflichtige Person kann die Auskunft auf solche Fragen oder die Vorlage derjenigen Unterlagen verweigern, deren Beantwortung oder Vorlage sie selbst oder einen ihrer in § 383 Absatz 1 Nummer 1 bis 3 der Zivilprozessordung bezeichneten Angehörigen der Gefahr der Verfolgung wegen einer Straftat oder Ordnungswidrigkeit aussetzen würde. Die auskunftspflichtige Person ist darauf hinzuweisen.

(5) Der Arbeitgeber hat die in Absatz 3 genannten Unterlagen mindestens bis zum Ablauf von zwei Jahren nach der letzten Eintragung aufzubewahren.

(6) Die mit der Überwachung beauftragten Personen der Aufsichtsbehörde dürfen die ihnen bei ihrer Überwachungstätigkeit zur Kenntnis gelangten Geschäfts- und Betriebsgeheimnisse nur in den gesetzlich geregelten Fällen oder zur Verfolgung von Rechtsverstößen oder zur Erfüllung von gesetzlich geregelten Aufgaben zum Schutz der Umwelt den dafür zuständigen Behörden offenbaren. Soweit es sich bei Geschäfts- und Betriebsgeheimnissen um Informationen über die Umwelt im Sinne des Umweltinformationsgesetzes handelt, richtet sich die Befugnis zu ihrer Offenbarung nach dem Umweltinformationsgesetz.

§ 28 Behördliches Genehmigungsverfahren für eine Beschäftigung zwischen 20 Uhr und 22 Uhr

(1) Die Aufsichtsbehörde kann abweichend von § 5 Absatz 1 Satz 1 auf Antrag des Arbeitgebers genehmigen, dass eine schwangere oder stillende Frau zwischen 20 Uhr und 22 Uhr beschäftigt wird, wenn

1. sich die Frau dazu ausdrücklich bereit erklärt,

2. nach ärztlichem Zeugnis nichts gegen die Beschäftigung der Frau bis 22 Uhr spricht und
3. insbesondere eine unverantwortbare Gefährdung für die schwangere Frau oder ihr Kind durch Alleinarbeit ausgeschlossen ist.

Dem Antrag ist die Dokumentation der Beurteilung der Arbeitsbedingungen nach § 14 Absatz 1 beizufügen. Die schwangere oder stillende Frau kann ihre Erklärung nach Satz 1 Nummer 1 jederzeit mit Wirkung für die Zukunft widerrufen.

(2) Solange die Aufsichtsbehörde den Antrag nicht ablehnt oder die Beschäftigung zwischen 20 Uhr und 22 Uhr nicht vorläufig untersagt, darf der Arbeitgeber die Frau unter den Voraussetzungen des Absatzes 1 beschäftigen. Die Aufsichtsbehörde hat dem Arbeitgeber nach Eingang des Antrags unverzüglich eine Mitteilung zu machen, wenn die für den Antrag nach Absatz 1 erforderlichen Unterlagen unvollständig sind. Die Aufsichtsbehörde kann die Beschäftigung vorläufig untersagen, soweit dies erforderlich ist, um den Schutz der Gesundheit der Frau oder ihres Kindes sicherzustellen.

(3) Lehnt die Aufsichtsbehörde den Antrag nicht innerhalb von sechs Wochen nach Eingang des vollständigen Antrags ab, gilt die Genehmigung als erteilt. Auf Verlangen ist dem Arbeitgeber der Eintritt der Genehmigungsfiktion (§ 42a des Verwaltungsverfahrensgesetzes) zu bescheinigen.

(4) Im Übrigen gelten die Vorschriften des Verwaltungsverfahrensgesetzes.

§ 29 Zuständigkeit und Befugnisse der Aufsichtsbehörden, Jahresbericht

(1) Die Aufsicht über die Ausführung der Vorschriften dieses Gesetzes und der aufgrund dieses Gesetzes erlassenen Vorschriften obliegt den nach Landesrecht zuständigen Behörden (Aufsichtsbehörden).

(2) Die Aufsichtsbehörden haben dieselben Befugnisse wie die nach § 22 Absatz 2 und 3 des Arbeitsschutzgesetzes mit der Überwachung beauftragten Personen. Das Grundrecht der Unverletzlichkeit der Wohnung (Artikel 13 des Grundgesetzes) wird insoweit eingeschränkt.

(3) Die Aufsichtsbehörde kann in Einzelfällen die erforderlichen Maßnahmen anordnen, die der Arbeitgeber zur Erfüllung derjenigen Pflichten zu treffen hat, die sich aus Abschnitt 2 dieses Gesetzes und aus den aufgrund des § 31 Nummer 1 bis 5 erlassenen Rechtsverordnungen ergeben. Insbesondere kann die Aufsichtsbehörde:

1. in besonders begründeten Einzelfällen Ausnahmen vom Verbot der Mehrarbeit nach § 4 Absatz 1 Satz 1, 2 oder 4 sowie vom Verbot der Nachtarbeit auch zwischen 22 Uhr und 6 Uhr nach § 5 Absatz 1 Satz 1 oder Absatz 2 Satz 1 bewilligen, wenn
   a) sich die Frau dazu ausdrücklich bereit erklärt,
   b) nach ärztlichem Zeugnis nichts gegen die Beschäftigung spricht und
   c) in den Fällen des § 5 Absatz 1 Satz 1 oder Absatz 2 Satz 1 insbesondere eine unverantwortbare Gefährdung für die schwangere Frau oder ihr Kind durch Alleinarbeit ausgeschlossen ist,
2. verbieten, dass ein Arbeitgeber eine schwangere oder stillende Frau
   a) nach § 5 Absatz 2 Satz 2 zwischen 20 Uhr und 22 Uhr beschäftigt oder
   b) nach § 6 Absatz 1 Satz 2 oder nach § 6 Absatz 2 Satz 2 an Sonn- und Feiertagen beschäftigt,
3. Einzelheiten zur Freistellung zum Stillen nach § 7 Absatz 2 und zur Bereithaltung von Räumlichkeiten, die zum Stillen geeignet sind, anordnen,
4. Einzelheiten zur zulässigen Arbeitsmenge nach § 8 anordnen,
5. Schutzmaßnahmen nach § 9 Absatz 1 bis 3 und nach § 13 anordnen,
6. Einzelheiten zu Art und Umfang der Beurteilung der Arbeitsbedingungen nach § 10 anordnen,
7. bestimmte Tätigkeiten oder Arbeitsbedingungen nach § 11 oder nach § 12 verbieten,

15

8. Ausnahmen von den Vorschriften des § 11 Absatz 6 Nummer 1 und 2 und des § 12 Absatz 5 Nummer 1 und 2 bewilligen, wenn die Art der Arbeit und das Arbeitstempo keine unverantwortbare Gefährdung für die schwangere oder stillende Frau oder für ihr Kind darstellen, und
9. Einzelheiten zu Art und Umfang der Dokumentation und Information nach § 14 anordnen.

Die schwangere oder stillende Frau kann ihre Erklärung nach Satz 2 Nummer 1 Buchstabe a jederzeit mit Wirkung für die Zukunft widerrufen.

(4) Die Aufsichtsbehörde berät den Arbeitgeber bei der Erfüllung seiner Pflichten nach diesem Gesetz sowie die bei ihm beschäftigten Personen zu ihren Rechten und Pflichten nach diesem Gesetz; dies gilt nicht für die Rechte und Pflichten nach den §§ 18 bis 22.

(5) Für Betriebe und Verwaltungen im Geschäftsbereich des Bundesministeriums der Verteidigung wird die Aufsicht nach Absatz 1 durch das Bundesministerium der Verteidigung oder die von ihm bestimmte Stelle in eigener Zuständigkeit durchgeführt.

(6) Die zuständigen obersten Landesbehörden haben über die Überwachungstätigkeit der ihnen unterstellten Behörden einen Jahresbericht zu veröffentlichen. Der Jahresbericht umfasst auch Angaben zur Erfüllung von Unterrichtungspflichten aus internationalen Übereinkommen oder Rechtsakten der Europäischen Union, soweit sie den Mutterschutz betreffen.

§ 30 Ausschuss für Mutterschutz

(1) Beim Bundesministerium für Familie, Senioren, Frauen und Jugend wird ein Ausschuss für Mutterschutz gebildet, in dem geeignete Personen vonseiten der öffentlichen und privaten Arbeitgeber, der Ausbildungsstellen, der Gewerkschaften, der Studierendenvertretungen und der Landesbehörden sowie weitere geeignete Personen, insbesondere aus der Wissenschaft, vertreten sein sollen. Dem Ausschuss sollen nicht mehr als 15 Mitglieder angehören. Für jedes Mitglied ist ein stellvertretendes Mitglied zu benennen. Die Mitgliedschaft im Ausschuss für Mutterschutz ist ehrenamtlich.

(2) Das Bundesministerium für Familie, Senioren, Frauen und Jugend beruft im Einvernehmen mit dem Bundesministerium für Arbeit und Soziales, dem Bundesministerium für Gesundheit und dem Bundesministerium für Bildung und Forschung die Mitglieder des Ausschusses für Mutterschutz und die stellvertretenden Mitglieder. Der Ausschuss gibt sich eine Geschäftsordnung und wählt die Vorsitzende oder den Vorsitzenden aus seiner Mitte. Die Geschäftsordnung und die Wahl der oder des Vorsitzenden bedürfen der Zustimmung des Bundesministeriums für Familie, Senioren, Frauen und Jugend. Die Zustimmung erfolgt im Einvernehmen mit dem Bundesministerium für Arbeit und Soziales und dem Bundesministerium für Gesundheit.

(3) Zu den Aufgaben des Ausschusses für Mutterschutz gehört es,

1. Art, Ausmaß und Dauer der möglichen unverantwortbaren Gefährdungen einer schwangeren oder stillenden Frau und ihres Kindes nach wissenschaftlichen Erkenntnissen zu ermitteln und zu begründen,
2. sicherheitstechnische, arbeitsmedizinische und arbeitshygienische Regeln zum Schutz der schwangeren oder stillenden Frau und ihres Kindes aufzustellen und
3. das Bundesministerium für Familie, Senioren, Frauen und Jugend in allen mutterschutzbezogenen Fragen zu beraten.

Der Ausschuss arbeitet eng mit den Ausschüssen nach § 18 Absatz 2 Nummer 5 des Arbeitsschutzgesetzes zusammen.

(4) Nach Prüfung durch das Bundesministerium für Familie, Senioren, Frauen und Jugend, durch das Bundesministerium für Arbeit und Soziales, durch das Bundesministerium für Gesundheit und durch das Bundesministerium für Bildung und Forschung kann das Bundesministerium für Familie, Senioren, Frauen und Jugend im Einvernehmen mit den anderen in diesem Absatz genannten Bundesministerien die vom Ausschuss für Mutterschutz nach Absatz 3 aufgestellten Regeln

und Erkenntnisse im Gemeinsamen Ministerialblatt veröffentlichen.

(5) Die Bundesministerien sowie die obersten Landesbehörden können zu den Sitzungen des Ausschusses für Mutterschutz Vertreterinnen oder Vertreter entsenden. Auf Verlangen ist ihnen in der Sitzung das Wort zu erteilen.

(6) Die Geschäfte des Ausschusses für Mutterschutz werden vom Bundesamt für Familie und zivilgesellschaftliche Aufgaben geführt.

§ 31 Erlass von Rechtsverordnungen

Die Bundesregierung wird ermächtigt, durch Rechtsverordnung mit Zustimmung des Bundesrates Folgendes zu regeln:

1. nähere Bestimmungen zum Begriff der unverantwortbaren Gefährdung nach § 9 Absatz 2 Satz 2 und 3,
2. nähere Bestimmungen zur Durchführung der erforderlichen Schutzmaßnahmen nach § 9 Absatz 1 und 2 und nach § 13,
3. nähere Bestimmungen zu Art und Umfang der Beurteilung der Arbeitsbedingungen nach § 10,
4. Festlegungen von unzulässigen Tätigkeiten und Arbeitsbedingungen im Sinne von § 11 oder § 12 oder von anderen nach diesem Gesetz unzulässigen Tätigkeiten und Arbeitsbedingungen,
5. nähere Bestimmungen zur Dokumentation und Information nach § 14,
6. nähere Bestimmungen zur Ermittlung des durchschnittlichen Arbeitsentgelts im Sinne der §§ 18 bis 22 und
7. nähere Bestimmungen zum erforderlichen Inhalt der Benachrichtigung, ihrer Form, der Art und Weise der Übermittlung sowie die Empfänger der vom Arbeitgeber nach § 27 zu meldenden Informationen.

Abschnitt 6 Bußgeldvorschriften, Strafvorschriften

§ 32 Bußgeldvorschriften

(1) Ordnungswidrig handelt, wer vorsätzlich oder fahrlässig

1. entgegen § 3 Absatz 1 Satz 1, auch in Verbindung mit Satz 4, entgegen § 3 Absatz 2 Satz 1, auch in Verbindung mit Satz 2 oder 3, entgegen § 3 Absatz 3 Satz 1, § 3 Absatz 5 Satz 1, § 4 Absatz 1 Satz 1, 2 oder 4 oder § 5 Absatz 1 Satz 1, § 6 Absatz 1 Satz 1, § 13 Absatz 1 Nummer 3 oder § 16 eine Frau beschäftigt,
2. entgegen § 4 Absatz 2 eine Ruhezeit nicht, nicht richtig oder nicht rechtzeitig gewährt,
3. entgegen § 5 Absatz 2 Satz 1 oder § 6 Absatz 2 Satz 1 eine Frau tätig werden lässt,
4. entgegen § 7 Absatz 1 Satz 1, auch in Verbindung mit Satz 2, oder entgegen § 7 Absatz 2 Satz 1 eine Frau nicht freistellt,
5. entgegen § 8 oder § 13 Absatz 2 Heimarbeit ausgibt,
6. entgegen § 10 Absatz 1 Satz 1, auch in Verbindung mit einer Rechtsverordnung nach § 31 Nummer 3, eine Gefährdung nicht, nicht richtig oder nicht rechtzeitig beurteilt oder eine Ermittlung nicht, nicht richtig oder nicht rechtzeitig durchführt,
7. entgegen § 10 Absatz 2 Satz 1, auch in Verbindung mit einer Rechtsverordnung nach § 31 Nummer 3, eine Schutzmaßnahme nicht, nicht richtig oder nicht rechtzeitig festlegt,
8. entgegen § 10 Absatz 3 eine Frau eine andere als die dort bezeichnete Tätigkeit ausüben lässt,
9. entgegen § 14 Absatz 1 Satz 1 in Verbindung mit einer Rechtsverordnung nach § 31 Nummer 5 eine Dokumentation nicht, nicht richtig, nicht vollständig oder nicht rechtzeitig erstellt,
10. entgegen § 14 Absatz 2 oder 3, jeweils in Verbindung mit einer Rechtsverordnung nach § 31 Nummer 5, eine Information nicht, nicht richtig, nicht vollständig oder nicht rechtzeitig gibt,
11. entgegen § 27 Absatz 1 Satz 1 die Aufsichtsbehörde nicht, nicht richtig oder nicht rechtzeitig benachrichtigt,
12. entgegen § 27 Absatz 1 Satz 2 eine Information weitergibt,

13. entgegen § 27 Absatz 2 eine Angabe nicht, nicht richtig, nicht vollständig oder nicht rechtzeitig macht,
14. entgegen § 27 Absatz 3 eine Unterlage nicht, nicht richtig oder nicht rechtzeitig vorlegt oder nicht oder nicht rechtzeitig einsendet,
15. entgegen § 27 Absatz 5 eine Unterlage nicht oder nicht mindestens zwei Jahre aufbewahrt,
16. einer vollziehbaren Anordnung nach § 29 Absatz 3 Satz 1 zuwiderhandelt oder
17. einer Rechtsverordnung nach § 31 Nummer 4 oder einer vollziehbaren Anordnung aufgrund einer solchen Rechtsverordnung zuwiderhandelt, soweit die Rechtsverordnung für einen bestimmten Tatbestand auf diese Bußgeldvorschrift verweist.

(2) Die Ordnungswidrigkeit kann in den Fällen des Absatzes 1 Nummer 1 bis 5, 8, 16 und 17 mit einer Geldbuße bis zu dreißigtausend Euro, in den übrigen Fällen mit einer Geldbuße bis zu fünftausend Euro geahndet werden.

§ 33 Strafvorschriften

Wer eine in § 32 Absatz 1 Nummer 1 bis 5, 8, 16 und 17 bezeichnete vorsätzliche Handlung begeht und dadurch die Gesundheit der Frau oder ihres Kindes gefährdet, wird mit Freiheitsstrafe bis zu einem Jahr oder mit Geldstrafe bestraft.

Abschnitt 7
Schlussvorschriften

§ 34 Evaluationsbericht

Die Bundesregierung legt dem Deutschen Bundestag zum 1. Januar 2021 einen Evaluationsbericht über die Auswirkungen des Gesetzes vor. Schwerpunkte des Berichts sollen die Handhabbarkeit der gesetzlichen Regelung in der betrieblichen und behördlichen Praxis, die Wirksamkeit und die Auswirkungen des Gesetzes im Hinblick auf seinen Anwendungsbereich, die Auswirkungen der Regelungen zum Verbot der Mehr- und Nachtarbeit sowie zum Verbot der Sonn- und Feiertagsarbeit und die Arbeit des Ausschusses für Mutterschutz sein. Der Bericht darf keine personenbezogenen Daten enthalten.

Gesetz über den Nachweis der für ein Arbeitsverhältnis geltenden wesentlichen Bedingungen (Nachweisgesetz – NachwG)

Vom 20. Juli 1995 (BGBl. I S. 946)

Zuletzt geändert durch
Viertes Bürokratieentlastungsgesetz
vom 23. Oktober 2024 (BGBl. I Nr. 323)

§ 1 Anwendungsbereich

Dieses Gesetz gilt für alle Arbeitnehmer. Praktikanten, die gemäß § 22 Absatz 1 des Mindestlohngesetzes als Arbeitnehmer gelten, sind Arbeitnehmer im Sinne dieses Gesetzes.

§ 2 Nachweispflicht

(1) Der Arbeitgeber hat die wesentlichen Vertragsbedingungen des Arbeitsverhältnisses innerhalb der Fristen des Satzes 9 schriftlich niederzulegen, die Niederschrift zu unterzeichnen und dem Arbeitnehmer auszuhändigen. Die Niederschrift nach Satz 1 kann in Textform (§ 126b des Bürgerlichen Gesetzbuchs) abgefasst und elektronisch übermittelt werden, sofern das Dokument für den Arbeitnehmer zugänglich ist, gespeichert und ausgedruckt werden kann und der Arbeitgeber den Arbeitnehmer mit der Übermittlung auffordert, einen Empfangsnachweis zu erteilen. Im Fall des Satzes 2 hat der Arbeitgeber auf Verlangen des Arbeitnehmers die Niederschrift unter Hinweis auf den Geltungsbeginn der wesentlichen Vertragsbedingungen unverzüglich in der Form der Sätze 1 und 8 zu erteilen. Satz 3 gilt entsprechend, wenn die wesentlichen Vertragsbedingungen nicht nachgewiesen wurden. Die Verjährung des Anspruchs nach den Sätzen 3 und 4 beginnt mit dem Schluss des Jahres, in dem das Arbeitsverhältnis endet. Die Sätze 2 bis 5 finden keine Anwendung auf Arbeitnehmer, die in einem Wirtschaftsbereich oder Wirtschaftszweig nach § 2a Absatz 1 des Schwarzarbeitsbekämpfungsgesetzes tätig sind. In die Niederschrift sind mindestens aufzunehmen:

1. der Name und die Anschrift der Vertragsparteien,
2. der Zeitpunkt des Beginns des Arbeitsverhältnisses,
3. bei befristeten Arbeitsverhältnissen: das Enddatum oder die vorhersehbare Dauer des Arbeitsverhältnisses,
4. der Arbeitsort oder, falls der Arbeitnehmer nicht nur an einem bestimmten Arbeitsort tätig sein soll, ein Hinweis darauf, daß der Arbeitnehmer an verschiedenen Orten beschäftigt werden oder seinen Arbeitsort frei wählen kann,
5. eine kurze Charakterisierung oder Beschreibung der vom Arbeitnehmer zu leistenden Tätigkeit,
6. sofern vereinbart, die Dauer der Probezeit,
7. die Zusammensetzung und die Höhe des Arbeitsentgelts einschließlich der Vergütung von Überstunden, der Zuschläge, der Zulagen, Prämien und Sonderzahlungen sowie anderer Bestandteile des Arbeitsentgelts, die jeweils getrennt anzugeben sind, und deren Fälligkeit sowie die Art der Auszahlung,
8. die vereinbarte Arbeitszeit, vereinbarte Ruhepausen und Ruhezeiten sowie bei vereinbarter Schichtarbeit das Schichtsystem, der Schichtrhythmus und Voraussetzungen für Schichtänderungen,
9. bei Arbeit auf Abruf nach § 12 des Teilzeit- und Befristungsgesetzes:
   a) die Vereinbarung, dass der Arbeitnehmer seine Arbeitsleistung entsprechend dem Arbeitsanfall zu erbringen hat,
   b) die Zahl der mindestens zu vergütenden Stunden,

16

c) der Zeitrahmen, bestimmt durch Referenztage und Referenzstunden, der für die Erbringung der Arbeitsleistung festgelegt ist, und
d) die Frist, innerhalb derer der Arbeitgeber die Lage der Arbeitszeit im Voraus mitzuteilen hat,

10. sofern vereinbart, die Möglichkeit der Anordnung von Überstunden und deren Voraussetzungen,
11. die Dauer des jährlichen Erholungsurlaubs,
12. ein etwaiger Anspruch auf vom Arbeitgeber bereitgestellte Fortbildung,
13. wenn der Arbeitgeber dem Arbeitnehmer eine betriebliche Altersversorgung über einen Versorgungsträger zusagt, der Name und die Anschrift dieses Versorgungsträgers; die Nachweispflicht entfällt, wenn der Versorgungsträger zu dieser Information verpflichtet ist,
14. das bei der Kündigung des Arbeitsverhältnisses von Arbeitgeber und Arbeitnehmer einzuhaltende Verfahren, mindestens das Schriftformerfordernis und die Fristen für die Kündigung des Arbeitsverhältnisses, sowie die Frist zur Erhebung einer Kündigungsschutzklage; § 7 des Kündigungsschutzgesetzes ist auch bei einem nicht ordnungsgemäßen Nachweis der Frist zur Erhebung einer Kündigungsschutzklage anzuwenden,
15. ein in allgemeiner Form gehaltener Hinweis auf die auf das Arbeitsverhältnis anwendbaren Tarifverträge, Betriebs- oder Dienstvereinbarungen sowie Regelungen paritätisch besetzter Kommissionen, die auf der Grundlage kirchlichen Rechts Arbeitsbedingungen für den Bereich kirchlicher Arbeitgeber festlegen.

Der Nachweis der wesentlichen Vertragsbedingungen nach Satz 1 in elektronischer Form ist ausgeschlossen. Dem Arbeitnehmer ist die Niederschrift mit den Angaben nach Satz 7 Nummer 1, 7 und 8 spätestens am ersten Tag der Arbeitsleistung, die Niederschrift mit den Angaben nach Satz 7 Nummer 2 bis 6, 9 und 10 spätestens am siebten Kalendertag nach dem vereinbarten Beginn des Arbeitsverhältnisses und die Niederschrift mit den übrigen Angaben nach Satz 7 spätestens einen Monat nach dem vereinbarten Beginn des Arbeitsverhältnisses auszuhändigen.

(1a) Wer einen Praktikanten einstellt, hat unverzüglich nach Abschluss des Praktikumsvertrages, spätestens vor Aufnahme der Praktikantentätigkeit, die wesentlichen Vertragsbedingungen schriftlich niederzulegen, die Niederschrift zu unterzeichnen und dem Praktikanten auszuhändigen. In die Niederschrift sind mindestens aufzunehmen:

1. der Name und die Anschrift der Vertragsparteien,
2. die mit dem Praktikum verfolgten Lern- und Ausbildungsziele,
3. Beginn und Dauer des Praktikums,
4. Dauer der regelmäßigen täglichen Praktikumszeit,
5. Zahlung und Höhe der Vergütung,
6. Dauer des Urlaubs,
7. ein in allgemeiner Form gehaltener Hinweis auf die Tarifverträge, Betriebs- oder Dienstvereinbarungen, die auf das Praktikumsverhältnis anzuwenden sind.

Absatz 1 Satz 8 gilt entsprechend.

(2) Hat der Arbeitnehmer seine Arbeitsleistung länger als vier aufeinanderfolgende Wochen außerhalb der Bundesrepublik Deutschland zu erbringen, so hat der Arbeitgeber dem Arbeitnehmer vor dessen Abreise die Niederschrift nach Absatz 1 Satz 1 mit allen wesentlichen Angaben nach Absatz 1 Satz 7 und folgenden zusätzlichen Angaben auszuhändigen:

1. das Land oder die Länder, in dem oder in denen die Arbeit im Ausland geleistet werden soll, und die geplante Dauer der Arbeit,
2. die Währung, in der die Entlohnung erfolgt,
3. sofern vereinbart, mit dem Auslandsaufenthalt verbundene Geld- oder Sachleistungen, insbesondere Entsendezulagen und zu erstattende Reise-, Verpflegungs- und Unterbringungskosten,

4. die Angabe, ob eine Rückkehr des Arbeitnehmers vorgesehen ist, und gegebenenfalls die Bedingungen der Rückkehr.

Auf die Verpflichtung nach Satz 1 finden folgende Regelungen entsprechende Anwendung:

1. Absatz 1 Satz 2, 5 und 6 sowie
2. Absatz 1 Satz 3 und 4.

(3) Fällt ein Auslandsaufenthalt nach Absatz 2 in den Anwendungsbereich der Richtlinie 96/71/EG des Europäischen Parlaments und des Rates vom 16. Dezember 1996 über die Entsendung von Arbeitnehmern im Rahmen der Erbringung von Dienstleistungen (ABl. L 18 vom 21. 1. 1997, S. 1), die durch die Richtlinie (EU) 2018/957 (ABl. L 173 vom 9. 7. 2018, S. 16) geändert worden ist, muss die Niederschrift nach Absatz 1 Satz 1 neben den Angaben nach Absatz 2 auch folgende zusätzliche Angaben enthalten:

1. die Entlohnung, auf die der Arbeitnehmer nach dem Recht des Mitgliedstaats oder der Mitgliedstaaten, in dem oder in denen der Arbeitnehmer seine Arbeit leisten soll, Anspruch hat,
2. den Link zu der einzigen offiziellen nationalen Website, die der Mitgliedstaat, in dem der Arbeitnehmer seine Arbeit leisten soll, betreibt nach Artikel 5 Absatz 2 Buchstabe a der Richtlinie 2014/67/EU des Europäischen Parlaments und des Rates vom 15. Mai 2014 zur Durchsetzung der Richtlinie 96/71/EG über die Entsendung von Arbeitnehmern im Rahmen der Erbringung von Dienstleistungen und zur Änderung der Verordnung (EU) Nr. 1024/2012 über die Verwaltungszusammenarbeit mit Hilfe des Binnenmarkt-Informationssystems – („IMI-Verordnung") (ABl. L 159 vom 28. 5. 2014, S. 11).

Auf die Verpflichtung nach Satz 1 finden folgende Regelungen entsprechende Anwendung:

1. Absatz 1 Satz 2, 5 und 6 sowie
2. Absatz 1 Satz 3 und 4.

(4) Die Angaben nach Absatz 1 Satz 7 Nummer 6 bis 8 und 10 bis 14 können ersetzt werden durch einen Hinweis auf die auf das Arbeitsverhältnis anwendbaren Tarifverträge, Betriebs- oder Dienstvereinbarungen sowie Regelungen paritätisch besetzter Kommissionen, die auf der Grundlage kirchlichen Rechts Arbeitsbedingungen für den Bereich kirchlicher Arbeitgeber festlegen. Ist in den Fällen des Absatzes 1 Satz 7 Nummer 11 und 14 die jeweilige gesetzliche Regelung maßgebend, so kann hierauf verwiesen werden. Die Angaben nach Absatz 2 Satz 1 Nummer 2 und Absatz 3 Satz 1 Nummer 1 können ersetzt werden durch einen Hinweis auf konkrete Bestimmungen der einschlägigen Rechts- und Verwaltungsvorschriften und Satzungen oder Tarifverträge, Betriebs- oder Dienstvereinbarungen sowie Regelungen paritätisch besetzter Kommissionen, die auf der Grundlage kirchlichen Rechts Arbeitsbedingungen für den Bereich kirchlicher Arbeitgeber festlegen.

(5) Wenn dem Arbeitnehmer ein schriftlicher Arbeitsvertrag ausgehändigt worden ist, entfällt die Verpflichtung nach den Absätzen 1, 2 und 3, soweit der Vertrag die in den Absätzen 1 bis 4 geforderten Angaben enthält. Ist dem Arbeitnehmer ein Arbeitsvertrag in Textform nach Maßgabe des Absatzes 1 Satz 2 übermittelt worden, entfällt die Verpflichtung nach Absatz 1 Satz 1 und 2 und den Absätzen 2 und 3, soweit der Vertrag die in den Absätzen 1 bis 4 geforderten Angaben enthält; unberührt bleibt der Anspruch nach Absatz 1 Satz 3, auch in Verbindung mit Absatz 2 Satz 2 Nummer 2 oder Absatz 3 Satz 2 Nummer 2. Satz 2 gilt nicht in den Fällen des Absatzes 1 Satz 6.

§ 3 Änderung der Angaben

(1) Eine Änderung der wesentlichen Vertragsbedingungen oder der in § 2 Absatz 2 und 3 genannten Angaben ist dem Arbeitnehmer spätestens an dem Tag, an dem sie wirksam wird, schriftlich mitzuteilen. Auf die Verpflichtung nach Satz 1 finden folgende Regelungen entsprechende Anwendung:

1. § 2 Absatz 1 Satz 2, 5 und 6 sowie
2. § 2 Absatz 1 Satz 3 und 4.

Satz 1 gilt nicht bei einer Änderung der auf das Arbeitsverhältnis anwendbaren gesetzlichen Vorschriften, Tarifverträge, Betriebs-

16

oder Dienstvereinbarungen sowie Regelungen paritätisch besetzter Kommissionen, die auf der Grundlage kirchlichen Rechts Arbeitsbedingungen für den Bereich kirchlicher Arbeitgeber festlegen.

(2) Die Verpflichtung nach Absatz 1 Satz 1 entfällt, sofern dem Arbeitnehmer hinsichtlich der Änderung ein schriftlicher Änderungsvertrag ausgehändigt worden ist. Das Gleiche gilt, wenn dem Arbeitnehmer hinsichtlich der Änderung ein Änderungsvertrag in Textform nach Maßgabe des § 2 Absatz 1 Satz 2 übermittelt worden ist; unberührt bleibt der Anspruch nach § 2 Absatz 1 Satz 3. Satz 2 gilt nicht in den Fällen des § 2 Absatz 1 Satz 6.

§ 4 Bußgeldvorschriften

(1) Ordnungswidrig handelt, wer

1. entgegen § 2 Absatz 1 Satz 1 eine in § 2 Absatz 1 Satz 7 genannte wesentliche Vertragsbedingung nicht, nicht richtig, nicht vollständig, nicht in der vorgeschriebenen Weise oder nicht rechtzeitig aushändigt,
2. entgegen § 2 Absatz 1 Satz 3, auch in Verbindung mit Satz 4, jeweils auch in Verbindung mit § 2 Absatz 2 Satz 2 Nummer 2, Absatz 3 Satz 2 Nummer 2 oder § 3 Absatz 1 Satz 2 Nummer 2, eine dort genannte Niederschrift nicht, nicht richtig, nicht vollständig oder nicht rechtzeitig erteilt,
3. entgegen § 2 Absatz 2 Satz 1, auch in Verbindung mit Absatz 3 Satz 1, eine dort genannte Niederschrift nicht, nicht richtig, nicht vollständig oder nicht rechtzeitig aushändigt oder
4. entgegen § 3 Absatz 1 Satz 1 eine Mitteilung nicht, nicht richtig, nicht vollständig, nicht in der vorgeschriebenen Weise oder nicht rechtzeitig macht.

(2) Die Ordnungswidrigkeit kann mit einer Geldbuße bis zu zweitausend Euro geahndet werden.

§ 5 Übergangsvorschrift

Hat das Arbeitsverhältnis bereits vor dem 1. August 2022 bestanden, so ist dem Arbeitnehmer auf sein Verlangen spätestens am siebten Tag nach Zugang der Aufforderung beim Arbeitgeber die Niederschrift mit den Angaben nach § 2 Absatz 1 Satz 7 Nummer 1 bis 10 auszuhändigen; die Niederschrift mit den übrigen Angaben nach § 2 Absatz 1 Satz 7 ist spätestens einen Monat nach Zugang der Aufforderung auszuhändigen. Soweit eine früher ausgestellte Niederschrift oder ein schriftlicher Arbeitsvertrag die nach diesem Gesetz erforderlichen Angaben enthält, entfällt diese Verpflichtung.

§ 6 Unabdingbarkeit

Von den Vorschriften dieses Gesetzes kann nicht zuungunsten des Arbeitnehmers abgewichen werden.

Gesetz über Teilzeitarbeit und befristete Arbeitsverträge (Teilzeit- und Befristungsgesetz – TzBfG)

Vom 21. Dezember 2000 (BGBl. I S. 1966)

Zuletzt geändert durch
Gesetz zur Umsetzung der Richtlinie (EU) 2019/1152 des Europäischen Parlaments und des Rates vom 20. Juni 2019 über transparente und vorhersehbare Arbeitsbedingungen in der Europäischen Union im Bereich des Zivilrechts und zur Übertragung von Aufgaben an die Sozialversicherung für Landwirtschaft, Forsten und Gartenbau
vom 20. Juli 2022 (BGBl. I S. 1174)

Erster Abschnitt Allgemeine Vorschriften

§ 1 Zielsetzung

Ziel des Gesetzes ist, Teilzeitarbeit zu fördern, die Voraussetzungen für die Zulässigkeit befristeter Arbeitsverträge festzulegen und die Diskriminierung von teilzeitbeschäftigten und befristet beschäftigten Arbeitnehmern zu verhindern.

§ 2 Begriff des teilzeitbeschäftigten Arbeitnehmers

(1) 1Teilzeitbeschäftigt ist ein Arbeitnehmer, dessen regelmäßige Wochenarbeitszeit kürzer ist als die eines vergleichbaren vollzeitbeschäftigten Arbeitnehmers. 2Ist eine regelmäßige Wochenarbeitszeit nicht vereinbart, so ist ein Arbeitnehmer teilzeitbeschäftigt, wenn seine regelmäßige Arbeitszeit im Durchschnitt eines bis zu einem Jahr reichenden Beschäftigungszeitraums unter der eines vergleichbaren vollzeitbeschäftigten Arbeitnehmers liegt. 3Vergleichbar ist ein vollzeitbeschäftigter Arbeitnehmer des Betriebes mit derselben Art des Arbeitsverhältnisses und der gleichen oder einer ähnlichen Tätigkeit. 4Gibt es im Betrieb keinen vergleichbaren vollzeitbeschäftigten Arbeitnehmer, so ist der vergleichbare vollzeitbeschäftigte Arbeitnehmer auf Grund des anwendbaren Tarifvertrages zu bestimmen; in allen anderen Fällen ist darauf abzustellen, wer im jeweiligen Wirtschaftszweig üblicherweise als vergleichbarer vollzeitbeschäftigter Arbeitnehmer anzusehen ist.

(2) Teilzeitbeschäftigt ist auch ein Arbeitnehmer, der eine geringfügige Beschäftigung nach § 8 Abs. 1 Nr. 1 des Vierten Buches Sozialgesetzbuch ausübt.

§ 3 Begriff des befristet beschäftigten Arbeitnehmers

(1) 1Befristet beschäftigt ist ein Arbeitnehmer mit einem auf bestimmte Zeit geschlossenen Arbeitsvertrag. 2Ein auf bestimmte Zeit geschlossener Arbeitsvertrag (befristeter Arbeitsvertrag) liegt vor, wenn seine Dauer kalendermäßig bestimmt ist (kalendermäßig befristeter Arbeitsvertrag) oder sich aus Art, Zweck oder Beschaffenheit der Arbeitsleistung ergibt (zweckbefristeter Arbeitsvertrag).

(2) 1Vergleichbar ist ein unbefristet beschäftigter Arbeitnehmer des Betriebes mit der gleichen oder einer ähnlichen Tätigkeit. 2Gibt es im Betrieb keinen vergleichbaren unbefristet beschäftigten Arbeitnehmer, so ist der vergleichbare unbefristet beschäftigte Arbeitnehmer auf Grund des anwendbaren Tarifvertrages zu bestimmen; in allen anderen Fällen ist darauf abzustellen, wer im jeweiligen Wirtschaftszweig üblicherweise als vergleichbarer unbefristet beschäftigter Arbeitnehmer anzusehen ist.

§ 4 Verbot der Diskriminierung

(1) 1Ein teilzeitbeschäftigter Arbeitnehmer darf wegen der Teilzeitarbeit nicht schlechter behandelt werden als ein vergleichbarer vollzeitbeschäftigter Arbeitnehmer, es sei denn, dass sachliche Gründe eine unterschiedliche Behandlung rechtfertigen. 2Einem teilzeitbeschäftigten Arbeitnehmer ist Ar-

17

beitsentgelt oder eine andere teilbare geldwerte Leistung mindestens in dem Umfang zu gewähren, der dem Anteil seiner Arbeitszeit an der Arbeitszeit eines vergleichbaren vollzeitbeschäftigten Arbeitnehmers entspricht.

(2) 1Ein befristet beschäftigter Arbeitnehmer darf wegen der Befristung des Arbeitsvertrages nicht schlechter behandelt werden als ein vergleichbarer unbefristet beschäftigter Arbeitnehmer, es sei denn, dass sachliche Gründe eine unterschiedliche Behandlung rechtfertigen. 2Einem befristet beschäftigten Arbeitnehmer ist Arbeitsentgelt oder eine andere teilbare geldwerte Leistung, die für einen bestimmten Bemessungszeitraum gewährt wird, mindestens in dem Umfang zu gewähren, der dem Anteil seiner Beschäftigungsdauer am Bemessungszeitraum entspricht. 3Sind bestimmte Beschäftigungsbedingungen von der Dauer des Bestehens des Arbeitsverhältnisses in demselben Betrieb oder Unternehmen abhängig, so sind für befristet beschäftigte Arbeitnehmer dieselben Zeiten zu berücksichtigen wie für unbefristet beschäftigte Arbeitnehmer, es sei denn, dass eine unterschiedliche Berücksichtigung aus sachlichen Gründen gerechtfertigt ist.

§ 5 Benachteiligungsverbot

Der Arbeitgeber darf einen Arbeitnehmer nicht wegen der Inanspruchnahme von Rechten nach diesem Gesetz benachteiligen.

Zweiter Abschnitt
Teilzeitarbeit

§ 6 Förderung von Teilzeitarbeit

Der Arbeitgeber hat den Arbeitnehmern, auch in leitenden Positionen, Teilzeitarbeit nach Maßgabe dieses Gesetzes zu ermöglichen.

§ 7 Ausschreibung; Erörterung; Information über freie Arbeitsplätze

(1) Der Arbeitgeber hat einen Arbeitsplatz, den er öffentlich oder innerhalb des Betriebes ausschreibt, auch als Teilzeitarbeitsplatz auszuschreiben, wenn sich der Arbeitsplatz hierfür eignet.

(2) 1Der Arbeitgeber hat mit dem Arbeitnehmer dessen Wunsch nach Veränderung von Dauer oder Lage oder von Dauer und Lage seiner vertraglich vereinbarten Arbeitszeit zu erörtern und den Arbeitnehmer über entsprechende Arbeitsplätze zu informieren, die im Betrieb oder Unternehmen besetzt werden sollen. 2Dies gilt unabhängig vom Umfang der Arbeitszeit. 3Der Arbeitnehmer kann ein Mitglied der Arbeitnehmervertretung zur Unterstützung oder Vermittlung hinzuziehen.

(3) 1Der Arbeitgeber hat einem Arbeitnehmer, dessen Arbeitsverhältnis länger als sechs Monate bestanden und der ihm in Textform den Wunsch nach Absatz 2 Satz 1 angezeigt hat, innerhalb eines Monats nach Zugang der Anzeige eine begründete Antwort in Textform mitzuteilen. 2Hat der Arbeitgeber in den letzten zwölf Monaten vor Zugang der Anzeige bereits einmal einen in Textform geäußerten Wunsch nach Absatz 2 Satz 1 in Textform begründet beantwortet, ist eine mündliche Erörterung nach Absatz 2 ausreichend.

(4) 1Der Arbeitgeber hat die Arbeitnehmervertretung über angezeigte Arbeitszeitwünsche nach Absatz 2 sowie über Teilzeitarbeit im Betrieb und Unternehmen zu informieren, insbesondere über vorhandene oder geplante Teilzeitarbeitsplätze und über die Umwandlung von Teilzeitarbeitsplätzen in Vollzeitarbeitsplätze oder umgekehrt. 2Der Arbeitnehmervertretung sind auf Verlangen die erforderlichen Unterlagen zur Verfügung zu stellen; § 92 des Betriebsverfassungsgesetzes bleibt unberührt.

§ 8 Zeitlich nicht begrenzte Verringerung der Arbeitszeit

(1) Ein Arbeitnehmer, dessen Arbeitsverhältnis länger als sechs Monate bestanden hat, kann verlangen, dass seine vertraglich vereinbarte Arbeitszeit verringert wird.

(2) 1Der Arbeitnehmer muss die Verringerung seiner Arbeitszeit und den Umfang der Verringerung spätestens drei Monate vor deren Beginn in Textform geltend machen. 2Er soll dabei die gewünschte Verteilung der Arbeitszeit angeben.

(3) 1Der Arbeitgeber hat mit dem Arbeitnehmer die gewünschte Verringerung der Arbeitszeit mit dem Ziel zu erörtern, zu einer Vereinbarung zu gelangen. 2Er hat mit dem Arbeitnehmer Einvernehmen über die von ihm festzulegende Verteilung der Arbeitszeit zu erzielen.

(4) 1Der Arbeitgeber hat der Verringerung der Arbeitszeit zuzustimmen und ihre Verteilung entsprechend den Wünschen des Arbeitnehmers festzulegen, soweit betriebliche Gründe nicht entgegenstehen. 2Ein betrieblicher Grund liegt insbesondere vor, wenn die Verringerung der Arbeitszeit die Organisation, den Arbeitsablauf oder die Sicherheit im Betrieb wesentlich beeinträchtigt oder unverhältnismäßige Kosten verursacht. 3Die Ablehnungsgründe können durch Tarifvertrag festgelegt werden. 4Im Geltungsbereich eines solchen Tarifvertrages können nicht tarifgebundene Arbeitgeber und Arbeitnehmer die Anwendung der tariflichen Regelungen über die Ablehnungsgründe vereinbaren.

(5) 1Die Entscheidung über die Verringerung der Arbeitszeit und ihre Verteilung hat der Arbeitgeber dem Arbeitnehmer spätestens einen Monat vor dem gewünschten Beginn der Verringerung in Textform mitzuteilen. 2Haben sich Arbeitgeber und Arbeitnehmer nicht nach Absatz 3 Satz 1 über die Verringerung der Arbeitszeit geeinigt und hat der Arbeitgeber die Arbeitszeitverringerung nicht spätestens einen Monat vor deren gewünschtem Beginn in Textform abgelehnt, verringert sich die Arbeitszeit in dem vom Arbeitnehmer gewünschten Umfang. 3Haben Arbeitgeber und Arbeitnehmer über die Verteilung der Arbeitszeit kein Einvernehmen nach Absatz 3 Satz 2 erzielt und hat der Arbeitgeber nicht spätestens einen Monat vor dem gewünschten Beginn der Arbeitszeitverringerung die gewünschte Verteilung der Arbeitszeit in Textform abgelehnt, gilt die Verteilung der Arbeitszeit entsprechend den Wünschen des Arbeitnehmers als festgelegt. 4Der Arbeitgeber kann die nach Satz 3 oder Absatz 3 Satz 2 festgelegte Verteilung der Arbeitszeit wieder ändern, wenn das betriebliche Interesse daran das Interesse des Arbeitnehmers an der Beibehaltung erheblich überwiegt und der Arbeitgeber die Änderung spätestens einen Monat vorher angekündigt hat.

(6) Der Arbeitnehmer kann eine erneute Verringerung der Arbeitszeit frühestens nach Ablauf von zwei Jahren verlangen, nachdem der Arbeitgeber einer Verringerung zugestimmt oder sie berechtigt abgelehnt hat.

(7) Für den Anspruch auf Verringerung der Arbeitszeit gilt die Voraussetzung, dass der Arbeitgeber, unabhängig von der Anzahl der Personen in Berufsbildung, in der Regel mehr als 15 Arbeitnehmer beschäftigt.

§ 9 Verlängerung der Arbeitszeit

Der Arbeitgeber hat einen teilzeitbeschäftigten Arbeitnehmer, der ihm in Textform den Wunsch nach einer Verlängerung seiner vertraglich vereinbarten Arbeitszeit angezeigt hat, bei der Besetzung eines Arbeitsplatzes bevorzugt zu berücksichtigen, es sei denn, dass

1. es sich dabei nicht um einen entsprechenden freien Arbeitsplatz handelt oder
2. der teilzeitbeschäftigte Arbeitnehmer nicht mindestens gleich geeignet ist wie ein anderer vom Arbeitgeber bevorzugter Bewerber oder
3. Arbeitszeitwünsche anderer teilzeitbeschäftigter Arbeitnehmer oder
4. dringende betriebliche Gründe entgegenstehen.

Ein freier zu besetzender Arbeitsplatz liegt vor, wenn der Arbeitgeber die Organisationsentscheidung getroffen hat, diesen zu schaffen oder einen unbesetzten Arbeitsplatz neu zu besetzen.

§ 9a Zeitlich begrenzte Verringerung der Arbeitszeit

(1) 1Ein Arbeitnehmer, dessen Arbeitsverhältnis länger als sechs Monate bestanden hat, kann verlangen, dass seine vertraglich vereinbarte Arbeitszeit für einen im Voraus zu bestimmenden Zeitraum verringert wird. 2Der begehrte Zeitraum muss mindestens ein Jahr und darf höchstens fünf Jahre betragen. 3Der

17

Arbeitnehmer hat nur dann einen Anspruch auf zeitlich begrenzte Verringerung der Arbeitszeit, wenn der Arbeitgeber in der Regel mehr als 45 Arbeitnehmer beschäftigt.

(2) 1Der Arbeitgeber kann das Verlangen des Arbeitnehmers nach Verringerung der Arbeitszeit ablehnen, soweit betriebliche Gründe entgegenstehen; § 8 Absatz 4 gilt entsprechend. 2Ein Arbeitgeber, der in der Regel mehr als 45, aber nicht mehr als 200 Arbeitnehmer beschäftigt, kann das Verlangen eines Arbeitnehmers auch ablehnen, wenn zum Zeitpunkt des begehrten Beginns der verringerten Arbeitszeit bei einer Arbeitnehmerzahl von in der Regel

1. mehr als 45 bis 60 bereits mindestens vier,
2. mehr als 60 bis 75 bereits mindestens fünf,
3. mehr als 75 bis 90 bereits mindestens sechs,
4. mehr als 90 bis 105 bereits mindestens sieben,
5. mehr als 105 bis 120 bereits mindestens acht,
6. mehr als 120 bis 135 bereits mindestens neun,
7. mehr als 135 bis 150 bereits mindestens zehn,
8. mehr als 150 bis 165 bereits mindestens elf,
9. mehr als 165 bis 180 bereits mindestens zwölf,
10. mehr als 180 bis 195 bereits mindestens 13,
11. mehr als 195 bis 200 bereits mindestens 14

andere Arbeitnehmer ihre Arbeitszeit nach Absatz 1 verringert haben.

(3) 1Im Übrigen gilt für den Umfang der Verringerung der Arbeitszeit und für die gewünschte Verteilung der Arbeitszeit § 8 Absatz 2 bis 5. 2Für den begehrten Zeitraum der Verringerung der Arbeitszeit sind § 8 Absatz 2 Satz 1, Absatz 3 Satz 1, Absatz 4 sowie Absatz 5 Satz 1 und 2 entsprechend anzuwenden.

(4) Während der Dauer der zeitlich begrenzten Verringerung der Arbeitszeit kann der Arbeitnehmer keine weitere Verringerung und keine Verlängerung seiner Arbeitszeit nach diesem Gesetz verlangen; § 9 findet keine Anwendung.

(5) 1Ein Arbeitnehmer, der nach einer zeitlich begrenzten Verringerung der Arbeitszeit nach Absatz 1 zu seiner ursprünglichen vertraglich vereinbarten Arbeitszeit zurückgekehrt ist, kann eine erneute Verringerung der Arbeitszeit nach diesem Gesetz frühestens ein Jahr nach der Rückkehr zur ursprünglichen Arbeitszeit verlangen. 2Für einen erneuten Antrag auf Verringerung der Arbeitszeit nach berechtigter Ablehnung auf Grund entgegenstehender betrieblicher Gründe nach Absatz 2 Satz 1 gilt § 8 Absatz 6 entsprechend. 3Nach berechtigter Ablehnung auf Grund der Zumutbarkeitsregelung nach Absatz 2 Satz 2 kann der Arbeitnehmer frühestens nach Ablauf von einem Jahr nach der Ablehnung erneut eine Verringerung der Arbeitszeit verlangen.

(6) Durch Tarifvertrag kann der Rahmen für den Zeitraum der Arbeitszeitverringerung abweichend von Absatz 1 Satz 2 auch zuungunsten des Arbeitnehmers festgelegt werden.

(7) Bei der Anzahl der Arbeitnehmer nach Absatz 1 Satz 3 und Absatz 2 sind Personen in Berufsbildung nicht zu berücksichtigen.

§ 10 Aus- und Weiterbildung

Der Arbeitgeber hat Sorge zu tragen, dass auch teilzeitbeschäftigte Arbeitnehmer an Aus- und Weiterbildungsmaßnahmen zur Förderung der beruflichen Entwicklung und Mobilität teilnehmen können, es sei denn, dass dringende betriebliche Gründe oder Aus- und Weiterbildungswünsche anderer teilzeit- oder vollzeitbeschäftigter Arbeitnehmer entgegenstehen.

§ 11 Kündigungsverbot

1Die Kündigung eines Arbeitsverhältnisses wegen der Weigerung eines Arbeitnehmers, von einem Vollzeit- in ein Teilzeitarbeitsverhältnis oder umgekehrt zu wechseln, ist unwirksam. $_{2}$Das Recht zur Kündigung des Arbeitsverhältnisses aus anderen Gründen bleibt unberührt.

§ 12 Arbeit auf Abruf

(1) $_{1}$Arbeitgeber und Arbeitnehmer können vereinbaren, dass der Arbeitnehmer seine Arbeitsleistung entsprechend dem Arbeitsanfall zu erbringen hat (Arbeit auf Abruf). $_{2}$Die Vereinbarung muss eine bestimmte Dauer der wöchentlichen und täglichen Arbeitszeit festlegen. $_{3}$Wenn die Dauer der wöchentlichen Arbeitszeit nicht festgelegt ist, gilt eine Arbeitszeit von 20 Stunden als vereinbart. $_{4}$Wenn die Dauer der täglichen Arbeitszeit nicht festgelegt ist, hat der Arbeitgeber die Arbeitsleistung des Arbeitnehmers jeweils für mindestens drei aufeinander folgende Stunden in Anspruch zu nehmen.

(2) Ist für die Dauer der wöchentlichen Arbeitszeit nach Absatz 1 Satz 2 eine Mindestarbeitszeit vereinbart, darf der Arbeitgeber nur bis zu 25 Prozent der wöchentlichen Arbeitszeit zusätzlich abrufen. Ist für die Dauer der wöchentlichen Arbeitszeit nach Absatz 1 Satz 2 eine Höchstarbeitszeit vereinbart, darf der Arbeitgeber nur bis zu 20 Prozent der wöchentlichen Arbeitszeit weniger abrufen.

(3) $_{1}$Der Arbeitgeber ist verpflichtet, den Zeitrahmen, bestimmt durch Referenzstunden und Referenztage, festzulegen, in dem auf seine Aufforderung hin Arbeit stattfinden kann. $_{2}$Der Arbeitnehmer ist nur zur Arbeitsleistung verpflichtet, wenn der Arbeitgeber ihm die Lage seiner Arbeitszeit jeweils mindestens vier Tage im Voraus mitteilt und die Arbeitsleistung im Zeitrahmen nach Satz 1 zu erfolgen hat.

(4) $_{1}$Zur Berechnung der Entgeltfortzahlung im Krankheitsfall ist die maßgebende regelmäßige Arbeitszeit im Sinne von § 4 Absatz 1 des Entgeltfortzahlungsgesetzes die durchschnittliche Arbeitszeit der letzten drei Monate vor Beginn der Arbeitsunfähigkeit (Referenzzeitraum). $_{2}$Hat das Arbeitsverhältnis bei Beginn der Arbeitsunfähigkeit keine drei Monate bestanden, ist der Berechnung des Entgeltfortzahlungsanspruchs die durchschnittliche Arbeitszeit dieses kürzeren Zeitraums zugrunde zu legen. $_{3}$Zeiten von Kurzarbeit, unverschuldeter Arbeitsversäumnis, Arbeitsausfällen und Urlaub im Referenzzeitraum bleiben außer Betracht. $_{4}$Für den Arbeitnehmer günstigere Regelungen zur Berechnung der Entgeltfortzahlung im Krankheitsfall finden Anwendung.

(5) Für die Berechnung der Entgeltzahlung an Feiertagen nach § 2 Absatz 1 des Entgeltfortzahlungsgesetzes gilt Absatz 4 entsprechend.

(6) $_{1}$Durch Tarifvertrag kann von Absatz 1 und von der Vorankündigungsfrist nach Absatz 3 Satz 2 auch zuungunsten des Arbeitnehmers abgewichen werden, wenn der Tarifvertrag Regelungen über die tägliche und wöchentliche Arbeitszeit und die Vorankündigungsfrist vorsieht. $_{2}$Im Geltungsbereich eines solchen Tarifvertrages können nicht tarifgebundene Arbeitgeber und Arbeitnehmer die Anwendung der tariflichen Regelungen über die Arbeit auf Abruf vereinbaren.

§ 13 Arbeitsplatzteilung

(1) $_{1}$Arbeitgeber und Arbeitnehmer können vereinbaren, dass mehrere Arbeitnehmer sich die Arbeitszeit an einem Arbeitsplatz teilen (Arbeitsplatzteilung). $_{2}$Ist einer dieser Arbeitnehmer an der Arbeitsleistung verhindert, sind die anderen Arbeitnehmer zur Vertretung verpflichtet, wenn sie der Vertretung im Einzelfall zugestimmt haben. $_{3}$Eine Pflicht zur Vertretung besteht auch, wenn der Arbeitsvertrag bei Vorliegen dringender betrieblicher Gründe eine Vertretung vorsieht und diese im Einzelfall zumutbar ist.

(2) $_{1}$Scheidet ein Arbeitnehmer aus der Arbeitsplatzteilung aus, so ist die darauf gestützte Kündigung des Arbeitsverhältnisses eines anderen in die Arbeitsplatzteilung einbezogenen Arbeitnehmers durch den Arbeitgeber unwirksam. $_{2}$Das Recht zur Änderungskündigung aus diesem Anlass und zur Kündigung des Arbeitsverhältnisses aus anderen Gründen bleibt unberührt.

(3) Die Absätze 1 und 2 sind entsprechend anzuwenden, wenn sich Gruppen von Arbeitnehmern auf bestimmten Arbeitsplätzen in festgelegten Zeitabschnitten abwechseln,

ohne dass eine Arbeitsplatzteilung im Sinne des Absatzes 1 vorliegt.

(4) $_{1}$Durch Tarifvertrag kann von den Absätzen 1 und 3 auch zuungunsten des Arbeitnehmers abgewichen werden, wenn der Tarifvertrag Regelungen über die Vertretung der Arbeitnehmer enthält. $_{2}$Im Geltungsbereich eines solchen Tarifvertrages können nicht tarifgebundene Arbeitgeber und Arbeitnehmer die Anwendung der tariflichen Regelungen über die Arbeitsplatzteilung vereinbaren.

Dritter Abschnitt
Befristete Arbeitsverträge

§ 14 Zulässigkeit der Befristung

(1) $_{1}$Die Befristung eines Arbeitsvertrages ist zulässig, wenn sie durch einen sachlichen Grund gerechtfertigt ist. $_{2}$Ein sachlicher Grund liegt insbesondere vor, wenn

1. der betriebliche Bedarf an der Arbeitsleistung nur vorübergehend besteht,
2. die Befristung im Anschluss an eine Ausbildung oder ein Studium erfolgt, um den Übergang des Arbeitnehmers in eine Anschlussbeschäftigung zu erleichtern,
3. der Arbeitnehmer zur Vertretung eines anderen Arbeitnehmers beschäftigt wird,
4. die Eigenart der Arbeitsleistung die Befristung rechtfertigt,
5. die Befristung zur Erprobung erfolgt,
6. in der Person des Arbeitnehmers liegende Gründe die Befristung rechtfertigen,
7. der Arbeitnehmer aus Haushaltsmitteln vergütet wird, die haushaltsrechtlich für eine befristete Beschäftigung bestimmt sind, und er entsprechend beschäftigt wird oder
8. die Befristung auf einem gerichtlichen Vergleich beruht.

(2) $_{1}$Die kalendermäßige Befristung eines Arbeitsvertrages ohne Vorliegen eines sachlichen Grundes ist bis zur Dauer von zwei Jahren zulässig; bis zu dieser Gesamtdauer von zwei Jahren ist auch die höchstens dreimalige Verlängerung eines kalendermäßig befristeten Arbeitsvertrages zulässig. $_{2}$Eine Befristung nach Satz 1 ist nicht zulässig, wenn mit demselben Arbeitgeber bereits zuvor ein befristetes oder unbefristetes Arbeitsverhältnis bestanden hat. $_{3}$Durch Tarifvertrag kann die Anzahl der Verlängerungen oder die Höchstdauer der Befristung abweichend von Satz 1 festgelegt werden. $_{4}$Im Geltungsbereich eines solchen Tarifvertrages können nicht tarifgebundene Arbeitgeber und Arbeitnehmer die Anwendung der tariflichen Regelungen vereinbaren.

(2a) $_{1}$In den ersten vier Jahren nach der Gründung eines Unternehmens ist die kalendermäßige Befristung eines Arbeitsvertrages ohne Vorliegen eines sachlichen Grundes bis zur Dauer von vier Jahren zulässig; bis zu dieser Gesamtdauer von vier Jahren ist auch die mehrfache Verlängerung eines kalendermäßig befristeten Arbeitsvertrages zulässig. $_{2}$Dies gilt nicht für Neugründungen im Zusammenhang mit der rechtlichen Umstrukturierung von Unternehmen und Konzernen. $_{3}$Maßgebend für den Zeitpunkt der Gründung des Unternehmens ist die Aufnahme einer Erwerbstätigkeit, die nach § 138 der Abgabenordnung der Gemeinde oder dem Finanzamt mitzuteilen ist. $_{4}$Auf die Befristung eines Arbeitsvertrages nach Satz 1 findet Absatz 2 Satz 2 bis 4 entsprechende Anwendung.

(3) $_{1}$Die kalendermäßige Befristung eines Arbeitsvertrages ohne Vorliegen eines sachlichen Grundes ist bis zu einer Dauer von fünf Jahren zulässig, wenn der Arbeitnehmer bei Beginn des befristeten Arbeitsverhältnisses das 52. Lebensjahr vollendet hat und unmittelbar vor Beginn des befristeten Arbeitsverhältnisses mindestens vier Monate beschäftigungslos im Sinne des § 138 Absatz 1 Nummer 1 des Dritten Buches Sozialgesetzbuch gewesen ist, Transferkurzarbeitergeld bezogen oder an einer öffentlich geförderten Beschäftigungsmaßnahme nach dem Zweiten oder Dritten Buch Sozialgesetzbuch teilgenommen hat. $_{2}$Bis zu der Gesamtdauer von fünf Jahren ist auch die mehrfache Verlängerung des Arbeitsvertrages zulässig.

(4) Die Befristung eines Arbeitsvertrages bedarf zu ihrer Wirksamkeit der Schriftform.

Entscheidung des Bundesverfassungsgerichts vom 6. Juni 2018 (BGBl. I S. 882)

Aus dem Beschluss des Bundesverfassungsgerichts vom 6. Juni 2018 – 1 BvL 7/14, 1 BvR 1375/14 – wird die folgende Entscheidungsformel veröffentlicht:

§ 14 Absatz 2 Satz 2 des Gesetzes über Teilzeitarbeit und befristete Arbeitsverträge (TzBfG) vom 21. Dezember 2000 (Bundesgesetzblatt I Seite 1966), zuletzt geändert durch Gesetz vom 20. Dezember 2011 (Bundesgesetzblatt I S. 2854), ist nach Maßgabe der Gründe mit dem Grundgesetz vereinbar.

Die vorstehende Entscheidungsformel hat gemäß § 31 Absatz 2 des Bundesverfassungsgerichtsgesetzes Gesetzeskraft.

§ 15 Ende des befristeten Arbeitsvertrages

(1) Ein kalendermäßig befristeter Arbeitsvertrag endet mit Ablauf der vereinbarten Zeit.

(2) Ein zweckbefristeter Arbeitsvertrag endet mit Erreichen des Zwecks, frühestens jedoch zwei Wochen nach Zugang der schriftlichen Unterrichtung des Arbeitnehmers durch den Arbeitgeber über den Zeitpunkt der Zweckerreichung.

(3) Wird für ein befristetes Arbeitsverhältnis eine Probezeit vereinbart, so muss diese im Verhältnis zu der erwarteten Dauer der Befristung und der Art der Tätigkeit stehen.

(4) Ein befristetes Arbeitsverhältnis unterliegt nur dann der ordentlichen Kündigung, wenn dies einzelvertraglich oder im anwendbaren Tarifvertrag vereinbart ist.

(5) 1Ist das Arbeitsverhältnis für die Lebenszeit einer Person oder für längere Zeit als fünf Jahre eingegangen, so kann es von dem Arbeitnehmer nach Ablauf von fünf Jahren gekündigt werden. 2Die Kündigungsfrist beträgt sechs Monate.

(6) Wird das Arbeitsverhältnis nach Ablauf der Zeit, für die es eingegangen ist, oder nach Zweckerreichung mit Wissen des Arbeitgebers fortgesetzt, so gilt es als auf unbestimmte Zeit verlängert, wenn der Arbeitgeber nicht unverzüglich widerspricht oder dem Arbeitnehmer die Zweckerreichung nicht unverzüglich mitteilt.

§ 16 Folgen unwirksamer Befristung

1Ist die Befristung rechtsunwirksam, so gilt der befristete Arbeitsvertrag als auf unbestimmte Zeit geschlossen; er kann vom Arbeitgeber frühestens zum vereinbarten Ende ordentlich gekündigt werden, sofern nicht nach § 15 Absatz 4 die ordentliche Kündigung zu einem früheren Zeitpunkt möglich ist. 2Ist die Befristung nur wegen des Mangels der Schriftform unwirksam, kann der Arbeitsvertrag auch vor dem vereinbarten Ende ordentlich gekündigt werden.

§ 17 Anrufung des Arbeitsgerichts

1Will der Arbeitnehmer geltend machen, dass die Befristung eines Arbeitsvertrages rechtsunwirksam ist, so muss er innerhalb von drei Wochen nach dem vereinbarten Ende des befristeten Arbeitsvertrages Klage beim Arbeitsgericht auf Feststellung erheben, dass das Arbeitsverhältnis auf Grund der Befristung nicht beendet ist. 2Die §§ 5 bis 7 des Kündigungsschutzgesetzes gelten entsprechend. 3Wird das Arbeitsverhältnis nach dem vereinbarten Ende fortgesetzt, so beginnt die Frist nach Satz 1 mit dem Zugang der schriftlichen Erklärung des Arbeitgebers, dass das Arbeitsverhältnis auf Grund der Befristung beendet sei.

§ 18 Information über unbefristete Arbeitsplätze

(1) 1Der Arbeitgeber hat die befristet beschäftigten Arbeitnehmer über entsprechende unbefristete Arbeitsplätze zu informieren, die besetzt werden sollen. 2Die Information kann durch allgemeine Bekanntgabe an geeigneter, den Arbeitnehmern zugänglicher Stelle im Betrieb und Unternehmen erfolgen.

(2) 1Der Arbeitgeber hat einem Arbeitnehmer, dessen Arbeitsverhältnis länger als sechs Monate bestanden und der ihm in Textform den Wunsch nach einem auf unbestimmte Zeit geschlossenen Arbeitsvertrag angezeigt hat, innerhalb eines Monats nach Zugang der Anzeige eine begründete Antwort in Textform mitzuteilen. 2Satz 1 gilt nicht, sofern der Arbeitnehmer dem Arbeitgeber diesen Wunsch

in den letzten zwölf Monaten vor Zugang der Anzeige bereits einmal angezeigt hat.

§ 19 Aus- und Weiterbildung

Der Arbeitgeber hat Sorge zu tragen, dass auch befristet beschäftigte Arbeitnehmer an angemessenen Aus- und Weiterbildungsmaßnahmen zur Förderung der beruflichen Entwicklung und Mobilität teilnehmen können, es sei denn, dass dringende betriebliche Gründe oder Aus- und Weiterbildungswünsche anderer Arbeitnehmer entgegenstehen.

§ 20 Information der Arbeitnehmervertretung

Der Arbeitgeber hat die Arbeitnehmervertretung über die Anzahl der befristetet beschäftigten Arbeitnehmer und ihren Anteil an der Gesamtbelegschaft des Betriebes und des Unternehmens zu informieren.

§ 21 Auflösend bedingte Arbeitsverträge

Wird der Arbeitsvertrag unter einer auflösenden Bedingung geschlossen, gelten § 4 Absatz 2, § 5, § 14 Absatz 1 und 4, § 15 Absatz 2, 4 und 6 sowie die §§ 16 bis 20 entsprechend.

Vierter Abschnitt
Gemeinsame Vorschriften

§ 22 Abweichende Vereinbarungen

(1) Außer in den Fällen des § 9a Absatz 6, § 12 Absatz 6, § 13 Absatz 4 und § 14 Absatz 2 Satz 3 und 4 kann von den Vorschriften dieses Gesetzes nicht zuungunsten des Arbeitnehmers abgewichen werden.

(2) Enthält ein Tarifvertrag für den öffentlichen Dienst Bestimmungen im Sinne des § 8 Absatz 4 Satz 3 und 4, auch in Verbindung mit § 9a Absatz 2, des § 9a Absatz 6, § 12 Absatz 6, § 13 Absatz 4, § 14 Absatz 2 Satz 3 und 4 oder § 15 Absatz 4, so gelten diese Bestimmungen auch zwischen nicht tarifgebundenen Arbeitgebern und Arbeitnehmern außerhalb des öffentlichen Dienstes, wenn die Anwendung der für den öffentlichen Dienst geltenden tarifvertraglichen Bestimmungen zwischen ihnen vereinbart ist und die Arbeitgeber die Kosten des Betriebes überwiegend mit Zuwendungen im Sinne des Haushaltsrechts decken.

§ 23 Besondere gesetzliche Regelungen

Besondere Regelungen über Teilzeitarbeit und über die Befristung von Arbeitsverträgen nach anderen gesetzlichen Vorschriften bleiben unberührt.

Unfallverhütungsvorschrift Grundsätze der Prävention (DGUV Vorschrift 1)

Vom 1. November 2013[1])

Erstes Kapitel
Allgemeine Vorschriften

§ 1 Geltungsbereich von Unfallverhütungsvorschriften

(1) Unfallverhütungsvorschriften gelten für Unternehmer und Versicherte; sie gelten auch

- für Unternehmer und Beschäftigte von ausländischen Unternehmen, die eine Tätigkeit im Inland ausüben, ohne einem Unfallversicherungsträger anzugehören;
- soweit in dem oder für das Unternehmen Versicherte tätig werden, für die ein anderer Unfallversicherungsträger zuständig ist.

(2) Für Unternehmer mit Versicherten nach § 2 Absatz 1 Nummer 8 Buchstabe b Sozialgesetzbuch Siebtes Buch (SGB VII) gilt diese Unfallverhütungsvorschrift nur, soweit nicht der innere Schulbereich betroffen ist.

Zweites Kapitel
Pflichten des Unternehmers

§ 2 Grundpflichten des Unternehmers

(1) Der Unternehmer hat die erforderlichen Maßnahmen zur Verhütung von Arbeitsunfällen, Berufskrankheiten und arbeitsbedingten Gesundheitsgefahren sowie für eine wirksame Erste Hilfe zu treffen. Die zu treffenden Maßnahmen sind insbesondere in staatlichen Arbeitsschutzvorschriften (Anlage 1), dieser Unfallverhütungsvorschrift und in weiteren Unfallverhütungsvorschriften näher bestimmt. Die in staatlichem Recht bestimmten Maßnahmen gelten auch zum Schutz von Versicherten, die keine Beschäftigten sind.

(2) Der Unternehmer hat bei den Maßnahmen nach Absatz 1 von den allgemeinen Grundsätzen nach § 4 Arbeitsschutzgesetz auszugehen und dabei vorrangig das staatliche Regelwerk sowie das Regelwerk der Unfallversicherungsträger heranzuziehen.

(3) Der Unternehmer hat die Maßnahmen nach Absatz 1 entsprechend den Bestimmungen des § 3 Absatz 1 Sätze 2 und 3 und Absatz 2 Arbeitsschutzgesetz zu planen, zu organisieren, durchzuführen und erforderlichenfalls an veränderte Gegebenheiten anzupassen.

(4) Der Unternehmer darf keine sicherheitswidrigen Weisungen erteilen.

(5) Kosten für Maßnahmen nach dieser Unfallverhütungsvorschrift und den für ihn sonst geltenden Unfallverhütungsvorschriften darf der Unternehmer nicht den Versicherten auferlegen.

§ 3 Beurteilung der Arbeitsbedingungen, Dokumentation, Auskunftspflichten

(1) Der Unternehmer hat durch eine Beurteilung der für die Versicherten mit ihrer Arbeit verbundenen Gefährdungen entsprechend § 5 Absatz 2 und 3 Arbeitsschutzgesetz zu ermitteln, welche Maßnahmen nach § 2 Absatz 1 erforderlich sind.

(2) Der Unternehmer hat Gefährdungsbeurteilungen insbesondere dann zu überprüfen, wenn sich die betrieblichen Gegebenheiten

18

[1]) Herausgeber: Deutsche Gesetzliche Unfallversicherung e. V. (DGUV)
Die Vorschrift ersetzt die bisherige Unfallverhütungsvorschrift BGV A1. Sie trat bei den meisten Unfallversicherungsträgern im Laufe des Jahres 2014 in Kraft.
Bei der Berufsgenossenschaft Handel und Warendistribution ist die Vorschrift am 1. August 2014 in Kraft getreten.

hinsichtlich Sicherheit und Gesundheitsschutz verändert haben.

(3) Der Unternehmer hat entsprechend § 6 Absatz 1 Arbeitsschutzgesetz das Ergebnis der Gefährdungsbeurteilung nach Absatz 1, die von ihm festgelegten Maßnahmen und das Ergebnis ihrer Überprüfung zu dokumentieren.

(4) Der Unternehmer hat dem Unfallversicherungsträger alle Informationen über die im Betrieb getroffenen Maßnahmen des Arbeitsschutzes auf Wunsch zur Kenntnis zu geben.

(5) Für Personen, die in Unternehmen zur Hilfe bei Unglücksfällen oder im Zivilschutz unentgeltlich tätig werden, hat der Unternehmer, der für die vorgenannten Personen zuständig ist, Maßnahmen zu ergreifen, die denen nach Absatz 1 bis 4 gleichwertig sind.

§ 4 Unterweisung der Versicherten

(1) Der Unternehmer hat die Versicherten über Sicherheit und Gesundheitsschutz bei der Arbeit, insbesondere über die mit ihrer Arbeit verbundenen Gefährdungen und die Maßnahmen zu ihrer Verhütung, entsprechend § 12 Absatz 1 Arbeitsschutzgesetz sowie bei einer Arbeitnehmerüberlassung entsprechend § 12 Absatz 2 Arbeitsschutzgesetz zu unterweisen; die Unterweisung muss erforderlichenfalls wiederholt werden, mindestens aber einmal jährlich erfolgen; sie muss dokumentiert werden.

(2) Der Unternehmer hat den Versicherten die für ihren Arbeitsbereich oder für ihre Tätigkeit relevanten Inhalte der geltenden Unfallverhütungsvorschriften und Regeln der Unfallversicherungsträger sowie des einschlägigen staatlichen Vorschriften- und Regelwerks in verständlicher Weise zu vermitteln.

(3) Der Unternehmer nach § 136 Absatz 3 Nummer 3 Alternative 2 Sozialgesetzbuch Siebtes Buch (SGB VII) hat den Schulhoheitsträger hinsichtlich Unterweisungen für Versicherte nach § 2 Absatz 1 Nummer 8 Buchstabe b SGB VII zu unterstützen.

§ 5 Vergabe von Aufträgen

(1) Erteilt der Unternehmer den Auftrag,

1. Einrichtungen zu planen, herzustellen, zu ändern oder in Stand zu setzen,
2. Arbeitsverfahren zu planen oder zu gestalten,

so hat er dem Auftragnehmer schriftlich aufzugeben, die in § 2 Absatz 1 und 2 genannten für die Durchführung des Auftrags maßgeblichen Vorgaben zu beachten.

(2) Erteilt der Unternehmer den Auftrag, Arbeitsmittel, Ausrüstungen oder Arbeitsstoffe zu liefern, so hat er dem Auftragnehmer schriftlich aufzugeben, im Rahmen seines Auftrags die für Sicherheit und Gesundheitsschutz einschlägigen Anforderungen einzuhalten.

(3) Bei der Erteilung von Aufträgen an ein Fremdunternehmen hat der den Auftrag erteilende Unternehmer den Fremdunternehmer bei der Gefährdungsbeurteilung bezüglich der betriebsspezifischen Gefahren zu unterstützen. Der Unternehmer hat ferner sicherzustellen, dass Tätigkeiten mit besonderen Gefahren durch Aufsichtführende überwacht werden, die die Durchführung der festgelegten Schutzmaßnahmen sicherstellen. Der Unternehmer hat ferner mit dem Fremdunternehmen Einvernehmen herzustellen, wer den Aufsichtführenden zu stellen hat.

§ 6 Zusammenarbeit mehrerer Unternehmer

(1) Werden Beschäftigte mehrerer Unternehmer oder selbständige Einzelunternehmer an einem Arbeitsplatz tätig, haben die Unternehmer hinsichtlich der Sicherheit und des Gesundheitsschutzes der Beschäftigten, insbesondere hinsichtlich der Maßnahmen nach § 2 Absatz 1, entsprechend § 8 Absatz 1 Arbeitsschutzgesetz zusammenzuarbeiten. Insbesondere haben sie, soweit es zur Vermeidung einer möglichen gegenseitigen Gefährdung erforderlich ist, eine Person zu bestimmen, die die Arbeiten aufeinander abstimmt; zur Abwehr besonderer Gefahren ist sie mit entsprechender Weisungsbefugnis auszustatten.

(2) Der Unternehmer hat sich je nach Art der Tätigkeit zu vergewissern, dass Personen, die

in seinem Betrieb tätig werden, hinsichtlich der Gefahren für ihre Sicherheit und Gesundheit während ihrer Tätigkeit in seinem Betrieb angemessene Anweisungen erhalten haben.

§ 7 Befähigung für Tätigkeiten

(1) Bei der Übertragung von Aufgaben auf Versicherte hat der Unternehmer je nach Art der Tätigkeiten zu berücksichtigen, ob die Versicherten befähigt sind, die für die Sicherheit und den Gesundheitsschutz bei der Aufgabenerfüllung zu beachtenden Bestimmungen und Maßnahmen einzuhalten. Der Unternehmer hat die für bestimmte Tätigkeiten festgelegten Qualifizierungsanforderungen zu berücksichtigen.

(2) Der Unternehmer darf Versicherte, die erkennbar nicht in der Lage sind, eine Arbeit ohne Gefahr für sich oder andere auszuführen, mit dieser Arbeit nicht beschäftigen.

§ 8 Gefährliche Arbeiten

(1) Wenn eine gefährliche Arbeit von mehreren Personen gemeinschaftlich ausgeführt wird und sie zur Vermeidung von Gefahren eine gegenseitige Verständigung erfordert, hat der Unternehmer dafür zu sorgen, dass eine zuverlässige, mit der Arbeit vertraute Person die Aufsicht führt.

(2) Wird eine gefährliche Arbeit von einer Person allein ausgeführt, so hat der Unternehmer über die allgemeinen Schutzmaßnahmen hinaus für geeignete technische oder organisatorische Personenschutzmaßnahmen zu sorgen.

§ 9 Zutritts- und Aufenthaltsverbote

Der Unternehmer hat dafür zu sorgen, dass Unbefugte Betriebsteile nicht betreten, wenn dadurch eine Gefahr für Sicherheit und Gesundheit entsteht.

§ 10 Besichtigung des Unternehmens, Erlass einer Anordnung, Auskunftspflicht

(1) Der Unternehmer hat den Aufsichtspersonen des Unfallversicherungsträgers die Besichtigung seines Unternehmens zu ermöglichen und sie auf ihr Verlangen zu begleiten oder durch einen geeigneten Vertreter begleiten zu lassen.

(2) Erlässt die Aufsichtsperson des Unfallversicherungsträgers eine Anordnung und setzt sie hierbei eine Frist, innerhalb der die verlangten Maßnahmen zu treffen sind, so hat der Unternehmer nach Ablauf der Frist unverzüglich mitzuteilen, ob er die verlangten Maßnahmen getroffen hat.

(3) Der Unternehmer hat den Aufsichtspersonen des Unfallversicherungsträgers auf Verlangen die zur Durchführung ihrer Überwachungsaufgabe erforderlichen Auskünfte zu erteilen. Er hat die Aufsichtspersonen zu unterstützen, soweit dies zur Erfüllung ihrer Aufgaben erforderlich ist.

§ 11 Maßnahmen bei Mängeln

Tritt bei einem Arbeitsmittel, einer Einrichtung, einem Arbeitsverfahren bzw. Arbeitsablauf ein Mangel auf, durch den für die Versicherten sonst nicht abzuwendende Gefahren entstehen, hat der Unternehmer das Arbeitsmittel oder die Einrichtung der weiteren Benutzung zu entziehen oder stillzulegen bzw. das Arbeitsverfahren oder den Arbeitsablauf abzubrechen, bis der Mangel behoben ist.

18

§ 12 Zugang zu Vorschriften und Regeln

(1) Der Unternehmer hat den Versicherten die für sein Unternehmen geltenden Unfallverhütungsvorschriften und Regeln der Unfallversicherungsträger sowie die einschlägigen staatlichen Vorschriften und Regeln an geeigneter Stelle zugänglich zu machen.

(2) Der Unternehmer hat den mit der Durchführung und Unterstützung von Maßnahmen nach § 2 Absatz 1 betrauten Personen die nach dem Ergebnis der Gefährdungsbeurteilung (§ 3 Absatz 1 und 2) für ihren Zuständigkeitsbereich geltenden Vorschriften und Regeln zur Verfügung zu stellen.

§ 13 Pflichtenübertragung

Der Unternehmer kann zuverlässige und fachkundige Personen schriftlich damit beauftragen, ihm nach Unfallverhütungsvorschriften obliegende Aufgaben in eigener

Verantwortung wahrzunehmen. Die Beauftragung muss den Verantwortungsbereich und Befugnisse festlegen und ist vom Beauftragten zu unterzeichnen. Eine Ausfertigung der Beauftragung ist ihm auszuhändigen.

§ 14 Ausnahmen

(1) Der Unternehmer kann bei dem Unfallversicherungsträger im Einzelfall Ausnahmen von Unfallverhütungsvorschriften schriftlich beantragen. Dem Antrag ist eine Stellungnahme der betrieblichen Arbeitnehmervertretung beizufügen; im Falle eines Antrages durch eine Kindertageseinrichtung, eine allgemein bildende oder berufsbildende Schule oder eine Hochschule ist zusätzlich der Leitung der Einrichtung Gelegenheit zur Stellungnahme zu geben.

(2) Der Unfallversicherungsträger kann dem Antrag nach Absatz 1 entsprechen, wenn

1. der Unternehmer eine andere, ebenso wirksame Maßnahme trifft

   oder

2. die Durchführung der Vorschriften im Einzelfall zu einer unverhältnismäßigen Härte führen würde und die Abweichung mit dem Schutz der Versicherten vereinbar ist.

(3) Betrifft der Antrag nach Absatz 1 Regelungen in Unfallverhütungsvorschriften, die zugleich Gegenstand staatlicher Arbeitsschutzvorschriften sind, hat der Unfallversicherungsträger eine Stellungnahme der für die Durchführung der staatlichen Arbeitsschutzvorschriften zuständigen staatlichen Arbeitsschutzbehörde einzuholen und zu berücksichtigen.

(4) In staatlichen Arbeitsschutzvorschriften enthaltene Verfahrensvorschriften, insbesondere über Genehmigungen, Erlaubnisse, Ausnahmen, Anzeigen und Vorlagepflichten, bleiben von dieser Unfallverhütungsvorschrift unberührt; die nach diesen Bestimmungen zu treffenden behördlichen Maßnahmen obliegen den zuständigen Arbeitsschutzbehörden.

Drittes Kapitel
Pflichten der Versicherten

§ 15 Allgemeine Unterstützungspflichten und Verhalten

(1) Die Versicherten sind verpflichtet, nach ihren Möglichkeiten sowie gemäß der Unterweisung und Weisung des Unternehmers für ihre Sicherheit und Gesundheit bei der Arbeit sowie für Sicherheit und Gesundheitsschutz derjenigen zu sorgen, die von ihren Handlungen oder Unterlassungen betroffen sind. Die Versicherten haben die Maßnahmen zur Verhütung von Arbeitsunfällen, Berufskrankheiten und arbeitsbedingten Gesundheitsgefahren sowie für eine wirksame Erste Hilfe zu unterstützen. Versicherte haben die entsprechenden Anweisungen des Unternehmers zu befolgen. Die Versicherten dürfen erkennbar gegen Sicherheit und Gesundheit gerichtete Weisungen nicht befolgen.

(2) Versicherte dürfen sich durch den Konsum von Alkohol, Drogen oder anderen berauschenden Mitteln nicht in einen Zustand versetzen, durch den sie sich selbst oder andere gefährden können.

(3) Absatz 2 gilt auch für die Einnahme von Medikamenten.

§ 16 Besondere Unterstützungspflichten

(1) Die Versicherten haben dem Unternehmer oder dem zuständigen Vorgesetzten jede von ihnen festgestellte unmittelbare erhebliche Gefahr für die Sicherheit und Gesundheit sowie jeden an den Schutzvorrichtungen und Schutzsystemen festgestellten Defekt unverzüglich zu melden. Unbeschadet dieser Pflicht sollen die Versicherten von ihnen festgestellte Gefahren für Sicherheit und Gesundheit und Mängel an den Schutzvorrichtungen und Schutzsystemen auch der Fachkraft für Arbeitssicherheit, dem Betriebsarzt oder dem Sicherheitsbeauftragten mitteilen.

(2) Stellt ein Versicherter fest, dass im Hinblick auf die Verhütung von Arbeitsunfällen, Berufskrankheiten und arbeitsbedingten Gesundheitsgefahren

- ein Arbeitsmittel oder eine sonstige Einrichtung einen Mangel aufweist,

- Arbeitsstoffe nicht einwandfrei verpackt, gekennzeichnet oder beschaffen sind oder
- ein Arbeitsverfahren oder Arbeitsabläufe Mängel aufweisen,

hat er, soweit dies zu seiner Arbeitsaufgabe gehört und er über die notwendige Befähigung verfügt, den festgestellten Mangel unverzüglich zu beseitigen. Andernfalls hat er den Mangel dem Vorgesetzten unverzüglich zu melden.

§ 17 Benutzung von Einrichtungen, Arbeitsmitteln und Arbeitsstoffen

Versicherte haben Einrichtungen, Arbeitsmittel und Arbeitsstoffe sowie Schutzvorrichtungen bestimmungsgemäß und im Rahmen der ihnen übertragenen Arbeitsaufgaben zu benutzen.

§ 18 Zutritts- und Aufenthaltsverbote

Versicherte dürfen sich an gefährlichen Stellen nur im Rahmen der ihnen übertragenen Aufgaben aufhalten.

Viertes Kapitel
Organisation des betrieblichen Arbeitsschutzes

Erster Abschnitt
Sicherheitstechnische und betriebsärztliche Betreuung, Sicherheitsbeauftragte

§ 19 Bestellung von Fachkräften für Arbeitssicherheit und Betriebsärzten

(1) Der Unternehmer hat nach Maßgabe des Gesetzes über Betriebsärzte, Sicherheitsingenieure und andere Fachkräfte für Arbeitssicherheit (Arbeitssicherheitsgesetz) und der hierzu erlassenen Unfallverhütungsvorschriften Fachkräfte für Arbeitssicherheit und Betriebsärzte zu bestellen.

(2) Der Unternehmer hat die Zusammenarbeit der Fachkräfte für Arbeitssicherheit und der Betriebsärzte zu fördern.

§ 20 Bestellung und Aufgaben von Sicherheitsbeauftragten

(1) In Unternehmen mit regelmäßig mehr als 20 Beschäftigten hat der Unternehmer unter Berücksichtigung der im Unternehmen bestehenden Verhältnisse hinsichtlich der Arbeitsbedingungen, der Arbeitsumgebung sowie der Arbeitsorganisation Sicherheitsbeauftragte in der erforderlichen Anzahl zu bestellen. Kriterien für die Anzahl der Sicherheitsbeauftragten sind:

- Im Unternehmen bestehende Unfall- und Gesundheitsgefahren,
- Räumliche Nähe der zuständigen Sicherheitsbeauftragten zu den Beschäftigten,
- Zeitliche Nähe der zuständigen Sicherheitsbeauftragten zu den Beschäftigten,
- Fachliche Nähe der zuständigen Sicherheitsbeauftragten zu den Beschäftigten,
- Anzahl der Beschäftigten.

(2) Die Sicherheitsbeauftragten haben den Unternehmer bei der Durchführung der Maßnahmen zur Verhütung von Arbeitsunfällen und Berufskrankheiten zu unterstützen, insbesondere sich von dem Vorhandensein und der ordnungsgemäßen Benutzung der vorgeschriebenen Schutzeinrichtungen und persönlichen Schutzausrüstungen zu überzeugen und auf Unfall- und Gesundheitsgefahren für die Versicherten aufmerksam zu machen.

(3) Der Unternehmer hat den Sicherheitsbeauftragten Gelegenheit zu geben, ihre Aufgaben zu erfüllen, insbesondere in ihrem Bereich an den Betriebsbesichtigungen sowie den Untersuchungen von Unfällen und Berufskrankheiten durch die Aufsichtspersonen der Unfallversicherungsträger teilzunehmen; den Sicherheitsbeauftragten sind die hierbei erzielten Ergebnisse zur Kenntnis zu geben.

(4) Der Unternehmer hat sicherzustellen, dass die Fachkräfte für Arbeitssicherheit und Betriebsärzte mit den Sicherheitsbeauftragten eng zusammenwirken.

(5) Die Sicherheitsbeauftragten dürfen wegen der Erfüllung der ihnen übertragenen Aufgaben nicht benachteiligt werden.

(6) Der Unternehmer hat den Sicherheitsbeauftragten Gelegenheit zu geben, an Aus- und Fortbildungsmaßnahmen des Unfallversicherungsträgers teilzunehmen, soweit dies im Hinblick auf die Betriebsart und die damit für die Versicherten verbundenen Unfall- und Gesundheitsgefahren sowie unter Berücksichtigung betrieblicher Belange erforderlich ist.

Zweiter Abschnitt
Maßnahmen bei besonderen Gefahren

§ 21 Allgemeine Pflichten des Unternehmers

(1) Der Unternehmer hat Vorkehrungen zu treffen, dass alle Versicherten, die einer unmittelbaren erheblichen Gefahr ausgesetzt sind oder sein können, möglichst frühzeitig über diese Gefahr und die getroffenen oder zu treffenden Schutzmaßnahmen unterrichtet sind. Bei unmittelbarer erheblicher Gefahr für die eigene Sicherheit oder die Sicherheit anderer Personen müssen die Versicherten die geeigneten Maßnahmen zur Gefahrenabwehr und Schadensbegrenzung selbst treffen können, wenn der zuständige Vorgesetzte nicht erreichbar ist; dabei sind die Kenntnisse der Versicherten und die vorhandenen technischen Mittel zu berücksichtigen.

(2) Der Unternehmer hat Maßnahmen zu treffen, die es den Versicherten bei unmittelbarer erheblicher Gefahr ermöglichen, sich durch sofortiges Verlassen der Arbeitsplätze in Sicherheit zu bringen.

§ 22 Notfallmaßnahmen

(1) Der Unternehmer hat entsprechend § 10 Arbeitsschutzgesetz die Maßnahmen zu planen, zu treffen und zu überwachen, die insbesondere für den Fall des Entstehens von Bränden, von Explosionen, des unkontrollierten Austretens von Stoffen und von sonstigen gefährlichen Störungen des Betriebsablaufs geboten sind.

(2) Der Unternehmer hat eine ausreichende Anzahl von Versicherten durch Unterweisung und Übung im Umgang mit Feuerlöscheinrichtungen zur Bekämpfung von Entstehungsbränden vertraut zu machen.

§ 23 Maßnahmen gegen Einflüsse des Wettergeschehens

Beschäftigt der Unternehmer Versicherte im Freien und bestehen infolge des Wettergeschehens Unfall- und Gesundheitsgefahren, so hat er geeignete Maßnahmen am Arbeitsplatz vorzusehen, geeignete organisatorische Schutzmaßnahmen zu treffen oder erforderlichenfalls persönliche Schutzausrüstungen zur Verfügung zu stellen.

Dritter Abschnitt
Erste Hilfe

§ 24 Allgemeine Pflichten des Unternehmers

(1) Der Unternehmer hat dafür zu sorgen, dass zur Ersten Hilfe und zur Rettung aus Gefahr die erforderlichen Einrichtungen und Sachmittel sowie das erforderliche Personal zur Verfügung stehen.

(2) Der Unternehmer hat dafür zu sorgen, dass nach einem Unfall unverzüglich Erste Hilfe geleistet und eine erforderliche ärztliche Versorgung veranlasst wird.

(3) Der Unternehmer hat dafür zu sorgen, dass Verletzte sachkundig transportiert werden.

(4) Der Unternehmer hat im Rahmen seiner Möglichkeiten darauf hinzuwirken, dass Versicherte

1. einem Durchgangsarzt vorgestellt werden, es sei denn, dass der erstbehandelnde Arzt festgestellt hat, dass die Verletzung nicht über den Unfalltag hinaus zur Arbeitsunfähigkeit führt oder die Behandlungsbedürftigkeit voraussichtlich nicht mehr als eine Woche beträgt,
2. bei einer schweren Verletzung einem der von den Unfallversicherungsträgern bezeichneten Krankenhäuser zugeführt werden,
3. bei Vorliegen einer Augen- oder Hals-, Nasen-, Ohrenverletzung dem nächsterreichbaren Arzt des entsprechenden Fach-

gebiets zugeführt werden, es sei denn, dass sich die Vorstellung durch eine ärztliche Erstversorgung erübrigt hat.

(5) Der Unternehmer hat dafür zu sorgen, dass den Versicherten durch Aushänge der Unfallversicherungsträger oder in anderer geeigneter schriftlicher Form Hinweise über die Erste Hilfe und Angaben über Notruf, Erste-Hilfe- und Rettungs-Einrichtungen, über das Erste-Hilfe-Personal sowie über herbeizuziehende Ärzte und anzufahrende Krankenhäuser gemacht werden. Die Hinweise und die Angaben sind aktuell zu halten.

(6) Der Unternehmer hat dafür zu sorgen, dass jede Erste-Hilfe-Leistung dokumentiert und diese Dokumentation fünf Jahre lang verfügbar gehalten wird. Die Dokumente sind vertraulich zu behandeln.

(7) Der Schulsachkostenträger als Unternehmer nach § 136 Absatz 3 Nummer 3 Alternative 2 Sozialgesetzbuch Siebtes Buch (SGB VII) hat den Schulhoheitsträger bei der Durchführung von Maßnahmen zur Sicherstellung einer wirksamen Ersten Hilfe für Versicherte nach § 2 Absatz 1 Nummer 8 Buchstabe b SGB VII zu unterstützen.

§ 25 Erforderliche Einrichtungen und Sachmittel

(1) Der Unternehmer hat unter Berücksichtigung der betrieblichen Verhältnisse durch Meldeeinrichtungen und organisatorische Maßnahmen dafür zu sorgen, dass unverzüglich die notwendige Hilfe herbeigerufen und an den Einsatzort geleitet werden kann.

(2) Der Unternehmer hat dafür zu sorgen, dass Mittel zur Ersten Hilfe jederzeit schnell erreichbar und leicht zugänglich in geeigneten Behältnissen, gegen schädigende Einflüsse geschützt, in ausreichender Menge bereitgehalten sowie rechtzeitig ergänzt und erneuert werden.

(3) Der Unternehmer hat dafür zu sorgen, dass unter Berücksichtigung der betrieblichen Verhältnisse Rettungsgeräte und Rettungstransportmittel bereitgehalten werden.

(4) Der Unternehmer hat dafür zu sorgen, dass mindestens ein mit Rettungstransportmitteln leicht erreichbarer Erste-Hilfe-Raum oder eine vergleichbare Einrichtung

1. in einer Betriebsstätte mit mehr als 1000 dort beschäftigten Versicherten,
2. in einer Betriebsstätte mit 1000 oder weniger, aber mehr als 100 dort beschäftigten Versicherten, wenn ihre Art und das Unfallgeschehen nach Art, Schwere und Zahl der Unfälle einen gesonderten Raum für die Erste Hilfe erfordern,
3. auf einer Baustelle mit mehr als 50 dort beschäftigten Versicherten

vorhanden ist. Nummer 3 gilt auch, wenn der Unternehmer zur Erbringung einer Bauleistung aus einem von ihm übernommenen Auftrag Arbeiten an andere Unternehmer vergeben hat und insgesamt mehr als 50 Versicherte gleichzeitig tätig werden.

(5) In Kindertageseinrichtungen, allgemein bildenden und berufsbildenden Schulen sowie Hochschulen hat der Unternehmer geeignete Liegemöglichkeiten oder geeignete Räume mit Liegemöglichkeit zur Erstversorgung von Verletzten in der erforderlichen Anzahl vorzuhalten.

§ 26 Zahl und Ausbildung der Ersthelfer

(1) Der Unternehmer hat dafür zu sorgen, dass für die Erste-Hilfe-Leistung Ersthelfer mindestens in folgender Zahl zur Verfügung stehen:

1. Bei 2 bis zu 20 anwesenden Versicherten ein Ersthelfer,
2. bei mehr als 20 anwesenden Versicherten
   a) in Verwaltungs- und Handelsbetrieben 5 %,
   b) in sonstigen Betrieben 10 %,
   c) in Kindertageseinrichtungen ein Ersthelfer je Kindergruppe,
   d) in Hochschulen 10 % der Versicherten nach § 2 Absatz 1 Nummer 1 Sozialgesetzbuch Siebtes Buch (SGB VII).

Von der Zahl der Ersthelfer nach Nummer 2 kann im Einvernehmen mit dem Unfallversicherungsträger unter Berücksichtigung der Organisation des betrieblichen Rettungswesens und der Gefährdung abgewichen werden.

(2) Der Unternehmer darf als Ersthelfer nur Personen einsetzen, die bei einer von dem Unfallversicherungsträger für die Ausbildung zur Ersten Hilfe ermächtigten Stelle ausgebildet worden sind oder über eine sanitätsdienstliche/rettungsdienstliche Ausbildung oder eine abgeschlossene Ausbildung in einem Beruf des Gesundheitswesens verfügen. Die Voraussetzungen für die Ermächtigung sind in der Anlage 2 zu dieser Unfallverhütungsvorschrift geregelt.

(3) Der Unternehmer hat dafür zu sorgen, dass die Ersthelfer in der Regel in Zeitabständen von zwei Jahren fortgebildet werden. Für die Fortbildung gilt Absatz 2 entsprechend. Personen mit einer sanitätsdienstlichen/rettungsdienstlichen Ausbildung oder einer entsprechenden Qualifikation in einem Beruf des Gesundheitswesens gelten als fortgebildet, wenn sie an vergleichbaren Fortbildungsveranstaltungen regelmäßig teilnehmen oder bei ihrer beruflichen oder ehrenamtlich sanitätsdienstlichen/rettungsdienstlichen Tätigkeit regelmäßig Erste-Hilfe-Maßnahmen durchführen. Der Unternehmer hat sich Nachweise über die Fortbildung vorlegen zu lassen.

(4) Ist nach Art des Betriebes, insbesondere auf Grund des Umganges mit Gefahrstoffen, damit zu rechnen, dass bei Unfällen Maßnahmen erforderlich werden, die nicht Gegenstand der allgemeinen Ausbildung zum Ersthelfer gemäß Absatz 2 sind, hat der Unternehmer für die erforderliche zusätzliche Aus- und Fortbildung zu sorgen.

(5) Die Absätze 1 bis 4 gelten nicht für Unternehmer hinsichtlich der nach § 2 Absatz 1 Nummer 8 Buchstabe b Sozialgesetzbuch Siebtes Buch (SGB VII) Versicherten.

§ 27 Zahl und Ausbildung der Betriebssanitäter

(1) Der Unternehmer hat dafür zu sorgen, dass mindestens ein Betriebssanitäter zur Verfügung steht, wenn

1. in einer Betriebsstätte mehr als 1500 Versicherte nach § 2 Absatz 1 Nummer 1 Sozialgesetzbuch Siebtes Buch (SGB VII) anwesend sind,
2. in einer Betriebsstätte 1500 oder weniger, aber mehr als 250 Versicherte nach § 2 Absatz 1 Nummer 1 SGB VII anwesend sind und Art, Schwere und Zahl der Unfälle den Einsatz von Sanitätspersonal erfordern,
3. auf einer Baustelle mehr als 100 Versicherte nach § 2 Absatz 1 Nummer 1 SGB VII anwesend sind.

Nummer 3 gilt auch, wenn der Unternehmer zur Erbringung einer Bauleistung aus einem von ihm übernommenen Auftrag Arbeiten an andere Unternehmer vergibt und insgesamt mehr als 100 Versicherte gleichzeitig tätig werden.

(2) In Betrieben nach Absatz 1 Satz 1 Nummer 1 kann im Einvernehmen mit dem Unfallversicherungsträger von Betriebssanitätern abgesehen werden, sofern nicht nach Art, Schwere und Zahl der Unfälle ihr Einsatz erforderlich ist. Auf Baustellen nach Absatz 1 Satz 1 Nummer 3 kann im Einvernehmen mit dem Unfallversicherungsträger unter Berücksichtigung der Erreichbarkeit des Unfallortes und der Anbindung an den öffentlichen Rettungsdienst von Betriebssanitätern abgesehen werden.

(3) Der Unternehmer darf als Betriebssanitäter nur Personen einsetzen, die von Stellen ausgebildet worden sind, welche von dem Unfallversicherungsträger in personeller, sachlicher und organisatorischer Hinsicht als geeignet beurteilt werden.

(4) Der Unternehmer darf als Betriebssanitäter nur Personen einsetzen, die

1. an einer Grundausbildung
   und
2. an einem Aufbaulehrgang

für den betrieblichen Sanitätsdienst teilgenommen haben.

Als Grundausbildung gilt auch eine mindestens gleichwertige Ausbildung oder eine die Sanitätsaufgaben einschließende Berufsausbildung.

(5) Für die Teilnahme an dem Aufbaulehrgang nach Absatz 4 Satz 1 Nummer 2 darf die Teilnahme an der Ausbildung nach Absatz 4 Satz 1 Nummer 1 nicht mehr als zwei Jahre zurückliegen; soweit auf Grund der Ausbildung eine entsprechende berufliche Tätigkeit ausgeübt wurde, ist die Beendigung derselben maßgebend.

(6) Der Unternehmer hat dafür zu sorgen, dass die Betriebssanitäter regelmäßig innerhalb von drei Jahren fortgebildet werden. Für die Fortbildung gilt Absatz 3 entsprechend.

§ 28 Unterstützungspflichten der Versicherten

(1) Im Rahmen ihrer Unterstützungspflichten nach § 15 Absatz 1 haben sich Versicherte zum Ersthelfer ausbilden und in der Regel in Zeitabständen von zwei Jahren fortbilden zu lassen. Sie haben sich nach der Ausbildung für Erste-Hilfe-Leistungen zur Verfügung zu stellen. Die Versicherten brauchen den Verpflichtungen nach den Sätzen 1 und 2 nicht nachzukommen, soweit persönliche Gründe entgegenstehen.

(2) Versicherte haben unverzüglich jeden Unfall der zuständigen betrieblichen Stelle zu melden; sind sie hierzu nicht im Stande, liegt die Meldepflicht bei dem Betriebsangehörigen, der von dem Unfall zuerst erfährt.

Vierter Abschnitt
Persönliche Schutzausrüstungen

§ 29 Bereitstellung

(1) Der Unternehmer hat gemäß § 2 der PSA-Benutzungsverordnung den Versicherten geeignete persönliche Schutzausrüstungen bereitzustellen; vor der Bereitstellung hat er die Versicherten anzuhören.

(2) Der Unternehmer hat dafür zu sorgen, dass die persönlichen Schutzausrüstungen den Versicherten in ausreichender Anzahl zur persönlichen Verwendung für die Tätigkeit am Arbeitsplatz zur Verfügung gestellt werden. Für die bereitgestellten persönlichen Schutzausrüstungen müssen EG-Konformitätserklärungen vorliegen. Satz 2 gilt nicht für Hautschutzmittel.

§ 30 Benutzung

(1) Der Unternehmer hat dafür zu sorgen, dass persönliche Schutzausrüstungen entsprechend bestehender Tragezeitbegrenzungen und Gebrauchsdauern bestimmungsgemäß benutzt werden.

(2) Die Versicherten haben die persönlichen Schutzausrüstungen bestimmungsgemäß zu benutzen, regelmäßig auf ihren ordnungsgemäßen Zustand zu prüfen und festgestellte Mängel dem Unternehmer unverzüglich zu melden.

§ 31 Besondere Unterweisungen

Für persönliche Schutzausrüstungen, die gegen tödliche Gefahren oder bleibende Gesundheitsschäden schützen sollen, hat der Unternehmer die nach § 3 Absatz 2 der PSA-Benutzungsverordnung bereitzuhaltende Benutzungsinformation den Versicherten im Rahmen von Unterweisungen mit Übungen zu vermitteln.

Fünftes Kapitel
Ordnungswidrigkeiten

§ 32 Ordnungswidrigkeiten

Ordnungswidrig im Sinne des § 209 Absatz 1 Nummer 1 Sozialgesetzbuch Siebtes Buch (SGB VII) handelt, wer vorsätzlich oder fahrlässig den Bestimmungen der

§ 2 Abs. 5,

§ 12 Abs. 2,

§ 15 Abs. 2,

§ 20 Abs. 1,

§ 24 Abs. 6,

§ 25 Abs. 1, 4 Nr. 1 oder 3,

§ 26 Abs. 1 Satz 1 oder Abs. 2 Satz 1,

§ 27 Abs. 1 Satz 1 Nr. 1 oder 3, Abs. 3,

§ 29 Abs. 2 Satz 2 oder

§ 30

zuwiderhandelt.

Sechstes Kapitel
Aufhebung von Unfallverhütungs-vorschriften

§ 33 Aufhebung von Unfallverhütungs-vorschriften

Folgende Unfallverhütungsvorschrift wird aufgehoben:

(Text für Berufsgenossenschaften):

„Grundsätze der Prävention“ (BGV A1) vom …

(Text für UVT der öffentlichen Hand):

„Grundsätze der Prävention“ (GUV-V A1) vom …

Siebtes Kapitel
Inkrafttreten

§ 34 Inkrafttreten

Diese Unfallverhütungsvorschrift tritt am ….. in Kraft.

Anlage 1

Zu § 2 Abs. 1:

Staatliche Arbeitsschutzvorschriften, in denen vom Unternehmer zur Verhütung von Arbeitsunfällen, Berufskrankheiten und arbeitsbedingten Gesundheitsgefahren zu treffende Maßnahmen näher bestimmt sind, sind – in ihrer jeweils gültigen Fassung – insbesondere:

- Arbeitsschutzgesetz (ArbSchG),
- Arbeitsstättenverordnung (ArbStättV),
- Baustellenverordnung (BaustellV),
- Bildschirmarbeitsverordnung (BildscharbV),
- Biostoffverordnung (BioStoffV),
- Betriebssicherheitsverordnung (BetrSichV),
- Gefahrstoffverordnung (GefStoffV),
- Lärm- und Vibrations-Arbeitsschutzverordnung (LärmVibrationsArbSchV),
- Lastenhandhabungsverordnung (LasthandhabV),
- PSA-Benutzungsverordnung (PSA-BV),
- Verordnung zur arbeitsmedizinischen Vorsorge (ArbMedVV),
- Verordnung zum Schutz der Beschäftigten vor Gefährdungen durch künstliche optische Strahlung (OStrV).

Die vorstehende Auflistung ist nicht abschließend.

Der gesetzliche Auftrag der Unfallversicherungsträger zur Verhütung von Arbeitsunfällen, Berufskrankheiten und arbeitsbedingten Gesundheitsgefahren gilt auch für Unternehmer und Versicherte, die nicht unmittelbar durch die Anwendungsbereiche der staatlichen Arbeitsschutzvorschriften erfasst sind.

Anlage 2

Zu § 26 Abs. 2:

Voraussetzungen für die Ermächtigung als Stelle für die Aus- und Fortbildung in der Ersten Hilfe

Stellen, die Aus- und Fortbildung in der Ersten Hilfe durchführen, bedürfen einer schriftlichen Vereinbarung, welche Art und Umfang der Aus- und Fortbildungsleistungen und die Höhe der Lehrgangsgebühren regelt.

1 Allgemeine Grundsätze

1.1 Antrag auf Ermächtigung

Der Antrag auf Ermächtigung ist beim zuständigen Unfallversicherungsträger einzureichen.

1.2 Prüfung

Der Unfallversicherungsträger sowie von dem Unfallversicherungsträger beauftragte Personen sind jederzeit berechtigt, die Lehrgangsräume, die Lehrgangseinrichtungen, die Unterrichtsmittel sowie die Durchführung der Lehrgänge zu prüfen.

1.3 Befristung, Widerruf der Ermächtigung

Die Ermächtigung wird befristet und unter dem Vorbehalt des Widerrufes nach Prüfung der personellen, sachlichen und organisatorischen Voraussetzungen erteilt.

1.4 Änderung einer Voraussetzung

Jede Änderung einer Voraussetzung, die der Ermächtigung zu Grunde liegt, ist unverzüglich dem zuständigen Unfallversicherungsträger anzuzeigen.

2 Personelle Voraussetzungen

2.1 Medizinischer Hintergrund

Der Antragsteller muss nachweisen, dass die Aus- und Fortbildung in der Ersten Hilfe unter der Verantwortung eines hierfür geeigneten Arztes steht.

Geeignet sind Ärzte mit dem Fachkundenachweis Rettungsdienst oder der Zusatzbezeichnung Rettungsmedizin oder vergleichbarer Qualifikation. Ferner müssen die Ärzte eingehende Kenntnisse über Empfehlungen für die Erste Hilfe des Deutschen Beirates für Erste Hilfe und Wiederbelebung bei der Bundesärztekammer besitzen.

2.2 Lehrkräfte

Der Antragsteller muss nachweisen, dass er selbst zur Ausbildung befähigt ist oder über entsprechende Lehrkräfte in ausreichender Zahl verfügt.

Die Befähigung ist gegeben, wenn die Lehrkraft durch Vorlage einer gültigen Bescheinigung nachweist, dass sie an einem speziellen Ausbildungslehrgang für die Erste Hilfe bei einer geeigneten Stelle zur Ausbildung von Lehrkräften teilgenommen hat. Die Lehrkraft muss in angemessenen Zeitabständen fortgebildet werden.

2.3 Erfahrung in Organisation und Durchführung der Ersten Hilfe

Der Antragsteller muss nachweisen, dass er über besondere Erfahrungen in Organisation und Durchführung der Ersten Hilfe verfügt. Das ist der Fall, wenn er oder seine Lehrkräfte in der Regel seit mindestens drei Jahren im öffentlichen oder betrieblichen Rettungsdienst tätig sind und Einsatzerfahrung nachweisen können.

2.4 Versicherungsschutz

Der Antragsteller muss nachweisen, dass er eine Haftpflichtversicherung abgeschlossen hat, die eventuelle Personen- und Sachschäden, die im Zusammenhang mit der Aus- und Fortbildung stehen, abdeckt.

3 Sachliche Voraussetzungen

3.1 Lehrgangsräume, -einrichtungen und Unterrichtsmittel

Für die Lehrgänge müssen geeignete Räume, Einrichtungen und Unterrichtsmittel vorhanden sein. Es muss mindestens ein Raum zur Verfügung stehen, in dem 20 Personen durch theoretischen Unterricht, praktische Demonstrationen und Übungen in der Ersten Hilfe unterwiesen werden können. Der Raum muss über ausreichende Beleuchtung verfügen. Zudem müssen Sitz- und Schreibmöglichkeiten sowie Waschgelegenheiten und Toiletten vorhanden sein.

Es müssen die notwendigen Unterrichtsmittel, insbesondere Demonstrations- und Übungsmaterialien sowie geeignete Medien, wie Tageslichtprojektor und Lehrfolien, vollzählig und funktionstüchtig zur Verfügung stehen.

Die Demonstrations- und Übungsmaterialien, insbesondere die Geräte zum Üben der Atemspende und der Herzdruckmassage, unterliegen besonderen Anforderungen der Hygiene und müssen nachweislich desinfiziert werden.

4 Organisatorische Voraussetzungen

4.1 Anzahl der Teilnehmer

An einem Lehrgang sollen in der Regel mindestens 10 und nicht mehr als 15 Personen teilnehmen. Die Teilnehmerzahl darf jedoch, auch bei Anwesenheit eines Ausbildungshelfers, 20 Personen nicht übersteigen.

4.2 Ausbildungsleistung

Der Antragsteller muss gewährleisten, dass jährlich mindestens 100 Versicherte aus- oder fortgebildet werden.

4.3 Inhalt und Umfang der Lehrgänge

Die Aus- und Fortbildung muss nach Inhalt und Umfang sowie in methodisch-didaktischer Hinsicht mindestens dem Stoff entsprechen, der in sachlicher Übereinstimmung mit den in der Bundesarbeitsgemeinschaft Erste Hilfe vertretenen Hilfsorganisationen und unter Berücksichtigung von Empfehlungen des Deutschen Beirates für Erste Hilfe und Wiederbelebung bei der Bundesärztekammer in den Lehrplänen und Leitfäden zum Erste-Hilfe-Lehrgang festgelegt ist.

4.4 Teilnehmerunterlagen

Jedem Teilnehmer an einer Aus- und Fortbildungsmaßnahme ist eine Informationsschrift über die Lehrinhalte auszuhändigen, die mindestens den Inhalten der Information „Handbuch zur Ersten Hilfe" (BGI/GUV-I 829) entspricht.

4.5 Teilnahmebescheinigung

Jedem Teilnehmer ist eine Teilnahmebescheinigung auszuhändigen. Die Bescheinigung über die Aus- und die Fortbildung in der Ersten Hilfe darf jeweils nur erteilt werden, wenn die Lehrkraft die Überzeugung gewonnen hat, dass der Teilnehmer nach regelmäßigem Besuch die erforderlichen Kenntnisse und Fähigkeiten gemäß Abschnitt 4.3 besitzt.

4.6 Dokumentation

Die ermächtigte Stelle hat über die durchgeführten Lehrgänge folgende Aufzeichnungen zu führen:

- Art der jeweiligen Aus- oder Fortbildungsmaßnahme,
- Ort und Zeit der Maßnahme,
- Name des verantwortlichen Arztes,
- Name der Lehrkraft,
- Name, Geburtsdatum und Unterschrift des Teilnehmers,
- Arbeitgeber des Teilnehmers,
- Kosten tragender Unfallversicherungsträger.

Die Aufzeichnungen sind fünf Jahre aufzubewahren und auf Anforderung des Unfallversicherungsträgers vorzulegen.

5 Besondere Voraussetzungen für die Erste-Hilfe-Aus- und Fortbildung in Bildungs- und Betreuungseinrichtungen für Kinder

Diese Ausbildung enthält Erste-Hilfe-Maßnahmen für Erwachsene und Kinder und bedarf neben den oben genannten Voraussetzungen auf die Ausbildungsform abgestimmte Lehrgangsinhalte, weitere sachliche Ausstattungen, eine Zusatzqualifikation der Lehrkräfte sowie die Aushändigung einer Informationsschrift, die mindestens der Information „Handbuch zur Ersten Hilfe in Bildungs- und Betreuungseinrichtungen für Kinder" (BGI/GUV-I 5146) entspricht.

18

Stichwortverzeichnis

Sie finden das jeweilige Stichwort über die fettgedruckte Angabe der Leitziffer gefolgt durch die Vorschriftenabkürzung.

Schnellübersicht